FAMÍLIA   VIAGEM   GASTRONOMIA   MÚSICA   CRIATIVIDADE
& OUTRAS LOUCURAS

EDIÇÃO COMEMORATIVA DE 10 ANOS

DIÁRIOS DA HEROÍNA

UM ANO NA VIDA DE UM ROCK STAR DESPEDAÇADO

NIKKI SIXX
com IAN GITTINS

Tradução
Paulo Alves

Belas Letras
2ª reimpressão/2021

© 2020 by Editora Belas Letras
Copyright © 2007, 2017 by Nikki Sixx
Todos os direitos reservados

Publicado mediante acordo com a editora original, Gallery Books/
MTV Books, uma divisão da Simon & Schuster, Inc.

Nenhuma parte desta publicação pode ser reproduzida, armazenada ou transmitida para fins comerciais sem a permissão do editor. Você não precisa pedir nenhuma autorização, no entanto, para compartilhar pequenos trechos ou reproduções das páginas nas suas redes sociais, para divulgar a capa, nem para contar para seus amigos como este livro é incrível (e como somos modestos).

Este livro é o resultado de um trabalho feito com muito amor, diversão e gente finíce pelas seguintes pessoas:

Gustavo Guertler (edição), Fernanda Fedrizzi (coordenação editorial), Germano Weirich (revisão), Celso Orlandin Jr. (adaptação da capa e projeto gráfico), Paulo Alves (tradução)
Obrigado, amigos.

2020
Todos os direitos desta edição reservados à
Editora Belas Letras Ltda.
Rua Coronel Camisão, 167
CEP 95020-420 – Caxias do Sul – RS
www.belasletras.com.br

Dados Internacionais de Catalogação na Fonte (CIP)
Biblioteca Pública Municipal Dr. Demetrio Niederauer
Caxias do Sul, RS

S625d	Sixx, Nikki
	Diários da heroína: um ano na vida de um rock star despedaçado (edição comemorativa de 10 anos) / Nikki Sixx, com Ian Gittins; tradutor: Paulo Alves. - Caxias do Sul: Belas Letras, 2020.
	512 p.: il.
	Título original: Heroin diaries - A year in the life of a shattered rock star - ten year anniversary edition
	ISBN: 978-65-5537-002-7
	1. Mötley Crüe (Conjunto musical). 2. Músicos de rock - Estados Unidos – Biografia. I. Gittins, Ian. II. Alves, Paulo. III. Título.

20/31   CDU 784.4(73)

Catalogação elaborada por Vanessa Pinent, CRB-10/1297

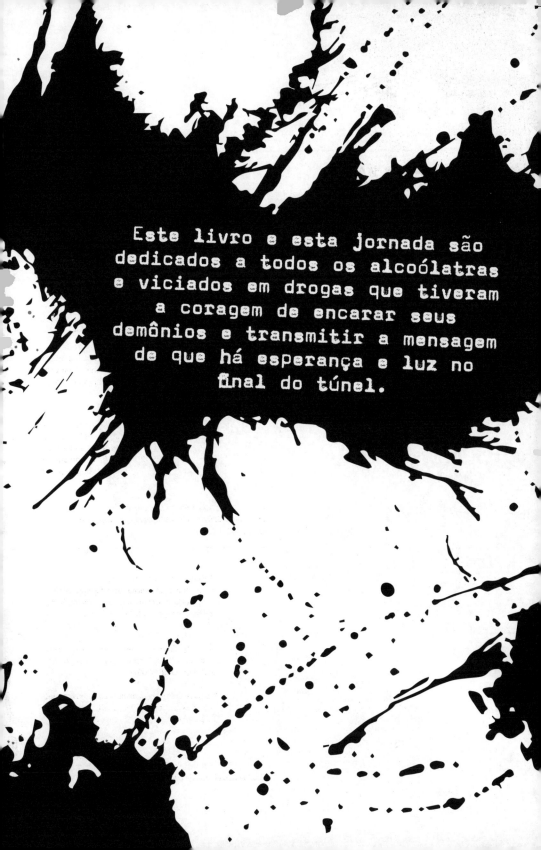

Este livro e esta jornada são dedicados a todos os alcoólatras e viciados em drogas que tiveram a coragem de encarar seus demônios e transmitir a mensagem de que há esperança e luz no final do túnel.

p.9 AGRADECIMENTOS

p.10 UM BREVE DICIONÁRIO MÉDICO

p.12 UM BREVE DICIONÁRIO MÉDICO ALTERNATIVO COM O DR. LEMUEL PILLMEISTER

p.14 PERSONAGENS-CHAVE DESTAS DESVENTURAS TÓRRIDAS (TAMBÉM CONHECIDOS COMO PARCEIROS NO CRIME)

p.18 DEZ ANOS DEPOIS

p.46 INTRODUÇÃO

p.59 FELIZ NATAL. BEM, É O QUE AS PESSOAS DIZEM NO NATAL, CERTO?

p.69 PODE-SE DIZER QUE ANDO TENDO UM CASO DE AMOR DE 10g

p.103 QUANDO ESTOU PERDENDO A CABEÇA, A ÚNICA COISA CAPAZ DE ME SALVAR É A HEROÍNA

p.137 ...O SANGUE JORRAVA POR TODO O CLOSET ...E EU SÓ ENFIAVA AS DROGAS EM QUALQUER LUGAR SOB A MINHA PELE, REZANDO PARA QUE ELAS LEVASSEM A DOR EMBORA...

p.161 SERÁ QUE A MINHA DOENÇA ME IMPREGNA COMO A PORRA DE UM CHEIRO?

p.187 ELE ME PEDIU PARA FICAR DE JOELHOS E REZAR PARA DEUS PARA PERDER ESSA OBSESSÃO POR DROGAS

P.211 TALVEZ TER ESSES TRAFICANTES NOS SEGUINDO SEJA UMA MÁ IDEIA

P.243 UMA COLISÃO FRONTAL ESTAVA PRESTES A ACONTECER, PORÉM EU ERA TEIMOSO DEMAIS PARA ME LIGAR NOS SINAIS

P.249 ESTA SE TORNOU A TURNÊ DOS BOQUETES DE AEROPORTO

P.279 SHOW MUITO BOM, LEVANDO EM CONSIDERAÇÃO OS ESQUILOS E OS TRAILERS DE SORVETE

P.309 SUPEREI AS DROGAS E SEI QUE ELAS ME SUPERARAM

P.339 DROGAS MELHORAM TUDO - DROGAS PIORAM TUDO

P.369 P.S. NÃO CONTEI PRA NINGUÉM, MAS ARRUMEI UM BALÃO DE HEROÍNA PERSA

P.407 ...ELE DIZ QUE, SE VOCÊ NÃO MUDAR SEU ESTILO DE VIDA, NÃO VAI VIVER ATÉ O FINAL DO ANO NÉ?

P.441 ISSO NÃO É MUITO ROCK'N'ROLL,

P.461 MAIS AVENTURAS PÓSTUMAS

P.507 NOTAS

Nunca pensei que Nikki Sixx iria viver para além do terceiro álbum do Mötley Crüe. Pessoas como eu, Bowie e Elton John eram profissionais no abuso de drogas, mas Nikki foi mais longe do que nós - ele usou agulhas, coisa que nós nunca ousamos fazer. Conheci Jim Morrison bem e Nikki me lembrava muito ele. Quando Jim morreu aos vinte e sete, não ficamos chocados porque ele morreu, e sim porque ele conseguiu chegar a essa idade.

- Alice Cooper

AGRADECIMENTOS

Gostaria de agradecer à minha bela esposa, Courtney, e a meus quatro filhos incríveis – Gunner, Storm, Decker e Frankie – por seu amor incondicional.

Gostaria de oferecer um enorme beijo de língua e um obrigado extragrande aos personagens que tiveram a audácia de contar o seu lado dessa história sinistra e, por vezes, de mau gosto. Sem saber se o resultado seria espetacular ou desastroso, vocês mesmo assim encararam o desafio sem medo. Sua perspicácia e verdade ajudaram a criar este livro, que eu espero que pinte um quadro maior do que é o vício.

A Ian, que me perseguiu, pressionou e coagiu a me manter na trilha da verdade e da descoberta, e que passou tantas horas ingratas fazendo pesquisas e entrevistas para preencher as lacunas dos meus rabiscos. Obrigado, Ian. Seu talento e paixão ecoam imensamente neste livro.

E àqueles que não tiveram colhão nem coragem de retornar minhas ligações e responder meus e-mails, ou que mentiram na cara dura ao dizer "OK" para então sumir do mapa, pensando que fazer parte deste livro poderia "manchar sua imagem". Para mim, ficou mais claro do que nunca o porquê de vocês serem quem são na vida – isto é, simplesmente covardes.

Um Breve Dicionário Médico
Definições baseadas na wikipedia.org

alcoolismo (aw.ko.lˈiz.mʊ) *sm.*

Termo que descreve o consumo excessivo e frequentemente crônico de álcool. Entre as características do alcoolismo estão a compulsão e o vício. Também pode ser caracterizado como doença ou alergia, e muitos acreditam que seja uma doença biológica.

cocaína (ko.ka.ˈi.nə) *sf.*

A cocaína é um alcaloide tropano cristalino obtido a partir das folhas de coca. É um estimulante do sistema nervoso central e supressor de apetite e cria o que é descrito como uma sensação eufórica de felicidade e de aumento de energia. A cocaína é altamente viciante, e sua posse, cultivo e distribuição são ilegais por desígnios não médicos/não governamentalmente sancionados em praticamente todas as partes do mundo.

depressão (de.pɾe.sˈ ɔ̃w) *sf.*

A depressão clínica é um estado de tristeza ou melancolia que avançou ao ponto de se tornar disruptivo ao funcionamento social e/ou às atividades da vida cotidiana de um indivíduo. Embora seja frequente referir-se coloquialmente ao humor caracterizado pela tristeza como depressão, a depressão clínica é algo maior do que somente um estado temporário de tristeza. Sintomas que duram duas ou mais semanas e cuja severidade começa a interferir com um funcionamento social típico e/ou com atividades da vida cotidiana são considerados constituintes de depressão clínica.
A depressão clínica afeta cerca de 16% da população em pelo menos uma ocasião na vida. A idade média para o aparecimento dos primeiros sintomas, segundo uma série de estudos, é entre os 25 e 30 anos. A depressão clínica é atualmente a principal causa de incapacidade nos Estados Unidos, bem como em outros países, e estima-se que se tornará a segunda principal causa de incapacidade no mundo todo (depois de doenças cardíacas) até o ano de 2020.

heroína (e.rw'i.nə) *sf.*

Opioide semissintético. É o derivado 3,6-diacetil da morfina (daí, *diacetilmorfina*) e é sintetizado a partir dela por acetilação. A forma cristalina branca é comumente o sal hidrocloreto, cloridrato de diacetilmorfina. É altamente viciante em comparação a outras substâncias. Algumas das gírias populares para designar heroína incluem *diesel, smack, scag* e H.

psicose (psi.k'o.zi) *sf.*

Termo psiquiátrico genérico para um estado mental em que o pensamento e a percepção estão severamente debilitados. Indivíduos em surto psicótico podem sofrer alucinações, ter crenças delirantes (por ex. delírios paranoides), demonstrar mudanças de personalidade e exibir pensamento desorganizado. Isso é frequentemente acompanhado de falta de percepção da natureza incomum ou bizarra de tais comportamentos, dificuldade de interação social e impedimento da execução de atividades da vida cotidiana. Um surto psicótico é frequentemente descrito como uma "perda de contato com a realidade".

vício (v'i.sjʊ) *sm.*

Uma compulsão a repetir um comportamento independentemente de suas consequências. Um indivíduo que tem um vício é, às vezes, chamado de viciado.
O termo vício descreve um padrão crônico de comportamento que continua apesar das consequências adversas diretas ou indiretas que resultam do engajamento nesse comportamento. É muito comum que um viciado expresse o desejo de parar o comportamento, mas se encontre incapaz de cessá-lo. O vício é frequentemente caracterizado por uma vontade de uma maior quantidade da droga ou do comportamento, pelo aumento da tolerância psicológica à exposição e pelos sintomas de abstinência quando da ausência do estímulo. Muitas drogas e comportamentos que propiciam prazer ou alívio de dor apresentam risco de vício ou dependência.

UM BREVE DICIONÁRIO MÉDICO ALTERNATIVO

·DEFINIÇÕES GENTILMENTE ELABORADAS PELO DR. LEMUEL PILLMEISTER·
(também conhecido como Lemmy)

ALCOOLISMO

Um hábito que te ajuda a ver as iguanas nos seus globos oculares.

COCAÍNA

Pó de Marcha Peruano – um estimulante cujo extraordinário efeito é que, quanto mais você usa, mais você ri fora de contexto.

DEPRESSÃO

Quando tudo aquilo de que você ri é deplorável e você parece que não consegue parar.

HEROÍNA

Uma droga que te ajuda a fugir da realidade, ao mesmo tempo em que torna muito mais difícil suportá-la quando você é recapturado.

PERSONAGENS-CHAVE DESTAS DESVENTURAS TÓRRIDAS
(TAMBÉM CONHECIDOS COMO PARCEIROS NO CRIME)

NIKKI SIXX

"Morrer poderia ser fácil... Viver é que eu não sabia se conseguiria..."

Fundador, principal compositor e baixista do Mötley Crüe, assíduo escritor de diários e o anti-herói desta história. Um homem que foi tão viciado em heroína e cocaína que teve de morrer duas vezes antes de começar a contemplar um estilo de vida mais positivo.

TOMMY LEE

"Todos nós fomos àquele lugar sinistro pra caralho diversas vezes – mas Nikki parecia gostar de lá mais do que qualquer um de nós."

Também conhecido como T-Bone. Baterista do Mötley Crüe e Gêmeo Tóxico (Toxic Twin) de Nikki, um companheiro de aventuras narcóticas que compartilhava de todos os vícios de Nikki nos anos 1980 – menos da heroína.

VINCE NEIL

"Nikki passava muito tempo injetando no banheiro durante as sessões de gravação de *Girls, Girls, Girls*, e isso me servia muito bem – era o momento perfeito para gravar meus vocais."

O cantor das letras de Nikki no Mötley Crüe, e um homem que passou a maior parte dos anos 1980 odiando até o osso o compositor e baixista de sua banda. O sentimento era mútuo.

MICK MARS

"Quando ouvi dizer que o Nikki estava morto, minha primeira reação foi: 'Eu sabia que esse pentelho do caralho ia fazer alguma coisa assim!'"

O discreto e recluso guitarrista do Mötley Crüe, que foi forçado a aceitar que seu papel na vida era ser provocado, perseguido e tripudiado por seus companheiros de banda rancorosos.

DEANA RICHARDS

"Você nunca imagina que a sua própria família vai conspirar contra você para roubar seu filho."

A mãe de Nikki, que enfrentou um distanciamento tortuosamente longo de seu filho, depois da infância perturbada e turbulenta dele.

CECI COMER

"Nikki era rude, cheio de si, e me deixou simplesmente arrasada inúmeras vezes... ele era um babaca."

A irmã mais nova de Nikki, que antigamente o adorava e que aceita que a dinâmica familiar particular deles "talvez não fosse a relação entre irmãos mais costumeira".

TOM REESE

"Fui visitar Nikki uma ou duas vezes, e o modo de vida que ele tinha não era do meu agrado."

O avô de Nikki por parte de mãe, que, juntamente com sua falecida esposa, Nona, cuidou dele em Idaho por longos períodos durante sua juventude.

DOC McGHEE

"Como uma piada de despedida, eu disse ao Nikki: 'Não nos mande garotas com capacetes nazistas e botas da Gestapo', e ele deve ter achado que eu estava falando sério, porque as garotas apareceram de capacete, mas sem as botas."

Ex-agente do Mötley Crüe, que descreveu a violência física que ele às vezes despendia a seus problemas como "Agenciamento *Full Contact*".

DOUG THALER

"Nikki me mostrou uma substância preta viscosa que alegou ser um tipo de cocaína exótica que ele ia cheirar. 'Boa sorte ao cheirar uma substância viscosa!', pensei."

Sócio de Doc McGhee e um homem que se resignou a receber telefonemas de Nikki de madrugada para ser informado de que havia "mexicanos e anões" no jardim do baixista.

PASTORA DENISE MATTHEWS

"Não atendo ao nome Vanity. Prefiro muito mais ser um peixe preso numa lagoa com um tubarão faminto a assumir um nome tão sórdido e vazio."

A Artista Anteriormente Conhecida Como Vanity. Ex-protegida pop e ex-namorada de Prince que voltou seu afeto a Nikki, seu noivo ocasional, e à cocaína *freebase* antes de encontrar Deus e se tornar uma pregadora convertida.

TOM ZUTAUT

"Nikki disse a ela que não se assustava com um pouco de sangue e começou a ter uma relação sexual com ela bem ali."

Agente de A&R da Elektra Records que fechou o contrato do Mötley Crüe com a gravadora e sofreu a indignação de assistir Nikki fazer sexo com sua namorada três minutos depois de ter apresentado um ao outro formalmente.

FRED SAUNDERS

"Eu bati muito no Mötley. Certa vez, quebrei o nariz do Tommy em Indiana, quebrei as costelas do Nikki e dei muitas surras no Vince, porque... bem, porque ele é um babaca."

Ex-Hells Angel, fornecedor de Ás na Manga e chefe de segurança de várias turnês mundiais do Mötley Crüe.

BOB TIMMONS

"A cocaína dava a Nikki paranoia aguda e alucinações. Certa noite, ele me ligou e me pediu para mandar a polícia imediatamente até sua casa porque havia homenzinhos de capacete armados nas árvores ao redor da propriedade."

Ex-*junkie* que se tornou aconselhador de celebridades viciadas em drogas e enfrentou incontáveis batalhas honrosas, porém fadadas ao fracasso, para conseguir que Nikki se internasse na reabilitação.

SLASH

"Eu frequentava a casa de Nikki e desenvolvi um fascínio doentio pelo estilo de vida dele. Meus anos de *junkie* foram sujos e sórdidos, mas. Nikki, para mim, parecia ter encontrado uma maneira *cool* e glamorosa de ser *junkie*."
Guitarrista do Guns N' Roses e o "irmão mais novo que Nikki nunca teve" durante a infame turnê de 1987 do G N' R com o Mötley Crüe pelo Sul Profundo dos EUA.

SALLY McLAUGHLAN

"Slash ficou paralítico e Nikki estava ficando azul."
Ex-namorada de Slash, que se mudou da Escócia para Los Angeles em 1987 e passou seu primeiro dia na cidade salvando a vida de Nikki.

KAREN DUMONT

"Quando me mudei para Los Angeles, me disseram para nem falar com o Mötley Crüe, porque eles eram encrenca."
Funcionária da gravadora que levava suas responsabilidades profissionais tão a sério que se mudou para a casa de Nikki para mantê-lo vivo.

BOB MICHAELS

"Umas duas vezes, deixei meu *pipe* em cima da mesa e, enquanto eu não estava olhando, Nikki colocava um pouco de heroína nele."
Amigo, vizinho e companheiro ocasional nas desventuras rock'n'roll de Nikki.

ROSS HALFIN

"Eu sempre dizia que Tommy deveria ter se casado com Nikki, porque, se eles fossem gays, seriam o casal gay ideal – feitos um para o outro."
Fotógrafo britânico que trabalhou com o Mötley Crüe por quase vinte anos e ainda acha que Nikki é um "maníaco por controle carismático, egoísta e paranoico".

JASON BRYCE

"Nikki ligou para a recepção e disse: 'Olha só, eu sou o Nikki Sixx, preciso de uma garrafa de Jack Daniel's agora mesmo e te dou mil pratas por ela'. O pessoal do hotel não quis nem saber: 'Senhor, vá para a cama. O senhor já bebeu demais'."
Adolescente britânico imberbe que foi para a estrada com o Mötley Crüe como um garoto e retornou como um homem.

BRYN BRIDENTHAL

"Uma das coisas que Nikki costumava fazer no início era atear fogo em si mesmo durante entrevistas."
Assessora de imprensa do Mötley Crüe, que não sabia nada sobre heroína nos anos 1980, mas hoje, depois de ter trabalhado com o Nirvana e com Courtney Love, está muito mais informada.

TIM LUZZI

"No meu primeiro dia de trabalho, Nikki chegou no estúdio com um olho roxo, depois de ter passado a noite na cadeia. Isso basicamente deu o tom do que viria a seguir."
Técnico de baixo de Nikki por dez anos, cargo que ocasionalmente envolvia consumo compulsório de Jack Daniel's trajando uma batina.

JOEY SCOLERI

"Tommy botou o pau pra fora e começou a batê-lo na mesa."

Executivo de gravadora canadense que, como um jovem DJ sob o nome de Joey Vendetta, fez uma das entrevistas de rádio mais ultrajantes da história do rock'n'roll.

WAYNE ISHAM

"Nikki sempre teve o sorriso sabichão do diabo no olhar. Acho que era por isso que ele sempre estava de óculos escuros."

Diretor de inúmeros videoclipes premiados de artistas como Mötley Crüe, Ozzy Osbourne, Metallica, Britney Spears e o favorito de Nikki, a porra do Bon Jovi.

ALLEN KOVAC

"Nikki Sixx talvez nunca ganhe um Grammy, porque a indústria nem sempre julga baseada em talento, mas ele merece muitos."

Presidente da Tenth Street Management, de Los Angeles, e atual agente do Mötley Crüe, que ajudou a negociar a fuga da banda da Elektra Records.

SYLVIA RHONE

"Se eu gostaria de fazer parte deste livro? Sinceramente, não acho que seria apropriado."

Ex-CEO da Elektra Records que concluiu que o Mötley Crüe estava esgotado no final dos anos 1990 e vendeu a eles as fitas master de seus álbuns.

RICK NIELSEN

"Nikki Sixx era um grande ursinho de pelúcia com um sorriso simpático. Veja bem, ele mal sabia tocar baixo, mas isso nunca foi problema pro Gene Simmons."

Guitarrista do Cheap Trick e herói de infância, amigo e companheiro ocasional de turnês e bebidas de Nikki.

BOB ROCK

"Nikki e Tommy decidiram se vestir como lenhadores canadenses... Botaram camisas de lenhador e bigodes falsos..."

Produtor de rock de primeira linha, que produziu os álbuns do Mötley *Dr. Feelgood* e *Mötley Crüe*, além de discos do Aerosmith, Metallica, Bryan Adams e Bon Jovi.

JAMES MICHAEL

"Nikki é um cara muito criativo e talentoso, e pensa de um modo muito obscuro e doente."

Antigo parceiro de composição de Nikki, com quem foi coautor de hits para Meat Loaf e Saliva.

DEZ ANOS DEPOIS

Nasci em 11 de dezembro de 1958, e me apaixonei pelo álcool e pelas drogas pela primeira vez aos seis anos. A essa altura, já havia aceitado o fato de que nunca teria um pai de verdade, mas não é segredo que a minha mãe não tinha problemas em trazer homens para casa para preencher esse vazio — mesmo se fosse o vazio dela, e não o meu. Não tenho muitas lembranças de infância. De muitas maneiras, acho que bloqueei quase tudo, ou minhas decepções simplesmente colidiram umas com as outras, criando um borrão parecido com o que aparece quando você tenta tirar uma foto em movimento.

No verão de 1965, minha mãe e meu padrasto tiveram a brilhante ideia de ir de carro para o México, comigo a tiracolo porque não tinham onde me largar. Minhas lembranças daquela viagem através da fronteira incluem o Volkswagen Karmann Ghia do meu padrasto, o pastor-alemão dele, Bell, e uma caralhada de maconha. Não me lembro de muito mais coisa além de me sentir bastante marginalizado, devido ao fato de a minha mãe prestar mais atenção no meu padrasto do que em mim, mas a única coisa que se destaca é que a viagem criou um *antes e depois* muito claro na minha vida — uma faixa na areia. Certa noite, sentei no chão no hotel vagabundo de beira de estrada ao sul de Guadalajara, brincando com o único brinquedo que tinha, um caminhãozinho Tonka tão judiado pelo uso que um brechó provavelmente não o pegaria nem de graça. Minha mãe e meu padrasto estavam na mesinha ao lado da janela, rindo histericamente enquanto fumavam um baseado enorme, provavelmente maconha de má qualidade que compraram no México e depois levaram escondida para o outro lado da fronteira debaixo do capô do carro. Ambos bebericavam Jack Daniel's nos copos do banheiro do quarto, sem gelo, o que me lembro de achar estranho. Quem ia querer beber qualquer coisa sem gelo num calor daqueles? Depois, só lembro do meu padrasto me chamar para perto dele e dizer que eu deveria experimentar um pega no baseado e um gole de uísque. Não me lembro de ficar com medo. Pelo contrário, quis mostrar a eles que eu era crescido e acho que também queria que a minha mãe soubesse que eu era capaz de fazer todas as merdas de adulto que o meu padrasto fazia. Assim que a maconha e o uísque entraram no meu organismo, minha cabeça fez CABUM e todo o meu mundo mudou. A estática que eu sentia na cabeça e no corpo o dia todo, todos os dias, simplesmente foi embora, foi como mudar um canal de TV onde só se vê estática para outro com a imagem mais cristalina do mundo. Tudo fez perfeito sentido e eu não tinha mais medo, tristeza, dúvida ou raiva de nada mais que houvesse no mundo. Naquele momento, tudo na minha vida passou a ser a busca por *aquela* sensação. Até hoje, isso nunca parou, não importa o quanto eu trabalhe em mim.

Quem nunca enfrentou o vício tem perspectivas muito diferentes do que significa se recuperar de um estilo de vida abusivo. A verdade é que dizemos que "você está em recuperação" porque é impossível melhorar por completo. Uma vez que a chave gira no seu cérebro, você nunca será uma dessas pessoas que, como dizem nos Alcoólicos Anônimos, "bebem como um cavalheiro". A habilidade de um dependente de beber e usar drogas de forma responsável é uma designação equivocada muito perigosa. Muitos viciados acabam vítimas da noção de que, depois de um período de tempo, estão curados e está tudo bem em voltar atrás e dar uma experimentada. Talvez alguns tenham sido bem-sucedidos nesse exercício, mas eu certamente nunca os conheci. No caso da dependência em heroína, sei que aqueles que estão em recuperação e acabam recaindo, com frequência, têm overdoses e morrem porque seus corpos e cérebros simplesmente não estão mais acostumados a tal volume de drogas no organismo. Embora eu tenha recaído depois dos acontecimentos descritos em *Diários da Heroína*, nunca mais usei heroína, e temo que, se tivesse usado, poderia ter virado apenas mais uma estatística.

Desde a publicação de *Diários da Heroína*, meu status de "cara em recuperação" passou por uma evolução. Quando conheço e converso com outros dependentes, às vezes sinto que sou visto como algum tipo de super-homem, um cara que evoluiu por completo por meio da recuperação e chegou a um tipo esquisito de iluminação recuperada. Isso não poderia estar mais distante da verdade. No papel, os dez anos desde a publicação de *Diários da Heroína* foram muito incríveis para mim. O Mötley Crüe fez algumas das maiores turnês da nossa carreira; formei o Sixx:A.M. e tivemos vários discos e turnês de sucesso; lancei mais dois livros que foram *best--sellers* do *New York Times*; criei o maior programa de rádio licenciado dos EUA; me casei com uma mulher incrível; me tornei fotógrafo profissional. Mas a verdade é que, de certas maneiras, os últimos dez anos foram os mais difíceis da minha vida, tanto profissional quanto pessoalmente. A vida está o tempo todo jogando coisas na nossa direção, as quais não prevemos. E eu estaria mentindo se dissesse que não houve momentos ao longo da última década em que não senti o apelo da garrafa como uma solução para os meus problemas. E, graças a Deus, nunca sucumbi. Muitas pessoas que conheci ao longo dos últimos dez anos me agradecem por *Diários da Heroína* e dizem que o livro salvou a vida delas. A verdade é que o livro salvou a minha vida também. Desde a publicação original, venho sentindo uma responsabilidade para com a comunidade em recuperação como nunca senti, uma responsabilidade em manter a minha sobriedade, porque sou um exemplo para outros. Porém, não sou infalível, e esse é um fato muito crucial que eu espero que as pessoas compreendam.

Quando *Diários da Heroína* saiu, em 2007, respirei muito fundo. Era esquisito tê-lo nas minhas mãos. Lá estava um ano da minha vida, exposto nu e cru para o mundo.

Parte de mim pensou: OK, legal, essa é a progressão natural do que eu sempre fiz: ser totalmente sincero e aberto em entrevistas.

"My heart's an open book/For the whole world to read..." [I]

E então a parte mais reservada de mim pensou: "Em que diabos eu estava pensando?".

Porque a maioria das pessoas não mantém diários em que descrevem seus momentos mais desesperados e degradantes, em que falam de ficar insano e injetar heroína no pau dentro de um closet. A maioria das pessoas não escreve diários sobre uma vida tão decadente a ponto de morrer de overdose.

E a maioria das pessoas *definitivamente* não publica essas histórias de loucura para quem quiser ler. Tive uma segunda chance — essas são raras quando se trata de drogas. No fundo, sabia que compartilhar os detalhes, não importa o quão horríveis, era importante para transmitir a mensagem à próxima pessoa que encarasse o demônio.

Conheço gente que não teve essa segunda chance, gente que não sobreviveu. Tive amigos que apodreceram diante dos meus olhos. Talvez a minha história pudesse ajudar àqueles em busca de um lampejo de esperança.

Então, quando chegou a hora de publicar *Diários da Heroína*, a honestidade foi a regra número um... pois as pessoas sabem perceber quando nesse mato tem coelho. Eu não queria mais ver gente sofrendo dessa doença mortal, se eu pudesse ajudar. A dependência não afeta somente o dependente – ela também destrói famílias e amigos.

Eu sabia que os fãs do Mötley Crüe comprariam este livro, mas esperava ainda mais que ele tocasse os dependentes, ou pessoas que quisessem se recuperar, e esperava que ele talvez pudesse lançar uma luz sobre a natureza da dependência.

Não consegui imaginar um motivo melhor para expor minhas cicatrizes e tudo mais.

Quando recebi o telefonema dos meus agentes na semana de lançamento de *Diários da Heroína*, em setembro de 2007, fiquei chocado que a minha história tivesse encontrado um apelo com o grande público.

"Ei, Nikki! Seu livro está na lista de *best-sellers* do *New York Times*. No Top 10!", foi o que eles me disseram.

Nunca vou me esquecer de ver aquela lista do *New York Times*. Na real, ainda a tenho emoldurada na parede do banheiro. Lá estava a minha realidade, lá perto do topo. Ao lado de livros de Bill Clinton e da Madre Teresa.

Meu Deus, a Madre Teresa deve estar rolando no túmulo com essa...

Por que então *Diários da Heroína* tocou tanta gente? Não é o primeiro livro já escrito sobre vício. Acho que tem a ver com o fato de que não deixei de expor nada. Nunca recuei, seja nas letras, nas músicas ou em entrevistas.

Em geral, lida-se com a dependência no silêncio. Pecamos em silêncio, por assim dizer. Uma vez que você admite que está impotente, encontra outras pessoas que também querem mudar a vida para melhor.

Alcoólicos Anônimos, Narcóticos Anônimos, Cocaine Anonymous[1]... tudo gira em torno do anonimato. Você chega nesses salões e diz: "Essas são as coisas que eu fiz, e hoje estou sóbrio há um dia". É um lugar onde se confessar, um santuário secreto sem julgamentos.

Este livro, no entanto, é o exato oposto. Não dá pra ser menos reservado do que publicar seus diários...

---

[1] Instituição ainda sem presença no Brasil, por isso o nome em inglês. (N. do T.)

"40 anos de hard rock..."

Foto: Dustin Jack

Talvez as pessoas tenham se relacionado com *Diários da Heroína* porque, nele, eu confesso coisas que elas talvez tenham feito, ou alguém a quem elas amam talvez tenha feito. Talvez o livro tenha ajudado essas pessoas a se sentirem menos sozinhas.

Tudo o que sei é que, quando o livro saiu, o telefone começou a tocar. "Queremos falar com o Nikki em tal programa de TV, em tal programa de rádio, em tal veículo de imprensa...". Fiquei surpreendido com tamanho interesse.

Isso tudo abriu uma conversa que eu nunca tivera em público. Por sorte, achei a discussão fácil. Era como um expurgo: tirar a crosta da ferida e deixar o ferimento respirar. Acho que, em muitos aspectos, era esse o objetivo do livro.

A honestidade foi a chave de todas as conversas. Pessoas começaram a se confessar para mim da mesma forma que me confessei para elas no livro — e foi uma coisa linda.

A ideia por trás de *Diários da Heroína* era expor a dependência, mas também expor a recuperação. Eu sabia que muita gente iria pegar o livro para ter uma visão íntima do meu estilo de vida: sexo, drogas e rock'n'roll. Porém, esperava que, mesmo que alguém de fato o lesse por esses motivos, quando terminasse, estivesse com o coração um pouco mais aquecido.

Meu antigo padrinho dos Narcóticos Anônimos dizia que a vida diz respeito a abrandar o coração. Se o leitor tiver uma compreensão maior de aonde o excesso pode levar, e de como encontrar luz em toda a escuridão, então fiz mais do que publicar outro livro de rock'n'roll.

Não me importo em ser a minhoca no anzol. Se é assim que posso levar as pessoas a consumir a informação, então, por mim, tudo bem.

Fiz sessões de autógrafo, e elas foram mais insanas do que alguns shows em que já fui. O público era muito maior do que o esperado. Em Chicago, achamos que haveria um tumulto, pois quando chegou a hora de partir para o aeroporto ainda havia muita gente esperando para ter seu livro assinado. O público de Washington, DC, não me largou e autografei livros até a 1h da manhã.

Essas sessões eram muito emotivas, me conectei com um novo público de uma forma como nunca havia me conectado. Muitas das pessoas que pegaram *Diários da Heroína* logo no lançamento estavam lidando com seus próprios vícios, largando ou querendo largar a heroína, a cocaína, os remédios ou o álcool.

Nas sessões, essas pessoas eram imediatamente reconhecíveis, não hesitavam em me dizer isso cara a cara, e sabiam que eu entendia exatamente pelo que elas estavam passando.

Sabiam que eu já estivera no lugar delas e que, de algum modo, saí.

Houve até quem chegasse às primeiras sessões de autógrafos suando e tremendo para dizer: "Estou sóbrio há seis dias".

E eu pensava que o livro só havia saído há sete. Pessoas começaram a me dar suas moedas nas sessões.

Quando você está num programa de recuperação, primeiro te dão uma moeda de novato, depois, se você permanece sóbrio, ganha moedas com trinta dias, sessenta dias, noventa dias, um ano e assim por diante. Gente que era parte de um programa há anos estava me dando suas moedas, conquistadas com tanto esforço.

Era uma honra ganhar aquelas moedas, e é até hoje. A outra maneira pela qual as pessoas ouviram falar de *Diários da Heroína*, é claro, foi por meio de um novo projeto que montei só para o livro, chamado Sixx:A.M.

Originalmente, o Sixx:A.M. seria apenas um projeto musical isolado, uma banda sem nome baseada no livro. Meu agente teve a ideia de gravarmos cinco ou seis músicas baseadas em *Diários da Heroína* para colocar num CD que viria encartado na contracapa: uma trilha sonora para o livro.[2]

Eu já vinha compondo com James Michael, e Allen Kovac, meu agente há mais de vinte anos, me pôs em contato com DJ Ashba. Assim, mostrei aos caras meus velhos diários e as novas provas do livro e os convidei a embarcar numa jornada doida.

Compor uma trilha sonora para um livro era algo que nunca havia sido feito, e isso nos libertou em termos de música e letra, porque não havia nada com o que comparar — era muito empolgante navegar por águas não exploradas.

---

2 Exclusivo para a edição dos Estados Unidos

A mágica começou a acontecer entre nós três. Escrevemos "Life Is Beautiful" e, em congruência com a honestidade do livro, eu sabia que a música deveria conter a verdade.
Eu tinha este verso:

There is nothing like a funeral to make you feel alive...[II]

Do jeito que James cantou, cortou feito faca.

Depois, "Accidents Can Happen" era sobre aquelas vezes em que eu tentava ficar sóbrio, mas escorregava, e as pessoas me diziam que eu era uma pessoa ruim. "Seja mais forte, qual é o seu problema?". E eu dizia: "Cara, acidentes podem acontecer...".

And you know that accidents can happen
And it's okay
We all fall off the wagon sometimes
It's not your whole life
It's only one day...[III]

Entregamos essas músicas a Allen Kovac e ele as tocou para programadores de rádio do mundo todo. Kovac voltou e disse: "Amaram as faixas! Estão todos dizendo que 'Life Is Beautiful' pode tocar as pessoas de um jeito grande".

"Então agora vocês precisam de um nome para a banda", acrescentou.

"Hein?", perguntei. "Essas são faixas pra ir num CD atrás do livro. A gente não precisa de um nome pra banda".

"Não", disse ele. "Vocês vão ser uma banda, vão lançar um álbum, vão estar na estrada e provavelmente vão ser convidados para uma turnê. Vocês precisam de um nome para a banda".

Assim nasceu o Sixx:A.M. — bem como nosso primeiro álbum, *The Heroin Diaries Soundtrack*. O álbum e o livro estavam prestes a mudar a minha vida (e muitas outras vidas) para sempre.

Foi interessante como tudo se conectou. Alguns leram o livro e então passaram a curtir a banda, e outros ouviram as músicas, ficaram intrigados, e então fizeram o caminho inverso e pegaram o livro. Até hoje ouço histórias de gente que ouviu o álbum e leu o livro ao mesmo tempo.

Não é frequente fazer sucesso. Tive a oportunidade de conhecer o mundo com uma das bandas de maior sucesso, o Mötley Crüe, mas isso acontecer duas vezes é raro. A segunda vez, porém, não foi sobre fama, dinheiro ou drogas... foi sobre abrir o coração... e, sim, sinceridade.

Quando a primeira edição do livro saiu, fui até Washington, DC, para me encontrar com o senador Patrick Kennedy no Capitólio para discutir como as seguradoras de saúde poderiam melhorar para oferecer cobertura para problemas de dependência. Fui convidado a falar na Colina do Capitólio no Mês Nacional da Recuperação, o que me fez pensar que eu talvez não fosse digno, mas também me permitiu alcançar mais gente. Aquele encontro foi pelas pessoas que estavam presas no mesmo lugar terrível e obscuro em que eu estava quando rabisquei esses diários. E logo de cara percebi que elas estavam me ouvindo.

Minha mensagem era passada.

Comecei a receber e-mails e cartas de pessoas que enfrentavam o vício e me agradeciam pelo livro. Diziam que não sabiam o que esperar antes de ler, que tinham rido e chorado... e que o livro as motivara.

Em 2007, eu já tinha mais de vinte e cinco anos de Mötley Crüe, e os *Diários da Heroína* receberam a maior e mais intensa resposta do que qualquer outra coisa que fiz na vida, facilmente.

E tudo isso a partir de um *rock star* despedaçado que injetava e rabiscava uns pensamentos quebrados num velho diário uns vinte e poucos anos antes! Quando o Sixx:A.M. começou a fazer shows, eu via fãs na primeira fila chorando, chorando de verdade, quando tocávamos "Accidents Can Happen".

Eu olhava para aquela banda incrível que tinha com James Michael e DJ Ashba e me sentia o homem mais

sortudo do mundo. Não só eu estava sóbrio, como estava numa banda diferente de tudo o que eu já havia experienciado... éramos diferentes e também éramos amigos.

E então, depois dos shows, fãs me diziam: "Estou me esforçando muito. Tem tanta gente ao meu redor que não entende. O livro e as músicas estão me ajudando nessa jornada...".

Para ser sincero, era algo sobrepujante e que dava perspectiva, era muito a se absorver. Comecei a sentir muita responsabilidade. Isso pesava sobre mim... de uma maneira positiva. De repente, eu tinha uma responsabilidade maior do que ser só mais um sujeito *cool* numa banda de rock.

Sempre havia uma parte nos shows do Mötley Crüe em que o Vince dizia "Gostaria de apresentar o sr. Nikki Sixx!", e me passava o microfone. A plateia berrava, e eu dizia: "Uau, *yeah*! Vamos lá, botem a porra das mãos pro alto e vamos detonar!". Era tudo parte de um ritual sagrado.

Depois de *Diários da Heroína*, tudo isso mudou. Vince me apresentava e eu pegava o microfone dele... e a arena ficava em silêncio.

Sentia-me como se tivesse de dizer algo verdadeiramente importante. Não era mais suficiente gritar "*Yeah*, vamos todos nos divertir essa noite!". Mas o que eu deveria fazer, então?

Eu não tinha ideia, e, de fato, cheguei a abordar o Vince e pedir a ele que parasse de fazer aquela apresentação.

"Você precisa falar, mano! As pessoas querem te ouvir", foi o que ele me disse. Amo o Vince por isso. No fim, comecei a pensar por um segundo antes de abrir a boca e ver o que ia sair.

Percebi o quanto o meu livro significava para as pessoas, e o quanto eu não podia decepcioná-las.

Na época do lançamento original, saiu uma matéria sobre um professor no Meio-Oeste que deu o livro aos alunos como uma leitura de alerta sobre as drogas e o vício. Os pais de um desses alunos viram o livro, ficaram horrorizados e reclamaram com a escola, que suspendeu o professor.

Agora, dez anos se passaram desde que publicamos os *Diários da Heroína*, e tenho orgulho de o livro estar em várias bibliotecas escolares — e mais orgulho ainda de alguns centros de reabilitação darem o livro aos seus dependentes em recuperação para ajudá-los.

Não consigo pensar num uso melhor para este livro. É claro que muita coisa aconteceu nesse meio--tempo. Algumas das pessoas que me ajudaram a contar essa história daquela primeira vez não estão mais entre nós.

Algumas dessas mortes se deram por conta das drogas que elas usaram anos — ou até mesmo décadas — antes. Porque é assim que as drogas às vezes funcionam: mesmo quando você as vence, elas ainda assim conseguem te pegar no final.

Em *Diários da Heroína*, derramei muita culpa nos meus pais pelo meu coração partido e pelos meus traumas. Da forma como eu via, compreendia que, se eles não tivessem me abandonado, eu nunca teria mergulhado nas profundezas insanas do vício aonde minha infelicidade me levou.

Eu estava certo? Sim e não. Se minha infância tivesse sido perfeita, como a de um livro infantil, bem, talvez eu tivesse evitado o estilo de vida podre e decadente que acabou me matando. Claro, é possível.

Ou talvez não. Talvez outra coisa me arrastasse lá para baixo. Nunca se sabe.

Alguns dos meus amigos me disseram que, se eu talvez não fosse tão raivoso, não teria me lançado de cabeça no rock'n'roll como fiz. Acho que podemos agradecer à minha infância por "Shout at the Devil"?

Minha mãe, Deana Richards, faleceu. Tentamos consertar nossa relação quebrada, mas nunca conseguimos de fato.

Como eu disse, ela nunca esteve presente de verdade na minha infância. Se foi culpa dela ou de outra pessoa, realmente não importa mais: agora ela se foi. Tudo o que posso dizer é que, se você tem tempo para fazer as pazes, faça — nós dois deveríamos ter feito: estar sóbrio também implica ser responsável.

Eu quis muito falar a real para a minha mãe. Quis falar tudo a ela e tentar consertar as coisas. Acho que, se a minha mãe só tivesse me dito "eu fiz merda", em qualquer momento nos últimos anos, bem, eu responderia de imediato: "Mãe, eu fiz merda também. Vamos recomeçar!".

Mas ela nunca disse isso. Não conseguia ou não queria. Sempre que tentávamos conversar, ela falava as mesmas velhas coisas de sempre: que ela foi maltratada. Que *ela* foi a vítima. Que tentaram me tirar dela porque ela era a ovelha negra da família.

No entendimento dela, ela nunca fez nada errado. Isso meio que deixava nossa conversa sem ter para onde ir. A única maneira de progredir seria se eu dissesse: "Sim, você está certa. Tudo o que aconteceu na minha vida foi culpa minha, ou culpa da minha avó Nona, ou do meu avô Tom".

Eu não podia dizer isso, porque não era verdade. Ela tinha uma parte da culpa. Além disso, eu simplesmente não funciono assim... chego a um meio--termo, mas você precisa chegar também.

Mesmo assim, tentei consertar as coisas com a minha mãe. Courtney, minha esposa, me incentivava, me dizia: "Você precisa ir até Seattle ver a sua mãe - ela não vai estar aqui para sempre".

Cerca de um ano antes de a minha mãe falecer, fui para Seattle com meus filhos e Courtney e me encontrei com ela. Foi num hotel Four Seasons, e ela estava puta porque não podia fumar lá dentro. Conversamos, e eu disse: "Mãe, estou viajando muito, talvez eu pegue mais leve agora".

Ela olhou para mim e disse: "Bem, é melhor você não estar pensando em se aposentar tão cedo!".

Todo mundo no quarto prendeu a respiração. E eu? Eu já tinha visto esse filme.

Por um segundo, pensei que ela diria: "Porque você é talentoso demais", ou "porque você faz tanta gente feliz".

Pensei que minha mãe ia dizer algo legal.

Ao invés disso, ela me olhou bem nos olhos e falou: "Porque vou precisar de uns 40 mil por mês para cuidarem de mim no tipo de lugar em que quero ficar internada".

Tudo o que consegui pensar em dizer foi "ah". Olhei para o chão enquanto minha esposa e meus filhos ficaram em silêncio ao meu redor. Justo quando eu achava que ela não conseguiria mais me machucar, ela quebrou meu coração em milhares de pedacinhos uma última vez.

Naquela noite, saímos para jantar e ela passou a refeição inteira contando às pessoas na mesa todas as coisas ótimas que fez para mim quando eu era criança. Acho que algumas delas até podem ter sido verdade.

Porém, à medida que a noite progrediu, me peguei olhando para ela e pensando: "Bem, é assim que a história termina".

E foi. Nós nunca falamos a real. É uma pena, mas simplesmente não era para acontecer.

Com meu avô, Tom Reese, foi outra história. Quando ele faleceu, tive o coração partido. Até o fim, ele vinha nos visitar em Los Angeles, e, mesmo quando não estava se sentindo bem, nunca ia ao médico.

Era o jeito dele. Nasceu em 1927 e achava que médicos eram criminosos — assim como advogados, políticos e qualquer um que fosse da igreja. Esse era o Tom e ele se garantia. Teve câncer de próstata e, quando finalmente foi ao médico em Idaho, o câncer já havia se espalhado por todo o seu corpo e já era tarde demais.

Eu estava a seu lado quando ele deu o último suspiro. Sinto saudades dele até hoje. Ele e Nona me formaram.

Deram-me um coração suave. O que há de bom em mim vem deles. Quando perco a compaixão e a raiva mostra sua cara feia, penso na minha vida com eles e isso me põe os pés no chão de novo.

Cresci num trailer e nós não tínhamos dinheiro, mas, no coração, eu era um bilionário, graças ao amor incondicional deles... Nona e Tom foram minha mãe e meu pai.

Foi difícil para mim quando o especialista em dependência Bob Timmons faleceu. Ora, esse foi um aconselhador de viciados em drogas que fez a diferença. Que vida teve o Bob! Passou por uma dependência muito feia, pela cadeia, andou com os Hells Angels, era coberto de tatuagens e fumou compulsivamente até o câncer pegá-lo.

Mas havia mudado de vida há muito tempo, e vivia para ajudar as pessoas. Bob fez tanta coisa por mim — e nunca pediu um centavo por isso. Se não fosse pelo Bob, umas dez bandas que conheço não estariam aqui para fazer música para nós... ele foi um anjo tatuado fodão.

Vanity se foi, também. Nós nunca mais nos falamos depois que *Diários da Heroína* saiu, e não tenho certeza se teríamos muito a dizer um ao outro. Foi muito estranho ela falecer e o Prince falecer logo depois. Talvez eles estejam juntos agora num Paraíso Púrpura.

Lemmy escreveu aquele "Breve Dicionário Médico" maneiro para o livro original e nós sempre mantivemos contato. Ele me mandava mensagens de texto, coisas simples, dizendo que me amava. Fizemos shows juntos e conversávamos no camarim, ele me mostrava umas músicas antigas em fita K7. Ele amava o rock'n'roll e o rock'n'roll o amava... se mais gente fosse como o Lemmy, teríamos menos cuzões na Terra.

Vi Lemmy acho que uns dois meses antes de ele falecer. Andava de bengala e parecia muito frágil e magro, nunca o havia visto tão magro.

Ele veio até mim, chegou bem perto do meu rosto e disse: "Nikki! Olha pra mim! Não estou gostando da minha aparência! Pareço um velho!".

"Lemmy, você está bem, cara! Você vai superar essa!", falei para ele. Porém, em questão de apenas algumas semanas, ele se foi. Nunca vou esquecê-lo, ele era o espírito de ser verdadeiro. Sincero, todo trabalhado naquela careta rock'n'roll...

Pois agora todos eles se foram e, de algum jeito, eu ainda estou aqui. Estou feliz, sóbrio, casado, amando a minha família e a vida. Estou aqui pelos meus filhos.

Não acordo com desejo de beber ou de usar drogas todos os dias, mas isso não significa que eu seja perfeito ou que tudo seja fácil. Ainda estou em recuperação — sempre estarei.

Havia um cara sobre quem eu costumava escrever nos meus diários trinta anos atrás: *Sikki Nixx.* Era o meu alter ego, e eu culpei esse cabra por coisa pra caralho. Sempre que eu injetava ou bebia até ficar insano, ou traía, ou roubava, ou mentia... bem, era culpa do Sikki.

Sikki sempre esteve comigo. Lembro-me de uma vez quando eu tinha nove anos e uns moleques estavam me provocando no ônibus da escola. Quando descemos do ônibus, enchi minha lancheira de pedras, girei e acertei o primeiro moleque na cara. Depois, acertei outro. Eles nunca mais mexeram comigo.

"Cedo Demais", autorretrato

Isso foi coisa do Sikki e aconteceu cinquenta anos atrás. Cinquenta anos! Ele é uma porra de um monstro que existe há meio século — e um personagem dos *Diários da Heroína* que definitivamente não está morto.

Hoje em dia, surge em meio à raiva. É preciso me cutucar muito, mas se você cutucar essa cascavel o bastante, Sikki vai aparecer. Não gosto dele, sempre me sinto envenenado depois que ele aparece. Sikki teve uma época selvagem durante os anos de vício, quando a minha mentalidade era: "Se você errar comigo, vou te matar!". Mesmo hoje, ele não some por completo. Eu gostaria que sumisse — ele é como o Damien de *A Profecia*!

É a minha batalha manter Sikki Nixx a distância. Antes de ficar sóbrio, eu não tinha chance. Hoje, na maior parte do tempo, consigo.

Na maior parte do tempo.

O tempo passa, e meus filhos mais velhos estão agora com seus vinte e tantos anos e quase na idade em que eu estava injetando, cheirando e bebendo rumo à cova. Graças a Deus, eles não herdaram meus velhos hábitos destrutivos.

Há uns dois anos, perguntei à minha filha mais velha, Storm, se ela já tinha lido os *Diários da Heroína*.

"Tentei ler, mas era muito chato!", respondeu ela. "Era tão redundante. Você acordava, usava drogas, ia dormir, acordava, usava drogas. Desisti depois de alguns capítulos!".

Ri e fiquei contente com a reação dela (bom, talvez tenha ficado um pouco magoado!). Fico feliz que meus filhos não estejam em meio a uma cultura de drogas, mas sei que eles têm sorte, porque, no presente momento, os EUA estão sofrendo uma das piores epidemias de heroína em décadas.

É realmente de partir o coração. Entrevistei um agente funerário para o meu programa de rádio *Sixx*

Sense, e ele me disse que meio milhão de pessoas nos EUA são hoje viciadas em heroína.

Li recentemente que o problema está tão sério em Ohio que chegam mais corpos do que os necrotérios são capazes de receber. É preciso trazer caminhões de gelo e levar os corpos para outros lugares enquanto eles descobrem o que aconteceu, para então enterrá-los.

Pensa nisso: soa apocalíptico... e é por causa da dependência. É também um ótimo motivo para relançar este livro agora, uma boa hora para alertar as pessoas para que larguem a heroína.

Boa parte do problema vem de drogas prescritas, como a oxicodona. As pessoas as tomam por razões médicas, se tornam viciadas ou voltam a se viciar, e quando os médicos não dão mais receitas, elas vão às ruas ou à internet para comprar as drogas. Começam a fumar e, por fim, injetar.

Depois, há o fentanil, que os usuários misturam com heroína de baixa qualidade para dar uma incrementada. A heroína pode ser 100% pura quando sai, digamos, da China, mas, quando chega aos EUA, é pisada – diluída – inúmeras vezes.

Um traficante dilui em 50%, o seguinte, em 25%, e então outro cara a dilui para uns 10% da potência. A droga acaba sendo vendida nas ruas como heroína refinada, mas os usuários sabem que podem conseguir fentanil barato e misturar, o que a torna muito mais potente, e é aí que eles sofrem overdoses e morrem.

É uma situação perigosa, que me preocupa diariamente. Foi o fentanil que matou Prince – ele

tomava para mascarar a dor
nos quadris.

Sei como é fácil escorregar das
drogas prescritas para a dependência. Quando passei por uma cirurgia de hérnia na última turnê do
Mötley Crüe, os médicos me deram
remédios para dor, dizendo que os
tomasse a cada quatro horas.

Tomei por alguns dias, e então os
joguei descarga abaixo, porque não
queria me tornar uma estatística.

Sabia o quão boa era a sensação que eles davam,
mas também sabia que não os queria na minha vida
de novo.

Enquanto escrevo isto, tenho mais cirurgias sérias
próximas, devido aos manguitos rotadores rompidos
em ambos os meus ombros. Acabei de ter meu quadril
esquerdo substituído por uma prótese, por passar
trinta e cinco anos saltando de amplificadores.
Compreendo a necessidade de analgésicos nesses
casos, e também sei o quão cauteloso preciso ser
perto deles.

Minha razão para compartilhar essa informação é
que a dor pode ser controlada, mas cuidado com a
sedução do diabo... conheço bem o rosto dele. Você
deveria conhecer, também. Talvez este livro te
ajude ou te assuste... as estatísticas de hoje são
diferentes de quando esses diários foram escritos... vamos manter a informação viva para que as
pessoas possam continuar vivas...

Hoje em dia, acordo e não preciso me preocupar com comprimidos e cocaína e heroína e álcool. Mal penso nessas coisas.

Mas é importante não apagar o passado por completo.

Este livro nunca vai me deixar esquecer, isso é certeza.

Aqueles em recuperação, com muita frequência, se sentem confortáveis quando as coisas estão indo bem, quando a vida está boa, quando o sol brilha e nós simplesmente seguimos.

Porém, assim que as coisas dão errado ou a vida fica difícil, a primeira coisa que pensam é em beber, cheirar ou tomar um comprimido.

Lembro-me da primeira vez que tentei me limpar. Não queria não ser *cool*, não queria ser o nerd da festa. Demorei muito para me sentir confortável o bastante para ser capaz de ir a uma festa sóbrio. Depois, me dei conta de que não importa como as outras pessoas me veem. Preciso ficar sóbrio por mim, e se a situação fica escorregadia, ao ponto de eu me sentir desconfortável na minha própria pele ou começar a pensar em beber, é hora de ir embora. Quando vou a uma festa, sempre mapeio a minha rota de fuga (também porque gente bêbada enche o saco pra caralho).

Ao longo dos últimos dez anos, houve muitas ocasiões em que cheguei numa festa ou num quarto e as pessoas estavam usando cocaína, fodidas ou falando umas merdas estúpidas. Só digo: "Preciso ir. Foi mal por ir embora logo, mas tenho uma coisa pra fazer amanhã de manhã".

Minha vida é mais importante do que festas ou droguinhas de festa.

Fico bem contanto que siga o programa. Quando estava começando a ficar limpo e tentando colocar na cabeça a ideia de não usar drogas, costumava ir às reuniões do AA duas vezes por dia. Agora vou uma vez por semana — menos que isso quando estou na estrada —, mas ainda converso com pessoas do programa quase diariamente.

Há uns apps ótimos que te ajudam a ficar na linha. Tenho um app do AA que manda uma notificação todo dia com alguma coisa para ler. Gosto ainda de um outro app que me diz há quanto tempo estou sóbrio. Tudo isso ajuda. Neste momento, a contagem é:

15 ANOS E 63 DIAS, 5.542 DIAS

182,06 MESES, 133.008 HORAS

E não pretendo resetá-la tão cedo.

Então por que quero levar essas passagens insanas dos meus diários a público de novo, dez anos depois de elas terem chocado e inspirado tanta gente pela primeira vez?

Diários da Heroína é o livro que mudou a minha vida — e também a de milhares de pessoas. Nunca me dei conta, nunca sequer imaginei o impacto que este livro teria em tanta gente.

Ainda hoje, posso ser abordado em qualquer lugar do mundo e uma das primeiras coisas que as pessoas querem falar comigo é desse livro. Acontece na Rússia, na América do Sul, no México... Não faz muito tempo, eu estava de férias no Havaí e vi um pai sentado com a família à beira da piscina, lendo *Diários da Heroína*.

Posso estar num festival de rock no meio de um descampado no Reino Unido e alguém vem até mim com o livro na mão. Em todo show que faço — com o Mötley Crüe ou com o Sixx:A.M. —, há alguém na plateia apontando um exemplar para mim.

Quando isso acontece, sei que tomei a decisão certa. Penso: se você leu esse livro, conhece os meus segredos mais profundos e obscuros. Você não me vê no palco como um *rock star*, todo glamoroso. Você conhece o meu eu verdadeiro e pode ser até que eu te conheça...

Nessa crise mais recente da heroína, há gente por aí enfrentando a dependência na adolescência ou com vinte e poucos anos. Quando *Diários da Heroína* saiu, essas pessoas tinham apenas oito ou dez anos de idade. O livro passou batido por elas.

Se esta edição comemorativa ajudar uma pessoa sequer a ficar sóbria e sobreviver, já terá valido a pena. Porque, como bem sei, quando você está lá no fundo desse poço, você precisa de toda ajuda que pode ter.

Quando olho em retrospecto para a minha vida caótica, enevoada e de ódio por mim mesmo de trinta anos atrás, sempre penso: vivi a vida que queria viver. E morri na vida que queria viver.

Assim, aperte o cinto e aproveite a viagem (bem) turbulenta. Espero que você, e aqueles a quem você ama, nunca passem por nada disso.

Bem-vindo de volta à minha história pessoal de terror.

(Alerta de spoiler: ela tem um final feliz.)

Nikki Sixx

Maio de 2017

INTRODUÇÃO 1

Lembro-me de quando eu tinha quinze anos e a música "Search and Destroy", do Iggy and the Stooges, saía dos alto-falantes e chegava até mim como meu hino pessoal. Era um tema que carreguei por décadas como meu próprio mantra infernal. A música poderia muito bem estar tatuada nos meus braços, porque não havia palavras mais verdadeiras para um adolescente alienado:

I'm a street walking cheetah with a heart full of napalm
I'm a runaway son of the nuclear A-bomb
I'm a world's forgotten boy
The one who searches and destroys[IV]

Alice Cooper era outro herói musical. Como Nostradamus, Alice deve ter visto o futuro quando cantou "Welcome to My Nightmare"... ou pelo menos o meu futuro:

Welcome to my nightmare
Welcome to my breakdown
I hope I didn't scare you[V]

Porém, o pesadelo de Alice era o show business. Este livro é uma coisa completamente diferente. Sou eu recebendo os leitores num pesadelo vivo genuíno que enfrentei quase vinte anos atrás; um pesadelo tão ruim que acabou me matando. Mas, agora, sei que não foram só as drogas — era também o meu passado, me assombrando inconscientemente, e nem mesmo uma combinação letal de narcóticos parecia ser capaz de aniquilar a dor.

Acredito que, se conseguíssemos misturar essas duas músicas, teríamos a canção-tema da minha adolescência. No Natal de 1986, eu era membro de uma das maiores bandas de rock'n'roll do mundo. E era também um alcoólatra, um cocainômano e um viciado em heroína rumo a uma espiral descendente de depressão regada a comprimidos.

Welcome to my nightmare[VI]

Musicalmente, sempre pensei no Mötley Crüe como uma combinação safada de rock, punk, glam e pop, pontuada por muito sarcasmo, raiva e humor, amor e ódio, felicidade e tristeza. É claro que, dependendo da receita, sempre havia quantidades maiores ou menores de sexo também. Digo, o que é o rock'n'roll se não sexy? Sujo? Geralmente. Sexista? Sempre. Amontoamos tudo isso num liquidificador e o resultado foi um coquetel muito tóxico.

Palatable for the masses like Jim Jones' Kool-Aid
Sweet to the lips and deadly to ourselves
We were the drug scouts of America
And we were louder than hell[VII]

Esses diários se iniciam no Natal de 1986, mas esse dia nem foi tão especial assim. Eu já era viciado bem antes e continuei assim por um tempo depois. Talvez esse dia tenha apenas revelado essa condição para mim. Quando você passa o Natal sozinho, nu, sentado ao lado da árvore agarrado a uma espingarda, algo te diz que a sua vida está girando perigosamente fora de controle.

I'm a street walking cheetah with a heart full of napalm[VIII]

Ao longo dos anos, as pessoas tentaram passar um certo pano ao dizer que estar no Mötley Crüe me tornou um viciado... mas eu não acho que foi o caso. Essa sacada de gênio foi toda obra minha. Mesmo na infância, nunca fui inclinado a desviar de uma bala, sempre fui o primeiro a ser atingido bem no meio da testa. Era teimoso, determinado e sempre disposto a me colocar no caminho do perigo em prol do caos, da confusão e da rebeldia — todas as características que me tornaram famoso e, depois, infame. Os ingredientes para o sucesso e para o fracasso reunidos numa bela embalagem, com a estabilidade emocional de um coquetel Molotov. Quando me mudei para L.A., no final dos anos 1970, e descobri a cocaína, ela só amplificou essas charmosas características.

I'm a runaway son of the nuclear A-bomb[IX]

Porém, o álcool, o ácido, a cocaína... esses foram só casos passageiros. Quando conheci a heroína, foi amor verdadeiro.

Depois que alcançamos o sucesso, eu nem sabia o que fazer com o tanto de dinheiro que o Mötley Crüe me deu. Então, naturalmente, gastei com a única coisa que eu queria: drogas. Antes da banda, eu só vivia para a música: depois, passei a viver só para as drogas. OK, então o Mötley Crüe talvez tenha me dado os recursos para me tornar um viciado, mas... quer saber de uma coisa? Se não fosse a banda, eu teria encontrado um outro jeito de me viciar.

Acredito que todos nós chegamos a viver nosso destino, mesmo aqueles de nós que têm de escolher o pior destino imaginável. Então por que embarquei nessa viagem estranha e sinistra? Bem, tenho uma pequena teoria de três itens a respeito disso.

1. Minha infância foi uma merda. Meu pai me abandonou quando eu tinha três anos e nunca mais voltou.

2. Minha mãe tentava me amar, mas, sempre que aparecia um cara novo na jogada, eu ficava no caminho e ela me mandava para morar com meus avós.

3. Nasci viciado. Não surpreende que eu tenha crescido me sentindo raivoso, mal-amado e como se precisasse de... vingança.

Vingança contra quem? Contra o mundo? Contra mim mesmo?

Welcome to my breakdown...

The one who searches and destroys[XI]

Sempre fui obstinado, mesmo quando não sabia aonde estava indo. Muito antes de conhecer Tommy Lee, Vince Neil e Mick Mars, eu já sabia que faria parte do Mötley Crüe. Sabia como seria nosso visual, nosso som, nosso comportamento (mau pra caralho, obviamente!).

O Mötley Crüe sempre teve a ver com música e garotas... música e drogas... e música e violência. Queríamos ser a maior, mais suja e mais barulhenta banda de rock do planeta, e sabíamos que estávamos no caminho certo. Em 1983, quando chegamos de helicóptero para tocar para 300 mil fãs de metal num festival em LA, nossa única queixa era não sermos os *headliners*. Estávamos na autoestrada para o inferno e tínhamos toda má intenção de destruir toda e qualquer coisa em nosso caminho. Era possível nos seguir pela trilha de sexo, drogas e rock'n'roll que deixávamos atrás de nós...

Mas duas coisas importantes aconteceram comigo em 1983. *Shout at the Devil* ganhou disco de

Welcome to my breakdown... XII

platina e elevou ainda mais o status do Mötley Crüe. E eu, bêbado, bati meu Porsche num poste, desloquei o ombro e comecei a fumar heroína para adormecer a dor. O problema foi que continuei a fumar — e depois comecei a injetar — bem depois de a dor já ter ido embora.

Porra, havia pistas de que eu estava me tornando um *junkie*. É preciso ser muito egocêntrico para não notá-las, mas, se tinha uma coisa que eu era naquela época, era egocêntrico. Quando Vince Neil foi para a cadeia por vinte dias, não o visitei nem telefonei para ele, o nosso vocalista, uma única vez. Nem me ocorreu fazer isso: seria uma perda de tempo valioso para usar drogas.

Ao final da turnê de *Theatre of Pain*, em 1986, eu já estava a caminho de me tornar um *junkie* completo. Tive uma overdose depois de um show em Londres e, ao acharem que eu estava morto, fui largado numa lixeira. Apareci trincado de heroína para ser padrinho de casamento do Tommy, com seringas escondidas nas minhas botas de cowboy. E fiquei em casa fumando heroína *freebase* ao invés de ir ao funeral da minha própria avó — a mulher que me amou e me criou.

E as coisas estavam prestes a ficar piores. Bem piores.

A coisa mais estranha é que, durante o período mais sinistro, mais perdido da minha vida...

eu mantive diários. Em casa, enquanto pirava, ou em turnê, eu rabiscava pensamentos em cadernos surrados ou em pedaços de papel. Às vezes, escrevia completamente sóbrio e são. Outras, era como o diário de um louco. Acho que, na minha mente comatosa carcomida pelas drogas, eu pensava que meu diário era a única pessoa que me compreendia de verdade. Talvez o meu único amigo, alguém com quem confidenciar... não é à toa que dizem que é solitário estar no topo.

Havia me esquecido da existência desses diários, ou talvez estivesse em negação deles, até que os encontrei num depósito ano passado, enterrados sob livretos de turnê mofados, capas de revistas e prêmios emoldurados. Foi genuinamente chocante lê-los, uma janela de volta para uma época obscura da minha vida que deixei para trás há muito tempo... e para a qual espero nunca retornar.

Enquanto escrevo isto, o Mötley Crüe está de volta e tocando ao redor do mundo novamente. Amo isso pra caralho e, em certos aspectos, a vida no Crüe está insana como sempre. Os amplis ainda são barulhentos demais, assim como a nossa atitude. Ainda amo tocar rock'n'roll. Na verdade, posso dizer seguramente que tocar me dá barato. Sinto-me privilegiado por ainda estar por aí fazendo o que amo tanto, e o fato de que ainda o fazemos segundo nossos próprios termos é extremamente gratificante, pra caralho. A diferença é que não saio mais da pilha de adrenalina do palco para me lançar numa missão kamikaze com narcóticos para ficar ainda mais pilhado.

Agora, a música e os fãs são suficientes, como sempre deveriam ter sido.

Sou a mesma pessoa, mas também uma pessoa diferente. Veja bem, há o Sikki e há o Nikki, sóbrio há muitos anos, no controle, ao invés de fora de controle e adoidado. De vez em quando até me ocorre que eu possa ser o tipo de pessoa que o Sikki de 1986 odiaria. Tudo bem, porque eu não acho que gostaria de conhecer o Sikki em 2006, então estamos quites.

Estava ouvindo Velvet Underground de novo hoje e "Heroin" soa boa como sempre, especialmente quando Lou Reed canta sobre a heroína ser sua morte, sua vida e sua esposa.

Quem pensaria, quando eu estava crescendo em Idaho, que uma das canções mais inspiradoras da minha vida também acabaria sendo a minha canção-tema?

Eu poderia queimar esses diários insanos ou guardá-los de volta onde encontrei, e ninguém jamais saberia de nada disso. Então, por que decidi publicá-los e mostrar ao mundo o doido trincado e fodido que eu era no auge do meu sucesso?

Bem, é simples. Se uma pessoa ler este livro e não seguir o mesmo caminho que eu, já terá valido a pena compartilhar meu inferno pessoal. Também estou doando os lucros deste livro para ajudar jovens que fugiram de casa, por meio do projeto Running Wild in the Night, que elaborei com a Covenant House (www.covenanthouse.org e www.nikkisixx.net).

Dizem que, para guardar o que você tem, é preciso doar o que você tem. Acredito nisso. Também acredito que é possível ser *cool* pra caralho, não dar porra de satisfação nenhuma e ser um fodão na vida, sem ser fodido. Ainda sou a primeira pessoa que vai dizer "foda-se", mas digo "eu te amo" ainda mais rápido. Se a vida é o que você faz dela, fiz a minha vida ótima. Deu muito trabalho e, se necessário, você é capaz de fazer o mesmo.

Por último, mas não menos importante, os versos que escrevi para "Home Sweet Home" em 1985 são tão verdadeiros hoje quanto o eram na época:

Meu coração é como um livro aberto
Para o mundo todo ler

Bem-vindos ao meu pesadelo...
Aproveitem.

NIKKI SIXX
DEZEMBRO DE 2006

INTRODUÇÃO 2

Conheci Nikki Sixx no Valentine's Day de 1986. O Mötley Crüe foi para Londres com a turnê de *Theatre of Pain*, eu escrevia para a hoje extinta revista britânica de música *Melody Maker* e nós trocamos algumas doces miudezas numa entrevista. Nikki não falou coisas com muito sentido. Fui embora pensando: "Esse cara está chumbado". Ao final da noite, ele teve uma overdose e foi largado numa lixeira. E foi a partir daí que ele realmente caiu ladeira abaixo...

Quase vinte anos depois, Nikki me convidou para trabalhar com ele em *Diários da Heroína* e eu tive um *insight* mais amplo da bagunça abjeta que ele chamava de vida naquela época. Quando Nikki me mostrou pela primeira vez o que restava de seus escritos daquele período, fiquei horrorizado e não podia acreditar como ele ainda estava vivo. Algumas páginas de seus diários estavam intactas, muitas não estavam, mas ao vasculhar sua memória e pesquisar velhas anotações e documentos, fomos capazes de preencher os buracos negros — e montar a história de um homem que, no coração pulsante de uma banda de rock extravagante, estava se desmantelando profundamente.

Nikki me pediu para obter os outros lados dessa história de terror, então busquei as pessoas cujas vidas ele aterrorizava naquela época — os membros do Mötley Crüe que o toleravam e/ou temiam, as amantes que eram sugadas para dentro de sua insanidade diária, sua mãe distanciada, que ansiava estar perto dele. Não surpreendentemente, elas tinham algumas coisas bastante cabeludas para dizer a respeito do *junkie* descontrolado que conheceram então, mas Nikki quis todos os insultos e atrocidades citados neste livro. Não consigo pensar em outro *rock star* da estatura dele que seria tão sincero ou corajoso.

Diários da Heroína não é uma leitura fácil. Porém, é um livro que você nunca vai esquecer.

IAN GITTINS

DEZEMBRO DE 2006

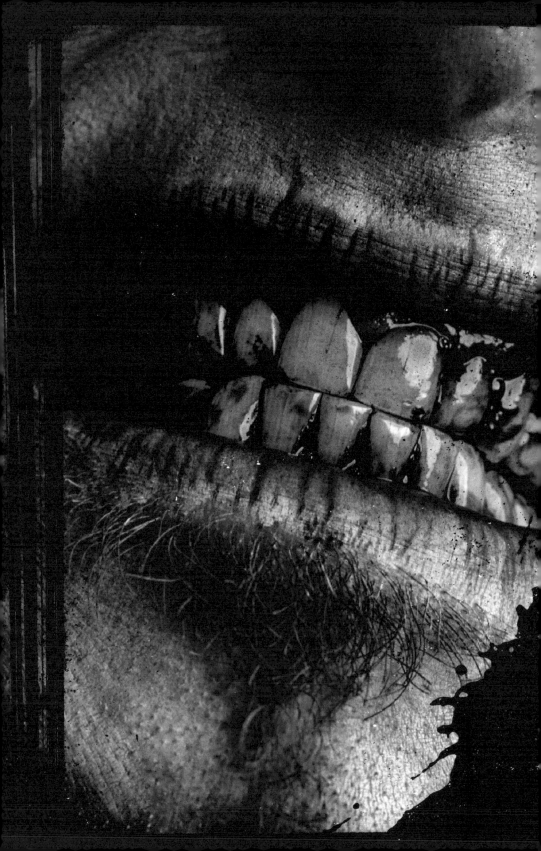

DEZEMBRO DE 1986

FELIZ NATAL. BEM, É O QUE AS PESSOAS DIZEM NO NATAL, CERTO?

25 DE DEZEMBRO DE 1986
Van Nuys, 19h30min

Feliz Natal.

Bem, é o que as pessoas dizem no Natal, certo? A diferença é que elas normalmente têm a quem dizer isso, têm amigos e família ao redor. Não ficam encolhidas peladas debaixo da árvore de Natal com uma agulha no braço feito um cara insano numa mansão em Van Nuys.

Não estão fora de si e escrevendo num diário e não estão vendo o espírito natalino coagular numa colher. Não falei com uma pessoa sequer hoje... pensei em ligar pro Bob Timmons, mas por que eu iria arruinar o Natal dele?

Acho que, desta vez, decidi começar outro diário por uma série de motivos diferentes...

1. Não me restam mais amigos.
2. Para eu poder ler e me lembrar do que fiz no dia anterior.
3. De forma que, se eu morrer, pelo menos tenho a vida registrada em papel (simpática cartinha de suicídio).

Feliz Natal... Somos só eu e você, diário. Bem-vindo à minha vida.

BOB TIMMONS: No Natal de 1986, Nikki já era viciado em heroína e cocaína há pelo menos um ano, talvez mais. Como aconselhador de dependentes químicos, conheci Nikki quando o agente do Mötley Crüe, Doc McGhee, me chamou para trabalhar com o vocalista da banda, Vince Neil. De início, Nikki foi muito hostil comigo; tentou me banir do *backstage* deles e até mesmo de ficar próximo da banda. Aos poucos, estabelecemos uma relação e, no início de 1986, ele me pediu ajuda no que diz respeito a seus próprios vícios. Aconselhei-o a se internar num centro de reabilitação, mas ele se recusou e disse que não precisava. Foi muito teimoso quanto a essa questão.

Ao longo dos anos, trabalhei com artistas de sucesso absoluto, dos Rolling Stones aos Red Hot Chili Peppers e todo tipo de banda entre eles, e permitam-me deixar uma coisa clara logo de cara – o Mötley Crüe, mais do que qualquer outra banda, escreveu o manual de instruções da decadência e da farra. Nesse quesito, eles foram as pessoas mais extremas que já conheci, e Nikki o mais extremo de todos. Por muitos anos, Nikki teve um lema: "Vou fazer exatamente o que eu quiser fazer, e foda-se todo mundo".

26 DE DEZEMBRO DE 1986
Van Nuys, 2h10min

Jason veio me visitar de novo hoje. Fiquei comovido... Então, no fim das contas, Papai Noel existe mesmo. Chegou como quem não quer nada, com aquele cabelo brilhantinado de James Dean e aqueles olhos de *junkie* tão fundos no rosto alongado que fazem parecer que ele está usando maquiagem, parou ao lado da árvore e perguntou como passei meu Natal. Como se ele se importasse... Como se já não soubesse que foi exatamente igual ao dele. Às vezes, o Jason me irrita quando tenta puxar uma conversa corriqueira. Perguntou quanto eu queria, e eu perguntei: "Quanto você tem?". E ele me deu um olhar de desdém com uma careta e disse: "Deve ser legal..."

A namorada gótica dele, Anastasia, arremedo de Betty Page, não é muito melhor. Ah, ela é bacana o suficiente, mas sei que, no fundo, eu sou só o vale-refeição dela para uma vida mais fácil e mais suave. Sei que ela diz ao Jason pra sair correndo quando eu ligo, porque ela quer o dinheiro mais do que ele. Não só pela droga, eles ganham de mim o suficiente para manter seus pequenos hábitos baratos, mas ela gosta de decorar o ninho de rato de um cômodo deles com o dinheiro que eles têm sobrando. Esse é o verdadeiro motivo pelo qual ela exige que ele atenda meus chamados... Ela gosta dessa grana extra pra gastar em antiquários e brechós.

Vejo-a como uma Barbie Dona de Casa do Inferno, mas é tudo apenas uma fantasia — ela é só uma viciada também...

NIKKI: Jason, meu traficante, e eu tínhamos uma verdadeira relação de amor e ódio. Eu o amava porque podia encostar no telefone e ele estaria na minha casa em trinta minutos com tudo o que eu precisasse. E o odiava porque ele estava me matando. Ele me amava porque eu lhe dava centenas (às vezes milhares) de dólares diariamente. E me odiava porque eu era um *rock star* milionário mimado que podia ter qualquer coisa que quisesse sempre que quisesse, que era o que geralmente acontecia.

Eu andava pelos vales de L.A. numa moto Honda Shadow sem camisa, totalmente pirado. Certa vez, Jason começou a falar de Harleys e o quando ele as adorava. Tommy tinha uma, então no dia seguinte eu simplesmente saí, comprei uma e fui com ela até a casa de Jason para pegar droga. Ele ficou furioso: era sua moto dos sonhos, ele havia me mostrado uma foto, e eu a comprei. Ele me achava um tremendo moleque mimado.

Jason era tão fodido na heroína quanto eu. Era um cara alto e magérrimo, que, em outra vida, poderia ter sido modelo ou alguma coisa assim, mas, no caso, só parecia um cadáver, mesmo. Essa era a verdadeira razão pela qual ele me odiava: nós dois vivíamos para as drogas, mas eu podia comprar o quanto eu quisesse.

27 DE DEZEMBRO DE 1986
Van Nuys, 4h15min

A melhor parte de fumar *freebase* é antes do primeiro pega. Adoro esse momento, bem antes de colocar o *pipe* nos lábios... Esse momento em que tudo está são, e o desejo, a salivação, a excitação parecem frescos e inocentes. Como preliminares... aquela aflição que é sempre melhor do que o orgasmo.

Porém, assim que dou um trago no *pipe*, em questão de 30 segundos todas as portas do inferno se abrem no meu cérebro... e eu fumo e fumo e fumo e fumo e não consigo parar. Todo dia que me sento aqui e escrevo é sempre a mesma coisa. Então – por quê? Por que faço isso? Odeio isso... Odeio demais, mas amo mais ainda.

A pior parte de fumar *freebase*[3] é ficar sem. Mas tenho um novo tesão — *speedball*[4] de qualquer tipo. Uma droga sozinha simplesmente não é mais suficiente... Me sinto como se estivesse indo só até a metade do caminho...

TOMMY LEE: Na época de *Girls, Girls, Girls*, estávamos começando a ganhar uma caralhada de dinheiro. Com o dinheiro, vieram o sucesso, o poder, a indulgência em excesso e as experimentações. Sixx e eu, em particular, usamos muitos narcóticos, e ele sempre queria forçar a barra das coisas: "Ei, e se a gente experimentasse essas duas drogas juntas? E heroína e cocaína juntas?". Esse período nos levou a um lugar sinistro pra caralho. Todos nós fomos a esse lugar diversas vezes – mas Nikki parecia gostar de lá mais do que qualquer um de nós.

28 DE DEZEMBRO DE 1986
Van Nuys, 21h40min

Depois da maratona de drogas de ontem à noite — ou foi de hoje à noite — me convenci de novo de que havia gente vindo me pegar. Era mais do que só sombras e vozes, mais do que só fantasias... Era real, e eu fiquei assustado até a medula.

Meus ossos tremiam... meu coração disparou... pensei que eu fosse explodir. Fico contente que tenha você com quem conversar, onde escrever... Tentei manter a cabeça no lugar, mas aí cedi à loucura e me uni à minha insanidade...

Sempre acabo no closet do meu quarto. Deixe-me te contar sobre esse lugar, o meu closet.

---

3 Cocaína em pedra, usada para fumar, como crack. (N. do T.)

4 Mistura de cocaína (estimulante) com algum opioide (depressor). (N. do T.)

É mais do que um closet — é um refúgio para mim. É onde eu guardo a minha droga e a minha arma. Sei que estou seguro quando estou lá, pelo menos até eu ficar chapado demais. Não posso ficar solto pela casa — tem janelas demais e eu sei que estou sendo vigiado. Neste momento, parece impossível que tiras estejam espiando das árvores lá fora ou que haja gente me olhando pelo olho mágico da porta da frente. Mas, quando a droga bate, eu não consigo controlar minha mente...

Hoje, a noite passada parece que foi há uma vida. Mas o que é doentio é que eu poderia fazer tudo de novo esta noite.

NIKKI: Essa era a rotina doida que eu tinha na época. Começava fumando *freebase* ou injetando em qualquer lugar da casa: na sala, na cozinha, no banheiro. Porém, assim que a psicose induzida pela cocaína batia, assim que a insanidade começava, eu corria para o closet. Aquele era o meu refúgio, onde eu me encolhia cercado pela minha parafernália de drogas e minhas armas, convencido de que havia gente na casa tentando me pegar, ou uma equipe da SWAT lá fora, se preparando para me capturar. Nem me mexia de medo, até o efeito passar. O único jeito de rebater mais rápido era com heroína. A heroína fazia a loucura ir embora: era a solução fácil. Na época, parecia fazer sentido.

29 DE DEZEMBRO DE 1986
Van Nuys, 16h30min

Tenho pensado na véspera do Natal do ano passado, quando peguei uma garota numa casa de strip, trouxe-a pra cá de moto, a levei pra casa no dia seguinte, e então fiz minha ceia de Natal sozinho no McDonald's. Vejo que não progredi muito.

Hoje, estou ouvindo o Exile on Main Street, lendo, largado por aí... Tomando sol no quintal, nu... Hoje, me sinto como meu eu antigo. Às vezes, me sinto como se tivesse duas personalidades. Uma é o Nikki e a outra é o... Sikki.

ROSS HALFIN: Como fotógrafo, trabalhei com o Mötley Crüe muitas vezes ao longo dos anos para revistas e fiquei particularmente próximo de Nikki. Lembro que, quando o conheci em L.A., nos demos muito bem e decidi sair para tomar um drink naquela noite. Ficamos conversando numa mesa. Vince Neil estava em outra mesa com uma garota, discutindo, e de repente se levantou e deu um soco na cara dela. "Devemos ir lá resolver?", perguntei a Nikki, e ele só riu e disse: "Deixe que eles se resolvam".

JANEIRO DE 1986

PODE-SE DIZER QUE ANDO TENDO
UM CASO DE AMOR DE 10 G

1º DE JANEIRO DE ~~1986~~ 1987
Van Nuys, 6h

Vanity apareceu aqui ontem com uma montanha de cocaína... Isso meio que alterou o dia. Eu estava indo bem até esse ponto. Tive uma boa noite de sono pela primeira vez em muitos dias. Até consegui tomar um banho e pegar uma guitarra.

Mas já que você é um diário novo, me deixe te contar da Vanity... Ela era backing vocal do Prince, ou pelo menos é o que ela diz. A gente se encontra só por motivos errados e só tem uma coisa em comum de verdade — drogas. Digo, ela é uma garota doce, tanto quanto eu sou um cara doce. Ela tem cabelos castanhos longos e olhos cor de chocolate, e a habilidade de ser muito bonita, mas, geralmente, assim como eu, parece o inferno. Como dizem por aí, desajustados atraem desajustados... As palavras mais verdadeiras já ditas.

O Mötley volta para o estúdio na semana que vem e eu disse aos caras que tenho umas músicas novas. A verdade é que eu não escrevi muita coisa, não. Simplesmente não consigo me concentrar em muita coisa nesses dias, exceto pelo... de sempre.

Assim, cheiramos umas carreiras enquanto Vanity preparava a pasta base. Ela não parava de falar em sairmos para o Réveillon, mas ambos sabíamos que não iríamos a lugar algum. Quanto mais ela falava, mais eu só ouvia a minha própria cabeça falando... o desejo, a água na boca por um pega naquele *pipe*... era lindo e feio ao mesmo tempo.

E então tudo deu errado, como sempre dá. A pasta base fodeu com a cabeça da Vanity e ela começou a falar em charadas, tagarelando sobre Jesus e espiritualidade como se ainda estivesse com a porra do Prince, ou alguma coisa assim... Não fazia sentido algum e eu não estava aguentando aquilo, então comecei a berrar para ela ir se foder e ir foder Jesus e sair da porra da minha casa. Ela então foi embora e eu voltei para o closet com a arma do meu avô apontada para a porta, agulhas e colheres sujas espalhadas pelo chão... Aterrorizado porque pessoas haviam deslizado por baixo da porta da sala feito vapor, estavam dentro da casa e vinham me pegar.

Odeio pra caralho essa merda. Estou OK agora, mas ninguém acreditaria no que acontece dentro da minha cabeça... é assombrada. Agora que o efeito baixou, parece uma peça doentia que vi no teatro. Há trinta minutos, eu poderia ter matado alguém, ou a mim mesmo. Agora estou OK... Preciso de uma cela acolchoada, sério.

Ah, é... Feliz Ano-Novo...

11h30min

Aí vem o Ano-Novo... mesma coisa que o ano antigo?

Pete diz que eu preciso muito abrir esses presentes de Natal logo...

NIKKI: Vanity ia e vinha durante diferentes períodos da minha dependência. Era uma garota negra insana que cantara com o Prince: também foi namorada dele por um tempo. Na época, eu pensava nela como um ser humano descartável, como uma agulha usada. Uma vez que seu propósito estava feito, estava pronta para o lixo, e só seria recolhida se você estivesse muito desesperado.

Talvez a maneira como conheci Vanity devesse ter me dito que aquele não seria um relacionamento normal. Em 1986, eu andava com um cara chamado Pete: na verdade, ele meio que morava na minha casa. Pete era um cruzamento de 1,82 m entre o Keith Richards e o Herman Monstro, e parecia ser o *rock star* mais *cool* do pedaço, porém não sabia tocar merda nenhuma. Ficávamos sentados em casa assistindo TV, cheirando cocaína e apontando as garotas com quem queríamos trepar. Eu então ligava para o escritório dos agentes do Mötley e eles conseguiam os telefones dessas garotas para que a gente pudesse ligar para elas. Era um joguinho doentio que fazíamos... sem nunca perceber que estávamos brincando com as vidas das pessoas. Vimos Vanity na MTV e Pete disse: "Cara, essa é a ex do Prince". "Excelente – o pau dele é minúsculo", retruquei. O escritório entrou em contato com Vanity e arranjou nosso encontro. Ela abriu a porta nua, com os olhos revirando pra todo lado. Alguma coisa me disse que poderíamos nos dar bem.

Nós nos tornamos parceiros de droga: às vezes, dava para praticamente nos chamar de namorados. Vanity também me ensinou como fumar *freebase* direito: a primeira vez que fumei foi com Tommy, quando o Mötley estava começando, e umas poucas vezes depois disso. Até então, eu praticamente só cheirava ou injetava. Porém, assim que ela me ensinou as manhas de cozinhar uma boa pedra... foi amor.

Não por ela. Pela droga.

PASTORA DENISE MATTHEWS: O dicionário Webster assassina a palavra *vanity* [vaidade], descrevendo-a como desprezível. Que grande erro foi aquele. Deus me perdoou por aquele nome feio. Pode-se dizer que eu fui uma colecionadora: colecionei uma longa lista de vícios vis ao longo da minha jornada de paranoia, ao ir bravamente onde a maioria das pessoas nunca tinha ido, ao me esconder atrás do rosto que disparava milhares de nadas.

Poucos ainda me chamam de Vanity. Meus amigos me chamam de Denise; os santos me chamam de pastora. Não importa, não atendo ao nome Vanity. Prefiro muito mais ser um peixe preso numa lagoa com um tubarão faminto a assumir um nome tão sórdido e vazio. Sou uma nova criatura em Cristo e persevero para sempre mudar para melhor.

3 DE JANEIRO DE 1987
Van Nuys, 17h20min

Caro diário, aqui vai um dia típico de férias no meu paraíso de *rock star*.

Acordar por volta do meio-dia... se fui pra cama. Ver se estou sozinho. Se estiver com alguém, tentar lembrar o nome dela — mas isso não tem acontecido muito ultimamente. As garotas meio que pararam de vir...

Me arrastar para fora da cama, estar de ressaca ou em abstinência de drogas. Limpar a noite passada dos olhos. Me perguntar se preciso tomar banho. Decidir que não preciso... só vou ficar sujo de novo, mesmo.

Num bom dia, pegar a guitarra. Num dia ruim, ficar largado assistindo MTV. Na maioria dos dias, fazer ambas as coisas. Dar um teco para acordar.

Algumas pessoas usam café para isso... Todos nós temos nossos pequenos rituais. E então começa...

A comichão começa. A cocaína me deixa tenso, então dou uma cheirada no meu *blend* de café da manhã e tomo um Valium ou dois para me acalmar. Mas preciso do Jason. Se a secretária eletrônica dele estiver ligada, espero me contorcendo até ele ligar de volta. Quando o telefone toca — se for o Jason — é a melhor coisa do mundo. Se não for ele, quero que a pessoa do outro lado da linha morra. Às vezes, me pergunto se eles sabem que estou trincado e estão me ligando só pra me atormentar.

E se o Jason nem ligar? É quando a porra da noia começa. Estar em abstinência de droga é a pior sensação do mundo. Espero que isso nunca aconteça com você. A menos que você mereça... poderia dizer alguns nomes. Quando você está na noia, faz praticamente qualquer coisa para conseguir uma dose. Você só consegue pensar nisso... é uma coisa que te assombra.

Em algum momento pego meus algodões, espremo um pouco de suco de limão neles e tento extrair uns miligramas. Já fiz de tudo. Uma vez, até tentei injetar um negócio esquisito que achei no meio dos arbustos na frente da casa de um traficante — depois descobri que não foi um grande achado sortudo da minha parte, porra, era açúcar mascavo cristalizado. Cara, eu pensava que tinha achado a rainha-mãe de todas as drogas quando encontrei aquele saquinho.

Mas, quando o Jason finalmente chega, ele torna tudo melhor. É como se ele tivesse o poder da cura... e aquele pentelho demonstra esse poder sempre que tem a chance.

● VINCE NEIL: Sabe qual é o problema do Nikki Sixx? Ele não consegue fazer as coisas só um pouquinho. Não consegue cheirar só um pouco da cocaína – tem que cheirar toda a cocaína. Não consegue usar só um pouco de heroína – tem que usar toda a heroína. Não consegue beber só um gole de vinho – tem que beber todo o estoque do bar. Não tem uma velocidade média para o cara – é oito ou oitenta.

4 DE JANEIRO DE 1987
Van Nuys, meia-noite

Bob Michaels veio aqui essa noite. Tomamos umas cervejas, cheiramos umas carreiras... Bob é um cara gente boa. Fica fodido comigo, mas não é como eu... ele é normal.

BOB MICHAELS: Nikki Sixx e eu somos amigos desde o dia em que ele se mudou para o apartamento ao lado do meu, em 1983. Lembro-me de ver um cara muito alto em saltos de 15 cm, com muito cabelo preto e muita maquiagem, e pensar: "Que porra é essa?". Mas nós ficamos amigos muito rápido. Aquele prédio era a Central da Farra: acho que todo mundo que morava lá estava envolvido no suprimento ou no consumo de narcóticos. Robbin Crosby, do Ratt, morava no apartamento abaixo do Nikki, e Tommy estava sempre por lá.

Continuei amigo de Nikki quando ele se mudou para sua casa seguinte, no Vista Valley Boulevard, em Van Nuys, mas a essa altura ele já estava enfrentando todo tipo de vício – heroína, alcoolismo. Ele injetava tudo o que podia – heroína, coca e uma porção de outras coisas que nunca deveriam ser injetadas. Particularmente, aponto como o início dos problemas dele quando Vince Neil foi para a cadeia em 1985. Isso fez Nikki pensar pela primeira vez: o que aconteceria se a banda parasse? Talvez isso o tenha assustado, porque foi aí que seu uso de drogas começou a ficar fora de controle.

5 DE JANEIRO DE 1987
Van Nuys, 21h30min

Ouvindo Dolls e Stooges. Uau. Incrível. Depois misturo com um pouco de John Lee Hooker ou Buddy Miles. Depois, o primeiro álbum do Aerosmith... amo música... a vida é isso, como Burroughs, ou Kerouac, ou Ginsberg... As chamas que brilham forte.

Outras pessoas se escondem da vida. Gente como eu, ou Keith Richards, ou Johnny Thunders — nós a vivemos. Estamos bem aqui, sentindo tudo, no momento presente... A única maneira de ser verdadeiramente vivo é confrontar sua mortalidade...

NIKKI: Eu realmente pensava dessa forma. Keith e Johnny viviam daquele jeito, então por que eu não deveria viver? Sei que parece louco agora, mas, na época, parecia a única maneira de se viver. Eu era só mais um *rock star* milionário esgotado e confuso que se desfazia.

MICK MARS: Nikki estava sempre tentando ser o rebelde. Tinha dinheiro o bastante para agir como Sid Vicious, que foi um cara que ele sempre adorou, então era exatamente isto o que fazia: interpretava o papel de Sid. É claro que, aparentemente, nunca ocorreu a ele que Sid acabou se matando. Nikki usava tantas drogas naquela época porque era infeliz? Bem, estou bem infeliz agora e não estou usando nenhuma!

6 DE JANEIRO DE 1987
Van Nuys, 23h30min

A heroína tem uma coisa engraçada... Quando você usa pela primeira vez, você vomita, passa mal e não consegue se mexer. Fica deitado de costas enquanto sua cabeça roda e seu corpo se contorce... Você diz a si mesmo que aquela é a droga mais estúpida que existe. Só os mais idiotas dos mais idiotas usariam essa merda de novo.

Então por que eu usei de novo? Porque meus heróis usavam... Porque eu idolatro meus heróis por não estarem nem aí; e eu realmente não estou nem aí pra nada.

Uma vez que a heroína se tornou minha amiga, virou um cobertor quentinho numa noite fria. Agora não consigo me imaginar sem ela. Não consigo imaginar não usá-la. Não passo mal com a heroína - passo mal quando não uso.

Não é engraçado como isso funciona?

NIKKI: A cocaína me deixava alto, até que eu fui longe demais e me tornei selvagem e psicótico: a heroína balanceava isso e me deixava calmo. Eu me automedicava em casa por dias a fio, com a obstinação de um cientista, de um pesquisador. Talvez eu visse essa situação como uma coisa de *yin* e *yang*? Tudo fazia sentido no meu país das maravilhas *junkie*.

TOMMY LEE: A primeira vez que usei heroína foi na casa do Nikki no Valley Vista Boulevard. Ele estava usando e eu pensei: "Porra, quero experimentar essa merda". Injetei no sofá dele, tirei a agulha e imediatamente senti a maior brisa do planeta. Estava só sentado lá e num minuto tive de correr para o banheiro, jorrando vômito por entre os dedos. Depois saí muito chapado, voltei para o sofá e simplesmente apaguei. Mais tarde, pensei: "Não tenho certeza se gostei disso". A agulha doeu ao entrar, a brisa mesmo foi muito curta e depois eu vomitei e apaguei. Que porra é essa?

"Você tem certeza quanto a usar essa merda?", perguntei ao Nikki. Mas, ao contrário de mim, Sixx parecia ter certeza pra caralho.

8 DE JANEIRO DE 1987
Van Nuys, 3h25min

Às vezes, se eu não fosse tão esperto...
acharia que o meu traficante está
tentando me matar.

> Little mean faces
> Here I sit in the dark
> Letting my insanity run away
> Little mean faces stare back at me
> Chanting rhythms of my fate
> I know they're not real
> And I'm sure I'm really quite sane
> Because if I was crazy
> I would have given them
> all little names[XIII]

10h

Pete não vai admitir, mas ele
tem um vício também.

Meio-dia

LISTA DE AFAZERES:

Comprar cordas de guitarra
Comprar comida
Retornar a ligação do escritório
Retornar a ligação da decoradora
Comprar mais fechaduras pras portas
Trocar a janela dos fundos que estourou

NIKKI: Minha casa era um local de desventuras constantes. Todo tipo de caos se desenrolava ali. Certo dia, mandei instalar um mastro de stripper no quarto porque achei que ficaria classudo. Alguns dias depois, arranquei porque decidi que era vulgar. Era um constante repensar espontâneo da decoração, muito confuso, até mesmo para tempos tão confusos quanto aqueles. Tende a ser assim quando você está a caminho da insanidade.

9 DE JANEIRO DE 1987
Van Nuys, meia-noite

Eu amo essa casa... quando não a odeio.

É engraçado o fato de eu nunca nem ter visto a casa antes de comprá-la. Nicole escolheu o lugar para mim, para onde então nos mudamos, o transformamos em nosso antro de heroína, e mal saímos por meses. Agora Nicole foi embora e eu estou com a Vanity. Fui de uma *junkie* para uma crackuda... Isso é progresso?

Mas adoro perambular pela casa, de cômodo em cômodo. Adoro que ela seja tão escura: uma casa capaz de guardar segredos. Nunca quero sair daqui, mas preciso... porque os ensaios começam semana que vem.

NIKKI: A casa ficava no Valley Vista Boulevard, em Van Nuys, L.A. Minha ex-namorada Nicole a escolhera para mim. Eu estava na turnê de *Theatre of Pain* com o Mötley, ela visitava as propriedades em L.A., as filmava e vinha me encontrar na estrada para mostrar os vídeos. Demorei cerca de um minuto para dizer sim. Qual era o problema? Eu tinha tanto dinheiro que poderia ter comprado qualquer lugar.

Contratei uma decoradora que chegava para as reuniões com tecidos e amostras e me encontrava todo trincado. Ela passava por cima das agulhas, pinos de cocaína vazios e garotas nuas desacordadas nos meus tapetes persas de 25 mil dólares queimados de cigarro sem sequer piscar. Devo dar os parabéns a ela – foi muito profissional.

Minha casa era cheia de veludo vermelho pendurado, móveis góticos, antiguidades e gárgulas que te ameaçavam na escuridão. Era uma casa para se perder – e perder a cabeça.

10 DE JANEIRO DE 1987
Van Nuys, 21h40min

Hoje me fiz pegar a guitarra, sabendo que preciso escrever mais músicas para esse próximo álbum. Consegui colocar cordas, mas as composições simplesmente não estavam acontecendo... Isso me assusta, porque a música é tudo o que tenho para viver. Tommy e Vince e até Mick têm famílias para quem voltar no final do dia.

A música sempre foi a minha família, e agora estou perdendo isso também... Cada canto da minha mente está repleto de teias de aranha e medo...

11 DE JANEIRO DE 1987
Van Nuys, 23h

Pete e eu passamos o dia jogando conversa fora. Ele fala como se tivesse uma porrada de coisas acontecendo, mas nunca está com as merdas dele em ordem. Ainda me deve os 9 mil de fiança que mandei pra ele depois que foi pego em condicional com picadas no braço. Diz ele que um dia vou rever esse dinheiro... sei lá...

Me dei conta de uma coisa sobre o Pete. O cabelo dele é sempre maneiro, com umas coisas esquisitas penduradas e extensões, mas eu nunca o vi sem chapéu ou sem uma toalha enrolada na cabeça depois que ele sai do banho. É um cabelo perfeito demais... Será que é real? Eu acho que é uma porra de uma peruca!

NIKKI: Pete nunca me pagou aquele dinheiro. Depois que ele sumiu, ouvi muitas histórias de muitas pessoas sobre suas aventuras ao longo dos anos. A última que ouvi foi que ele foi para a cadeia depois de tentar roubar um banco – de bicicleta. Não faço ideia se isso é verdade, mas seria uma coisa muito Pete de se fazer.

12 DE JANEIRO DE 1987
Van Nuys, 16h

Me inscrevi num programa de metadona e acho que vai ser bom. Davey me disse que largou um vício feio em heroína persa desse jeito, então estou esperançoso... Assim, toda manhã, às nove, estou lá, o *rock star junkie* no Corvette de vidros escuros, na fila com todo mundo, de gorro e óculos de sol, para pegar a dose diária.

Vou largar dessa merda... sei que vou. Isso aqui tem de funcionar... Não sei como vou fazer a turnê se não funcionar. Eu consigo... se não pirar muito.

NIKKI: A maioria dos programas de metadona dura trinta dias e seu intuito é afastar os dependentes da heroína ao mantê-los longe de agulhas sujas, do HIV, dos traficantes e da parafernália de costume do mundo das drogas. Eu costumava pegar minha dose de metadona e então ligar para Jason para comprar heroína. Se funcionou? Eu estava tão trincado que acho que talvez tenha apenas acrescentado a metadona à minha já impressionante lista de vícios preexistentes.

"Davey" – cujo nome verdadeiro não pode ser revelado – é um dos maiores *rock stars* do mundo. Não posso falar o nome dele... mas eu certamente adorava as músicas dele na juventude...

13 DE JANEIRO DE 1987
Van Nuys, 21h

Hoje liguei para a minha irmã. Não faço ideia do porquê. Não temos nada a dizer um ao outro.

CECI COMER: Meu irmão, Nikki, é sete anos mais velho do que eu e está gravado no meu coração como a minha fé – o que é estranho, mas verdade, porque ele nem sempre mereceu. Nunca entendi, mas nunca deixei de ter esse sentimento. Porém, houve muitas vezes em que o desprezei também.

Na infância, brincávamos juntos em El Paso. Escorregávamos na terra (ele abriu o pé), pegávamos sapos e cobras e atirávamos fogos de artifício um contra o outro no 4 de Julho, dentro de uma betoneira. Certa vez, o vovô tirou um espinho enorme de cacto do joelho dele; em outra, Nikki cortou o dedo tão feio no chiqueiro que quase soltou da mão. O dedo balançava e jorrava uns jatos torrenciais de sangue. Teve um dia que ele foi até atingido por um raio na porta da nossa casa.

Nikki se tornou meu herói quando me salvou de uma cascavel grande – eu pensei que podia fazer carinho nela, mas ele correu e a agarrou quando ela estava prestes a atacar. Ele costumava pegar cobras como bichos de estimação. Uma vez, uma delas matou e comeu minha tartaruguinha – eu quis matar aquela cobra! Nikki até hoje me deve uma por isso.

E então mamãe e eu nos mudamos para Washington e Nikki foi morar com nossos avós. Acho que, na cabeça da mamãe, isso só seria temporário e Nikki se juntaria a nós quando a poeira baixasse, mas ele nunca veio morar com a gente. Penso que ele talvez tenha chegado à conclusão de que mamãe amava mais a mim do que a ele, mas não era isso – eu apenas era mais jovem e estava sob a guarda dela. E mamãe sempre procurou deixar um quarto para Nikki em todas as casas em que moramos.

Depois que ele ficou famoso, nós realmente nos afastamos. Ele nunca entrava em contato conosco, exceto as vezes em que passava pela cidade. E quando eu chegava a falar com ele, ele era sempre o maior babaca; me perguntava como estavam as coisas e, quando eu respondia, ele cortava a conversa ou mudava de assunto. Era rude, cheio de si e me deixou simplesmente arrasada inúmeras vezes... Ele era um babaca.

14 DE JANEIRO DE 1987
Van Nuys, 11h30min

Ontem à noite, depois que Jason foi embora, foi uma loucura... Não tenho pedido pra ele trazer heroína com tanta frequência, mas meu consumo de cocaína aumentou em 1.000%. Fiquei andando pela casa, ouvindo as vozes, quando notei todos os discos de platina pendurados nas paredes, e de repente detestei todos eles. Por que eles estão lá? O Mötley tem a ver com música e paixão, não com prêmios de uma indústria idiota que nos odeia e ganha milhões de dólares conosco. Então fui de cômodo em cômodo arrancando os discos das paredes e joguei todos na garagem. Daí, de repente, me senti estúpido... Nós fizemos por merecer esses discos, devíamos estar orgulhosos deles. Então coloquei todos no chão, embaixo de onde estavam originalmente. Voltamos pro estúdio amanhã.

BOB MICHAELS: Nikki é um indivíduo muito obstinado. Às vezes ele colocava as drogas de lado por um tempo para gastar com carros ou caminhonetes de 5 metros, mas chegou a um ponto em que nada mais importava além de chapar. Antes ele era divertido, depois passou a ser feliz apenas quando estava completamente acabado. Checava a caixa de correio sete vezes ao dia, mas não era atrás de correspondência... e sim das drogas que os traficantes deixavam para ele. Ia até a caixa de correio, depois até o banheiro e voltava uma pessoa muito mais à vontade.

Insanity runs deep
in the company that I keep
Insanity runs deep in everyone but me
My padded walls you call my eyes
My dreams that you call my lies
Around my wrists my shackles lay
Razor blades and cocaine to pass
the time away[XIV]

15 DE JANEIRO DE 1987

Van Nuys, 20h30min

Hoje voltamos para o estúdio, compondo pro novo álbum. Fui de Harley, todo inquieto, e decidi parar pra uma dose rápida... Fui pro Denny's na Gower com o Sunset (sempre um cara de classe!). Não tinha uma colher comigo, então comprei uma Pepsi, joguei fora a garrafa, peguei a tampa e entrei no banheiro pra injetar. A cabine era nojenta — uns círculos pretos e manchas de merda por toda a privada e uns escritos burros nas paredes...

Sentei no meu capacete de moto no chão e enchi a tampinha com água da privada. Não sei por que não peguei da pia, como qualquer pessoa sã faria. Coloquei a tampinha no assento da privada, em cima do mijo e das manchas, e despejei a cocaína. Puxei com a seringa, joguei um pouco na água de merda, coloquei um pouco de heroína na tampinha e cozinhei, queimando meus dedos. Não tinha algodão, então puxei direto da tampa mesmo e injetei.

Foi tudo bem no estúdio depois disso... me senti morto.

DOUG THALER: Fui agente do Mötley Crüe juntamente com Doc McGhee por muitos anos, e, quando comecei, Nikki era um pé no saco. Ele simplesmente tinha umas reações instintivas agressivas contra nós, figuras de autoridade, e nunca entendia que nós estávamos tentando ajudá-lo. Eu costumava ir às reuniões da banda com um nó no estômago.

Um dia, tive um estalo e disse a ele: "Você não pode ser um babaca a vida inteira". Propus, no futuro, apresentar ideias e estratégias a ele antes de apresentá-las ao resto da banda, e ele gostou disso. Depois disso, nos demos muito melhor: gosto de pensar que ele me via como uma espécie de irmão mais velho, ou mesmo como um mentor.

Um efeito colateral do lado maníaco por controle de Nikki era que, sempre que o Mötley estava em estúdio, ele queria estar lá cada minuto do dia. Em *Girls, Girls, Girls*, ele ficou muito mais *deslocado* do processo todo. Quase nunca estava no estúdio e, quando aparecia, não tinha condições de fazer coisa alguma – não fazia o menor sentido. Foi quando comecei a perceber o quão doente ele estava.

16 DE JANEIRO DE 1987
Van Nuys, 22h22min

Ontem à noite foi ruim. Quando cheguei ao estúdio hoje à tarde, sabia que ainda estava chapado, e os outros pareceram chocados diante do meu estado. Comecei a mostrar uma música nova pra eles, mas o Tommy me interrompeu e perguntou: "Cara, o que é isso na sua mão?".

Ele viu minhas picadas, então falei pra ele que havia conhecido uma garota uns dias antes e fiquei acordado a noite toda com ela, injetando um pouquinho... cocaína... Tommy só me olhou como se dissesse "isso não é festa, não". Ele pôde ver que as minhas mãos eram uma grande casca de ferida. Estou olhando pra elas agora, enquanto escrevo... todas as minhas veias já eram.

Mas Tommy não disse mais nada. Ninguém nunca diz nada. Os caras não são exatamente anjos, então seria o sujo falando do mal lavado... O Mötley não gosta de confrontamento e nem de bater de frente comigo. Então só ensinei a música nova pra eles e ficou tudo OK.

TOMMY LEE: Nikki chegava nas sessões de *Girls, Girls, Girls* bagunçado pra caralho. Acho que estávamos todos meio bagunçados, mas Nikki definitivamente estava um passo à frente. Chegava muito, muito atrasado, ia injetar no banheiro comigo, e então nós voltávamos para a sala para tentar trabalhar. Acho que é justo dizer que nosso foco estava nas drogas e não na música.

VINCE NEIL: Eu sabia que Nikki tinha um problema com drogas desde quando gravamos *Shout at the Devil*. Todos nós tínhamos, cada um no seu nível, mas o de Nikki parecia mais amplificado do que os dos outros. Mas ele nunca se meteu em encrenca por isso – se algo acontecia, era resolvido logo de cara. Nossos empresários sempre passavam pano em tudo, porque Nikki escrevia as músicas e rendia dinheiro a todo mundo. Por que eles iam querer jogar uma pedra na engrenagem e parar a máquina de fazer dinheiro?

TIM LUZZI: Fui técnico de baixo de Nikki por muitos anos, inclusive durante as gravações do álbum *Girls, Girls, Girls*. Comecei a trabalhar para ele quando eles gravaram *Too Fast for Love* e lembro que, no meu primeiro dia de trabalho, Nikki chegou no estúdio com um olho roxo, depois de ter passado a noite na cadeia. Isso basicamente deu o tom do que viria a seguir.

17 DE JANEIRO DE 1987
Van Nuys, meia-noite

Hoje entrei no estúdio e todo mundo ficou me encarando, perguntando o que aconteceu comigo ontem. Ao que parece, eu simplesmente desapareci... fui ao banheiro e nunca mais voltei. Cá entre nós, acho que foi meio que um apagão.

Então comecei a ensinar uma música nova pra eles. Dei a letra pro Vince e mostrei o riff de guitarra pro Mick. Não falaram nada e começaram a tocar... tocaram bem... pegaram de primeira. Aí, lá pelo meio da música percebi que eles já sabiam. Eu já tinha mostrado a música pra eles... ontem.

Nem falei nada. É claro que eles também não...
O que eles poderiam falar? Acho que ali todo mundo
percebeu que a banda não era o que costumava ser.
As drogas estavam dando as cartas e todos nós está-
vamos morrendo de medo. Tenho certeza de que eles
ligaram pro Doug e pro Doc depois que fui embora.
Estou esperando um telefonema a qualquer momento.
Eles devem saber que eu estou ficando louco.

MICK MARS: Quando estávamos gravando *Girls, Girls, Girls*, Nikki ia de moto até o estúdio, entrava, dava uma olhada, dizia "OK, fechou", e todo mundo ia para casa. Era basicamente assim. Acho que ele nem sabia o que estava fazendo: era bem horrível. A única coisa boa, do meu ponto de vista, é que isso o tornava bem menos maníaco por controle.

DOC McGHEE: Como agente da banda, eu era bem próximo de Nikki, mas no período em que o Mötley gravou *Girls, Girls, Girls*, ele estava totalmente fora da casinha. Vimos que ele tinha um problema sério e eu me dei conta de que ele estava perdendo a noção, o fio da meada, mas era um período doido. Não conversávamos tanto quanto antes porque ele nunca estava lá de fato... Quando você está viciado em heroína, acaba gravitando em torno apenas das pessoas com quem usa a droga. Todo mundo que resta mantém distância. Eu sabia qual era o problema e esperava que fosse apenas uma fase pela qual Nikki passava, mas heroína não é algo pelo que você simplesmente passa. É a pior droga do mundo.

18 DE JANEIRO DE 1987
Van Nuys, 23h40min

Não sei se o álbum que estamos gravando é
bom. Nem sei se gosto dele... E se eu não gostar,
quem vai gostar?
Preciso colocar as coisas em ordem. Não sei
como parar. Não quero ir para a reabilitação de
novo... mas não sei o que fazer pra parar...

NIKKI: Fico impressionado por ninguém do Mötley me falar nada sobre o estado em que eu me encontrava. Eu estava escrevendo umas músicas bem ridículas, e ninguém me dizia que elas eram uma merda. Será que eles estavam com medo de me desafiar? Em retrospecto, não os culpo.

ROSS HALFIN: Não acho que os caras estivessem com medo de Nikki – eles só não estavam nem aí. Ele era a folha de pagamento deles e eles estavam cagando para o fato de Nikki estar se acabando, contanto que ele estivesse no palco. Doc estava usando drogas, assim como Doug, assim como todo mundo. A única pessoa que estava tão mal quanto Nikki era Tommy, e nem mesmo ele usava heroína – só cheirava cocaína e bebia. Sem Nikki, Doc não ganharia dinheiro, nem Doug, nem Vince, a equipe, a gravadora, ninguém... Então todos eles ignoravam a condição de Nikki e diziam que estava tudo bem com ele. Ele era o imperador e aquelas eram as roupas novas do imperador.

19 DE JANEIRO DE 1987
Van Nuys, 20h30min

Alguns dias, sou o King Kong com um baixo. Hoje, Mick queria modular uma linha de guitarra, e eu só berrei pra ele: "Vai se foder, isso é ridículo!". Mick me olhou como se eu tivesse cagado no ampli dele, mas não disse nada... ele nunca diz nada. Ele é bondoso demais, ao contrário de mim. Eu me faço passar mal. Às vezes posso ser um tremendo babaca pomposo.

Me sinto uma merda quando faço coisas assim, mas sei que estou compensando, porque sou o pior no estúdio. Mas não devia descontar isso na banda.

MICK MARS: Nikki e eu temos uma relação de amor e ódio desde que nos conhecemos numa loja de bebidas, antes mesmo de formarmos o Mötley Crüe. Entrei para comprar tequila e ele me perguntou de que bandas eu gostava, respondi "Jeff Beck e Be Bop Deluxe", e ele disse "Vai se foder, eu gosto do Aerosmith e do Kiss". Então, a princípio nos detestamos. Porém, quando ele começou a usar heroína, isso me deixou puto da vida. A primeira vez que o vi usar foi durante os ensaios para a turnê de *Theatre of Pain*, e fiquei com tanta raiva que liguei para os nossos empresários e contei para eles. Naquela época, já disse a Nikki para não se meter com heroína, mas ele não me ouviu. Ele nunca me ouviu.

21 DE JANEIRO DE 1987
Van Nuys, 11h

Vanity ligou ontem à noite e me chamou pra ir brincar com ela. Eu não tinha nada pra fazer, então pensei: "Por que não?". Assim que ela abriu a porta, vi nos olhos dela que ela não dormia há dias... parecia uma personagem assustada de desenho animado.

Ela começou a me mostrar algumas "obras de árte" dela enquanto fumávamos *freebase*, e então eu notei um enorme buquê de flores no canto da sala. Devia ter umas 24 dúzias de rosas. Perguntei quem havia mandado e ela não quis dizer, então li o cartão.

Estou muito puto! Ela pode ser insana pra caralho, mas é a minha garota! Se eu vir aquele anão, vou encher ele de porrada!

Vanity ~ Largue esse cara. Aceite-me de volta.

~ Prince

NIKKI: A "arte" de Vanity era um negócio maluco. Ela pegava umas tábuas enormes, pintava de branco e colava nozes e parafusos. Havia um pequeno Papai Noel que ela chamava de "presente de Deus" e sempre havia um diabo em algum lugar. Ela me dizia para falar com Jesus, mas eu achava que a gente não tinha muito a dizer um ao outro. Quanto às flores, a irmã dela me contou que não foi o Prince quem mandou! Ela mesma as encomendou, para foder com a minha cabeça. Devemos dar crédito a ela, que sempre achava maneiras de sobra para fazer isso.

PASTORA DENISE MATTHEWS: Eu tinha mais vícios além da cocaína. Hoje, estou sóbria há mais de treze anos, mas as raízes dos meus problemas eram muito mais profundas. Havia a amargura, a inveja, os conflitos, o ódio, os fingimentos, os pensamentos julgadores, o egoísmo e a escravidão da fornicação. Havia o dinheiro, a fama, as drogas e a parafernália que, naturalmente, levaram ao demoníaco, ao sobrenatural e a toda a bruxaria... Sem falar na língua suja e perversa e nas amarras das idolatrias. Minha iniquidade era tão catastrófica quanto uma bola de neve rolando por uma pista de esqui e causando estragos feios. Eu definitivamente precisava ser salva.

DOC McGHEE: Nikki curtia Vanity, mas acho que muito por conta daquilo de ela ter namorado Prince. *Rock stars* são pegadores de estrelas – Nikki poderia ter muito bem pegado a Vovó da *Família Buscapé*! Francamente, Vanity não estava muito atraente naquela época. Estava num estado lamentável na maior parte do tempo e bem zoada. Digamos que, quando você está trincado na heroína, a higiene pessoal é uma das primeiras coisas a ser dispensada.

24 DE JANEIRO DE 1987
Van Nuys, meia-noite

Tivemos um dia de folga do estúdio, então o Tommy veio aqui. A Heather está viajando, filmando fora daqui. Então relaxamos e assistimos MTV, e eu me obriguei a esperar 30 minutos pra dizer ao Tommy que tinha heroína. Não é *cool* parecer ávido demais.

Tommy me pediu pra injetar nele no mesmo lugar de sempre... a tatuagem de rosa na dobra do braço, o ponto que ninguém consegue ver. Se a Heather soubesse que ele esteve aqui injetando heroína comigo, iria embora para sempre.

Amo o Tommy — ele é o irmão que eu nunca tive. Ele me ama o bastante para vir até aqui e tirar umas férias no inferno... mas, depois, vai embora. E eu ainda estou aqui.

NIKKI: Tommy, meu comparsa e Toxic Twin, me visitava no Vista Valley Boulevard de vez em quando. Às vezes injetávamos heroína, mas Tommy era mais esperto do que eu: nunca se viciou. Ele sempre dizia que heroína o assustava porque era "boa demais". Tinha uns pacotinhos de seringas na mansão dele e de Heather, mas era só de cocaína.

TOMMY LEE: Assim que usei heroína com Nikki, me dei conta do quão fácil eu poderia me viciar. Eu soube que, se mexesse sério com aquela merda, ia acabar morto ou numa enorme espiral descendente em busca de uma porra de uma fantasia. Se eu tivesse chegado àquele lugar sinistro, simplesmente não teria mais saído: eu sabia o quanto adorava aquilo e o quão cuidadoso deveria ser. Sempre usei heroína com um pouco de medo, e acho que você acaba não desfrutando tanto dela quando tem medo. Sempre que eu visitava Nikki, usava com ele e ficava fodido por um ou dois dias, depois dizia a mim mesmo: "OK, vamos voltar pra Heather – isso aqui tá sinistro pra caralho".

2h55min

Pode-se dizer que ando tendo um caso de amor de 10 g... minha amante é muito sedutora. Ela é safa, ela mente - na verdade, ela fica até dormente, se isso for o necessário para me seduzir do meu compromisso sério da vida (minha música). Alguns diriam que sou casado com a minha música. Outros... que se fodam...

Será que isso é uma crise ou uma saída criativa necessária?

Lá vem ela de novo, sussurrando ao meu ouvido. Às vezes acho que a ouço me dizer que vou morrer.

26 DE JANEIRO DE 1987
Van Nuys, 4h10min

Bob Michaels acabou de ir embora. Trocamos ideia e ficamos chapados, mas ele me irrita muito. Bob cheira pó e bebe a noite inteira, mas fica todo careta sempre que tento dar heroína a ele. Suponho que entendo o motivo, mas não é como se ele levasse a vida limpa. Talvez eu devesse só botar um pouco de *china white* pra ele cheirar e dizer que é coca. Porra, ele é meu amigo, e eu sei o quanto ele ia curtir!

BOB MICHAELS: Eu fumava muita maconha e cheirava muito pó com Nikki, mas nunca usava heroína. Tinha pavor de agulhas. A maioria dos *junkies* está cagando e andando para o que as outras pessoas fazem, contanto que consigam sua própria droga, mas Nikki era diferente. Ele sempre tentava me fazer injetar, porque seria "incrível". Umas duas vezes, deixei meu *pipe* em cima da mesa e, enquanto eu não estava olhando, Nikki colocava um pouco de heroína nele. Eu ficava muito mais chapado do que o esperado, e quando olhava para Nikki, ele estava rindo de mim.

22h20min

Estou muito impressionado comigo mesmo, se é que posso dizer. Estou me mantendo OK no estúdio. Se eu cheirar umas duas carreiras de pó antes de entrar, ajuda, e depois cheirar um pouco de heroína para não ficar ligadão demais... A metadona, é claro... Depois, algumas idas até o banheiro durante os ensaios.

É difícil, mas mantenho um meio-termo até chegar em casa à noite e tocar o terror. Quando chego em casa é que é difícil... Meu quarto secreto não para de falar comigo. Não estou dando ouvidos. Estou tentando de verdade.

TOMMY LEE: Nikki chegava no estúdio devidamente sedado. Ele é capaz de ser bem maníaco por controle, mas, quando estava sob o efeito da heroína, ficava absolutamente fora de si, de modo que não conseguia ficar no controle. Eu o achava muito relaxado, o que não é da personalidade dele – Sixx é sagitariano, mas tem a personalidade de um taurino.

28 DE JANEIRO DE 1987
Van Nuys, 4h

Esta noite, Diário, vou tentar fazer algo diferente. Ao invés de te escrever depois de uma noite de psicose, vou escrever enquanto a psicose acontece. Talvez um dia alguém possa ler isso e entender o que é o Inferno.

Cá estou eu, sentado. As cortinas estão fechadas, as velas, acesas, e somos só eu e você. Minha guitarra está no meu colo, meu diário, na mesa, e eu estou pronto. Vejamos o que acontece.

Acabei de injetar.

Minha cabeça está explodindo. Eu...

Estou com ânsia de vômito.

Agora sei que o que estou ouvindo não é real.
Tem alguém...
é....

4h40min

Preciso colocar no papel o que aconteceu. Há
30 minutos, estava convencido de que havia gente
ao redor da minha casa. Não tem NINGUÉM lá fora...
que porra há de errado comigo?

Não consigo parar, mas ainda quero continuar
usando. PRECISO DISSO. Não consigo parar. Não sei
como parar de pensar nisso. Quero chapar e não
quero ficar insano.

Sei que é de mentira, sei que é de mentira,
sei que não é real. São só as drogas...

Às vezes, quando estou sentado aqui, cercado
somente por velas, as sombras que dançam nas paredes parecem minhas únicas amigas. Estou ouvindo
Tommy Bolin, tentando pensar num motivo para pegar
a guitarra... Me pergunto se foi assim que ele se
sentiu, logo antes de morrer? Não achei que a vida
tomaria esse rumo.

Pareço não conseguir ler nada ultimamente...
a música parece abrasiva. As cicatrizes nos meus
braços estão se infestando de infecções. Não
consigo respirar por causa de toda a cocaína e
não consigo mais ficar bêbado. Estou no limite.
Sinto-me como se estivesse à porta da morte, mas
ninguém me deixa entrar.

Por que eu não consigo usar drogas como todo
mundo usa? Todas as outras pessoas usam drogas
e estão OK. Eu uso drogas e coisas inexplicáveis
acontecem comigo. Estou tentando colocá-las no
papel, mas não consigo... Só consigo descrever,
e você deve achar que eu sou insano, mas não sou.
Estou sentado aqui, agora, são, tão são quanto

qualquer outra pessoa... são só as drogas. Não sou eu.

Lembro de Idaho, das pescarias e caçadas quando eu era criança. Lembro de descobrir o Deep Purple no meu radinho AM/FM barato, das minhas primeiras paixonites e das noites quentes de verão no parque. Quero voltar àqueles tempos de inocência. Esqueci quem sou.

Por favor, Deus, faça isso parar.

BOB TIMMONS: A cocaína dava paranoia aguda e alucinações a Nikki. Certa noite, ele me ligou e me pediu para mandar a polícia imediatamente até sua casa porque havia homenzinhos de capacete armados nas árvores ao redor da propriedade. Levei um bom tempo para tirar isso aí da cabeça dele.

SO GOOD SO BAD [5]
Chinese highs, pearly white down the mainline
So sad Susie has the blues up in Soho
Says it's cold as ice deep down in her arm
White horse screams unpleasant dreams and pain
Blind lead the blind like the German Faith
Riding high thru the graveyard of the night [xv]

---

5 Nikki deu o título "So Good So Bad" a esses versos, mas não se trata da letra da música homônima lançada na compilação de raridades do Mötley Crüe Supersonic and Demonic Relics, de 1999. (N. do T.)

29 DE JANEIRO DE 1987
Van Nuys, 19h30min

Ando aprontando de novo, diário, mas isso me deu uma ideia matadora pra uma música.

Becky veio aqui de novo ontem, durante o intervalo pro almoço da escola. Depois, enquanto ela punha a roupa de volta, aquele uniforme de escola católica, perguntei a ela do Pai-Nosso... se é importante? Ela arregalou os olhos pra mim e disse: "Claro, é bem importante...". Então pedi que ela recitasse pra mim e fiz algumas anotações. Depois a deixei de volta na escola na minha Harley.

As freiras ficaram horrorizadas quando me viram, parecia que iam ter um ataque do coração. Vão ter mesmo, se ouvirem a música que estou escrevendo.

NIKKI: Becky era uma colegial ali da área que costumava ficar bem amigável comigo nos intervalos da escola. A mãe dela era bem famosa e iria surtar se soubesse o que a filha fazia naquela época – então, quer saber de uma coisa? Não vou te falar quem é ela...

30 DE JANEIRO DE 1987
Van Nuys, meia-noite

O dia se transformou em noite. Fiquei pela casa o dia todo, nu, tocando guitarra — escrevendo, escrevendo — essa adorável cançãozinha de amor chamada Wild Side. Acho que é uma ode ao Lou.

Kneel down ye sinners to
Streetwise religion
Greed's been crowned the new King
Hollywood dream teens
Yesterday's trash queens
Save the blessings for the final ring
AMEN

Wild side

I carry my crucifix
Under my death list
Forward my mail to me in hell
Liars and the martyrs
Lost faith in the Father
Long lost in the wishing well

Wild side

Fallen Angels
So fast to kill
Thy kingdom come on the wild side
Our Father
Who ain't in heaven
Be thy name on the wild side Holy Mary
Mother may I
Pray for us on the wild side
Wild side
Wild side

Name dropping no-names
Glamorize cocaine
Puppets with strings of gold
East L.A. at midnight
Papa won't be home tonight
Found dead with his best friend's wife

Wild side

Fatal strikes
We lie on the wild side
No escape
Murder rape
Doing time on the wild side
A baby cries
A cop dies
A day's pay on the wild side
Wild side
Wild side
Tragic life on the wild side
Wild side
Wild side
Kickin' ass on the wild side[XVI]

Ah, uma letra com a qual assassinar sua carreira... engole essa, MTV!

31 DE JANEIRO DE 1987
Van Nuys, 23h30min

Peso 74 quilos... 18 quilos a menos do que um ano atrás.

Ontem à noite, fui para a casa da Vanity e, ao ir embora hoje de manhã, roubei uma das jaquetas de couro dela. Estou magro pra caralho a ponto de conseguir usar as roupas dela... e algumas chegam a ficar largas...

Doc apareceu hoje enquanto o Jason estava aqui e o expulsou da casa. Cuzão do caralho – ele pode ser nosso agente, mas não pode me dizer o que fazer na minha própria casa. Mesmo se o que eu quiser fazer for me matar.

DOC McGHEE: A aparência de Nikki ficou lamentável quando ele se tornou *junkie*. Ele se encolheu, perdeu peso demais e ficava o tempo todo naquele antro de heroína que era a casa dele, com uma aparência terrível. Fui lá uma vez que seu traficante estava na casa, e disse ao merdinha pálido: "Se você vir o Nikki Sixx de novo, ou se eu ouvir falar que você trouxe um pouquinho sequer de heroína pra ele, vou mandar te matar". E eu teria feito isso mesmo. Nikki estava completamente acabado na droga e o tal do traficante era só um verme parasita.

FEVEREIRO DE 1987

QUANDO ESTOU PERDENDO A CABEÇA, A ÚNICA COISA CAPAZ DE ME SALVAR É A HEROÍNA

2 DE FEVEREIRO DE 1987

Van Nuys, 1h

Quando estou perdendo a cabeça, a única coisa capaz de me salvar é a heroína.

Amo o ritual da heroína. Amo o cheiro, a aparência que ela toma ao passar pela agulha. Amo a sensação da agulha ao entrar na pele. Amo observar o sangue subir e se misturar com o belo líquido marrom-amarelado. Amo aquele momento logo antes de eu pressionar a seringa...

E então estou debaixo daquele cobertor quentinho de novo e ficaria perfeitamente contente em viver ali pelo resto da vida. Obrigado, Deus, pela heroína... ela nunca me decepciona.

Larguei a metadona. Não deu certo.

21h30min

Estar no estúdio durante o dia é tortura para uma banda de rock. Quando você é uma criatura da noite, o dia não é o seu melhor momento criativo, mas é quando nosso produtor quer trabalhar. Tom Werman consegue ser um tremendo filhinho da puta chorão. Não faço ideia de por que ele está produzindo nosso álbum. Estamos fazendo todo o trabalho... Ele só fica no telefone a maior parte do tempo, ou então mandando alguém buscar comida. Não teve uma única ideia sequer para melhorar nossas músicas.

Eu gostava desse cara, mas agora percebi que ele é só um seboso ganancioso. Esse vai ser o último álbum dele com a gente – depois, pode ir produzir o Poison ou alguma bobagem assim.

Tenho que fazer todo o trabalho dos vocais com o Vince e é difícil estar zoado e tentar organizar vocais. Sempre faço isso, já que escrevo as letras, mas Werman podia pelo menos ajudar. O Vince sempre tenta apressar os vocais e isso me deixa maluco. Sei que deixo ele louco, mas, se eu não pegasse no pé dele, ia ficar um negócio meia-boca. Tenho certeza de que ele me odeia... isso vale pra nós dois...

VINCE NEIL: Quando Nikki chegava fodido no estúdio, dava para perceber que ele estava trincado porque não falava nada. Nikki gosta de falar. Quando ele não falava, significava que estava fodido, e posso dizer uma coisa? Eu gostava dele assim! Fiquei muito feliz com ele calado durante as sessões do *Girls*!

Nunca tive interesse algum em ficar sentado no estúdio vendo Nikki tocar baixo ou Mick tocar guitarra, mas Nikki sempre gostou de estar presente nas minhas gravações de vocal. Ele sempre teve de dar opiniões e me criticar, e eu sempre dizia a ele: "Cara, cala a porra da boca!". Eu escuto o produtor do disco, não o Nikki Sixx. Brigamos algumas vezes por causa disso. Nikki passava muito tempo injetando no banheiro durante as sessões do *Girls*, e, para mim, isso era ótimo – era o momento perfeito para gravar os vocais.

TOM ZUTAUT: Fui o agente de A&R do Mötley Crüe na Elektra, e Nikki Sixx não parava de falar de como ele era o cara que iria incendiar o rock'n'roll e dominar primeiro a Sunset Strip, depois o mundo. Pensei comigo, é, ele está absolutamente certo, a molecada está entediada com a new wave e essa visão de Nikki Sixx de glam rock, um cruzamento do Kiss com o New York Dolls, vai mudar a música popular.

Na segunda vez que nos encontramos, Nikki me descreveu as características quase caricatas, como se estivesse falando de personagens de desenhos animados, de cada membro do Mötley Crüe, por que eles estavam na banda, o papel que cada um tinha de desempenhar nela e como, com suas músicas, eles iriam reviver o rock'n'roll e matar a new wave. A essa altura, me convenci de que Nikki era um dos caras mais inteligentes que já conheci. O que é notável é que essa visão dele do Mötley Crüe estava definida em sua cabeça desde sempre.

4 DE FEVEREIRO DE 1987
Van Nuys, 22h

Estão saindo umas músicas boas pra esse álbum. Estou muito orgulhoso de Wild Side, mas, em outros momentos, só estou reciclando riffs velhos do Aerosmith ou me repetindo. Sei que deveria me esforçar mais, mas não me importo.

Nunca pensei que fosse dizer essas palavras.

DOUG THALER:
Normalmente, Nikki era um compositor talentoso e prolífico, mas ele não conseguia escrever muitas músicas boas para *Girls, Girls, Girls*. Quer saber a verdade? Tom Werman fez aquele disco. Precisamos até incluir uma faixa ao vivo, "Jailhouse Rock". Nikki compôs uma música num tom em que Vince nem conseguiria cantar, e algumas das letras eram um lixo. Um dia ele chegou bêbado e tinha escrito uma música chamada "Hollywood Nights", que era *muito* ruim: muito, muito horrível mesmo.

LETRA PERDIDA

Candy coated holocaust buried deep in the past
Swallowed all these lies and shit it out your ass
Babies born with switchblades
Dumping bodies in the Everglades
California high tide, needles on a fishing line
Backwashed and belly up, dancin' on a land mine[XVII]

6 DE FEVEREIRO DE 1987
Van Nuys, 3h15min

Está desabando de chover lá fora. Estou sozinho de novo, sentado aqui com uma única vela... Minha mão segura a caneta, tentando não pegar a heroína. Não consigo parar. Estou trincado demais e não consigo largar... Acho que nunca vou conseguir ficar sem drogas. Acho que esse é o meu propósito na vida. Vou ser o cara que tinha tudo e perdeu tudo porque não conseguiu parar — ou só mais um *rock star* morto.

A chuva está batendo um ritmo bonito no teto, hipnotizante. Lembro-me de quando era criança e ficava deitado na cama, escutando a chuva, me perguntando onde minha mãe estava, ou se ela sequer viria para casa. Sinto a mágoa agora, ela arde...

Todo mundo pensa que sou duro feito pedra. Mal sabem.

DOC McGHEE: Nikki Sixx era um cara raivoso pra caralho em 1987. Era muito simpático, educado e inteligente, mas tinha um lado muito obscuro. Acho que tudo se resumia a como era sua vida familiar antes de vir para L.A. e a muitas das coisas que aconteceram a ele na infância. Digamos que ele teve um início de vida bastante perturbador... Há coisas que eu simplesmente não sou capaz de te contar.

7 DE FEVEREIRO DE 1987
Van Nuys, 4h40min

Não consigo sentir minha alma. Essa escuridão se tornou minha única amiga. Meu novo vício é beber litros de água logo antes de injetar cocaína, depois vomitar tudo na Jacuzzi enquanto minha cabeça explode rumo à estratosfera. Por quê? Por que não? Estou engajado numa dança da morte nesta casa...

LETRA ALEATÓRIA

HOOLIGAN'S HOLIDAY

Drop dead beauties
Stompin' up a storm
Lines of hell on our face
Bruised bad apples
Crawling through the night
Busted loose and runaway[XVIII]

8 DE FEVEREIRO DE 1987
Van Nuys, 2h

Bob Timmons veio ao ensaio hoje. Não faço ideia de quem o mandou. De cara, ele já me perguntou se eu estava usando. É claro que neguei, disse que estou só farreando demais, cheirando muito pó e bebendo muito, mas que posso parar facilmente com isso quando quiser.

Não sei se Bob acreditou em mim, me pareceu que não. Mas não vou deixar ele me botar na reabilitação de novo — eu o mataria primeiro... ou a mim...

NIKKI: Bob Timmons e Doc McGhee colocaram Nicole e eu na reabilitação no verão de 1986. Detestei e foi um desastre. Os aconselhadores não paravam de falar em Deus, e, naquela época, eu concordava com meu avô – quem precisa de Deus quando se tem uma caminhonete Chevy e uma espingarda calibre 12?

Durei três dias lá. Uma enfermeira não parava de me falar de Deus, até que eu me levantei e berrei: "Foda-se Deus e foda-se você!". Ela me disse para me sentar, então cuspi na cara dela, pulei pela janela e fui embora andando – estava a poucos quarteirões de casa. Bob me seguiu de carro até chegarmos ao acordo de que ele não me levaria de volta para a reabilitação. Ele me levou para casa e eu mostrei a ele minha sala de ritual – o closet do meu quarto, que estava coberto de manchas pretas de sujeira das colheres, e Bob e eu passamos horas limpando o cômodo. Recolhemos todos os pinos de cocaína, comprimidos, bebidas e seringas e os descartamos. As únicas coisas das quais não me livrei foram as minhas armas. Prometi a Bob que conseguiria fazer aquilo sozinho; não precisava de internação.

No segundo em que Bob foi embora, peguei o telefone. Jason trouxe cocaína e heroína uma hora depois.

Mais tarde, Bob voltou e eu não o deixei entrar. Estava deitado no chão do hall, conversando com ele por baixo da porta, com minha .357 carregada e armada. Ele me pedia para voltar para a reabilitação, e eu dizia que preferia morrer a voltar para lá. Disse que ia me dar um tiro na cabeça se ele tentasse entrar.

Porém, quando o efeito da cocaína passou, me dei conta de que Bob não tinha retornado coisa nenhuma. Mais uma vez, éramos só eu e meus demônios.

Nicole ficou na reabilitação por algumas semanas e se limpou. Eu e ela éramos parceiros de droga inseparáveis, nunca saíamos um de perto do outro, mas, assim que ela ficou limpa, já não tínhamos mais nada a dizer um ao outro. Nem nos conhecíamos mais. Havíamos nos conhecido por um amor compartilhado pelos narcóticos e, assim que isso acabou, não tínhamos mais nada em comum. Então, foi o fim. Por enquanto...

BOB TIMMONS: Quando Nikki foi embora da reabilitação em 1986, a clínica me telefonou. Por coincidência, eu estava na região e vi Nikki caminhando pela rua. Encostei o carro e perguntei a ele o que estava acontecendo. Ele respondeu apenas: "Vai se foder!". Então segui dirigindo bem lentamente ao lado dele, enquanto ele seguia a pé e me encarava de olhos arregalados. Por fim, quando prometi que não o levaria de volta à clínica, ele entrou no carro e o levei até sua casa. Lá, limpamos o closet, que estava cheio de parafernália de drogas. Foi como um exorcismo – nos livramos de todas as lembranças ruins que estavam no espaço onde ele vivia.

Se eu sabia que Nikki ligou para um traficante assim que fui embora? Não. Se isso me surpreende? Não.

TIM LUZZI: Lembro-me de uma vez que limpei da casa de Nikki toda a bebida, as colheres entortadas e as agulhas que havia em todos os closets e estantes. Achei que tivesse encontrado todas as drogas e toda a parafernália dele, mas, na verdade, ele tinha estoque escondido nos globos de latão da cabeceira da cama. Ele voltou para casa, retirou um dos globos e injetou. Lá estava eu, me ferrando para limpar a casa, e não chequei os globos.

10 DE FEVEREIRO DE 1987
Van Nuys, 4h

Hoje foi um dia quase perdido, no sentido de que não fiz muita coisa além de ficar deitado no sofá falando ao telefone. Mas foi um dia bom, não senti arrepios, minhas entranhas não pareciam estar para fora, só que eu também me senti meio achatado... não comprometido com a vida.

Queria saber do que se trata esse buraco na minha alma. Porque, sejamos honestos, não é coisa de agora, é do passado... sem pai, sem mãe, sem lembranças da infância exceto as de ser arrastado de um lugar pro outro do país. Nona e Tom me amavam e eu os amava, mas há algo flagrantemente aparente... minha mãe e meu pai tinham outras coisas para fazer no lugar de me criar, outras coisas que lhes interessavam mais...

Talvez seja por isso que acabei desse jeito, talvez seja daí que vem a minha fúria. Mas não sei como fazê-la ir embora...

NIKKI: Meu pai foi embora quando eu era muito novo. O nome dele era Frank Feranna, assim como o meu, até eu mudá-lo na adolescência, porque queria esse desgraçado fora da minha vida. Minha mãe se chama Deana e acredito que ela me amava quando isso cabia nos planos dela, mas, quando eu era criança, normalmente ela não estava por perto. Na juventude, eu achava que, sempre que ela conhecia um novo homem, me mandava ir morar com seus pais, Tom e Nona, em Idaho, porque eu seria um empecilho. Isso foi uma introdução ao abandono que só poderia levar a coisas ruins. A coisa toda fez eu me sentir mal-amado e carcomido pelas feridas da raiva, da rebeldia e do descontentamento. Causou muito da angústia que levei para o Mötley Crüe e para a minha vida.

DEANA RICHARDS: O pai de Nikki era uma pessoa muito egoísta. O mundo girava em torno dele e mais nada. Deixei-o quando Nikki tinha dez meses de idade, e Nikki e eu fomos morar com minha mãe, Nona, e o segundo marido dela, Tom. Eu não sabia mais o que fazer – tinha dezenove anos quando Nikki nasceu, não tinha habilidade maternal nenhuma, e Frank bebia demais, se drogava demais e saía com outras mulheres. Nunca tinha tempo algum para o Nikki.

Ficamos sem notícias de Frank por cinco anos, até que um dia ele apareceu do nada em Lake Tahoe, onde Nikki e eu estávamos morando, e disse que queria ver Nikki. Perguntei por que, e ele disse: "Estou planejando me casar de novo e a mulher que será minha esposa não pode ter filhos, então quero ver que tipo de criança ele é". Decidiu dar uma olhada no filho depois de cinco anos para ver se valia a pena ficar com ele.

Nikki e eu éramos muito próximos quando ele era pequenino. Era maravilhoso. Quando ele tinha uns dois ou três anos, sempre que eu entrava num lugar ele jogava os braços para cima, berrava "Querida!" e corria até mim. Ainda consigo me lembrar de abraçá-lo contra o meu peito e sentir seu coração batendo, e o quão precioso era para mim esse abraço.

Minha relação com minha própria mãe, Nona, era difícil. Era uma mulher muito fria. Eu tinha trinta e sete anos quando ela me abraçou pela primeira vez. Quando eu era criança, não fazia nada direito e ela sempre perguntava por que eu não podia ser mais parecida com minhas irmãs mais velhas. Mais tarde, ela me julgou horrivelmente. Eu era meio doidinha e capaz de dormir com um homem sem ser casada com ele e oh, meu Deus! – isso era a pior coisa do mundo para a minha mãe! Para ela, eu era só uma vagabunda.

Nona se casou com Tom quando eu tinha dezesseis anos e fiquei com muita raiva dela por ter feito isso. Achava que ela nunca tinha me demonstrado amor, porém tinha todo o tempo do mundo para se dedicar a Tom. Achava isso muito injusto.

Nona e Tom sempre me diziam como cuidar de Nikki, o que dizer a ele, o que eu deveria fazer. Também sempre me pediam para mandar Nikki para ficar com eles por uma semana ou um final de semana, e era o que eu fazia. Mas nunca teria imaginado o que eles fariam comigo. Você nunca imagina que a sua própria família vai conspirar contra você para roubar seu filho.

TOM REESE: O pai de Nikki, Frank, era só um típico trambiqueiro californiano. Eu gostava do cara, mas aí ele passou dos limites com essa coisa das drogas.

Quando garoto, Nikki sempre ia ficar comigo e Nona em Idaho. Às vezes só por alguns dias, às vezes por períodos mais longos que podiam chegar a um ano inteiro. Nikki era muito próximo de Nona: era o filho que ela nunca teve, e ela o amava incondicionalmente.

A mãe de Nikki, Deana, era selvagem. Sempre ia embora com caras. Conhecia um cara qualquer e simplesmente ia embora com ele e deixava Nikki para trás. Ia embora com italianos, caminhoneiros... os caras que você imaginar. Nikki ia morar conosco por um tempo e então Deana voltava para pegá-lo. Depois, tínhamos de buscá-lo de novo, então ela o convencia a voltar para ela, para então mandá-lo embora e nós o pegávamos mais uma vez – ela simplesmente era assim.

Deana era doida quando criança. Mesmo aos oito anos, ia a algum show e as irmãs não se sentavam com ela porque ela sempre acabava saindo no braço com outra criança. Tudo vinha fácil para ela. As irmãs precisavam estudar muito para ir bem na escola, mas Deana era muito inteligente, melhor do que todo mundo. Pegava um instrumento musical e logo já sabia tocar. Era a mais esperta das meninas... mas não tinha a cabeça no lugar.

Nona fazia o possível e o impossível por ela, tanto para as outras meninas quanto para Deana, mas era impossível fazer qualquer coisa por ela. Se você dissesse "Bom dia, Deana", ela já perdia a boa com você. Era esquiva, roubava e mentia – tínhamos um pequeno restaurante onde ela trabalhou como garçonete por um tempo, mas precisamos tirá-la de lá porque ela roubava muito. Nós a mandamos para um psiquiatra, mas ela era mais inteligente do que ele.

Era preciso deixar Deana fazer o que ela quisesse fazer – porque não havia outra alternativa.

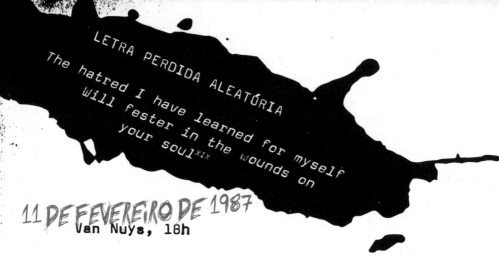

LETRA PERDIDA ALEATÓRIA

The hatred I have learned for myself will fester in the wounds on your soul[XIX]

11 DE FEVEREIRO DE 1987
Van Nuys, 18h

Um cara aí bateu na minha porta para falar de Jesus, então eu disse a ele que adorava o Diabo, para me livrar dele. Há de se aplaudir o cara, que nem piscou um olho, só continuou tentando salvar minha alma. Aí o telefone tocou, eu disse que já voltava, mas me esqueci dele. Acho que ele enfim entendeu a deixa e vazou, mas me deixou um folheto simpático. Estou pensando em guardá-lo e dar para a Vanity.

Vou me encontrar com Riki no Cathouse hoje à noite... é melhor chamar um carro pra me levar até lá... preciso comprar umas coisas... estou andando na reserva. Sem papel higiênico há uma semana. E hoje é meu oitavo dia sem tomar banho.

Estou curtindo muito escrever tudo isso. Às vezes, quando alguma coisa está acontecendo, só consigo pensar em pegar este diário e escrever. Loucura...

12 DE FEVEREIRO DE 1987
Van Nuys, 5h10min

Esta noite começou em grande estilo. Consegui uns bagulhos à moda antiga com um camarada negro que vende pornô da casa dele em Van Nuys... Ele também tinha um pouco de *china white*. Partimos para o Cathouse e foi maneiro demais. Só tocaram glam rock do início dos anos 70. Ouvir T. Rex num volume daqueles sempre me faz abrir um baita sorriso. Lembro de quando vi o T. Rex no Paramount Theater, em Seattle, quando era moleque, pouco antes da morte do Bolan. Mas então...

Porra, que açougue é aquele lugar, garotas em abundância e todas as gatas prontas pra qualquer coisa... então que seja. Já pra limo, já sem roupa. Umas carreiras pro nariz e *voilà*! O ABC dos clichês do rock'n'roll. De volta pro clube, depois de volta pro carro com uma mina diferente... e assim por diante...

Então, o que mudou? Como fui acabar agachado atrás da cama com uma arma?

QUE DIABOS HÁ DE ERRADO COMIGO??????

Ainda bem que ninguém do clube veio pra casa comigo... vai saber o que poderia ter acontecido.

A cocaína é uma merda, mas eu adoro. Preciso tomar uns dois drinks e tentar dormir. Tenho de encontrar a decoradora amanhã para dar uma olhada numa escrivaninha inglesa gótica. Espero não estar com muita ressaca de novo... blá blá blá...

TOM ZUTAUT: A primeira vez que percebi que Nikki havia passado do ponto de só curtir muito pesado foi numa noite em 1983, quando Roy Thomas Baker deu uma grande festa para o Mötley Crüe em sua casa depois de refazer a mix de *Shout at the Devil*. Nikki foi com tudo a noite inteira – sexo demais, uma montanha de pó e litros de bebida forte, sem contar os comprimidos que ele pode ter tomado do próprio bolso.

Em dado momento, mencionei a Roy que seria má ideia se qualquer pessoa ali fosse embora da festa, já que claramente ninguém estava na mínima condição de dirigir. Roy apertou um botão e ouvi os sons de uma prisão entrando em quarentena: portas se fechando, portões batendo e fechaduras tilintando. RTB explicou que jamais ia querer que seus convidados se machucassem, então, como todo mundo já estava doido demais para voltar para casa com segurança, ele simplesmente os trancou na mansão e insistiu para que passassem a noite lá e ficassem para o café da manhã.

Nikki decidiu que iria para casa, e deve ter me perguntado uma dúzia de vezes onde ficava a saída. Ele enfim achou uma porta, mas a casa estava toda trancada e Nikki, quase inconsciente, não tinha como conseguir sair... ou assim eu pensava.

No dia seguinte, nos sentamos para tomar café da manhã e só havia um convidado faltando – Nikki Sixx. Encontramos o carro dele a alguns quarteirões dali, dobrado em torno de uma árvore, e por fim o achamos em seu apartamento, com o braço numa tipoia, um sobrevivente que, de algum modo, havia definitivamente enganado a morte, dada a sua condição na noite anterior.

Até hoje, ninguém sabe como ele conseguiu escapar da casa de Roy naquela noite, e menos ainda como achou a chave do carro e saiu dirigindo. Isso me fez perceber que Nikki estava disposto a passar do limite e colocar a vida em perigo com excesso de drogas e abuso de álcool. Dito isso, porém, ele também parecia ser indestrutível.

Ragtime fast lane – another overdose
You know James Dean wasn't playing the role
I said hey, you, what-cha gonna do
When time runs out on you.xx

16h

Caralho. Acabei de acordar... Qual é a desculpa hoje?

Talvez eu esteja com gripe de novo...

13 DE FEVEREIRO DE 1987
Van Nuys, 17h

O dia inteiro ouvindo música e tocando guitarra.

Heróis — por que os admiramos? É pela música ou pelo estilo de vida? Para mim, é por ambos. Tenho 29 anos, dizem que, com a idade, você vai deixando de amar o rock'n'roll, mas é algo tão importante para mim. Sinto-me como se a música tivesse me criado, me adotado, salvado a minha vida.

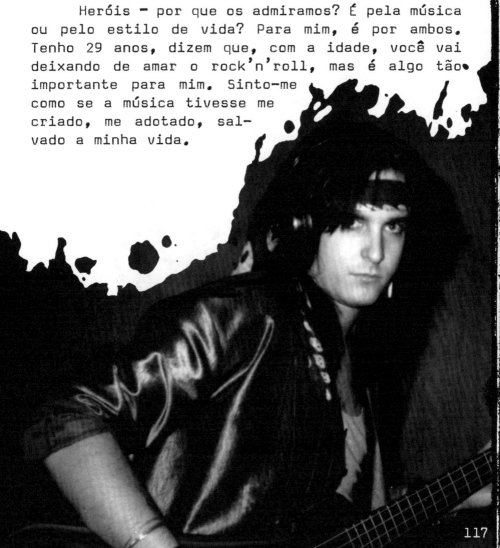

TOP 10 DA SEMANA
Aerosmith
New York Dolls
Mott the Hoople
Sex Pistols
Sweet
Stooges
Queen
Rolling Stones
Ramones
T. Rex

14 DE FEVEREIRO DE 1987
Van Nuys, 16h20min

Decidi que devia fazer alguma coisa para o Dia dos Namorados,[6] para marcar o aniversário daquele dia em que morri. Acho que vou ligar para Vanity.

---

6 Na verdade, o Valentine's Day, ou Dia de São Valentim, 14 de fevereiro, cuja data e origem são diferentes do nosso 12 de junho. (N. do T.)

NIKKI: Tive uma overdose em Londres exatamente um ano antes: no Dia dos Namorados de 1986. Havíamos tocado no Hammersmith Odeon, e assim que saímos do palco peguei um táxi com Andy McCoy, do Hanoi Rocks. Ele me levou até o apartamento de um traficante de heroína, numa vizinhança bem suspeita. Eu estava bêbado e me lembro de ficar bem impressionado com o fato de o traficante ter agulhas limpas. Quando ele se ofereceu para injetar em mim, deixei. Erro feio.

O problema com drogas das ruas é que você nunca sabe exatamente o quão potentes elas são, de um traficante para outro, então tive uma overdose no ato. Meus lábios ficaram púrpura: eu já era. A história que ouvi foi que o traficante pegou um taco de baseball e tentou me fazer reviver com uma surra. Não conseguiu, então me botou no ombro e me levou até uma lixeira, porque ninguém quer um *rock star* morto largado em casa.

E então acordei... e acho que ganhei mais um segredo sinistro para nunca contar a ninguém.

Vou te dizer, me senti uma merda. Quando você morre, cada músculo do corpo dói. Seu corpo desliga porque acha que já era, e quando reinicia, cada centímetro dele dói. Além disso, eu havia apanhado pra burro com um taco de baseball. O segundo show no Hammersmith Odeon não foi um dos mais felizes que já fiz...

TIM LUZZI: Nikki começou a usar heroína com o Hanoi Rocks, na Inglaterra, durante a turnê do *Shout at the Devil*. O Hanoi estava esquisito; havia alguma coisa estranha nos olhos dos caras. Mas Nikki participava avidamente. Sempre foi o destino dele acabar viciado em heroína e, se não tivesse sido com os caras do Hanoi Rocks, teria sido com outra pessoa.

15 DE FEVEREIRO DE 1987
Van Nuys, 14h15min

Que porra foi essa? Mesmo para os padrões da Vanity, à noite passada foi insana. Quando liguei pra ela, ela não quis vir pra cá e, ao invés disso, me convidou pra ir até a casa dela. Descobri o porquê assim que cheguei lá. Ela estava fumando cocaína há horas e parecia muito fodida, então pensei em fazer o mesmo.

Vanity estava fazendo aquelas merdas de arte maluca dela e nós acabamos fumando a noite inteira, e então, quando o sol nasceu, ela me disse que estava com fome. Pareceu estranho, porque ninguém tem fome depois da cocaína, mas por mim, OK, e saí pra comprar bacon, ovos e suco de laranja. Então, quando voltei, dez minutos depois, os seguranças não me deixaram passar pelo portão do condomínio... disseram que ela não estava em casa. Enquanto eu mandava eles se foderem, dois caras negros saíram num Cadillac... isso foi esquisito... não mora ninguém negro lá além da Vanity. Dez minutos depois, ela saiu de carro, fui atrás dela e perguntei quem eram aqueles caras. Ela respondeu que eram só amigos.

Noite esquisita. Ela sempre acha novas maneiras de bagunçar a minha cabeça.

> NIKKI: Posteriormente, descobri pela irmã dela que os dois caras eram traficantes que foram levar cocaína. Outra coisa bonitinha de Vanity naquela época: a placa do carro dela dizia *HO-HO-HO*.[7] Quando Prince acabou o que queria fazer com ela, disse "Você não passa de uma *ho-ho-ho*", e ela gostou, porque... curtia umas coisas de Papai Noel. Isso meio que fazia sentido na Vanitylândia.

---

[7] Trocadilho em inglês com a típica risada de Papai Noel, "ho ho ho", e a gíria pejorativa ho ("puta"). (N. do T.)

PASTORA DENISE MATTHEWS: Eu era a glutona por punição [com Nikki] e também a punidora que punia. Não era fácil estar chapada o tempo todo e se relacionar com outro ser humano. Ele poderia ter se relacionado melhor com uma pedra de estimação.

Não vou fingir que sempre estive presente. Se o nosso relacionamento tivesse sido examinado por um profissional na época, o diagnóstico poderia dizer: "Terapia intensiva é muito necessária para esse relacionamento louco, neurótico, paranoico, psicótico e perturbador, com egos à solta a torto e a direito".

Creio que há toda uma fachada envolvida nisso de ser um ídolo, você não acha? Assumimos o papel misterioso da origem disso. Todos os outros percorreram a mesma estrada, então podemos muito bem seguir as drogas, o sexo, destruir o hotel, as festas doidas, deixar o cabelo crescer, parecer um ídolo, usar maquiagem e cometer loucuras até que elas nos matem. O resto é simples... garoto conhece garota, garota fica nojenta, ambos ficam tontos e chamam isso de amor, ah, sim... doentio!

POESIA PERDIDA

Her love is like a swimming pool
Winter comes and it's no use to you
Her love is like a suicide
Lose your faith and it takes your life
Her love is like a merry-go-round
Spins you in circles then it knocks you down
Her love is like cheap alcohol
Morning comes and you don't remember at all
Her love is like a Cheshire cat
At first so friendly but at you it laughs
Her love is like a passionate kiss
At first so sweet then it takes your breath
Her love is like the stars above
Your guiding light always leaves you lost
Her love is like Jesus Christ
No matter how much faith
You still die on the cross[XXI]

certo? Acho que passei muito bem hoje.

Estou lendo um ótimo livro chamado Junkie, de William Burroughs. Nunca liguei muito para Almoço Nu.

18 DE FEVEREIRO DE 1987
Van Nuys, 2h30min

Slash veio aqui hoje. Estávamos tocando guitarra, tomando uns drinks e assistindo à MTV quando então saí pra dar uma mijada. Quando voltei, Slash estava me olhando engraçado, me perguntou por que eu ainda estava com a árvore de Natal montada e com os presentes fechados embaixo. Boa pergunta...

SLASH: Minha primeira lembrança de Nikki é de vê-lo tocar com sua banda London no Starwood. Na época, eu tinha uns quatorze anos, e ele era só um baixista carismático de glam punk que me impressionou bastante. Depois, me lembro dele passando na escola onde eu fazia o ensino médio para entregar flyers de um show do Mötley Crüe no Whisky a Go Go para todas as garotas gostosas.

O Mötley Crüe era o Sex Pistols americano. Musicalmente falando, tinham canções pegajosas e letras legais, mas tinham tudo a ver com atitude e imagem. Era a única banda da cena de L.A., além de talvez o Van Halen, que

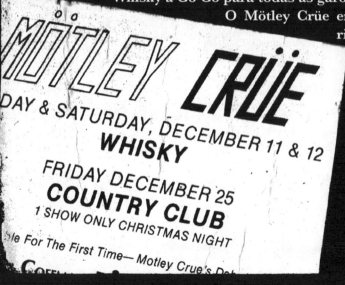

tinha sinceridade e levava a sério o que fazia, e tudo isso por conta de Nikki. Ele era muitíssimo focado, tinha um senso real de direção, de saber aonde queria chegar.

Frequentei um pouco a casa de Nikki em 1986 e desenvolvi um fascínio doentio pelo estilo de vida dele. Meus piores anos de *junkie* já estavam para trás àquela altura, mas eu bebia pra caralho: começava o dia com um Jack e café. Meus anos de *junkie* foram sujos e sórdidos, mas Nikki parecia ter encontrado uma maneira muito *cool* e glamorosa de ser *junkie*.

O Guns N' Roses ainda não tinha decolado, então eu ainda era um garoto das ruas, mas vou ser sincero... Se eu tivesse o dinheiro de Nikki naquela época, teria vivido exatamente da mesma maneira que ele.

19 DE FEVEREIRO DE 1987

Van Nuys, 18h15min

Acabei de voltar da loja de antiguidades. Comprei uns livros antigos. Esta noite, vou ler um chamado Five Years Dead... parece apropriado.[8]

O que é que me atrai nas antiguidades? Há uma sensação de historicidade, uma história não tão simples de se ver, que escoa da madeira. De algum modo, isso me faz sentir confortável. Quase comprei um caixão velho hoje, mas não consegui pensar onde guardá-lo nessa casa, que está encolhendo.

Meia-noite

Perdi peso demais. Nenhuma das minhas roupas serve mais.

---

8 O título do livro, de autoria de Bernard Falk e sem edição no Brasil, em tradução livre, seria algo como "Morto Há Cinco Anos". (N. do T.)

2º DE FEVEREIRO DE 1987
Van Nuys, 4h

Eis que estou escrevendo uma música chamada Five Years Dead. Acho que é mais uma tentativa de capturar o que o Aerosmith fez no primeiro álbum... que baita disco. Me traz de volta todas as melhores e piores lembranças de Seattle. Como sobrevivi àquela época, não sei.

ROSS HALFIN: Era assim que Nikki dava os títulos às músicas. Ele me contou que costumava comprar livros antigos e roubar os títulos. "Five Years Dead" é apenas um dos exemplos – há muitos outros.

FIVE YEARS DEAD
Uptown downtown
Haven't seen your face around
Paper said you shot a man
Trigger-happy punk down in
Chinatown[XXII]

21 DE FEVEREIRO DE 1987
Van Nuys, 2h45min

O que será que a minha irmã está fazendo agora? Será que ela me odeia por odiar a mamãe? Será uma porção de coisas...

1. Será que meu pai sabe quem eu sou?
2. Será que a minha banda me odeia e quer achar um novo baixista?
3. Como será que a Lisa está?
4. Será que um dia vou ter uma família?
5. O que será que aconteceria se alguém encontrasse este diário?

NIKKI: Lisa foi a irmã que nunca conheci. Depois que ela nasceu, um ano depois de mim, tudo o que me lembro é que minha irmã desapareceu. Só mais velho foi que soube o que aconteceu com ela. O paradeiro de Lisa me intrigou e perturbou a vida inteira, mas somente nos anos 1990 descobri que ela estava vivendo num sanatório. Eu sabia que ela tinha síndrome de Down e outros problemas sérios de saúde, mas, para ser sincero, era tudo um enorme mistério para mim.

Numa conversa franca com minha mãe, descobri onde Lisa estava pouco antes da turnê do álbum *New Tattoo*. Quando liguei para as pessoas que cuidaram dela por todos esses anos, me disseram que se lembravam de mim de quando eu era garoto. Falei que me diziam que eu não podia ir vê-la porque isso a aborreceria, e era melhor não a visitar. "Não, isso não é verdade – nós sempre nos perguntamos por que você nunca a visitou", disseram eles. Falei que era músico, e eles me contaram que o único prazer de Lisa na vida era ouvir rádio. Ela vivia em San Jose, onde havíamos feito muitos shows.

Meu coração se partiu e minha raiva foi às alturas. Meu Deus, pensei, mais enganos, e tomei as providências para visitá-la assim que a turnê acabasse e jurei fazer alguma coisa para ajudá-la a mudar de vida. Quando os shows acabaram, ela havia morrido, e tudo o que pude fazer foi construir uma estátua alada de um anjo em memória dela. Não tê-la conhecido é um dos maiores arrependimentos da minha vida. Eu costumava culpar minha mãe, mas hoje sei que tive o poder de abrir meu caminho para entrar na vida de Lisa.

Nunca vou me esquecer de segurar sua mãozinha no caixão e olhar para seu rosto doce. Tínhamos as mesmas sobrancelhas. Nunca tivemos a chance de estar juntos. Foi quando mais chorei na vida.

DEANA RICHARDS: Quando Lisa nasceu, os médicos sabiam muito pouco a respeito da síndrome de Down. Tudo o que sabiam era que crianças com essa síndrome tinham dois genes, ao invés de um. O caso de Lisa era muito extremo. A maioria das crianças com síndrome de Down chega a uma idade mental que pode variar de três a dez anos. Lisa nunca alcançou essa idade mental. Nunca andou, não conseguia se alimentar sozinha, nada – literalmente, teve a mente de uma recém-nascida ao longo da vida inteira.

Quando Lisa nasceu, os médicos me disseram: "Não a leve para casa, ela nunca ficará bem, ela nunca vai viver". Porém, quando ela tinha dois anos, fui até o hospital e a levei embora. "Você não pode fazer isso, ela vai morrer", disseram os médicos, e eu respondi: "Bem, então ela vai morrer nos meus braços, em casa". Levei-a para casa e tentei cuidar dela, mas terminei com o pai dela e não consegui mais pagar sozinha por todo o cuidado necessário, os médicos, enfermeiras e tudo mais. Eu mesma fiquei muito doente na tentativa de cuidar dela, e Nikki estava completamente ignorado.

Consegui achar um pequeno hospital privado nos arredores de Scotts Valley, Califórnia, que cuidava de portadores de síndrome de Down. Aceitaram Lisa, mas, para que ela recebesse cuidados, precisei abrir mão dos meus direitos legais sobre ela e ceder os cuidados dela ao estado da Califórnia. Assinei a doação da minha filha e os responsáveis pelo hospital me disseram para ir embora e não olhar para trás. Perguntei o motivo, e eles responderam: "Porque isso só vai arrasá-la. Lisa não a conhece. Ela nunca será nada além do que é hoje, e você só vai acabar com sua vida".

Eu não dava ouvidos e fiz muitos sacrifícios financeiros para ir vê-la toda semana, mas chegou a um ponto em que Nikki, então com três anos, se sentia tão negligenciado que se sentava no chão e só balançava para frente e para trás. Precisei fazer uma escolha – era Lisa ou ele. Então, parei de visitar Lisa e comecei a passar mais tempo com Nikki, de forma que as coisas com ele começaram a melhorar a partir daí... pelo menos por um tempo.

Nikki não deveria se sentir culpado por nada disso. Ele nunca teve controle algum sobre o que aconteceu a ela, e eu também não. Não haveria sentido ele tê-la visitado, porque ela não saberia quem ele era, e, quando estranhos se aproximavam, ela ficava irritada. Por anos achei que tivesse feito algo terrivelmente errado para merecer tudo o que aconteceu a Lisa. Depois, enfim percebi que ela era um presente especial de Deus.

CECI COMER: Sempre que mamãe falava de Lisa, o fazia de uma forma suave e comovida, e dava para perceber que era tortuosamente doloroso para ela, que nunca nos negou nenhuma informação, mas hesitava em relação a visitas – lembro-me de perguntar várias vezes se poderíamos ir ver Lisa e isso fazia mamãe chorar. Ela parou de ir porque Lisa tinha surtos, ficava irritada e recolhida por dias a fio depois das visitas, e mamãe ficava com a impressão de que completos estranhos teriam o mesmo efeito – ou um efeito pior.

20h45min

Andei pensando, por que eu sempre compro uma quantia tão mixuruca de droga? Acabo usando tudo de cara, aí tenho de esperar o Jason vir aqui e ver a cara idiota dele todo dia. Por que eu não compro em grande quantidade e aí só precisaria vê-lo uma vez por semana?

Estou esperando pelo Jason agora. Ele está vindo com 30 g de persa e 60 g de pó... Eu devia ter feito isso há tempo pra caralho.

22 DE FEVEREIRO DE 1987
Van Nuys, 5h30min

Esta noite deve ter sido a pior da minha vida – o que não é pouca coisa. Depois que Jason foi embora, comecei a injetar e a insanidade bateu de imediato. Não me lembro de entrar no closet, mas lá fiquei, surtado, certo de que os tiras lá fora tinham seguido o Jason até aqui e estavam entrando na casa...

Estava tão revirado que sabia que precisava vomitar, e com tanto medo de ir até o banheiro que vomitei no closet... Só cheguei até o banheiro quando os tiras já estavam na porta... Joguei toda a droga na privada e dei descarga...

E então o efeito passou... não havia ninguém aqui... nada aconteceu... sou insano de verdade. Precisei ligar pro Jason para comprar mais bagulho. Ele não acreditava que eu tinha dado descarga... nem eu acredito... que babaca.

NIKKI: Essa foi uma ocorrência espasmódica. Eu decidia comprar uma grande quantidade de drogas e então invariavelmente usava tudo de uma vez logo de cara, surtava e jogava tudo pela descarga. Numa ocasião, fiz isso duas vezes na mesma noite, e Jason disse que não tinha mais estoque. E então ele me perguntou: "Que porra está acontecendo com você, jogando a droga na privada?". Acho que você sabe que está mal quando suas estripulias esgotam a paciência de traficantes *junkies*.

LETRA PERDIDA
My nose is all chapped
Got a knife on my back
Got a nasty reputation
And I'm getting too thin
Now my friends all laugh
How I fell for the crack
Hooray for addiction
What a mess I'm in[XXIII]

24 DE FEVEREIRO DE 1987
Van Nuys, 23h30min

Estava de ressaca e trincado no ensaio, mas Five Years Dead soa muito foda e o álbum vai ficar OK. O que o fato de eu conseguir compor quando sinto que estou morrendo diz sobre mim? O que será que eu estaria compondo se estivesse careta?

TOM ZUTAUT: Nikki era um indivíduo muito intenso e obstinado, então, quando ele começou a mexer com drogas, parecia estar relaxando um pouco e finalmente conseguindo desfrutar do que colheu com o trabalho duro que teve para levar o Mötley Crüe ao topo. A princípio, não percebemos que era heroína – ele só parecia meio aéreo e pegava no sono no meio de alguns telefonemas.

Quando me dei conta de que era heroína, expressei minha preocupação a Nikki, e ele me garantiu que estava parando e que tinha tudo sob controle. Quando não parou, mencionei o que estava acontecendo aos agentes da banda, que me disseram estar tomando providências. Depois que percebi exatamente o tamanho do problema, fiquei muito preocupado com Nikki – parecia que o trem estava indo tão rápido e rendendo tanto dinheiro que ninguém queria parar esse fluxo ao dar um jeito no abuso de sexo, drogas e álcool.

26 DE FEVEREIRO DE 1987
Van Nuys, 4h20min

Será que eu poderia pagar alguém para matar a minha namorada?

Vanity foi no ensaio... Jesus, tento ao máximo parecer normal perto da banda, e aí ela aparece daquele jeito. Um ano atrás, eu teria vergonha dos cacarejos dela, daqueles passos de dança do Prince e dela pendurada no meu pescoço enquanto eu tentava tocar. Os olhos dela estavam fodidos... ela devia ter fumado *freebase* a noite inteira. Falei pra ela calar a porra da boca e ela chegou bem perto da minha cara e perguntou o que eu ia fazer.

O que eu poderia fazer? Só virei as costas e fui embora do ensaio. Deixei ela lá com os caras da banda.

TOMMY LEE: Havia uma coisa louca de verdade em Vanity. Ela aparecia no ensaio, subia num *case* e começava a dançar do nada. Tentávamos ensaiar e Vanity fazia um showzinho burlesco estranho. Quando a conheci, ela parecia legal, mas então tudo mudou.

Nikki e eu estávamos fumando um pouco de *freebase* na época. Vanity também curtia e Nikki alegou que foi ela quem apresentou isso a ele. Mas Sixx é um menino crescido – não pode culpar Vanity; foi obra dele. Na época, Sixx era como uma grande teia de aranha e trazia os outros para seu próprio mundinho sinistro. Eles então a) nunca mais saíam, ou b) ficavam tão fodidos que entravam em pânico, pulavam fora e o deixavam sozinho.

PASTORA DENISE MATTHEWS: Nikki e eu tínhamos gostos muito diferentes em termos de música, religião, comida, cinema – o que você imaginar. Isso baseava o relacionamento em caos e confusão, como duas pessoas presas numa avalanche infinita montanha abaixo. A vida é cheia de surpresas, com machucados demais e Band-Aids de menos. Os altos eram altos demais e os baixos eram tão profundos quanto o Hades, o lar dos mortos.

Se eu era feliz? Bem, feliz é a única coisa que você sabe ser quando é jovem e desfila se mascarando e se elevando nesse mundo torto e perverso. Na época, era como dar doce a uma criança, ou melhor, bolo de chocolate... à vontade. E então as velas se apagam e você se apaga, e acorda encalhado no platô da estupidez.

Hoje, sou mais feliz do que nunca. Só fico infeliz quando não presto atenção e não ouço a voz de Deus para uma instrução simples. O esforço é menor porque parei de brigar tanto com Deus e agora tento me submeter à vontade dele (a Bíblia) mais rápido. A vida é uma série de sucessos e fracassos e testes que nunca acabam, mas a recompensa vem quando você ganha o Céu só porque tentou o seu melhor.

A verdadeira felicidade vem quando você obedece às Escrituras. Minha moral e meus valores mudaram em grande medida e, por causa da minha fé em Jesus, é frequente que a dor e o sofrimento gerem crescimento. Curto fazer o que é certo. Detesto a dor.

27 DE FEVEREIRO DE 1987
Van Nuys, 22h50min

Vanity foi embora quando Pete veio aqui hoje. Decidimos dar uma festa. Estou esperando pelo Jason agora, e Pete desceu até o Sunset pra pegar umas garotas nas casas de strip e trazê-las pra cá. Nunca é difícil persuadi-las.

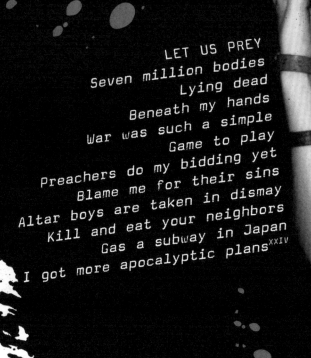

LET US PREY
Seven million bodies
Lying dead
Beneath my hands
War was such a simple
Game to play
Preachers do my bidding yet
Blame me for their sins
Altar boys are taken in dismay
Kill and eat your neighbors
Gas a subway in Japan
I got more apocalyptic plans[XXIV]

Antes de ficar tão trincado, eu costumava sair e pegar garotas e trazê-las pra cá eu mesmo. Agora, sou recluso demais até pra isso. Sempre que saio, alguém cola em mim e quer alguma coisa de mim, e eu simplesmente não consigo suportar. Não são só as drogas, é a fama... Hoje em dia, ir a qualquer lugar é opressivo. Estamos na capa de todas as revistas.

28 DE FEVEREIRO DE 1987
Van Nuys, 6h15min

Bom, essa foi uma noite e tanto... até que eu acabei arrebentando com tudo, como de costume.

Pete retornou por volta das duas horas com 20 garotas e as portas do inferno se abriram. Eu estava bem bêbado e acabei trepando com uma garota no banheiro enquanto outra batia na porta. Quando acabamos, a segunda garota entrou, ficou brava comigo por ter comido a amiga dela, e então nós trepamos também. Tenho bastante certeza de que Pete também comeu as duas. E quanto às outras 17 ou 18 garotas? Já perdi a conta.

Foi uma noite legal até por volta das cinco horas, quando a cocaína veio à tona de novo. Eu só ia cheirar umas carreiras, mas de repente fiquei bicudo e quis que todo mundo fosse embora. Não aguentava mais elas ali, então avisei Pete para dizer a todo mundo que caísse fora da porra da casa. Só precisava das minhas drogas, da minha guitarra e do meu diário.

TIM LUZZI: Certa vez, Nikki me mostrou seu antro de heroína no closet. Devia ter uns cem pedaços de papel-alumínio de 5 x 5 cm cobertos de manchas pretas espalhados pelo chão. Outra vez, ele me levou lá e injetou na minha frente. Estava com a parafernália toda, colher, agulha, algodão, isqueiro, garrote... aquilo era perversamente doentio. Nikki perguntou se eu queria fazer o mesmo, mas não era a minha praia.

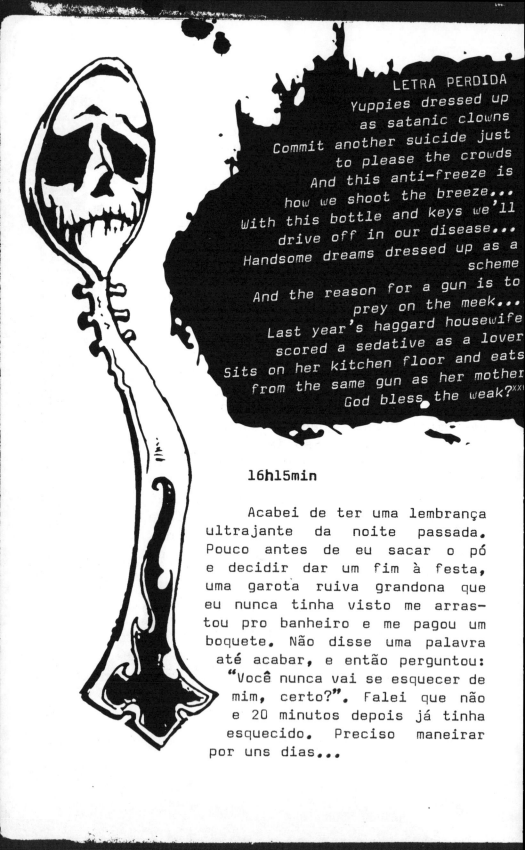

LETRA PERDIDA

Yuppies dressed up
as satanic clowns
Commit another suicide just
to please the crowds
And this anti-freeze is
how we shoot the breeze...
With this bottle and keys we'll
drive off in our disease...
Handsome dreams dressed up as a
scheme
And the reason for a gun is to
prey on the meek...
Last year's haggard housewife
scored a sedative as a lover
Sits on her kitchen floor and eats
from the same gun as her mother
God bless the weak?[xxi]

16h15min

Acabei de ter uma lembrança ultrajante da noite passada. Pouco antes de eu sacar o pó e decidir dar um fim à festa, uma garota ruiva grandona que eu nunca tinha visto me arrastou pro banheiro e me pagou um boquete. Não disse uma palavra até acabar, e então perguntou: "Você nunca vai se esquecer de mim, certo?". Falei que não e 20 minutos depois já tinha esquecido. Preciso maneirar por uns dias...

ROSS HALFIN: As mulheres sempre gostaram de Nikki porque ele tinha o *je ne sais quoi* de um *rock star*, mas também um rosto muito inocente, poderia ser o vizinho delas. Porém, ele sempre transava com as mulheres mais feias. Conhecia uma garota feia e me dizia: "Cara, não importa o quão fodido eu esteja, não me deixa trepar com ela", mas ele sempre acabava mandando ver. Sempre. Simplesmente parecia gostar de fazer a coisa mais extrema possível.

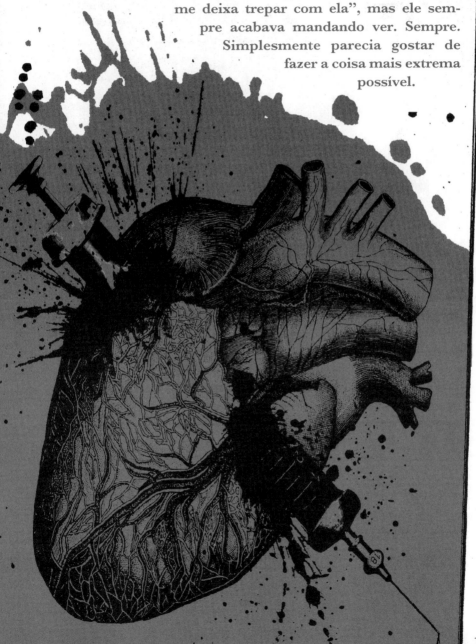

MARÇO DE 1987

1º DE MARÇO DE 1987
Van Nuys, meia-noite

Hoje cheguei a secretária eletrônica, não fazia isso há dias. Steven Tyler ligou pra saber se eu estava bem. É muito esquisito — um cara que foi meu ídolo na infância está preocupado comigo como se fosse meu pai. O que é mais do que o meu pai jamais fez...

Já deixei mensagens pro Keith Richards, perguntando se ele quer se encontrar comigo para compormos juntos, mas ele nunca responde.

A FÉ CEGA NÃO TEM CURA

3 DE MARÇO DE 1987
Van Nuys, 2h30min

T-Bone veio aqui depois do ensaio. A rotina de sempre... Relaxar com uns dois shots de Jack vendo MTV, depois eu trouxe os bagulhos e a gente injetou... Por que o Tommy consegue usar as drogas melhor do que eu... por que ele não fica viciado?

Tommy é o irmão que eu nunca tive, tem uma energia e uma positividade que eu simplesmente não tenho... aproveito isso e dou a ele... o quê? Talvez uma escuridão e uma ousadia que ele não tem... e que, de uma certa maneira perversa, ele admira... Acho doido o fato de Tommy nunca mencionar como eu fodi o casamento dele... amo ele por isso...

NIKKI: Um ano antes, quando Tommy me disse que ia se casar com Heather Locklear, respondi: "Demais, cara! Estou empolgado demais para ser seu padrinho!". Pensando bem, ele nunca de fato me chamou para ser padrinho. Talvez eu tenha colocado a carruagem um pouco à frente dos bois.

Eu ainda estava com Nicole, e nós nos hospedamos no hotel Biltmore, em Santa Barbara, para o final de semana do casamento. Tínhamos decidido largar a heroína de novo, então só levamos drogas o suficiente para a duração do casamento. Depois disso, iríamos largar de supetão.

As pessoas ficaram chocadas com a minha aparência no casamento. Não só eu havia perdido muito peso e estava esquelético e meio amarelado, como também não estava lá muito lúcido. Eu corria para o banheiro o tempo todo e me sentia muito desconfortável, porque simplesmente me esquecera de como socializar e conviver com gente. Quando chegou a hora do brinde do padrinho, eu não fazia ideia do que dizer. Alguém me falou pra dizer "Que todos os seus altos e baixos sejam debaixo dos lençóis", e eu tentei, mas fodi tudo. Saiu tudo errado. Heather era de uma família muito rica e conservadora, e eles devem ter ficado verdadeiramente horrorizados com este padrinho *junkie* causando no casamento da filha.

Depois do casamento, Nicole e eu voltamos para o hotel, injetamos o restinho da heroína e jogamos fora toda a parafernália. Quebramos todas as agulhas. Entramos em abstinência no Biltmore e foi horrível. Passei muito mal, e a coisa mais esquisita de que me lembro foi que estava passando uma maratona de *Os Pioneiros* na TV. Sempre que eu acordava, antes de desmaiar de novo, ainda estava passando. Até hoje não consigo assistir a esse caralho desse seriado: essas lembranças voltam muito claramente. Anos depois, vi uma garota do seriado no aeroporto e até isso me deu arrepios. Não ela – a lembrança desse seriado maldito.

Enfim, Nicole e eu voltamos de Santa Barbara até Van Nuys. Pela primeira vez em meses, estávamos limpos. Ao chegarmos em casa, vasculhamos o lugar, encontramos todas as drogas e agulhas e as colocamos no lixo. Ficaram na rua por dois ou três dias à espera do lixeiro.

E então, no terceiro dia, comecei a sentir um segundo estágio da crise de abstinência. Não é tão intenso quanto o primeiro, mas ainda pega. Seu cérebro te diz para usar só um pouquinho: vai ser OK. Então eu disse a Nicole para darmos

um pico.
"Eu adoraria, mas não quero ficar trincada de novo", disse ela. "Nem eu, não acredito que paramos de usar essa merda". E aí Nicole foi até o lixo, achou a heroína e as agulhas sujas e... fói isso. Ficamos trincados de novo, como se nem tivéssemos parado.

TOMMY LEE: Quando Nikki chegou ao meu casamento, ele estava... transparente, cara. Não estava branco, nem mesmo cinza – achei que dava para ver através dele. Nem se ele tivesse sido atropelado por um caminhão estaria com uma aparência tão ruim. Estava simplesmente horrível.

Ele fez tudo o que estava a seu alcance para manter a compostura e participar do dia, mas nunca vou me esquecer daquela aparência dele. Bebia tudo que estivesse à vista para tentar compensar, mas dava para perceber que ele só queria fugir de todo mundo e chapar: tinha aquele pânico nos olhos. Então, assim que o casamento acabou, ele sumiu. Nunca cobrei isso dele, mas... um padrinho? Ele certamente fez merda aí...

Meia-noite

Tenho experimentado muito com afinações abertas na guitarra. É interessante como toco com mais ritmo. Acho que vou comprar um piano e ver aonde vou musicalmente... preciso de inspiração... às vezes sinto que estou numa jornada diferente. O metal está chato pra mim. Tenho me interessado por Tom Waits, Rickie Lee Jones e Velvet Underground – acho que é por causa da heroína. Ontem escrevi uma música chamada Veins.

VEINS

I know I'm medicating
I know that you been praying
I know that God is waiting
Something tells me he can't save me

I know now I'm procrastinating
I crumble under cravings
I know that I'm novacating
God is laughing and he won't save me

Drug under the tracks again
I've lost another and it's my only friend

I miss my veins, I miss my everything
Collapsed and punctured have I gone insane?
I miss my veins, I cannot beat this thing
One more shot and I'll be just fine again

I miss my veins[XXVI]

4 DE MARÇO DE 1987
Van Nuys, 23h30min

Ultimamente está difícil achar veias pra injetar. Meus braços estão fodidos e está cada vez mais difícil achar uma veia boa nos meus pés. Hoje à noite, sentado no closet, injetei no pescoço com a ajuda de um espelho de barbear.

Umas merdas estranhas na autoestrada hoje. Pete e eu estávamos no meu jipe na 405, os dois de calças de couro e sem camisa. Uma ruiva acenou pra nós do carro dela e eu perguntei ao Pete se ele a conhecia, ele respondeu que não, e eu disse que não, também. Então ela encostou o carro ao lado do nosso e disse, "Ei, Nikki, sou eu! Como você tá?". Tentei ir na onda, mas ela ficou furiosa, mostrou o dedo pra gente e seguiu em frente. Essa cidade é cheia de umas minas loucas pra caralho...

DANGER

Had wild dreams
Walkin' the streets
Hell, we were young
Never looked back
So we took our dreams
Ran like hell
Lived our youth
From the wishing well
Me and the boys
Made a pact
To live or die
No turning back
Scarred for life[XXVII]

5 DE MARÇO DE 1987

Van Nuys, 11h40min

Acabei de ser acordado depois de uma hora de sono. Quando atendi a porta, uma mulher doida começou a berrar comigo e a me chamar de babaca... Levei um tempo até reconhecê-la como a maluca que mostrou o dedo pra gente na autoestrada ontem. Perguntei qual era a porra do problema, e isso a deixou ainda mais furiosa. Acontece que ela me pagou um boquete na festa aqui em casa semana passada e esperava que eu me lembrasse dela.

Merda... essa garota realmente não me conhece muito bem.

NIKKI: Quando o Mötley ficou famoso, nós trepávamos com qualquer uma. Ou melhor, eu, Tommy e Vince trepávamos: Mick sempre dançou ao som de sua própria música. Porém, eu sempre ficava entediado das garotas e queria que elas sumissem assim que terminássemos. Sexo, para mim, sempre teve a ver com domínio. As garotas eram uma forma de entretenimento, nada além disso, e quando a heroína apareceu, era muito melhor do que elas. As garotas eram como uma paixonite: foi quando conheci a heroína e a *freebase* que me apaixonei.

If ya wanna live life on your own terms
You gotta be willing to crash and burn[XXVIII]

PRIMAL SCREAM

6 DE MARÇO DE 1987
Van Nuys, meia-noite

Estávamos no estúdio hoje e eu ouvi o Tommy tocar um negócio muito legal no piano na outra sala. Corri pra lá, me sentei com ele e nós escrevemos uma música belíssima, que deixaria orgulhoso a porra do Barry Manilow.

Estou com a fita aqui comigo agora e tenho uma ideia brilhante. Vou escrever esta pra Nicole.

NIKKI: Nicole e eu terminamos depois que ela saiu limpa da reabilitação em 1986 e nós descobrimos que não tínhamos nada em comum exceto a heroína. Sem ressentimentos, você poderia imaginar... Mas não foi assim tão simples. Fiquei convencido de que ela havia me traído enquanto eu viajava com a turnê do *Theatre of Pain*. Estava bastante certo de que ela vinha transando com Jack Wagner, um galãzinho da série *General Hospital*. O fato de eu a ter traído umas duzentas vezes durante a mesma turnê nem sequer entrou na minha equação mental. Jack Wagner teve um hit nas paradas, um lixo chamado "You're All I Need". E, na minha cabeça doente, senti que era hora de uma vingança séria.

7 DE MARÇO DE 1987
Van Nuys, 19h45min

Terminamos You're All I Need, a música em que Tommy e eu estávamos trabalhando ontem. Acho que é uma leitura de Taxi Driver, no sentido de que, se você realmente ama alguém, você a mataria para que ninguém mais pudesse ficar com ela, certo?

The blade of my knife
Faced away from your heart
Those last few nights
It turned and sliced you apart
This love that I tell
Now feels lonely as hell
From this padded prison cell

So many times I said
You'd only be mine
I gave my blood and my tears
And loved you cyanide
When you took my lips
I took your breath
Sometimes love's better off dead

You're all I need, make you only mine
I loved you so I set you free
I had to take your life

You're all I need, you're all I need
And I loved you but you didn't love me
Laid out cold
Now we're both alone
But killing you helped me keep you home
I guess it was bad
'Cause love can be sad
But we finally made the news

Tied up smiling
I thought you were happy
Never opened your eyes
I thought you were napping
I got so much to learn
About love in this world
But we finally made the news

You're all I need, make you only mine
I loved you so, so I put you to sleep[XXIX]

Quer dizer, acho que eu nunca vou conseguir amar alguém, mas assassinato não está fora de questão... Considerando que essa puta do caralho estava trepando com outro cara enquanto eu estava em turnê. Como ela ousa me trair? Então, hoje Vince gravou os vocais, e eu pretendo entregar a fita à Nicole em mãos esta noite, e ver se ela entende a piada. SE é que é uma piada.

2h

Acabei de voltar da casa da Nicole — foi como um sonho. Quando cheguei lá, ela estava meio nervosa, mas me sentei com ela e disse: "Tivemos um relacionamento muito legal, mas difícil, então escrevi uma música sobre o nosso tempo juntos". Ela pareceu muito emocionada e me lembrou de que a última vez que conversamos eu ameacei cortar a garganta dela. Tinha me esquecido disso e falei que havia mudado.

Coloquei a música pra tocar e Nicole pareceu comovida quando o piano bonito entrou. Então só fiquei ali escondendo o sorriso quando a letra começou a rolar. Quando Vince cantou *"You're all I need"* pude vê-la pensando: "Essa é a música do Jack!". E então, quando a música acabou, ela só olhou pra mim e disse: "Você é um babaca do caralho, sempre foi um babaca. Que legal!".

Disse a ela que poderia ficar com a fita e, ao ir embora, perguntei: "E como está o Jack?". Ela respondeu que não fazia ideia do que eu estava falando. "Diga ao Jack pra dar adeus aos joelhos dele...", falei.

NIKKI: Quando voltei para casa naquela noite, liguei para alguns motoqueiros da região e os contratei. O trabalho seria esperar escondidos na frente do estúdio de TV e quebrar os joelhos de Jack Wagner, e então dizer a ele que Nikki Sixx mandava lembranças.

WAYNE ISHAM: Dirigi o clipe de "You're All I Need" para o Mötley, mas, na época, nunca me liguei que Nikki via a música como, em parte, a respeito dele e Nicole. Nikki era muito paranoico, mas o medo que ele tinha de ela traí-lo era completamente infundado. Nicole era uma ótima garota, com um sorriso muito legal, mas Nikki a levou às profundezas. Toda vez que você a via, dava para perceber que ela estava simplesmente sendo sugada para dentro daquele vórtice. Era uma pena, porque ela era uma pessoa muito legal.

Levar a música até Nicole e tocá-la para ela era uma coisa típica de Nikki. Ele também sentia prazer em fazer isso. Sempre tinha o sorriso sabichão do diabo no olhar. Acho que é por isso que sempre usava óculos escuros.

8 DE MARÇO DE 1987
Van Nuys, 15h50min

Nicole acabou de me ligar gritando e chorando, me chamando de filho da puta por ter quebrado as pernas do Jack. Eu disse que não fazia ideia do que ela estava falando, mas isso é maneiro demais!

NIKKI: Essa foi uma coincidência bizarra de verdade. Pouco depois de Nicole me ligar, meu contato me ligou para pedir desculpas, dizendo que os motoqueiros não conseguiram pegar Jack. Fiquei perdido até ver no telejornal que, por pura coincidência, Jack caiu durante uma filmagem naquele dia e quebrou o joelho no estúdio! Minha cabeça ficou uma bagunça, achei que fosse castigo divino.

9 DE MARÇO DE 1987
Van Nuys, 23h30min

Fiz a porra da coisa mais estúpida do mundo hoje... ainda não acredito que fiz isso. Liguei pro Rick Nielsen pra dar um oi. Quando ele atendeu, pedi pra ele esperar um minuto, e então fui beber uma garrafa inteira de água, injetar um pouco de cocaína e vomitar na Jacuzzi antes de pegar o telefone de novo para falar com ele. Rick ficou esperando esse tempo todo. Minha voz devia estar fodida, porque ele me perguntou se estava tudo bem e se eu estava usando drogas. Respondi que não encostava em drogas há meses...

POR QUE EU FAÇO ESSAS COISAS? QUE PORRA HÁ DE ERRADO COMIGO?

NIKKI: Rick Nielsen, do Cheap Trick, foi um dos meus primeiros heróis. Ainda não consigo acreditar que fiquei tão fodido que liguei para ele, e então o fiz esperar enquanto injetava e vomitava antes de falar com ele. É mais difícil ainda de acreditar que eu achava que ele não ia perceber esse meu comportamento bizarro.

RICK NIELSEN: Nikki às vezes me ligava em casa e dizia que estava com problemas. Que estava chapado e não queria estar – ou que estava limpo, e eu sabia que ele não estava, porque dava para ouvir na voz dele. "Você pode mentir pra sua mãe, pra sua namorada ou pra um padre, mas não minta pra mim!", eu falava para ele.

Costumava dizer a ele que poderia me contar qualquer coisa – que estava usando drogas ou comendo alguma garota, ou que seu pau ia cair. Um amigo te diz a verdade, que seu bafo está fedendo e que você precisa de um banho. Um inimigo te diz que você está com uma aparência ótima e não tem que mudar nada.

Lembro-me de uma vez que Nikki ligou, depois saiu do telefone por vários minutos. Achei que ele estivesse só cheirando uma carreira. Não fazia ideia de que ele estava injetando; eu não convivia com esse tipo de coisa. Ele então voltou ao telefone e mal conseguia falar, mas insistia que não tinha usado nada. Um tolo reconhece outro tolo e, cara, eu ouvi um tolo.

Quando Nikki me ligava falando coisas sem sentido, eu dizia que precisava ir, mas quase sempre ele estava bem lúcido. Eu ficava lisonjeado por ele querer falar comigo, mesmo se fosse um monte de bobagem. Para quem mais um músico vai ligar? Ele liga para seus semelhantes. Não pode contar para os outros caras da banda que está encrencado, porque eles vão contar aos empresários. Às vezes, ele me ligava todo empolgado, dizendo que queria me encontrar para compormos juntos, e eu perguntava: "Claro, quando?". E então ele ficava totalmente vago. Eu dizia a ele para ser honesto consigo mesmo, tentar frequentar o AA, levar um dia de cada vez... mas ele era bem teimoso.

Antes de se viciar em heroína, Nikki Sixx era um grande ursinho de pelúcia com um sorriso simpático. Veja bem, ele mal sabia tocar baixo, mas isso nunca foi problema pro Gene Simmons. Eu queria ajudá-lo, mas acho que, no fim das contas, você só consegue matar esse dragão sozinho. Tudo o que eu poderia fazer era ajudá-lo a afiar a espada, se ele precisasse.

11 DE MARÇO DE 1987
Van Nuys, meia-noite

Tenho trabalhado numa pequena teoria que chamo de manutenção da higiene. Basicamente, é bem simples...

1. Por que tomar banho se você vai se sujar de novo?
2. Por que arrumar a cama se você vai dormir nela de novo?
3. Por que ficar sóbrio se você vai ficar bêbado de novo?

Banho é algo que você só precisa tomar se as pessoas ao seu redor não conseguirem suportar o fedor. A única razão para ficar sóbrio é se você precisar fazer alguma coisa. Quando tenho alguns dias de folga em casa, nenhuma dessas situações se aplica.

12 DE MARÇO DE 1987
Van Nuys, 3h10min

Esta noite, me dei conta de uma coisa que me apavorou. Estava no closet, com medo de acabar ouvindo vozes nas paredes... então fui trancar todas as portas na caixa de segurança e percebi que só precisava apertar um botão pra falar com a West Tech.

Quem garante que eles não conseguem me ouvir mesmo se eu não apertar o botão? Quem garante que eles não têm umas porras de umas câmeras secretas que conseguem me ver?

NIKKI: Quando eu estava louco de cocaína, a West Tech Security era a desgraça da minha vida, e eu, certamente, a desgraça da deles. A West Tech foi a companhia que instalou todos os alarmes na minha casa, e eu tinha ainda um botão de pânico que poderia apertar para avisá-los no caso de haver intrusos na casa. Quando eu injetava ou fumava cocaína, invariavelmente pensava que havia equipes da SWAT no teto e *storm troopers* no jardim, e com frequência acabava chamando a West Tech. Depois, quando fiquei igualmente convencido de que minha companhia de segurança estava me espionando, isso tornou nossa relação tensa, para dizer o mínimo.

13 DE MARÇO DE 1987
Van Nuys, 4h20min

Pete e eu fomos pro Cathouse hoje à noite. Me senti muito *cool*. Usei minha nova jaqueta feita sob medida pela primeira vez, com a grande braçadeira Nazi. Os nazistas podem ter sido uns filhos da puta doentes, mas com certeza o visual deles era irado. Riki nos levou direto pro bar VIP e Pete e eu ficamos num canto conferindo as minas.

Pedi ao Riki pra me mostrar onde era o banheiro VIP... Ele me levou até lá e perguntei se ele tinha uma tampinha de garrafa pra eu usar cocaína. Riki parece surpreso, mas me arrumou a tampinha, eu tirei o saquinho da bota e injetei no banheiro. Quando saí da cabine, os olhos dele estavam arregalados. Parecia enojado... Foda-se, ele que supere.

15 DE MARÇO DE 1987
Van Nuys, 2h30min

Está chegando a um ponto em que a vida só faz sentido pra mim quando estou aqui, no meu closet.

As pessoas não fazem sentido pra mim... não tenho zona de conforto. Não sei como viver. Me sinto um alien.

Quando as pessoas falam comigo, não consigo ouvi-las. Quando vou aos lugares, me sinto sozinho. Vejo mensagens nos programas de TV... ouço coisas que as outras pessoas não conseguem ouvir... decifro o que elas dizem errado...

Será que estou louco? Às vezes parece que o suicídio é a única solução.

TOMMY LEE: Só me dei conta do quão desconfortável Sixx estava em sua própria pele quando o vi sóbrio. Quando ele estava sóbrio, nunca saía de casa. Era tão antissocial que não conseguia ficar perto de gente por mais de dois minutos. Um Nikki Sixx sóbrio nunca entraria numa sala cheia de estranhos –

nem fodendo. Eu olhava para ele, o via fazer uma careta e percebia que ele suava e pensava: "Preciso dar o fora daqui; não sei como agir ou o que dizer". Ficava totalmente na cara, e eu previa: "Só olha, o Sixx vai sumir daqui em um minuto!". Quando ele estava chapado, se dava bem com todo mundo, mas, assim que ficava sóbrio, tinha problemas sérios em estar perto de gente.

16 DE MARÇO DE 1987
Van Nuys, 19h35min

Não ter agulhas sobrando quando se está na fissura é a pior coisa do mundo. Ontem à noite eu estava injetando com a minha última seringa e ela quebrou. A agulha se partiu em duas. Eu estava morrendo por aquela dose e tentei meter a agulha quebrada na porra da minha veia... cortando e arranhando a pele na tentativa de forçá-la pra dentro. O sangue jorrava por todo o closet e eu só enfiava as drogas em qualquer lugar sob a minha pele, rezando para que elas levassem a dor embora. Graças a Deus, elas levaram.

DOC McGHEE: A essa altura, Nikki não usava heroína para chapar – usava para tentar se manter normal. É o que acontece com *junkies* depois de um tempo: eles usam para não passar mal. A heroína some com os sintomas da abstinência e as dores, e agora está claro para mim que Nikki a usava para se livrar da dor que sentia todos os dias na vida.

17 DE MARÇO DE 1987
Van Nuys, 3h40min

Hoje me peguei pensando na Lita... nós éramos muito irados juntos...

Talvez, se eu a tivesse conhecido num momento posterior da vida, teríamos dado certo, mas na época eu não estava pronto pra me assentar. Mas nós nos divertimos. Quando a encontrei, em dezembro passado, pude ver que ela ficou chocada com o meu estado. Talvez eu também estivesse, mas ela não disse nada. Por alguma razão, as pessoas nunca dizem nada.

Todo mundo consegue ver que estou trincado — por que caralhos não dizem nada?

NIKKI: Conheci Lita Ford em 1982, no Troubadour, em Los Angeles. Ela veio até mim e se apresentou botando metade de um quaalude[9] na minha língua, e em questão de dias estávamos morando juntos. Mas na época eu estava totalmente no meu modo animal de farra, e depois que o Mötley terminou a turnê de *Shout at the Devil*, me mudei da casa dela para ir morar com Robbin Crosby, do Ratt.

Nós nos encontramos de novo pouco antes do Natal de 1986, quando escrevi uma música, "Falling In and Out of Love", para entrar no álbum dela, e ela ficou horrorizada com a minha condição. Eu estava esquelético, completamente fora de mim, usando drogas sem parar, cheirando pó em cima do piano enquanto tentávamos compor. Havia levado as coisas muito além do que ela jamais sonharia, e ela sentia que não me conhecia mais. Lita com certeza gostava de uma farra, mas eu me tornara um completo viciado.

---

9 Medicamento controlado de efeito sedativo e hipnótico. (N. do T.)

19 DE MARÇO DE 1987
Van Nuys, 1h15min

Acabei de cagar e percebi, de novo, que não compro papel higiênico há semanas...

ODE TO MOM

I woke to the sound of screaming in my head
There was a dead body laying next to me in bed
A knife had so neatly cut out her heart
Ripped and tore and shredded it apart
I hadn't had a drink, hadn't left the house
So I was scared half to death,
trying to figure this out
I tried to scream, but my words came out low
I was drowning in confusion, panic without hope
Then the sound, a blessing I swear
My alarm going off, waking me from fear
I opened my eyes, a nightmare I gasped
Then I realized I was holding
a knife in my grasp
I get out of bed, following a trail of blood
There lies mother, no heart
But looking good.xxx

22 DE MARÇO DE 1987
Van Nuys, 11h30min

Ontem à noite, aconteceu de novo.

Me lembro de entrar no closet e pegar minha caixa de Dom Perignon. Adoro quando essa caixa está cheia. Alguns podem ver isso como abrir um caixão e dar uma espiada na morte, mas, para mim, é como ver um buraco no céu por onde passa um raio de luz vindo de Deus. Sempre que abro essa caixa, sei que vou me sentir bem numa questão de poucos segundos...

E então injetei a cocaína, no pescoço, na perna, no braço e até no pau... e aí começou. Eu sabia que a West Tech estava me ouvindo, que eles podiam ouvir o meu coração batendo, que tinham câmeras me espionando. Encostei a orelha na caixa de segurança, sem ousar respirar, e fiquei apavorado. Será que tinham mandado a polícia atrás de mim, ou caras com camisas de força? Eles sabem que eu sou insano, certo?

E então me dei conta de que estava errado... a West Tech não é minha inimiga - são eles que me salvam das pessoas que estão lá fora tentando entrar... Então apertei o botão de pânico. E daí fiquei sem saber — será que eu apertei ou não? Ou só *pensei* que apertei?

Assim, lá estava eu... nu, trincado, minha espingarda carregada, sabendo que havia gente prestes a invadir a casa... Será que essa gente vinha me salvar ou me pegar? Rapidamente joguei minhas drogas descarga abaixo e esperei pelo que iria acontecer. Minha maior decisão era... me rendo em silêncio ou atiro para me defender?

Agora acordo para descobrir que foi só mais uma noite de insanidade. Não apertei botão nenhum e nada aconteceu... Exceto que joguei a porra das minhas drogas todas descarga abaixo de novo.

Meio-dia

Odeio manhãs como a de hoje, quando acordo ou o efeito passa... o que vier primeiro... e tenho todas essas lembranças das coisas que fiz e parece que eram coisa da TV ou que li num livro. Está ficando cada vez mais difícil saber o que é real.

23 DE MARÇO DE 1987
Van Nuys, meia-noite

Bem, hoje finalmente concluímos o álbum Girls, Girls, Girls. No geral, acho que ficou bem bom... É claro que sempre se diz isso quando é o último álbum, né?

Vamos para Nova York amanhã pra masterizar o disco. A masterização sempre traz à tona toda a vida e o brilho... então vou guardar esse julgamento até ter a master pronta pra decidir se esse é um grande disco do Mötley Crüe ou só um bom disco do Mötley Crüe. Mas o fato de que conseguimos terminar um disco é incrível pra mim.

NIKKI: Tommy e eu voamos de primeira classe para Nova York para masterizar o álbum. Nossos engenheiros de som e de mixagem, Duane Baron e Pete Purdul, só foram no dia seguinte. Então, o que Tommy e eu fizemos numa noite de folga em NYC? Fomos para a balada *underground* mais doente que encontramos. Da minha parte, estava tudo bem – eu estava a alguns milhares de quilômetros da minha heroína e nosso álbum estava gravado. Mas, como de costume, o diabo usa muitas máscaras... e não parava de falar no meu ouvido que nós deveríamos arrumar droga... Por fim, fui atrás e voltei com os bolsos cheios só de cocaína. Graças a Deus – mas, é claro, nenhum de nós dormiu até o disco estar masterizado.

31 DE MARÇO DE 1987
Van Nuys, 21h15min

Acabamos de voltar da masterização do álbum. Esqueci de te levar, diário, mas se tivesse levado, duvido que teria escrito alguma coisa em você. Dizem que Nova York é a cidade que nunca dorme. Acho que, se não tivéssemos feito mais nada, já teríamos provado essa afirmação... Preciso da minha cama...

ABRIL DE 1987

SERÁ QUE A MINHA DOENÇA ME IMPREGNA COMO A PORRA DE UM CHEIRO?

1º DE ABRIL DE 1987
Van Nuys, 18h40min

Acabei de receber uma visita surpresa. Era a última coisa que eu esperava: Randy Rand apareceu na minha porta do nada... Eu não o via há meses. Quando abri a porta, ele literalmente abriu a boca em choque, como se tivesse visto um fantasma. Disse que eu tinha perdido uns 20 quilos desde a última vez que ele me viu. Isso me agrada, mas Randy não pareceu ver como uma coisa boa. Então, quando o convidei para entrar, ele sacudiu a cabeça e disse que precisava ir... Será que a minha doença me impregna como a porra de um cheiro?

Estou esperando o T-Bone vir pra cá.

NIKKI: Randy Rand era da banda Autograph, que abriu alguns shows para nós na turnê de *Theatre of Pain*. Certa vez, roubei o cabeçote de baixo dele de um estúdio de ensaios em Hollywood porque soava melhor do que o meu. Ele é um grande cara... nunca arrumou encrenca comigo por causa disso, até hoje...

2 DE ABRIL DE 1987
Van Nuys, meia-noite

Hoje fui pescar com Tommy e Duane Baron. Usamos cocaína a noite toda até que chegou a hora de ir para o lago. Navegamos por um tempo, depois retornamos pra tomar mais umas cervejas e Doc McGhee se juntou a nós. Ficamos à beira do lago ouvindo a master do álbum *Girls* repetidas vezes no rádio do Tommy.

Doc nos contou que Jon Bon Jovi acha que escrevemos a

melhor música da nossa carreira. Perguntei qual, e ele disse "You're All I Need". Perguntei se o Jon tinha prestado atenção na letra, e Doc disse: "Por quê? O que tem a letra?". Dei uma risadinha e contei a ele, que então me disse que eu era um babaca e uma porra de um doente... Comentários justos, acho.

NIKKI: Tommy e eu estávamos tão chapados de pó naquela noite que, na nossa cabeça, a barraca estava voando feito um tapete mágico. Nós acreditávamos de verdade que estávamos voando ao redor do lago naquela barraca. Lembro-me de Tommy me dizer para olhar nos olhos dele e não me mexer. Com o meu cabelo todo emaranhado e as sombras do lampião dançando sobre o meu rosto, ele não parava de imaginar que eu parecia uma bruxa malévola. Entrou tanto nessa brisa que me lembro de pensar, em dado momento: "OK, quem é o mais insano aqui? Eu, por ficar aqui sentado por horas sem me mexer, ou Tommy, por me fazer ficar assim enquanto ele alucina?". Acho que não pescamos nada naquela viagem, mas com certeza demos um passeio e tanto de tapete mágico...

163

TOMMY LEE: Aqui vai uma lembrança do tipo "onde esse mundo vai parar"! Leitores, imaginem o seguinte – uma área de camping familiar lotada, com crianças, bicicletas, varas de pescar, esquis aquáticos, fogueiras etc. Então, justo quando você acha que está tudo seguro... lá vem a limo preta superlonga fodona do inferno! Não é algo que se vê normalmente numa área de camping, isso se você nunca foi acampar comigo e com Nikki! Sei o que vocês estão pensando: "Meu Deus, esses caras são tão mimados e a limo está ali para levá-los para casa". Certo?? ERRADO! A cocaína foi entregue de limusine! Imaginem a gente saindo da barraca escura, em plena luz do dia, para pegar mais pó – não é uma imagem muito agradável! Aquele pobre motorista de limo acabou fazendo mais algumas viagens de ida e volta para manter nosso tapete mágico no ar.

4 DE ABRIL DE 1987
Van Nuys, 2h20min

Acho que as coisas estão melhorando. Pete e eu agora temos estrelas pornô fazendo o corre das drogas pra gente... Lois veio aqui mais cedo. Ela é uma figura interessante. Veio aqui, tomamos umas cervejas e então ela disse que queria nos mostrar seu vídeo novo... "Claro", dissemos. Então ela vai até o videocassete com a fita, coloca pra passar e *voilà*! Eram oito caras negros gozando na cara dela. Até eu fiquei chocado, mas Lois está orgulhosa... diz que acha ser algum tipo de recorde mundial...

Mais importante, Lois concordou em ir até Watts pra gente, pra conseguir umas cargas. Digamos que não é o melhor lugar pra um garoto branco tatuado ir atrás de droga. Porém, depois de assistir ao vídeo da Lois, talvez ela tenha uma relação especial com o traficante lá. Ei, a prática leva à perfeição...

Esses comprimidos são a minha nova droga favorita. Adoro. Não dá nem pra se mexer sob o efeito deles, você fica completamente em coma! É tipo heroína turbinada. Mal posso esperar...

NIKKI: "Cargas" eram um combo de dois tipos diferentes de comprimidos. Tomava-se três de um tipo e dois do outro, e dentro de literalmente dez minutos você ficava tão chapado que não conseguia nem levantar. Tínhamos uma abordagem muito científica para misturá-las com pó para, de algum modo, equilibrar o efeito o bastante para funcionar minimamente. Quando eu era adolescente, costumávamos tomar tranquilizantes de elefante. Os efeitos eram similares.

15h30min

Depois que Lois voltou com as cargas ontem à noite, as coisas ficaram meio... tortas...

Quando ela voltou, trouxe uma outra garota junto, que eu reconheci de alguns dos filmes pornô que o Pete tinha. Não me lembro do nome dela... será que cheguei a saber? Mas ela foi embora faz uns minutos. Mas então, depois que eu tomei uma segunda dose, e não cheirei cocaína o suficiente pra me tirar do estupor, essa garota decidiu que ia passar a noite comigo... Quem era eu pra negar?

O único problema foi que o meu pau não parecia notar que ela estava aqui. Ela não parava de perguntar o que havia de errado, e eu estava tão fora de órbita que entendi que ela se referia ao que havia de errado com o mundo, então comecei a falar de pobreza global e outras merdas. Não estou surpreso que ela tenha ido embora... suspeito que ela não vá voltar.

5 DE ABRIL DE 1987
Van Nuys, 1h45min

Fui a uma livraria hoje e comprei uns livros maneiros sobre arte performática. Comprei também um livro que minha avó me deu pra ler quando eu tinha 17 anos, chamado Autobiografia de um Iogue.

6 DE ABRIL DE 1987
Van Nuys, 2h40min

Hoje pensei em quando voltei do casamento do Tommy no ano passado e achei uma carta do Chuck Shapiro que dizia que eu iria à falência se continuasse a chapar naquela frequência... porra, frequência que eu AINDA continuo. O curioso é, mesmo se eu estivesse falido, fosse chutado da banda e tudo o que tivesse fosse um quarto como esse closet e bagulho o suficiente pra ficar debaixo do cobertor quentinho... Esquece o Mötley e os fãs, esquece até mesmo a música. Acho que eu poderia ser feliz... acho.

NIKKI: Chuck Shapiro era o contador da banda. Em 1986, no dia em que Nicole e eu voltamos do casamento de Tommy, Chuck me deixou um bilhete escrito à mão, que dizia:.

Esse bilhete foi bem punitivo, então obviamente eu fiz a única coisa que poderia fazer naquela circunstância: ignorei-o por completo.

Steven Tyler me disse certa vez que achava que nunca ia largar a heroína. Naquele ponto da minha vida, lembro-me de que eu pensava o mesmo. A sensação de se render por completo aos seus demônios é desesperançosa, mas quando você não consegue sair de tamanho buraco, você tende a se agachar e a chamá-lo de lar.

7 DE ABRIL DE 1987
Van Nuys, 2h30min

Jason está vindo pra cá com *china white* pura de verdade, em vez da persa de sempre... A persa é OK, mas você tem que fazer toda aquela função com limões e o algodão extra. A *china white* cozinha limpa e dissolve muito mais fácil, e quando a coloco numa seringa com um pouco de cocaína... cara, é uma via expressa pro paraíso.

O negócio é que a *china white* parece coca e dá pra cheirar facilmente. Claro que também dá pra cheirar persa, mas meio que fede, tipo terra, e cheirar qualquer coisa marrom dá muita bandeira. Então, com a *china white* ninguém sabe que você está cheirando heroína. Presumem que é alguma coisa inofensiva (rá!) tipo cocaína.

Espero que ele não traga aquela namorada maldita. Às vezes apago enquanto ela está falando e, quando acordo, ela ainda está falando. Geralmente é sobre ela mesma, então consigo entrar na conversa exatamente onde estava antes... nem aí.

NIKKI: Houve tantos níveis diferentes de dependência naquele ano. Às vezes eu sentia que tinha tudo sob controle e só estava me divertindo. Infelizmente, a diversão nunca durava. Quando você brinca com dragões, em algum momento vai se queimar.

BOB MICHAELS: Às vezes, Nikki usava heroína muito abertamente perto de mim e me convidava para usar com ele. Outras vezes, era muito sorrateiro. Ia até o banheiro, injetava, vomitava, depois voltava e se sentava ao meu lado para ver um filme. A coisa toda levava uns noventa segundos e eu não fazia ideia de que ele tinha usado. Nikki era muito bom ator.

8 DE ABRIL DE 1987
Van Nuys, 23h

Cá estou eu, sentado. Sozinho de novo. Agulha no braço. Bancando a porra da vítima de novo — ou a porra do mártir?

Por mais que eu ame a minha banda, eu também a odeio, porque os caras estão com pessoas que os amam. Não entendo por que, apesar do tamanho do meu coração, estou sozinho.

Talvez eu simplesmente escolha ser assim?

Talvez eu não tenha escolha?

Talvez eu não saiba?

Talvez eu só esteja me fazendo perguntas para me ouvir falar?

9 DE ABRIL DE 1987
Van Nuys, 3h

Como puderam meus pais me tratar da forma que trataram?

Como pôde o meu pai simplesmente desaparecer e não se importar com o filho que trouxe à Terra?

Como pôde a minha mãe me amar, ou dizer que me amava, e me mandar embora por meses e anos sempre que arrumava uma porra de um namorado novo?

Não tenho uma mãe... não tenho um pai... não tenho um amigo. E eles me tornaram o que eu sou. Eles me fizeram desse jeito.

BOB TIMMONS: Na minha opinião, Nikki Sixx estava sofrendo de depressão durante o período em que foi dependente. Havia muita tristeza: ele me disse muitas vezes que sentia que as pessoas queriam ficar perto dele só porque ele era famoso, não por quem ele era, simplesmente. Vícios são apenas sintomas de problemas subjacentes, e, no meu ponto de vista, Nikki automedicava a dor emocional de sua infância, e de passar tanto tempo longe da mãe, com o uso de drogas. O que ele queria? No final das contas, queria ser capaz de criar amor por si mesmo como pessoa.

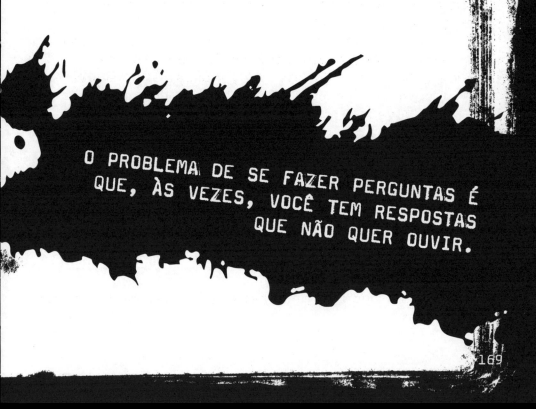

O PROBLEMA DE SE FAZER PERGUNTAS É QUE, ÀS VEZES, VOCÊ TEM RESPOSTAS QUE NÃO QUER OUVIR.

23h

Jesus, como é insuportável sair de casa hoje em dia. Não consigo andar na rua ou ir ao mercado sem ser cercado por fãs, que querem conversar, ou um autógrafo, ou voltar pra casa comigo. Digo, amo nossos fãs, mas, porra...

Vou voltar à livraria, porque acho que talvez tenha depressão. Talvez alguma coisa ali possa me ajudar? Não consigo controlar meus humores. Sinto que estou me desfazendo... mesmo quando não estou usando drogas. Se ao menos eles soubessem.

Parece que estou sempre, sempre me desfazendo...

10 DE ABRIL DE 1987

Van Nuys, 5h

Apertei o botão de pânico de novo essa noite. Não foi culpa minha. Toda vez que eu ousava espiar pra fora do closet, via rostos na janela e vozes na porta. A caixa de segurança está a provavelmente uns 15 metros do closet, mas demorei uma hora pra correr até lá. Pareceu que eu tive de correr a extensão de um campo de futebol.

E então, quando os caras da West Tech chegaram, não deixei eles entrarem... só gritava atrás da porta pra eles sumirem da porra da minha casa, ou eu iria atirar. Por fim, foram embora. Graças a Deus, eu tinha um pouco de heroína pra me baixar a bola.

DOUG THALER: Foi mais ou menos nessa época que liguei para Nikki em sua casa. Ele sempre ficava inquieto para desligar o telefone e, nessa ocasião em particular, me disse depois de mais ou menos um minuto: "Bom, eu preciso ir agora". Perguntei o motivo, e ele respondeu: "Doug, tem uns mexicanos armados pulando o meu muro".

15h15min

Doc McGhee acabou de ligar. Disse que recebeu um telefonema da West Tech ontem à noite. O
cara da segurança alegou que, quando chegou aqui,
eu estava nu e apontei uma espingarda pra ele, e
o acusei de estar se infiltrando na minha casa.
Parece que eles estão preocupados com a "segurança
pessoal" deles e ameaçando cancelar o contrato.
Por sorte, Doc conseguiu convencê-los a não fazer
isso e os acalmou.
É pra isso que serve um bom agente, não?

DOC McGHEE: Nikki sempre via mexicanos e anões correndo pela porra da casa dele. Sua paranoia de pó estava
totalmente fora de controle. Eu recebia telefonemas da
West Tech dizendo que ele disparara todos os alarmes e se
recusava a atender a porta. Ou o departamento de polícia
me ligava porque o vizinho de Nikki fizera uma denúncia
de que Nikki estava se arrastando pelo jardim no meio da
noite com uma espingarda. Já seria ruim o bastante se isso
tivesse acontecido uma única vez, mas essa merda rolava
pelo menos duas vezes por semana.

12 DE ABRIL DE 1987

Van Nuys, 3h15min

Dei um giro pelos bares de strip com T-Bone
e Wayne pra procurar locações pro clipe de Girls,
Girls, Girls. Acho que esse vai ser bom. Wayne
entende as nossas ideias... Só é lamentável que o
desgraçado roube as nossas ideias pra porra do Bon
Jovi...

WAYNE ISHAM: Fiz muitos clipes com o Mötley, mas eu os conheci muito antes de me tornar diretor, quando era gerente do estúdio na A&M, em L.A., onde filmaram o clipe de "Shout at the Devil". Eu tinha uma salinha do lado do camarim e pude ouvi-los reclamar um para o outro que precisavam de um drink antes de começar as filmagens. Disse a eles que tinha uma garrafa de Jack, e todos eles correram para a minha sala, com os cabelos armados e as botas de plataforma, e beberam tudo.

Meu primeiro clipe com eles foi "Smokin' in the Boys' Room", bem no início da minha carreira. Fiz uma reunião com Nikki e Tommy para conversar sobre a filmagem na noite anterior, e eles disseram: "OK, cara, vamos sair!". Eu dizia: "Não, não, nós temos que trabalhar amanhã". Ao que Nikki respondia: "Você é algum tipo de maricas?". Eles tinham esse verdadeiro, hum, entusiasmo pela vida.

Todos nós curtíamos muito pesado naquela época, bebíamos tanto e usávamos tanta cocaína que acho que nos sentíamos invencíveis. Nikki nunca pareceu pior do que ninguém, apesar de que, quando fizemos o clipe de "Home Sweet Home", houve umas duas vezes em que ele precisou ser carregado para dentro e para fora do set para fazer os closes. Essa foi a primeira vez que pensei: "Você está dominando o rock ou o rock está dominando você?".

Nikki era uma figura bem "O Médico e o Monstro". Num minuto ele estaria coerente, amigável e articulado, no outro, fora de si, um babaca totalmente sarcástico e um filho da puta ofensivo. Tinha uma energia muito positiva e então virava a página e se tornava um grande cuzão – e havia uma crueldade real na forma como ele me repreendia.

Nikki detestava o Bon Jovi, e sempre me enchia o saco e me chamava de traidor por trabalhar com Jon. Ele me acusava de ser vendido por fazer clipes do Bon Jovi e me disse que eu estava copiando o estilo do Mötley – bem, com licença, mas eu achava que aquele estilo era universal, não só do Mötley! Ele sempre pegava no meu pé, me mandava me foder e, um dia, me agarrou e me deu um soco com muita força. Você meio que se acostumava com isso.

NIKKI: Sempre curti o Jon – eu só detestava a música da banda dele. Era o oposto de tudo o que eu amava e daquilo em que eu acreditava. Eu metia o pau na banda dele na imprensa, e então nós nos encontrávamos para jantar e ele dizia "Obrigado", e nós dois ríamos. Acho que ele gostava de andar com um verdadeiro babaca rock'n'roll que não ligava para porra nenhuma.

Quando o Bon Jovi assinou com Doc e ambas as nossas bandas estavam na Europa, Jon e eu fomos juntos a um bordel na Alemanha. Fomos para um quarto com duas camas de casal, cada um com uma garota. Estávamos ambos pra lá de bêbados e eu olhei para cima e havia um pôster do Mick Jagger na parede acima da cama, e um igual em cima da cama do Jon.

As garotas estavam fazendo seu trabalho, mas Jon não parava de contar piadas com aquele sotaque de New Jersey, e eu não consegui ficar duro. Por fim, eu disse: "Mano, dá pra parar de falar?". Ele disse "OK" e continuou a tagarelar. Dizer que eu gastei dinheiro à toa seria um eufemismo, a menos que eu estivesse pagando para o Jon Bon Jovi me contar piadas – nesse caso, o dinheiro teria sido muito bem aproveitado.

13 DE ABRIL DE 1987
Van Nuys, 4h20min

Filmamos o clipe de Girls hoje à noite, foi divertido à beça. Até trouxe um souvenirzinho pra casa comigo... não sei qual é o nome dela. Sair essa noite foi bom pra mim.

WAYNE ISHAM: Quando o Mötley me disse que o conceito do clipe de "Girls, Girls, Girls" era o de casas de strip, eu, naturalmente, fiz uma pesquisa meticulosa ao longo de várias noites para descobrir qual estabelecimento era o mais apropriado. Queríamos usar o Body Shop, mas este contava com nu completo e por isso não vendia bebidas alcoólicas, então acabamos num lugar chamado Seventh Veil. Nikki e Tommy foram comigo uma noite – lembro de irmos de clube em clube com uma porrada de strippers a tiracolo.

Estávamos todos com o mesmo pensamento no clipe – não parávamos de dizer um ao outro: "Dá pra acreditar que estão nos pagando pra fazer isso? A gente é que deveria estar pagando!". Esse era o coração do Mötley – eram caras divertidos, e eu não acho que o clipe estivesse explorando as mulheres, era mais como uma celebração delas, tipo uma coisa burlesca. Porém, nós fomos muito censurados pela MTV, porque, na época, o clipe foi visto como escandaloso.

Quando terminamos as filmagens no Seventh Veil, nenhum de nós estava funcionando direito. Fomos embora do clube em alguns carros e rumamos para o meu estúdio, perto dali, para filmar inserções. Tommy foi no meu carro comigo, e eu sugeri pararmos num restaurante mexicano no caminho, para tomarmos uns shots em segredo. Quando entramos, Sixx já estava no bar, com uma carreira de shots. Ele só olhou pra nós e disse: "O que vocês estão fazendo aqui?".

Quando vejo o clipe hoje, os olhos de Nikki estão tombados... tem o efeito de alguma coisa rolando ali. Naquela parte em que ele mostra o dedo para a câmera... acho que é justo dizer que ele estava chapado ali. Mas não posso afirmar que percebi na época. É como o Hillel Slovak, dos Chili Peppers – ele era um cara divertido e eu só fui notar que sequer havia algo de errado quando ele morreu.

16 DE ABRIL DE 1987

Van Nuys, meio-dia

Sinto muito por não ter escrito por alguns dias, mas as coisas estão meio doidas. Você sabe como é, às vezes.

Vanity apareceu sem avisar alguns dias atrás. A coisa com ela é tão fodida... Não a vejo por semanas, e então de repente ela aparece e nós não saímos do lado um do outro por... quanto tempo se passou desta vez? Quatro dias? Cinco? Isso não pode ser saudável... mas até aí, acho que eu e Vanity nunca fomos exatamente saudáveis.

Então, ela apareceu com um saco enorme de cocaína, exatamente como sempre faz, e nós estamos vivendo numa nevasca nos últimos dias. Mas, por alguma razão, eu nunca fico tão insano quando a Vanity está comigo. Talvez eu a odeie demais pra chegar a deixá-la me ver no meu estado mais esgotado e vulnerável.

Nunca injeto nem vou pro closet com a Vanity, mas a coisa ainda fica bem doida. Ontem, estávamos deitados na cama e eu podia ouvir vozes... gente se movendo pela casa. Comecei a gritar, depois dei um tiro pela porta com a .357. É claro que não havia ninguém. Era o rádio, e o tiro atravessou minhas novas caixas de som que comprei do Bob Michaels... porra.

Ela só foi embora e, ao sair, disse a coisa mais fodida que eu já ouvi. Disse que nós éramos almas gêmeas e me pediu em casamento... Não sei como mantive uma cara séria, então disse uma coisa igualmente estúpida... disse sim. Não ia aguentar ela ficar louca e começar outra discussão, e o que importa o que eu digo? Meu funeral vai chegar antes do casamento.

BOB MICHAELS: Nikki me ligou numa noite quando deu um tiro pela porta do quarto e atravessou uma caixa de som JBL que ele comprara de mim. Estava alucinando que havia gente tentando invadir a casa e que a polícia estava lá, e ele e Vanity haviam se escondido atrás de uma barricada no quarto principal no meio da noite. Ele me ligou de novo no dia seguinte e eles ainda estavam na barricada.

PASTORA DENISE MATTHEWS: Minha ajuda só poderia vir de Deus. Nenhum dos meus relacionamentos, inclusive com Nikki, foi capaz de trazer algum tipo de amor ou de felicidade, porque eu nunca olhava para a raiz do meu problema, que, sem dúvida alguma, era eu mesma. Eu estava muito bagunçada e era hora de mudar ou morrer.

Pintamos o exterior do nosso corpo de forma bela, mas o interior é como os ossos de homens mortos. A dor se acumula até ficar tão grande e feia, crescendo como um verme de câncer, formando teias ao redor das paredes do nosso coração, que, por fim, se torna frio, calejado e desprovido de amor. Confundimos luxúria com amor e tomamos mais comprimidos, abusamos de mais drogas, bebemos até não poder mais ou nos acabamos, como eu fiz, raspando o fundo de um *pipe* só para pegar a resina e jogar a vida descarga abaixo.

Particularmente, eu odiava cada segundo em que estava viva neste corpo quebrantável. Queria um novo corpo por dentro. Queria remover minha mente por completo – em especial a parte que doía. Jesus fez isso para mim.

LETRA PERDIDA
VAMPERILLA

Can't say I'm happy
Can't say I'm sad
But I can sigh in relief
That I don't have that
Black-skinned bitch
Drawing her nails across my grief

Just do me a favor
Before you draw the razor
Next time across your wrists
Tell me again
I'm your white boy flavor
And how we will live in bliss
A little hidden sanctuary
Only seen in this Hollywood tabloid hell
Living in loyal matrimony
I guess didn't mean loyal to me
Oh well

Vamperilla
Now you might as well go fuck yourselves
Everybody else has for sure

I guess you had to lose
So the rest of us could win
Your only fame and fortune has left you
And he's holding this paper and pen.[xxxi]

17 DE ABRIL DE 1987
Van Nuys, 18h50min

Slash veio aqui mais cedo... Não contei isso pra ele, mas, no ano passado, Tom Zutaut me convidou pra produzir o álbum do Guns. Recusei de cara. Estava trincado demais pra assumir a tarefa. Era tudo o que eu podia fazer na época para focar no Mötley e permanecer vivo...

Foi bom eu não ter produzido. Eu sei que poderia produzir um grande álbum pra eles, mas não enquanto estou drogado... sou fodido demais até para aqueles caras.

NIKKI: Tom Zutaut me disse que eu estava sendo considerado para produzir *Appetite for Destruction* para o Guns N' Roses. Fui ao show deles no Roxy, mas não os achei tão bons assim. A verdade é que eu estava tão fora de órbita que não fazia nem ideia do que era bom e do que não era. Porra, na época, o máximo que eu teria sido capaz de fazer como produtor era apertar PLAY no gravador.

TOM ZUTAUT: Eu parecia um cachorro atrás de um osso na tentativa de fazer Nikki produzir o Guns, porque eu achava que eles eram o Mötley da próxima geração, mas com raízes mais nos Sex Pistols e no Zeppelin do que na mistura de New York Dolls com Kiss do Mötley. Da mesma forma que Nikki compreendia o papel de cada um dos membros do Mötley, eu achava que ele seria capaz de fazer o mesmo com Slash, Axl, Izzy, Duff e Steven. Esperava que o G N' R pudesse aprender alguma coisa com Nikki, já que ele havia saído da sarjeta mais suja de Hollywood (que foi também onde o Guns nasceu) e chegado ao topo. Mas Nikki estava naquele período de babaca narcisista trincado e só me dispensava sem nem assistir ao vídeo do G N' R que mandei para ele.

Se eu acho que ele teria feito um bom trabalho como produtor do álbum? Dado o estado em que ele se encontrava, provavelmente não.

SLASH: Isso é engraçado... nunca fiquei sabendo de nada disso. É verdade que Zutaut estava desesperado para encontrar alguém para produzir *Appetite for Destruction* que fosse capaz de lidar conosco. Lembro que, em algum momento, Paul Stanley, do Kiss, foi ao estúdio, mas nós éramos loucos demais para ele.

19 DE ABRIL DE 1987
Van Nuys, 16h50min

Ontem me dei conta de que, quando fico chapado de cocaína, estou começando a sentir uma amizade com as vozes, e aí então o efeito passa e percebo, de novo, que estava à beira da psicose. Chego a ficar ansioso de verdade por ouvir as vozes enquanto estou preparando pra injetar. Ah, sim, meus amigos, os demônios...

Preciso sair. Combinei de encontrar o Andy McCoy hoje numa balada.

20 DE ABRIL DE 1987
Van Nuys, 4h

Bem, que porra de desastre de noite.

Encontrei Andy na balada e ele estava com mais um monte de gente. Fiquei desconfortável e deslocado logo de cara, então depois de uma meia hora comecei a falar pra ele pra irmos embora, pra vazarmos dali. Todos ao redor dele estavam assustados, porque Andy está limpo agora e eles sabem que eu não estou, e ele está sempre a um passo de se viciar de novo. Mas eu não estava nem aí pra isso, nem pra nada... só queria voltar pra casa.

Trouxe Andy pra cá e mostrei o closet pra ele. Peguei todas as minhas merdas e disse: "Vamos, vamos chapar". Ele só ficou lá parado, com aquelas roupas de cigano, e me disse que eu estava viciado! Trincado. Tentei dizer que não muito, mas

esse cara já me viu morrer uma vez, ele sabe a
verdade. E então foi embora.

Um a um, meus amigos estão me abandonando.

21 DE ABRIL DE 1987
Van Nuys, 21h30min

Pete acabou de ligar pra saber o que eu
estava fazendo... O que ele acha que eu estaria
fazendo? O de sempre... Caminhando por este mau-
soléu, à espera de Jason, pensando em injetar,
odiando a caixa de segurança, ficando louco em
silêncio...

Pete ligou de uma casa de strip. Ele vai
vir pra cá com umas garotas. Pode ser legal fazer
novas amigas. Acabei de chamar o Slash e o Steven
também.

22 DE ABRIL DE 1987
Van Nuys, 13h

Acordei hoje de manhã e a casa estava toda
suja com garrafas, pinos vazios e cinzas por todo
lado... é uma zona de catástrofe. Tem gente deitada pelo chão, algumas nuas, outras seminuas...
Entrei no banheiro e dei de cara com o Steven
Adler comendo aquela garota que gostamos de chamar
de Escrava... e o Slash mijou dormindo na cama de
hóspedes. É em momentos assim que eu gostaria que
toda essa gente sumisse...

Deve haver alguma coisa errada no meu açúcar
sanguíneo ou na química do meu DNA, porque consigo
passar de ser o cara mais completamente feliz do
mundo ao filho da puta mais puto e raivoso num
piscar de olhos. Ontem à noite, eu não conseguia
pensar em nada que preferisse fazer a isso aqui.
Agora, estou odiando...

Odeio isso...
Odeio isso.

SLASH: Cara, eu lembro dessa festa... havia *tanto* pó e uísque. Trepei com muitas garotas, e na manhã seguinte acordei no quarto de visitas de Nikki com umas minas. Eu estava de ressaca, minhas coisas estavam jogadas por todo lado e eu precisava estar no estúdio para gravar em vinte minutos. Sabe-se lá como caralhos eu cheguei no estúdio, mas cheguei.
Não posso negar – fiquei tão bêbado que mijei na cama. Mas essa vez na casa de Nikki não foi a pior. Lembro de uma vez que acordei no lobby de um hotel no Canadá, estava deitado no sofá e mijei nas calças. Depois, descobri que não só aquele não era o hotel em que eu estava hospedado, como também eu não fazia ideia de onde ficava nem do nome do meu hotel. Tive de andar a esmo num frio congelante por horas. As calças mijadas não ajudaram.

24 DE ABRIL DE 1987
Van Nuys, 1h40min

Sinto-me como um rato numa roda. A princípio, abracei a roda, depois quis sair, mas é como se alguém a girasse cada vez mais rápido. Eu caio, a roda me joga de um lado pro outro e eu simplesmente não consigo parar...

Temos um tempo de folga, então o que vamos fazer? Vince vai pra um cruzeiro no Caribe e fará participações em shows do Bon Jovi. Tommy vai jogar golfe e andar de motocross. Mick se contenta em comprar armas de fogo e esperar pela Terceira Guerra Mundial... e Sixx? Estou perdendo a cabeça aprisionado nessa tumba...

25 DE ABRIL DE 1987
Van Nuys, 10h10min

Afundo a esse ponto... às 3h da manhã, eu estava agachado nu no closet, pensando que o mundo estava prestes a arrombar a minha porta. Espiei pra fora do closet e me vi no espelho. Eu parecia uma vítima de Auschwitz... um animal selvagem.

Estava curvado, tentando achar uma veia pra injetar no pau. E então a droga entrou no meu pau e eu achei isso fantástico. Não posso continuar fazendo isso, mas não consigo parar.

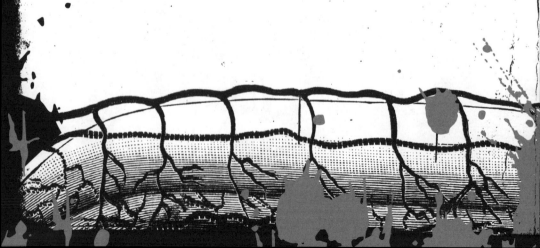

LETRA PERDIDA

*26 and I've never even lived
I've been too busy slow-dancing with death
Maybe a bullet to my head
will make somebody love me
Maybe a bullet in my head
would make somebody care.* [XXXII]

27 DE ABRIL DE 1987
Van Nuys, 22h30min

Ontem à noite, sentei atrás da cama com a espingarda de cano duplo do meu avô. Deixei-a mirada para a porta, e sabia que alguém iria entrar. Não suporto todas essas janelas se abrirem pra rua, de forma que todo mundo consegue ver dentro da casa. Hoje, liguei pra uma companhia de persianas e eles vão vir instalar persianas pesadas de madeira em todas as janelas.

Estou pensando em ir pra reabilitação, mas no momento tenho muita coisa pra fazer.

28 DE ABRIL DE 1987
Van Nuys, 11h40min

Hoje de manhã, acordei com a espingarda na cama comigo. As garotas pararam de vir pra cá, e agora estou dormindo com uma arma. Então me lembrei de ter posto a arma na boca ontem à noite e considerado puxar o gatilho só pra parar a insanidade... quero desligar o meu cérebro e fazer isso parar.

De algum modo, passei de uma pessoa que ria de quem considerava se suicidar pra uma pessoa que está considerando se suicidar... Que porra de progresso...

Meia-noite

As novas persianas são legais pra caralho.

BRYN BRIDENTHAL: Fui assessora de imprensa do Mötley Crüe por muitos anos – os conheci no dia em que assinaram contrato com a Elektra. De imediato, pude ver que havia uma luz especial nos olhos de Nikki. Ele sabia para onde ia: tinha a ideia toda, cada álbum elaborado na cabeça. Tommy era só um cocker spaniel gigante, Mick era muito quieto, e quanto ao Vince... bem, vamos só dizer que Nikki Sixx era o cérebro do Mötley Crüe. Tenho certeza de que ainda é.

Uma das coisas que Nikki costumava fazer no início era atear fogo em si mesmo durante entrevistas. Lembro que ele fez isso na primeira aparição do Mötley na TV. Sempre morri de medo de que as chamas pegassem no laquê do cabelo dele, e aí, adeus Nikki, mas ele nunca pareceu ligar pra isso: pensava ser invencível.

Nikki era um pentelho e muito inteligente, mas tinha um enorme vazio dentro de si. Esse vazio não foi preenchido pelo dinheiro, nem pelo sucesso ou pelo poder: o que ele realmente queria era respeito por suas composições. Porém, passei tanto tempo com ele e não tinha ideia de que ele estava fazendo todas aquelas coisas sinistras. Quando ele estava mal, estava muito, muito mal, mas nunca pensei que usasse mais drogas do que qualquer outra pessoa então.

Naquela época, eu não sabia muita coisa a respeito de *junkies*. Desde então, trabalhei com o Nirvana e com Courtney Love, então hoje sou muito melhor informada. Mas os anos 1980 foram a época em que eu entrava na sala de algum executivo de gravadora e via regularmente pó branco espalhado pela mesa. A heroína parecia só mais uma tentação – nem melhor, nem pior do que as outras drogas.

Nikki Sixx nunca me pareceu disfuncional. Tinha muito ímpeto e energia, e certamente não babava nem vivia na sarjeta. Fazia tudo tão bem: esse sabe dançar. Acho que os *junkies* podem ser muito astutos.

29 DE ABRIL DE 1987
Van Nuys, meia-noite

Por razões desconhecidas a mim, acredito que não estou destinado a viver muito mais. Estou morrendo uma morte lenta e infeliz, velada por confusão e dúvidas. Estou confuso quanto a como me tornei as drogas e as drogas se tornaram eu mesmo... vivemos juntos em perfeita harmonia.

O que foi outrora um questionamento, um interesse inquisitivo, até uma curiosidade, finalmente se respondeu. É um desejo de morrer que não sou capaz de espantar. Não consigo nem vou escapar desta prisão até que tenha completado esta jornada. Ela termina como começou, comigo sozinho. Assim como o nascimento, a morte é uma experiência solitária.

Como disse Hemingway, a única coisa que pode estragar um dia são as pessoas. Eu sou a pessoa que estragou a minha vida...

Perdi completamente a noção do tempo aqui.

30 DE ABRIL DE 1987
Van Nuys, 5h10min

Quando Jason foi embora ontem à noite e fechou a porta, tive a sensação de que ele estava fechando a porta de uma cripta. Está escuro pra caralho aqui... me sinto um fantasma. Então peguei um martelo e corri pela casa arrancando as persianas das janelas e jogando-as no jardim... elas estavam me fazendo me sentir numa gaiola.

Não vou usar nenhuma droga quando acordar hoje.

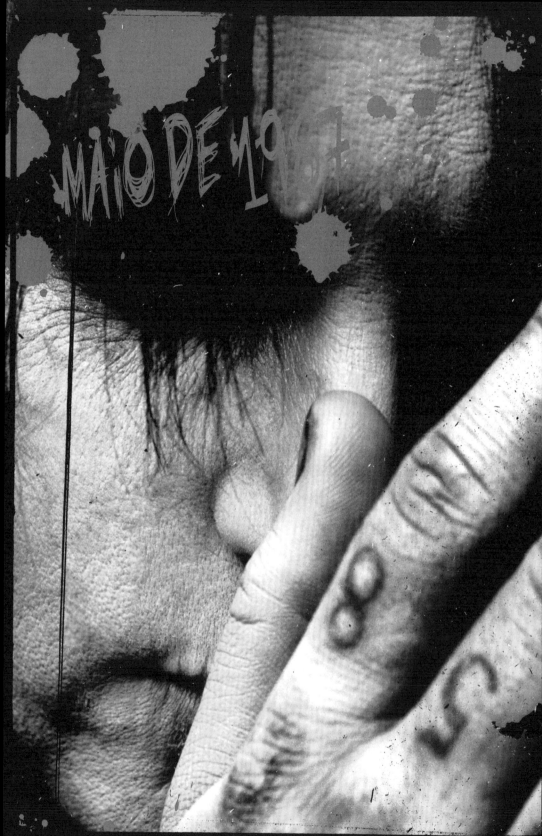

1º DE MAIO DE 1987
Van Nuys, 3h

Hoje fiz uma coisa que pensei que nunca faria... liguei pro Bob Timmons e pedi que ele me ajudasse. Bob veio aqui e eu disse a ele que não consigo parar de abusar de cocaína e heroína. Acho que o pó acelera dez vezes mais a minha dependência em heroína. Bob concordou e disse que sabe o quão trincado eu estou. Ele me pediu para ficar de joelhos e rezar para Deus para perder essa obsessão por drogas... Não vou fazer isso. Foda-se isso! Não vou ficar de joelhos. Bob disse que já se ajoelhou com caras muito mais durões do que eu, tipo o presidente dos Hells Angels, mas ele pode esquecer.

BOB TIMMONS: Parte do programa de doze passos para curar a dependência é aceitar que há um poder muito maior do que você no universo. Não precisa ser Deus, pode ser qualquer coisa – mas Nikki sempre foi muito teimoso para dar esse passo. Ele era simplesmente autocentrado demais e não me deixava ajudá-lo. Esse era Nikki Sixx – sempre de armadura.

2 DE MAIO DE 1987
Van Nuys, 16h40min

OK, preciso me desmamar da heroína e da coca antes de sairmos em turnê. Não posso ir pra estrada assim... isso vai me matar.

O esquisito é que a coca é a pior parte disso tudo, mas você não tem crise de abstinência se não consegue pó. Heroína já é uma história diferente. Estou tão trincado agora... não consigo ficar um dia sem. Teria que levar uma quantidade enorme comigo pra estrada, ou mandar me enviarem por FedEx toda semana, o que é loucura... E se eu perdesse a entrega? Como ia tocar?

Como alguns caras conseguem fazer turnês e permanecer trincados? Nem quero saber. Vou largar, preciso largar. Vai ser feio, mas vai acabar logo. Espero que não precise ligar pro Bob de novo. Tenho um plano e acabei de ligar pro Jason...

19h

Jason acabou de ir embora e correu tudo bem. Expliquei a ele que preciso ficar limpo antes do Mötley sair em turnê no mês que vem. Calculo que esteja usando uns US$ 500 ou mais de heroína por dia... Com a coca, vou simplesmente parar. Meu plano é usar cada vez menos por dia, e aí, quando a dose estiver baixa o bastante, passar pra metadona e largar por completo. Então ele sacou a balança e nós fizemos 30 pinos, cada um menor do que o anterior, cada um com uma agulha nova junto. Demoramos uma hora... Devo levar mais ou menos uma semana pra desmamar. Quando terminamos, parecia um regimento de drogas, um regime... parecia um exército.

O admirável mundo novo começa amanhã... Quando Jason foi embora, me cumprimentou e disse que esperava que eu fosse bem-sucedido na empreitada. É, falou...

DOC McGHEE: Nikki sempre sonhava umas maneiras fantasiosas de largar as drogas, que não envolviam ir para a reabilitação. Uma vez, em 1986, ele decidiu que ele e Nicole, sua antiga namorada, iriam fazer uma desintoxicação de cinco dias na minha casa. Aqueles cinco dias pareceram uma porra de um ano. Nikki estava doente demais – eu precisava carregá-lo toda hora da casa até a hidromassagem de tanta cólica que ele sentia.

E Nicole era um caso à parte. Não parava de pensar que Nikki queria matá-la. Numa noite, Nikki entrou no meu quarto às 3h da manhã e disse: "Cara, você precisa vir ver a Nicole". Entrei no quarto deles e ela estava se maquiando. "Preciso ir pra um ensaio fotográfico", disse, ao que repliquei: "Olha no espelho – quem quer tirar foto *disso* às três da manhã?".

Ela olhou para mim e começou a chorar, pediu uma agulha de costura, só uma agulha de costura, porque se ela a espetasse no braço, isso a faria se sentir melhor. Isso foi no segundo dia dos cinco – e, acredite, não melhorou muito depois disso.

BOB TIMMONS: Lembro-me da tentativa de desintoxicação descrita por Doc. Como nós dois previmos, foi um triste fracasso. Nikki parecia ter essa estranha ideia de que poderia simplesmente ir para a casa de Doc, ficar na hidromassagem comendo doces, e em dois dias teria largado a heroína. Sou um ex-*junkie* e, acredite – é muito mais difícil do que isso.

5 DE MAIO DE 1987
Van Nuys, 20h

Estou me sentindo muito bem, considerando o quanto cortei. Tenho amortecido minha fissura com Valium e vodka com cranberry...

7 DE MAIO DE 1987
Van Nuys, 21h30min

Tom está vindo de Idaho pra passar uns dias aqui. Estou assustado com isso. Amo Tom e sempre adoro vê-lo, mas não posso deixar que ele me veja tão trincado como estou agora... Mas é legal que ele tenha se mantido próximo e não pegado pesado comigo por ter perdido o funeral da Nona. Respeito ele por isso, vou ser forte por ele.

Usei mais do meu estoque do que eu pensava. Já está quase acabando.

NIKKI: Na infância, passei períodos de meses e até de anos morando com meu avô Tom e minha avó Nona em Idaho e no Texas, quando sentia que minha mãe não se importava comigo. Tom é duro, mas justo, um bom homem, e eu era incrivelmente próximo de Nona, que me amava e foi melhor do que uma mãe para mim. Sempre me perdoava, e eu era capaz de ser um moleque selvagem pra caralho. Nona ficou doente em 1986 e eu ignorei. Quando ela morreu e Tom me ligou para me contar, fiquei completamente sem chão, mas estava tão fodido que não consegui nem chorar. Eu iria de avião para o funeral, mas estava trincado e desgastado demais para embarcar no dia. Teria de confrontar meu passado, confrontar minha mãe e passar um tempo com a família da qual havia fugido. Havia questões demais. Eles me abandonaram e eu os abandonara. Alguns me ligavam dizendo que eu tinha de ir, mas não fui. Eu amava minha avó e ela foi muito importante para mim, mas eu não conseguiria encarar. Ao invés disso, me estraguei na frente da TV, com vergonha e culpa, e escrevi "Nona", uma música para ela, que incluímos em *Girls, Girls, Girls*. Naquele meu estado fodido, foi o melhor que pude fazer.

DEANA RICHARDS: Parte meu coração quando Nikki pensa que eu não me importava com ele na infância. Eu o amava mais do que a própria vida, e ainda amo. Ao longo da minha vida toda quis contar a verdade a ele, mas simplesmente nunca tive essa chance – e a verdade é que minha própria família, minha mãe e minhas irmãs, conspiraram contra mim para tirar Nikki de mim.

Na época, eu não sabia o que estava acontecendo, era muito ingênua. Não tem como conceber que sua família faria uma coisa assim, mas levaram Nikki embora. Fizeram isso aos poucos. Começou com eles me dizendo para mandar Nikki para ficar com eles no final de semana. Depois, aumentou para algumas semanas, ou para um mês, porque diziam que ele precisava de uma figura masculina por perto, de uma influência masculina.

Sentia muita falta de Nikki, mas achava que eles estavam tentando me ajudar, e que logo ele estaria comigo de novo, mesmo quando ele acabava passando verões inteiros com eles em Idaho. Mas eles diziam a Nikki que eu era louca e começaram a me dizer que não iam mandá-lo de volta porque ele não queria voltar para casa.

Só fui me dar conta de que eles o estavam envenenando quando ele já tinha uns dez anos. Um dia, quando eu estava farta da distância dele, liguei e disse: "Nikki, é hora de voltar pra casa". E Nikki me disse: "Não, quando você criar raízes e uma vida segura e puder cuidar de uma criança, aí eu vou pra casa". Isso saiu da boca de uma criança – bem, não foi tão difícil deduzir quem colocou essas palavras na boca da criança.

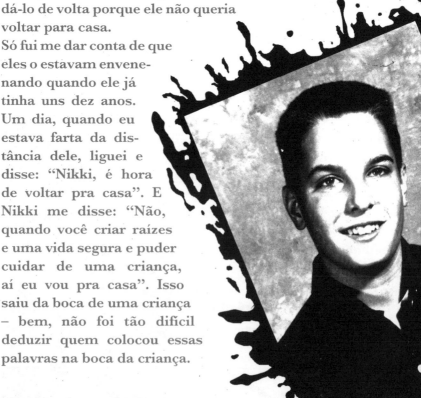

Então, quando minha mãe morreu, Tom e minhas irmãs nem me disseram quando ela seria cremada. Tom só me contou depois, quando minhas irmãs já tinham ido até a casa, vasculhado as coisas dela e pegado tudo o que queriam.

TOM REESE: Mentira! Nona e eu nunca dissemos nada contra Deana perto de Nikki quando ele era jovem. Tomávamos muito cuidado com o que dizíamos a respeito dela. Se ela aprontasse alguma conosco, nos certificávamos de ir para bem longe de Nikki antes de falar sobre isso.

Sempre que Deana nos ligava para que mandássemos Nikki de volta, nós deixávamos a decisão para ele. Nunca tentamos controlar a vida do garoto – ele respondia por si mesmo. Se Nikki quisesse ir ver a mãe, nós pagávamos as passagens de ida e volta. Se ele não quisesse, não ia – mas ele *sempre* ia, toda vez, até quando fez uns treze anos.

Deana o mandava embora de casa toda vez. Mandou-o embora de L.A. e de cada maldito lugar aonde ia. Recebíamos telefonemas de Nikki nos dizendo "Vovó, posso ir pra casa?", e lhe dávamos o dinheiro para pegar um avião para vir para cá. Uma vez, Deana simplesmente o deixou com uma mulher em Sparks, Nevada, e foi embora com um cara. A mulher nos ligou, perguntando: "O que eu deveria fazer com esse garoto?". Eu precisei ir até lá de carro para buscá-lo.

Deana tem um parafuso a menos, por conta das drogas. Qualquer uma – LSD, maconha, ela usava de tudo. Usou drogas antes de Ceci nascer, antes de Lisa nascer – até mesmo antes de Nikki nascer. Metade do tempo ela estava viajando.

Nikki foi muito leal à mãe por muitos anos, mais do que ela merecia – quando ele nos pedia alguma coisa, nós dávamos. Quando pedia a Deana, ela o mandava ir para o inferno. Nikki se dava muito bem com ela até quando foi morar com ela em Seattle, quando ele estava com uns treze anos, e ela o mandou embora de lá também. Depois disso, ele não quis mais ter absolutamente nada a ver com ela. Imagino que ele tenha simplesmente concluído que ela não se importava. NIKKI: Qual lado da navalha é mais afiado? A mentira ou a verdade? Tudo isso parece irrelevante quando sua jugular é rasgada e você está nadando numa piscina de sangue para o mundo todo ver.

8 DE MAIO DE 1987

Van Nuys, 22h

Tom está aqui agora e eu acho que isso pode ser bom pra mim. Não posso ficar zoado na frente dele, então só dou uns pequenos picos de manutenção no banheiro.

Tommy veio aqui hoje à noite. Tomamos umas doses de Jack com Tom e jogamos conversa fora. Tommy percebe que estou doente. Tom me perguntou se eu queria ir ao médico, eu disse que era só uma gripe feia... Se eu fosse ao hospital e eles vissem as minhas veias, chamariam a polícia num piscar de olhos!

Vou pra clínica em Burbank amanhã e vou me internar pro programa de 30 dias, mas só vou ficar uns três ou quatro dias, e então largar por conta própria a partir daí...

1º DE MAIO DE 1987
Van Nuys, 23h40min

DIA UM SEM DROGAS

Fui pra clínica hoje e tomei a primeira dose. Estou sem drogas. Joguei toda a parafernália fora, até a caixa de Dom Perignon. Preciso dizer que estou passando mal pra caralho. Consegui uma receita ilegal de Valium e Percodan desse cara a quem todo mundo recorre. Esses remédios sempre ajudam a amenizar a dor.

Estou cagando e vomitando muito, mas tentando manter a compostura pro meu avô... graças a Deus por ele...

NIKKI: Lembro-me de que Tom foi até a Heroin House. Quando você está no meio de uma crise, não é fácil notar a dor das outras pessoas. Em retrospecto, meu avô devia estar lidando com muita dor. Perder Nona foi a coisa mais difícil pela qual ele passou e, além disso, o garoto que ele criou estava num redemoinho e fadado a uma morte prematura. Ele provavelmente salvou a minha vida e sempre estarei em dívida com ele por isso. Sempre vou me arrepender de não ter retribuído esse apoio.

TOM REESE: Quando Nona morreu, Nikki ficou devastado, mas também estava muito fodido. Fui visitá-lo uma ou duas vezes, e o modo de vida que ele tinha não era do meu agrado. E ele estava magérrimo! Um vento mais forte o teria carregado para longe.

Nikki não injetava na minha frente, mas era óbvio que ele estava injetando. Quando ele conversava com seus amigos, a conversa de drogado podia fazer sentido para eles, mas, para mim, soava como um monte de baboseiras. Vi gente nesse mesmo estado nos anos em que fui do exército. Nunca teve nenhum apelo para mim.

Enquanto estava na casa de Nikki, eu sempre atendia a porta para ele. Às vezes eram garotas; eu as dei-

xava entrar, menos as que fossem muito novas, que eu mandava embora. Nunca deixei os traficantes entrarem. Um cara foi meio persistente até eu apontar minha espingarda para a cara dele, e então nunca mais voltou.

Eu me preocupava com Nikki e disse a ele o que pensava, mas entrou por um ouvido e saiu pelo outro. Parar Nikki era como tentar parar um tornado. Não havia o que fazer, exceto ficar de olho nele... e esperar pelo melhor.

DANCING ON GLASS

Can't find my doctor
Bones can't take this ache
If you dance with the devil
Your day will come to pay
My fuel injected dreams
Are bursting at the seams
Am I in Persia
Or lost in Spain

I've been to hell,
hope I never make it back
To dancing on glass.[XXXIII]

11 DE MAIO DE 1987
Van Nuys, meia-noite

DIA **DOIS** SEM DROGAS

Não acredito que já estou sem drogas há dois dias! Fui pegar minha dose hoje e vi alguns caras que conheço. Porra de heroína... só arruína as vidas das pessoas. Primeiro, parece muito doce, e então, um dia, você acorda com um monstro.

Te vejo amanhã... estou passando mal demais pra escrever. Preciso ir deitar... não dormi muito.

12 DE MAIO DE 1987
Van Nuys, 23h30min

DIA **TRÊS** SEM DROGAS

Faz três dias que não uso nada. Essa abstinência é a mais dolorosa e intensa que já tive, como uma terapia de choque. Minhas entranhas estão rasgando, estou vomitando e cagando, faria qualquer coisa por um pico, mas não vou ceder. Este foi o pior dia até agora. Sempre é... O terceiro ou o quarto dia é quando a maioria dos caras desiste. Não consigo dormir por causa da dor.

Ouvi histórias de putas que prefeririam chupar uma porra de um jumento em troca de um pico a passar por isso. Sim, dói tanto assim.

Hoje tomei a minha última dose... Talvez ainda tome mais um dia, mas não quero me viciar em metadona. Quando você se vicia nisso, é quase impossível largar.

Estou passando muito mal. Graças a Deus estou tomando a metadona, caso contrário, definitivamente morreria. Estou passando tão mal que passo mal até de escrever neste diário que estou passando mal.

LETRA NÃO USADA

I've never been to Eden
But it's nice I hear tell
When I die I'll go to heaven
'Cause I've done my time in hell[xxxiv]

13 DE MAIO DE 1987
Van Nuys, 10h20min

DIA QUATRO SEM DROGAS

Última dose de metadona hoje de manhã. Não comi nada além de doces. Estou passando mal demais pra ir ao mercado e ver pessoas. Pete me trouxe um saco de doces e sorvete... Sempre que largo as drogas entro nessa coisa do açúcar... O que vem agora? Vou engordar pra caralho? Meu corpo inteiro parece estar rachando em pedaços — frágil nem chega perto de descrever como estou me sentindo.

14 DE MAIO DE 1987
Van Nuys, 4h35min

DIA CINCO SEM DROGAS

Precisei ir à festa de audição do álbum. Ainda estou passando mal feito um cachorro sarnento, mas um punhado de analgésicos e muito uísque me sustentaram. Vanity apareceu, eu estava conversando com uma stripper negra e a Vanity ficou toda esquisita e abrasiva. Estou com tanta fissura de droga que me sinto quebradiço. Não seria preciso muita coisa pra me despedaçar em um milhão de pedaços.

P.S. Falando em cachorros, esqueci de dar entrada no pagamento por um braco alemão de pelo curto. Não consegui comprá-lo na época, porque ele ainda era muito filhote, mas ele vai ser entregue amanhã... vou chamá-lo de Whisky.

NIKKI: A festa de audição de *Girls, Girls, Girls* foi no Body Shop, uma casa de strip no Sunset. A banda posou para fotos com cinco strippers cujas calcinhas soletravam MÖ-TL-EY-CR-ÜE. Vanity perdeu a cabeça quando chegou, porque a stripper que estava ao meu lado era negra. Outra coisa que me lembro dessa festa é que aquele babaca do Yngwie Malmsteen apareceu. Ele vinha esculhambando a gente na imprensa, mas teve a pachorra de aparecer na festa de audição do nosso álbum, então nós pedimos aos seguranças que o chutassem na sarjeta. Porém, eu estava tão mal da abstinência que isso foi tudo o que consegui fazer para manter a compostura.

15 DE MAIO DE 1987
Van Nuys, 17h

DIA SEIS SEM DROGAS

A MTV disse não ao clipe de Girls Girls Girls por causa das strippers de topless. Mandamos um tão ultrajante que eles ficariam contentes com aquele que nós realmente gostaríamos que fosse exibido. Se nós tivéssemos mandado primeiro o que foi aprovado, eles teriam nos mandado amenizá--lo... idiotas.

Tom foi embora hoje, mas acho que ainda vou conseguir ficar limpo pra turnê numa boa. Ajuda o fato de eu ter coisas nas quais focar, como meu novo cachorro Whisky... ele chegou hoje. Tom o adorou.

É quando sou deixado sozinho com meus botões que fico insano pra caralho. Sempre fui muito bom em fazer meu próprio entretenimento. Posso dizer com segurança que nunca vou usar heroína de novo... é só um pesadelo. Estou-me sentindo muito melhor, mas os lençóis da minha cama estão fedendo por causa dos litros de suor tóxico que saíram do meu corpo. Tem uma pilha de roupas no meu closet cheia de merda dos primeiros dias. Tenho conseguido dormir algumas horas por vez e agora consigo comer alguma coisa que não seja doce sem vomitar. Estou esperançoso.

PENSAMENTO ALEATÓRIO
Limpar-se é um trabalho sujo.

DOC McGHEE: Nikki às vezes arrumava uns cachorros que eram meio sujos e bagunceiros. Eu costumava chamá-los de filhotes de heroína. Posso dizer uma coisa que não é muito agradável? Eu pensava em Vanity como uma filhote de heroína também.

16 DE MAIO DE 1987
Van Nuys, 20h

DIA **SETE** SEM DROGAS

Então, outro álbum do Mötley Crüe está pra sair e nós vamos doar gentilmente mais um bom naco dos lucros pra Neglektra Records. Por que eles devem ser donos da nossa música?

Essa indústria é o negócio mais fodido da história. Os músicos passam a infância aprendendo a tocar instrumentos em seus quartos, depois passam o resto da vida no estúdio criando música... e então algum filho da puta de terno chega e diz que, se conseguir distribuir essa música pra gente o bastante, vai vender um PRODUTO para criar FLUXO

DE CAIXA para sua CORPORAÇÃO... Em que ponto, me pergunto, perdemos a música?

Nós escrevemos as músicas. São nossas canções, é nossa visão, nossa mensagem, nossa angústia, então como pode uma gravadora SER DONA da música do Mötley Crüe, do Aerosmith ou do Led Zeppelin? Quer dizer, que porra é essa? O sistema é escravidão. É nossa música, nosso negócio... nós devemos ser os donos dela...

Não consigo acreditar que estou limpo. Me sinto lúcido, alerta e vivo. Sinto dor pra diabo e estou com os nervos à flor da pele, mas estou limpo — bem a tempo de dar a partida na máquina...

17 DE MAIO DE 1987
Van Nuys, meia-noite

DIA **OITO** SEM DROGAS

Slash veio aqui e só curtimos, brincamos com Whisky e tocamos guitarra. Depois saímos pra almoçar..., ele até me disse que estou com uma aparência melhor. Contei a ele que acabei de sair de uma crise de abstinência muito feia e já passara pela pior parte dela. Ele falou que sabe como é difícil.

Vanity não parava de ligar, mas deixei a secretária eletrônica aguentar o tranco. Não estou pronto pra ela agora. Estou progredindo, mas ainda frágil — mais emocionalmente do que fisicamente, agora.

LETRA NÃO USADA

South Street Sam sells it by the box
Half-price murder and double-price rocks
Easin' in 20, he's looking 85
He'll be pushing up daisies
By the time he's 25[xxxv]

18 DE MAIO DE 1987
Van Nuys, 21h

DIA **NOVE** SEM DROGAS

Encontrei Jason por acaso hoje enquanto fazia compras na Melrose e basicamente o ignorei. Ele me viu, me abordou e perguntou por que não tenho ligado pra ele nos últimos tempos. Só falei que, se precisasse, tinha o número. Os parasitas estão entrando em pânico porque o almoço grátis deles acabou!

> NIKKI: Quando leio essas passagens dos diários, me dá um nó na cabeça de ver quanto poder eu tinha quando finalmente decidi parar. Não sei se foi medo ou ganância que enfim me levou àquele ponto, mas, o que quer que fosse, parecia estar funcionando... temporariamente...

19 DE MAIO DE 1987
Van Nuys, 23h20min

DIA **DEZ** SEM DROGAS

Tive uma reunião com os empresários hoje mais cedo. Eles querem providenciar um avião para a turnê, de forma que possamos ir embora logo depois dos shows e fazer uma base em uma cidade, por mais ou menos uma semana de cada vez, enquanto fazemos as datas em cidades próximas.

Doc disse que isso nos faria economizar, mas eu não sou burro... sei qual é a porra do motivo real. Eles estão morrendo de medo de Tommy, Vince e eu irmos pras baladas e ficarmos chumbados depois de cada show... Acham que, assim, podem ficar de olho na gente, e que se estivermos voando todas as noites, não vamos aprontar muita merda.

Enxergo o plano, mas fui na onda mesmo assim... pode até ser o que eu preciso agora. Eu

disse que só faríamos isso se o avião fosse pintado de preto com um desenho enorme de uma mina nua na lateral. Doug empalideceu, mas disse que veria o que poderia fazer.

Eles pareceram maravilhados ao ver que estou corado e ganhei um pouco de peso. Estou até levantando uns pesos na garagem.

NIKKI: Minha suspeita da estratégia dos nossos agentes estava completamente certa. O plano deles era honrável, mas deixava passar batida uma falha importante: baseados numa única cidade por sete noites seguidas, em vez de uma só, tínhamos tempo de sobra para rastrear os serviços locais e os suprimentos que nós *não deveríamos* rastrear.

DOC McGHEE: Sempre foi mais fácil para o Mötley Crüe fazer turnês em aviões particulares do que de ônibus. As viagens duravam uma hora ao invés de cinco ou seis e, nos ônibus, eles eram uma bagunça do caralho. Ficavam sempre correndo pra todo lado ou mordendo as pessoas. E, considerando o estado em que Nikki se encontrava naquele momento, queríamos botá-lo num lugar onde pudéssemos ficar de olho nele.

2O DE MAIO DE 1987

Van Nuys, 21h30min

DIA ONZE SEM DROGAS

Estou levantando pesos na garagem e fazendo bicicleta ergométrica todos os dias. É legal que, pelo menos uma vez na vida, meus músculos estejam doendo por um bom motivo. Uma coisa ruim de largar as drogas é engordar. O que é pior? Ser viciado ou gordo?

21 DE MAIO DE 1987

Van Nuys, 23h30min

DIA DOZE SEM DROGAS

Quase nada pra fazer hoje, exceto algumas entrevistas por telefone pra falar do álbum. Todos os jornalistas são iguais. Fazem perguntas idênticas como se fossem as únicas pessoas a terem pensado nelas. Odeio a imprensa quase tanto quanto ela me odeia... haha... Mas, sério, quando é que eles vão perguntar da MÚSICA? Qual é o significado por trás da música "Nona"? Ou se eu sabia que Girls Girls Girls foi um álbum do Elvis Presley? *Duh...*

Estou muito feliz por não estar usando drogas. Não acredito que finalmente consegui — sozinho, ainda por cima. Estar numa jornada para a qual você não vê um final, e então finalmente chegar ao seu destino, é muuuuito bom. Como se a insanidade tivesse cessado. Estou feliz de verdade.

Pete ainda está trincado e ouvi falar que King também. Não posso ficar perto de ninguém que use heroína, simplesmente não posso... mesmo se eles forem meus melhores amigos.

22 DE MAIO DE 1987
Van Nuys, 23h20min

DIA **TREZE** SEM DROGAS

T-Bone acabou de ir embora. Minha cabeça ainda está zumbindo de falar com ele. Ele teve um sonho ontem à noite em que tocava bateria de cabeça pra baixo, e quer transformar isso em realidade. Então, disse aos agentes que quer que eles elaborem uma bateria capaz de rodar como um giroscópio enquanto ele toca... Eles já estão vendo as possibilidades.

Tommy está muito empolgado e eu espero que role, mas antes ele do que eu. Quando estou tentando sobreviver a uma ressaca, a última coisa que gostaria seria girar de cabeça pra baixo. Espero que a fila do gargarejo aprecie o gosto de projéteis de vômito...

P.S. Sabe o que é esquisito? Eu nem sei onde o Vince e o Mick moram.

23 DE MAIO DE 1987
Van Nuys, 11h50min

DIA **QUATORZE** SEM DROGAS

Dias como hoje são lindos. Não tem nenhum compromisso, ninguém no telefone, faz sol, as portas estão abertas. Estou escrevendo deitado no pátio, tomando sol, ouvindo Aerosmith e Bad Company.

Não estou trincado e isso dá uma sensação muito boa. Sinto que finalmente tenho o monstro sob controle. Estou animado... que dia perfeito.

24 DE MAIO DE 1987
Van Nuys, 17h45min

DIA QUINZE SEM DROGAS

Hoje fomos dar uma olhada no avião que vamos alugar pra turnê, mas parece que os empresários se "esqueceram" de dizer quais eram os pequenos ajustes que precisávamos — os acessórios do Mötley Crüe.

Assim, expliquei pacientemente pro cara que nós precisamos do avião pintado de preto, e do desenho de uma garota nua na lateral. Ele começou a gaguejar e disse que não podiam pintar de preto, então só dei uma olhada e falei: "Ah, que pena, então não vamos ficar com ele". O cara então disse que veria o que dava pra fazer e entraria em contato. Chegamos num meio-termo — o desenho na lateral do avião podia mostrar a garota montada numa bomba.

Porra — as pessoas parecem incapazes de lidar com os pedidos mais simples! "Não" é uma palavra que eu acho que não deveria estar no dicionário no que diz respeito a criatividade.

P.S. Eu consegui... totalmente limpo... incrível. Não sou nem a mesma pessoa que era duas semanas atrás. Tenho tocado muita música, praticado, composto, organizado todas as ideias pra turnê. Shows, aviões, hotéis, comida, figurino de palco, novos baixos, amplis... sim... estou de volta!

Ensaio com a banda hoje. Estou muito empolgado pra tocar. Pete quer sair depois do ensaio, mas eu não posso mais sair com ele. Ele está usando metadona, mas, ainda assim, preciso me manter firme. Sinto pena dele, porque sou seu único amigo e ele sabe por que não podemos mais andar juntos. A heroína destrói vidas e amizades. Espero que ele consiga se limpar também.

27 DE MAIO DE 1987

Van Nuys, 23h

Ontem à noite, fui ao Cathouse sozinho. Sempre conheço muita gente lá. Tomei uma porrada de Jack e de shots de tequila, mas só cheirei umas poucas carreiras. Trepei com uma garota no banheiro e trouxe outra pra casa, mas hoje de manhã não me lembrava do nome dela e não via a hora de ela ir embora...

As garotas dão o melhor de si, mas nunca vão tomar o lugar das drogas, porque as drogas não retrucam.

O ensaio hoje foi curto, mas bom... Eu estava com um pouco de ressaca e isso me deixou mal, depois de me sentir bem pelas duas últimas semanas.

DEANA RICHARDS: Depois que Nikki se mudou para Los Angeles, eu mal ouvi falar dele. De vez em quando ele me ligava, bem tarde da noite ou de madrugada, para pedir dinheiro. Eu juntava tudo o que podia e mandava para ele, e depois não tinha mais notícia dele a menos que ele se metesse numa encrenca feia de novo.

Quando o Mötley Crüe começou a ficar grande, fiquei orgulhosa de Nikki, mas podia ver o preço que ele estava pagando. Fiquei com muito medo, porque sabia que aquilo o estava matando. Era óbvio que ele estava usando drogas e eu tentei conversar com ele duas vezes para que buscasse ajuda, mas ele sequer queria falar sobre isso. Dizia que não tinha um problema – e que eu é que tinha um problema.

Mais tarde, quando ele se casou pela primeira vez e eu fui vê-lo em Los Angeles, ele me disse que a única razão pela qual começou a usar drogas era porque eu bebi e me droguei por anos. Bem, eu nunca usei drogas – e só comecei a beber depois que Nikki foi embora de Seattle e se recusou a voltar.

VENDER A MINHA ALMA SERIA MUITO MAIS FÁCIL SE EU CONSEGUISSE AO MENOS ENCONTRÁ-LA.

29 DE MAIO DE 1987
Van Nuys, 11h

Acabei de acordar. Telefone estava tocando. Era o Gene Simmons, me lembrando de que vamos nos encontrar hoje pra compor. Ainda bem que ele ligou, porque eu tinha esquecido...

22h

Gene veio até aqui em seu novo Rolls-Royce preto. Quando foi embora e estava dando ré da garagem, chegou muito perto do muro e começou a dar um chilique porque o carro estava a um centímetro de ficar riscado pra caralho. Eu e Pete só rimos — seria merecido, pelo que ele falou das minhas letras.

Ah, sim — Pete veio aqui hoje à tarde. Está em sua melhor aparência em muito tempo. Está quase limpo — sem heroína, só doses de metadona.

NIKKI: Gene Simmons e eu escrevemos uma música juntos, mas, quando eu mostrei a letra a ele, ele disse que era "radical demais" e que não tocaria no rádio. Posteriormente, usei a mesma letra no single "Girls, Girls, Girls" e o rádio tocou sem problema nenhum. Ele sempre foi um cara esquisito. Lembro da primeira vez que ele foi à minha casa. Cheirei uma carreira, tomei um quaalude e estava bebendo, e perguntei a Gene se ele queria alguma coisa. Ele disse que não usava drogas nem bebia. Perguntei o que ele fazia ao invés disso, então. "Eu fodo", respondeu ele. Então perguntei: "O que você faz depois de foder?". "Fodo de novo". Eu retruquei: "Por quê????".

Afinal, a Regra Número Um é:

MINAS = PROBLEMAS

1º DE JUNHO DE 1987
Van Nuys, 0h50min

Os ensaios foram irados hoje. Decidimos contratar backing vocals para a turnê. À medida que progredimos como banda, começamos naturalmente a usar mais backings nos vocais, mas pode ser difícil reproduzi-los ao vivo (e entediante ficar no microfone a noite toda), então decidimos usar umas backing vocals femininas, como os Stones. Vamos fazer testes com garotas a semana toda nos ensaios, acho que vai ser interessante.

Pra essa turnê, a banda precisa de menos ensaios do que de costume. As músicas antigas estão afiadas e as novas, praticamente lá. Acho que o repertório novo é mais simples e *bluesy*, em alguns momentos. Fica mais fácil de acertar. A empolgação de sempre quanto à produção da turnê está correndo como um vírus. Adoro essa parte... a parte em que o visual encontra a música.

Estamos evoluindo a apresentação de palco... falarei disso mais pra frente. Meus ouvidos estão zumbindo. Já pra cama... vou malhar de manhã...

NIKKI: Quando você está num avião a 40 mil pés de altura, olhando pela janela, sonhando com o futuro e com o quão claro ele parece, ou talvez só observando os pingos de chuva formando desenhos ao serem moldados pela força do ar a 640 km/h, bem, a vida parece boa. Parece segura, seu cinto de segurança está afivelado e seus pés estão para cima. E então as máscaras de oxigênio caem, o avião salta, treme e arremete. Pessoas começam a gritar, bebês abrem o berreiro e as orações começam ao som do anúncio da cabine de que vamos bater.

Nesse exato momento, enquanto sua vida inteira passa diante de seus olhos, você se ouve dizer: "Deus, se você me tirar dessa, vou parar de [insira uma mentira aqui] para sempre". E então o avião se estabiliza e o capitão diz: "Uau, essa foi por pouco, pessoal. Estamos bem, vamos pousar em trinta minutos e estamos todos sãos e salvos... Perdão pelo susto...". Ser viciado em heroína é assim, e, quando a adrenalina passa, você nem acredita que embarcou naquele avião. A pergunta é: Você voltaria a voar?

3 DE JUNHO DE 1987
Van Nuys, 22h45min

Recebemos umas dez cantoras hoje. Algumas cantavam bem e outras dançavam bem. As que cantavam bem não sabiam dançar, as que eram bonitas não sabiam cantar, e as que eram feias cantavam como a Janis Joplin. Que pesadelo!

Faremos mais testes amanhã. Uma dessas garotas se esfregou no pedestal do microfone enquanto dançava na nossa frente, e então foi até o Mick e começou a cantar na cara dele. Precisei olhar pra baixo pra não cair na gargalhada. Quase mijei nas calças de tanto rir depois que ela foi embora... bons momentos.

Mick está tocando pra caralho. Fazia tempo que eu não via esse fogo nele. Acho que a pausa lhe fez bem.

5 DE JUNHO DE 1987
Van Nuys, 23h20min

Finalmente escolhemos nossas backing vocals - uma garota chamada Emi e outra chamada Donna. Ditei à banda a primeira regra da turnê - ninguém trepa com as backing vocals. Essas turnês já têm dramas e problemas o suficiente sem que a gente traga nossas relações disfuncionais para a porra do coração da coisa. Mas foi incrível ouvir os vocais delas em cima das guitarras todas e da bateria. Elevou a coisa a outro nível... irado!

É claro que prevejo problemas. Afinal, minas = problemas.

Muitos telefonemas com os empresários hoje a respeito de detalhes de última hora para a turnê. Se fizermos mais uma reunião no ensaio, vou perder a boa. Parece que eles pensam que, já que estamos os quatro juntos, é a melhor hora de nos pegar numa armadilha, e aí nós acabamos não ensaiando tanto quanto deveríamos.

Sei lá, talvez isso não seja uma coisa tão ruim. Uma banda de rock ensaiada demais pode soar estéril.

DOUG THALER: Fizemos os testes para as backing vocals num estúdio de ensaios em Burbank. Uma delas era Emi Canyn e, em retrospecto, eu deveria sacar desde o início que teríamos problemas com ela. Quando chegou para o teste, estava casada há apenas seis meses e já disse que queria sair em turnê para ficar longe do marido. Nikki determinou que ninguém deveria dormir com as cantoras, e a banda toda concordou, o que foi altamente irônico, dado que Vince já havia tentado a sorte com ambas as garotas no teste, e levou um pé. Porém, quando Emi, depois, voltou as atenções para Mick, foi uma história bem diferente.

12 DE JUNHO DE 1987
Van Nuys, 9h30min

Acabei de perceber que não escrevi aqui faz uma semana... Talvez porque eu esteja seguindo a vida, como as outras pessoas fazem? Os ensaios têm sido ótimos, não estou bebendo mais do que meia garrafa de Jack por noite. Até Jason desistiu de me ligar. É como um surto de saúde. Talvez haja duas coisas em que estou fracassando — escrever neste diário e ligar pra Vanity, haha...

Agora, a parte difícil — segurar a onda na turnê.

15 DE JUNHO DE 1987
Van Nuys, 11h

Então, hoje estou fazendo as malas pra turnê.
Fiz uma lista (e chequei duas vezes)...

- FACA
- DOIS PARES DE CALÇAS DE COURO
- OITO CAMISETAS
- BOTAS
- CAMISINHAS?
- ESMALTE PRETO
- MAQUIAGEM PRETA PROS OLHOS (COMPRAR NA SAV-ON)
- US$ 3.000 EM GRANA VIVA (PEDIR PRO ESCRITÓRIO MANDAR)
- DOIS GRAMAS
- NENHUMA SERINGA
- COMPRIMIDOS PRA DORMIR
- VELAS & INCENSO
- CANTIL
- DIÁRIO
- CADERNOS EM BRANCO
- MANDAR BUSCAR WHISKY PRO ACAMPAMENTO DE ADESTRAMENTO

Agora, a pergunta que não quer calar – quanto
tempo antes de eu dispensar a namorada psicopata?
Tudo será revelado. Acompanhem...

16 DE JUNHO DE 1987
Hotel Sheraton, Tucson, Arizona, 14h30min

Cheguei de L.A. e estou no hotel há uma hora. Daqui a pouco vamos todos pra arena. Mal posso esperar pra ver o palco montado. Depois de todos os palcos bombásticos que usamos no passado e de todas as imitações baratas que seguiram cada passo nosso, dessa vez tomamos uma direção mais simples. É um palco nu e cru, mas enorme... Muito da potência vai vir das luzes, da pirotecnia e do nosso P.A. exagerado, grande demaaaaaais.

Vamos fazer uma sessão de fotos pra capa da Rolling Stone amanhã, e quero ver o que vai ter no set. Já que farei o melhor pra manter o nariz limpo nessa turnê, vou tentar escrever muito todos os dias. Talvez um dia eu tenha filhos, e eles podem ler este diário... ou não, talvez não.

O jornalista da Rolling Stone está rodeando a gente, fazendo perguntas. Queria que ele deixasse a gente em paz, ele não sabe merda nenhuma sobre rock'n'roll. As mesmas perguntas estúpidas de sempre: Com quantas garotas trepamos? Quão pesadas são as nossas festas? Nenhuma pergunta sobre música, espírito, letras, alma, nenhuma pergunta sobre os Dolls ou o Angus Young, só as mesmas baboseiras de merda de sempre das revistas de fofoca...

17 DE JUNHO DE 1987
Hotel Sheraton, Tucson, Arizona, 1h40min

Uau, o set está incrível. Exatamente como pretendíamos. Tem tantos níveis e tantos visuais diferentes. O solo do Tommy é insano, a bateria roda pra todo lado. Na verdade, acho que ele é que é insano... Graças a Deus!

Preciso dizer uma coisa, se você um dia tiver de vir a Tucson em junho... não venha. É quente pra caralho. Assim, quente de um jeito que nem as cascavéis saem da toca. Você sai na rua durante o dia e vem uma onda de calor com tudo na sua cara. Parece que você enfiou a cabeça na porra de um forno.

Todos os suspeitos de sempre apareceram essa noite. Recusei tudo, exceto umas duas carreiras e alguns shots. Não vou começar a turnê de ressaca. Não acredito que estou sem usar heroína – que história de terror foi aquela. Mas preciso ficar atento, porque os *junkies* parecem conseguir me farejar. Corre à boca pequena que estou limpo e eles não gostam disso.

Quero ajudar o Slash e dar alguns shows à banda dele. O Guns não vale os ingressos, mas eu acredito neles. Banda nova maneira, mas o vocalista pode ser um babaca – mas qual a novidade aí? Posso ver Vince batendo de frente com ele.

É bom ver Fred de novo, com seu cabelo perfeito e sua barba de Grizzly Adams,[10] coberto de

---

[10] John "Grizzly" Adams (1812 – 1860), montanhista e caçador californiano que se tornou célebre por caçar e adestrar ursos-pardos. (N. do T.)

tatuagens. Ele sempre tem um sorrisinho diabólico no rosto, que, de algum modo, sempre rende mais bocetas a ele do que à banda. Assim que Fred entra no recinto, sei que estamos MESMO de volta à estrada. Todo mundo está contratado, o avião está na pista, caminhões e ônibus com os motores aquecidos e os parasitas circulando a arena.

Então, que a loucura comece... porque eu sei que vai começar...

FRED SAUNDERS: Fui segurança do Mötley Crüe desde a turnê de *Shout at the Devil*. Quando Doc McGhee me contratou pela primeira vez, disse que a banda era tão doida que eu deveria fazer o que fosse preciso para manter os caras na linha. Na verdade, ele chegou a me dizer que me daria um bônus toda vez que eu batesse neles. Disse a ele que tínhamos um negócio fechado, então.

Bati muito no Mötley. Certa vez, quebrei o nariz do Tommy em Indiana, quebrei as costelas do Nikki e dei muitas surras no Vince, porque... bem, porque ele é um babaca. Acho que bati até no pobre do Mick, uma vez. Essa foi só para completar o conjunto.

Nikki sempre foi o mais forte dos caras. Era o mais inteligente e o que tinha as maiores ideias. Vince sofria da síndrome de vocalista e Tommy era um baterista típico – está sempre a 200 km/h e tudo está legal pra ele. Mick sempre quis apenas beber seu vinho e não ser importunado com nada. Assim, os humores do Nikki sempre moldaram o que acontecia com o Mötley.

Nikki e eu nos tornamos amigos e tínhamos uma boa relação – no geral. Ficávamos tortos de bêbados, cortávamos as mãos e trocávamos sangue para mostrar que éramos irmãos de sangue. Mas Nikki era um cara muito louco e imprevisível, tinha muitas fachadas – raramente mostrava sua verdadeira personalidade. Trabalhei muito com Ozzy Osbourne também e há muitas similaridades entre esses dois caras.

ROSS HALFIN: Fred era um cara grandão, ex-Hells Angel, e parte do trabalho dele para o Mötley era conseguir cocaína. Eles costumavam chamar a coca de *krell*, daquele filme *Heavy Metal*, em que monstros do planeta Krell chegam com uns narizes gigantes e cheiram a Terra. "Onde está o *krell*, cara?", diziam, e perguntavam a Fred: "Cara, você me arruma *krell*?".

O outro trabalho de Fred era impedi-los de apanhar e arrumar brigas. Uma coisa a respeito do Mötley Crüe é que eles nunca fogem de uma briga. Vince, Nikki e Tommy são destemidos. Se há cinquenta pessoas na briga, eles enfrentam todas elas – é preciso golpeá-los com um tijolo para pará-los. Se deixar, enfrentam o mundo.

9h20min

Que porra há de errado com o serviço de limpeza? Eles não param de bater na minha porta. Agora não consigo dormir... que ótimo, caralho. Este vai ser um dia longo pra burro.

14h40min

Acabei de acordar. Por fim, lá pelas 10h30min, pedi duas doses de Jack de café da manhã pra conseguir voltar a dormir. A senhora do serviço de quarto tinha uns 65 anos e me deu o olhar de desaprovação que uma avó daria. O fato de eu estar usando mais maquiagem do que ela provavelmente não ajudou.

Vanity vai vir aqui hoje e estou com pavor do drama. Por que me coloco nessas situações? Preciso muito aprender a dizer não. Ela vai:

1. me fazer passar vergonha
2. ser uma chata
3. ser exagerada
4. reclamar
5. ficar chapada
6. cambalear bêbada

Quer dizer, esse não é o MEU trabalho? Preferia dormir com a vovozinha do serviço de quarto.

18 DE JUNHO DE 1987
Hotel Sheraton, Tucson, Arizona, 4h30min

Vanity está dormindo no quarto ao lado. Está deitada na cama com os cabelos esparramados no travesseiro, como uma Medusa sedutora, sua pele parece achocolatado contra os lençóis branquíssimos e os travesseiros de pena de ganso. Você pensaria que ela é um presente dos deuses, mas, de algum modo, somos como fogo e gelo, óleo e vinagre, e, na maior parte, isso dói. Discutimos muito, não o tempo todo, mas muito... Digamos que tudo acaba em discussão, geralmente por algum motivo besta. De algum modo, sempre me sinto como se estivesse no ensino médio quando brigamos, porque nunca brigamos por causa de alguma coisa importante. Tenho certeza de que ela se sente da mesma forma — na verdade, sei que ela se sente, porque ela me disse isso antes de me mandar me foder e ir dormir ontem à noite.

Acabei de dar um pico comemorativo no banheiro (OK, admito que trouxe um pininho). Meu Deus, eu adoro a sensação calorosa que me inunda (OK, admito que trouxe um pacote com parafernália). É a melhor sensação do mundo quando você relaxa o corpo e tudo na vida parece perfeito...

Sei que eu disse que não usaria de novo, mas esse foi só um beijo de adeus... só um tapinha nas costas por ter largado a heroína, certo?

Agora vou dormir como um bebê. Ah, sim, fizemos a foto da capa da Rolling Stone hoje. Primeiro show amanhã. Melhor dormir um pouco... a vida é boa...

P.S. Consegui a droga com o Pete. Ele voltou a usar.

NIKKI: Sabe o que eu penso agora, ao ler essa passagem? Que acho que você sabe que é insano quando mente para si mesmo em seu próprio diário.

BOB TIMMONS: Sempre achei que Nikki e Vanity tinham um relacionamento extremamente tóxico. Eram basicamente companheiros de vício. Sempre que Nikki recebia certa atenção, Vanity demonstrava seu ciúme. Se ele estivesse numa sala conversando com algumas pessoas, ela subia numa mesa e começava a dançar. Não havia apoio algum a Nikki porque, em essência, eles estavam sempre em competição um contra o outro.

PASTORA DENISE MATTHEWS: Viva pesado, morra jovem. Era por esse caminho que minha visão me levava até que a realidade de encarar esse poço escuro da morte me despertou com um choque. Eu estava sofrendo no playground do poço sem fundo da dependência em cocaína, que me levava cada vez mais alto e então me soltava como uma barra de aço... Fumei tanta pedra que você poderia me pegar e jogar na sepultura fria mais próxima.

Afundada na depressão, camuflei minha dor com ainda mais maquiagem e um sorriso falso. Tenho um histórico médico chocante de pressão alta, 25/19, além de um infarto, um derrame e falência renal por conta da dependência. Tive coágulos no cérebro e só me restavam três dias para mascarar essa criatura miserável sem vida que eu me tornara. Isso foi quinze anos atrás. Eu disse: "Faça o que for preciso, Jesus, só não me deixe morrer".

19h35min

Mais ensaios hoje e muita pressa e espera. Pior do que o hotel... Rich Fisher ainda está tentando arrumar o avião, mas acho que pintá-lo de preto está demorando mais do que nós pensávamos. Provavelmente vamos ter de alugar um Learjet por alguns dias.

É muito bom estar longe de L.A. e de toda a tentação e dos perdedores que ficam à espreita lá... Me sinto muito culpado por ter usado heroína, mas já foi, e estou bem. Preciso de uma carga de música. Melhor ir até uma loja de discos. Eu morreria sem a música... Sinto que estou recuperando minha vida.

Preciso dizer que a banda está matadora. Sempre botamos tudo em ordem logo antes da turnê. Os ensaios lá em L.A. pareciam se arrastar por uma eternidade... Tocar essas músicas numa salinha suarenta do tamanho de um caixote não tem mais o charme de antes. No momento em que precisamos ficar à altura da ocasião, sempre ficamos energizados e soamos afiados pra caralho.

Mas uma coisa está me incomodando — Vince não é o mesmo cara de antes. Desde o acidente, ele parece amargo e introspectivo. Posso senti-lo se afastando de todos nós. Parece que ele não quer fazer parte da gangue. Ele segue seu próprio ritmo, e tudo bem, mas presumo que esse distanciamento seja um ressentimento para conosco desde que ele foi pra cadeia... E eu poderia culpá-lo?

OK, preciso dar o fora daqui agora. Vou pra um restaurante mexicano com Fred e mais uns caras da banda e da equipe. Sem drogas hoje... primeiro show amanhã...

VINCE NEIL: Nikki e Tommy foram completos babacas comigo durante a turnê anterior, *Theatre of Pain*. Na época, eu não podia beber nem usar drogas por causa da minha condenação por homicídio culposo em direção veicular, mas, no avião, eles achavam muito engraçado dizer: "Ei, Vince, me passa esse pó aí, por favor?". Eu deveria permanecer sóbrio, e eles cagavam pra isso – só bebiam e se divertiam. Todo

mundo só pensava em si e Nikki foi o mais maldoso de todos.

Assim, ele e eu não nos relacionamos muito durante a turnê de *Girls, Girls, Girls*. Nikki e Tommy eram amigos e, o que quer que fizessem, eu me certificava de fazer o oposto. Eu não era incluído em muitas das coisas que eles faziam e nem queria. Afinal – heroína?! Cara, eu posso curtir umas bebidas, ou um pouco de cocaína, mas não tem nada de divertido na heroína! Eu não me sentia confortável ao andar com Nikki – simplesmente não queria me envolver.

NIKKI: Vince sóbrio na turnê de *Theatre of Pain*? Acho que sim, se você desconsiderar todos os comprimidos que ele tomava...

19 DE JUNHO DE 1987 — TUCSON COMMUNITY CENTER, TUCSON, AZ
Hotel Sheraton, Tucson, Arizona, 3h30min

Estou meio chumbado agora... tomamos muitas margaritas no jantar. Briguei com Vanity (de novo!). Ela simplesmente não cala a boca, então a mandei calar a boca ou ir pra casa.

Noite boa pra caralho. Bela maneira de começar uma turnê...

13h

Uau. Acabei de acordar. Me sinto ótimo. Sono – o grande curador. Preciso ir até a estação de rádio com Tommy daqui a pouco, mas primeiro vou dar uma nadada e tomar um pouco de sol.

Mal posso esperar até que a Vanity dê o fora daqui. Ela me faz passar tanta vergonha, dançando por aí e nos dando umas lições de merda. Quem é ela pra falar de qualquer coisa pra gente? Ela é só uma porra de uma cracuda.

16h15min

A caminho da estação de rádio e, depois, da passagem de som. A porra do mundo inteiro está aqui hoje pro primeiro show. Caramba, gostaria que nós tivéssemos uns shows antes pra aparar as arestas. Além disso, este será pequeno, mais ou menos 9.000 pessoas. É, os ingressos estão esgotados, mas mesmo assim... nos deseje sorte!

Até mais tarde, SIXX

2º DE JUNHO DE 1987 VETERANS MEMORIAL COLISEUM, PHOENIX, AZ

Hotel Sheraton, Tucson, Arizona, 1h30min

Que show do caralho. Tinha me esquecido de como era bom tocar essas músicas. Admito que ainda não estou na minha melhor forma, então vomitei do lado do palco durante o solo de bateria do Tommy. Foi meio que um choque mandar ver com toda força por uma hora e meia depois de tudo pelo que meu corpo passou.

Indo dormir. Partimos para Phoenix amanhã às 14h30min. Acho que o toupeira do jornalista da Rolling Stone vai no avião com a gente. Esse cara – eu juro que ele é o cara em quem eu costumava dar umas surras no ensino médio. Na verdade, talvez seja isso que eu precise fazer – dar um couro nele. Ele parece um fã do B-52's... fraco.

P.S. Boas notícias – a puta foi embora de volta pro bordel... ou casa de crack.

VINCE NEIL: A mina fodida do Nikki, Vanity, foi para o nosso show em Tucson. Como de costume, ela começou a fazer aquelas danças loucas na nossa frente enquanto tentávamos tocar. Era tão lamentável que eu disse a Nikki: "Cara, tira essa porra dessa sua mina daqui!". Ela estava deixando todo mundo puto. Era vergonhoso pra caralho.

ROSS HALFIN: Vanity era um negócio lamentável, terrível. Ela costumava dançar no *pit* dos fotógrafos para que todo mundo pudesse vê-la. Tudo o que fazia todas as noites era dançar como se o show fosse ela. Agachava com as pernas bem abertas, como se fosse uma stripper fazendo pole dance num bar.

DOUG THALER: Vanity era o tipo de garota que te dava uma lição a respeito de como a Coca-Cola poderia apodrecer seus dentes e corroer a pintura de um carro, e depois ia para casa e enchia a cara do outro tipo de coca. Sempre deixava a banda nos nervos quando os caras precisavam relaxar. Desculpa dizer, mas ela era um grande pé no saco.

PASTORA DENISE MATTHEWS: E não é que nós detestamos quando os outros mentem para nós, mas não sentimos a mentira quando somos nós a mentir? Como é que eu poderia apontar pra janela de alguém e quebrar o vidro, quando a minha própria janela já estava quebrada e eu já havia perdido todas as minhas pedras... ou, melhor ainda, minhas bolinhas de gude? Primeiro eu precisava colar meus pedaços de volta para então tentar ajudar os outros, mas quem realmente é capaz de purificar, senão Deus? Ele se certifica de que nós não sangremos até a morte com todas as lascas de vidro que são lançadas aos nossos pés ao longo do caminho.

NIKKI: Todos nós estávamos fazendo o melhor que podíamos com as ferramentas que tínhamos. Infelizmente, as ferramentas que tínhamos eram cachimbos de crack, seringas, canudos de cocaína e garrafas de uísque.

No avião para Phoenix, 15h25min

Estou no jato que teremos de usar até o nosso ficar pronto. O verme da Rolling Stone está com a gente! Vou tentar deixá-lo bêbado e colocar alguma coisa escondida na bebida... talvez isso possa iluminá-lo.

Esses jornalistas sempre puxam o seu saco e depois te cortam a garganta quando a revista sai. Eu sempre digo, mantenha seus amigos por perto e seus inimigos mais perto ainda... para poder ver quando os olhos deles ficam vermelhos.

Mars está passando tempo demais com Emi, a backing vocal. Nesse mato tem coelho. Mars sempre fica na dele, mas anda meio cheio de si e sorrateiro. A regra número um é que ninguém trepa com as backing vocals — quem diria que Mick seria o primeiro a tentar?

MINAS = PROBLEMAS

21 DE JUNHO DE 1987
Clarion Inn, Phoenix, Arizona, 1h30min

O show foi intenso, ainda melhor do que o primeiro. Danny Zelisko disse que já viu a gente tocar um zilhão de vezes e que a banda está melhor do que nunca. Todo mundo acabou no banheiro do Coliseu cheirando toneladas de pó. Havia uma porrada de minas gostosas e o Vince, como de costume, pegou as melhores primeiro e deu o fora. Mick foi lá com a tal da backing vocal e eu e Tommy ficamos tanto tempo cheirando que não restava mais nenhuma mina quando saímos do banheiro... ridículo. Assim, acho que vou tomar um Halcion, bater uma e ir dormir... chato.

TIM LUZZI: A turnê do *Girls* pode ter antecedido a chegada do crack, mas me lembro de parte do Mötley fazer seu próprio crack no micro-ondas no camarim. Não percebi logo de cara, mas, depois de alguns dias, notei a atenção dada ao micro-ondas e comecei a me perguntar por que aquilo seria tão importante, em especial ao ver que as esposas e namoradas da banda e as garotas gostosas no *backstage* recebiam tão pouca atenção em comparação.

NIKKI: Regra Número Dois:

NÃO PONHA UM MICRO-ONDAS NO CAMARIM DE UM ROCK STAR

É meio como pôr fósforos na mão de um incendiário.

Meio-dia

Dia de folga. Vou ficar na cama o dia inteiro e assistir TV. Eu já falei que a MTV não para de passar o nosso clipe? A má notícia são todas essas bandas que estão aparecendo e são cópias de segunda e terceira categoria do Crüe. No fim, as gravadoras que tentam ganhar dinheiro em cima disso serão a nossa morte se essa merda não acabar... Me sinto muito mal pelos fãs.

Rich Fisher sempre tenta planejar algo pros nossos dias de folga e eu sempre digo: "É um dia de folga, me deixa em paz". Acho que, se pagamos a conta, é do interesse dele, certo? Vou realmente tentar me comportar bem hoje à tarde e à noite.

16h

Acabei de acordar de novo. Estava pensando agora mesmo na vez que eu e Tommy trepamos ao mesmo tempo com uma mina atrás da bateria do Kiss enquanto eles tocavam Rock 'n' Roll All Nite aqui em Scottsdale. Achamos divertido, depois descobrimos que ela era a namorada do baterista (AI!). Garota bacana (acho que o nome dela era Bambi). Tá aí uma que você apresentaria pra sua mãe. Dá pra imaginar? Oi, mãe, esta é a minha futura ex-mulher, Bambi...

Também foi um jeito bacana de sermos chutados da nossa primeira turnê.

NIKKI: Sabe o que foi pior do que ser expulso da turnê do Kiss por mau comportamento? Ouvir o Gene Simmons falar de si mesmo o dia inteiro e a noite inteira. Às vezes eu só repetia "aham" e "pode crer" até ele parar de falar. Apesar de todo o ego e das baboseiras dele, eu gosto do Gene, mas não consigo gostar dele mais do que ele gosta de si mesmo. Isso seria impossível.

22 DE JUNHO DE 1987
TINGLEY COLISEUM ALBUQUERQUE, NM
A caminho do Novo México, 14h30min

Neste momento, estou no nosso avião, estamos parados na pista nos preparando para decolar. Puta merda, é insano. É preto... você já viu um avião preto? Estou curtindo isso aqui. Temos uma comissária de bordo (loira), cada um tem seu próprio assento designado (de couro). Já achei um bom lugar pra esconder coisas ao cruzarmos fronteiras. O show teve os ingressos esgotados... 11.000 pessoas. Todo mundo está pilhado, então estamos passando uma garrafa de Jack de mão em mão, com o som no talo. Tommy fez um gesto pra eu ir com ele até os fundos do avião e me passou um pino. Esse é meu garoto...

RABISCOS ALEATÓRIOS

We are the future but the future looks bleak
I have no interest other than being uninterested
All these vampires masquerade as leaders
and prey on the minds of the weak
All I know is I don't care
And even if I cared I'd have no hope
to carry me to where I'd need to go[xxxvi]

COISAS QUE PRECISO FAZER:

1. VENDER A CASA DA HEROÍNA

2. DAR UM PÉ NA VANITY

23 DE JUNHO DE 1987 COUNTY COLISEUM, EL PASO, TX

No avião do Mötley a caminho de El Paso, 1h30min

Bom show, mas estou cansado pra caralho. Não consegui achar nenhuma cocaína nessa porra de cidade. Sei que o Fred está segurando a onda... Doug e Doc estão em cima dele pra me manter sob controle. Se estou cansado e fazendo meu trabalho, por que não posso dar uma fungada? Eles me tratam que nem criança.

É idiota pra caralho. Vou comprar um *eightball*[11] da próxima vez que conseguir, assim não preciso passar por todo esse drama.

Chegaremos a El Paso por volta das 2h30min ou 3h da manhã, então acho que serei um bom menino esta noite. Chatice. Detesto quando as pessoas tentam me controlar.

ROSS HALFIN: Nikki nunca foi um *junkie* ininteligível e recluso – ele sempre parecia manter a compostura, mas chiava o tempo todo. Eu pedia a ele para fazer alguma coisa durante uma sessão de fotos e ele dizia: "Cara, não dá, estou cansado". Certa vez, eu disse a ele: "Deve ser terrível pra você ter de ficar parado apoiado contra essa parede por dois minutos pra poder estar na capa de uma revista. Você podia ter um emprego *de verdade*, tipo minerador ou funcionário de supermercado". Ele berrou: "Vai se foder!", que era o que dizia para tudo. Mas sua atitude como um todo – que tornou o Mötley Crüe muito bem-sucedido – era "Foda-se o mundo". Nikki nunca foi tão ruim quanto Vince. Cheguei numa das sessões de fotos e Nikki e Tommy disseram: "Precisamos falar com você, tem um problema com o Vince". Acontecia que, na última vez que os fotografei, Vince havia me pedido para fazê-lo parecer magro nas fotos – o que nem sempre era fácil – e eu recomendei que ele usasse uma camiseta preta.

---

11 Termo que se refere a uma dose de 3,5 gramas de cocaína. (N. do T.)

Isso fazia dois anos, e ele ainda estava remoendo. Um exemplo do quão deslocado da realidade o Mötley Crüe era.

NIKKI: Era muito divertido irritar o Ross Halfin. Nós só fazíamos manha e chiávamos se não tivéssemos nada do que reclamar. Era divertido tornar o trabalho dele mais difícil, porque ele mordia a isca toda vez. Estive com Ross recentemente na Europa e disse a ele que, ao longo desses anos todos, achei que ele fosse gay. E ele não parou de perguntar: "Por quê? Como assim?". Disse que era casado e tinha um filho. Depois de ele prosseguir com isso por mais um tempo, falei: "Ross, duas coisas: mesmo se você fosse gay, quem se importa? E eu só estava te enchendo o saco (de novo)".

Esse é o Ross – o cara mais facilmente irritável do rock'n'roll, mas um cara doce pra diabo (não esse tipo de doce).

Hotel, El Paso, Texas, 15h

É esquisito pensar que morei aqui. Eu costumava ir de bicicleta até o Piggy Wiggly[12] com meus amigos pra dar uma olhada nos novos brinquedos e carrinhos Hot Wheels. Eles davam pipoca na entrada, então nós pedíamos para encher os sacos só até a metade e íamos pra sessão dos Hot Wheels. Metíamos os carrinhos bem no meio da pipoca e saíamos andando. Cara, como eu sinto saudades da infância. Era uma época de inocência. Gostaria de poder voltar, porque esta vida é dura.

Boas notícias. Tommy conheceu uns traficantes e eles vão seguir a turnê pelo Texas. Partimos de avião e eles seguem de carro... Isso sim é delivery!

EL PASO

Balcony in El Paso
Cigarette butts grace my balcony
And the remains of the dead pigeon seem somewhat poetic
The life form that scurries around below
Is a mixture of Tex-Mex and trailer park trash

---

12 Rede de supermercados que opera no sul e no centro-oeste dos EUA. (N. do T.)

I know you - 'cause I used to live here, too
Guess that makes you just like me
Does that make you wonder about yourself?
Your secret's safe

I don't know why
I'm here but I can't stay
The more things change
The more they stay the strange

Sitting here on this plane
Watchin' the empty faces crawl past me
You know they all seem to have ingested
That same melancholy pill
Instead of warm, fuzzy and safe
They seem cold and judgmental
Little conversations come in and out of audio focus
It's all in slow motion but somehow moving at the
Speed of Fear
I feel such the animal, I'm always the animal
My body's the cage - I'm locked in this cage
My home is worn, it's torn, it's been abused
And I like it

I don't know why
I'm here but I can't stay
The more things change
The more they stay the strange

Here I sit in another hotel
and it smells like someone else
I lay in bed and I can taste the smell
They smell of smoke, the drink, the stink
And the stain on the floor
I wonder was he with his wife
Or another man's whore?
Scratches upon the glass
Tell of the drugs, and the radio
Is still on to the music that made them dance
I bet it was sweet
But me?
Fuck man I gotta get some sleep[xxxvii]

24 DE JUNHO DE 1987 DIA DE FOLGA

Hotel, Austin, Texas, 14h

Mars está agindo feito um moleque colegial perto da Emi. Quer dizer, é bonitinho e tal, mas ela trabalha pra nós. Ontem à noite, no palco, eles se entreolhavam como dois pombinhos... Me deu ânsia de vômito.

Minas = problemas.

Tommy comeu uma mina com quem o Robbin Crosby saía (Tawny Kitaen). Agora ela está com o cantor do Whitesnake e eles querem abrir pra nós. Como eu disse...

Minas = problemas.

Tawny costumava injetar com Robbin e, depois que a conheci, ela vivia me pedindo pra arrumar heroína pra ela. Como eu disse...

Minas = problemas.

P.S. Falando em problemas, tem um clube aqui cujo *bartender* pode me arrumar um pouco. Acho que vou conseguir um pino de *china white*.

DOUG THALER: Consigo entender por que os outros caras não ficaram contentes quando Mick começou a namorar com Emi Canyn. Ela era funcionária deles e, quando ficou com Mick, de repente nos vimos numa situação em que o guitarrista da banda estava sendo conduzido de coleira por uma funcionária da banda. Mick é um cara adorável, mas ele é desses que são dominados por completo por toda parceira que arrumam. É sempre a mesma história. A única coisa que muda é o nome da garota.

25 DE JUNHO DE 1987 FRANK ERWIN CENTER
Hotel, Austin, Texas, 5h15min AUSTIN, TX

Acabei de voltar da Beale Street. Fomos a vários clubes diferentes. Tommy, Vince, Fred e eu achamos uma casa de strip incrível. As garotas nos levaram pros fundos e nos deram carreiras e boquetes de graça. Só mesmo nos EUA. Deus abençoe o Texas!

Uma minazinha chamada Ashlee me deu o telefone de um cara que vende papelotes de cocaína por US$ 5 cada. Ele está trazendo 12 unidades... É bom ter um pouco por perto, nunca se sabe quando você vai precisar (vitamina B? haha). Os ingressos pro show estão esgotados e não vai ter passagem de som, então vou fazer uma festinha sozinho no meu quarto, mas prometo que vou dormir antes das 7 da manhã.

10h30min

Porra, fiz de novo. Ainda estou acordado e acabei no closet do quarto do hotel, surtando. Tomei dois Halcions há uns 30 minutos, então estou bem mole agora... mas eu tinha certeza de que a segurança do hotel estava vindo me pegar. Odeio cocaína.

O PERIGO É A MINHA EXPECTATIVA

18h45min

Acabei de acordar. Rich disse que todo mundo estava apavorado porque eu não atendia à porta... Que inferno, eu só estava dormindo... Caramba, eu só queria que todo mundo relaxasse (não vou morrer). Preciso ir pro show agora e, depois, pra... algum lugar. Preciso ver na agenda... não faço ideia.

Ross Halfin está aqui com um moleque de aparência inocente que nunca havia saído da Inglaterra. Acho que talvez ele precise tocar o puteiro ao estilo do Crüe.

JASON BRYCE: Em 1987, eu tinha dezesseis anos quando embarquei em Londres com Ross Halfin, amigo do meu pai, para encontrar o Mötley Crüe na turnê de *Girls, Girls, Girls*. Ross iria fotografá-los para uma revista inglesa e me convidou para ir junto como assistente não remunerado. Meu pai não queria que eu fosse porque achava que o Mötley Crüe me corromperia, mas Ross prometeu que cuidaria de mim.

Era a minha primeira viagem da vida, mas pude perceber que aquela era uma legítima turnê de rock'n'roll. Nikki era um roqueiro completo, bebedor de Jack e cheirador de cocaína e, assim que me viu, começou: "Cara, toma um pouco de Jack! Toma um pouco de *krell!*". Vince era quieto, mas os demais eram ótimos. Na minha terceira ou quarta noite lá, todos nós fomos a um restaurante mexicano. Eu não tinha idade para beber legalmente, mas Nikki me empurrou umas margaritas de morango goela abaixo. Havia uma *groupie* conosco, uma loira de 1m80cm e meia-calça, e Nikki disse a ela: "Se você quer andar com o Crüe, precisa cuidar do meu jovem camarada aqui". E então ela voltou comigo para o meu quarto e foi... muito talentosa.

Nikki era muito temperamental. Antes dos shows, ele ficava muito pra baixo e muito solitário, se sentava sozinho e assistia alguma coisa deprimente, como *Sid & Nancy*. Porém, depois do show, se ele quisesse festa, não te deixava em paz até que você festejasse com ele.

Ele parecia estar ligado numas horas esquisitas, tipo de madrugada, quando todo mundo estava dormindo. Certa noite, ele foi até o meu quarto com Ross e uma dupla de garotas. Eram umas 4 da manhã, então não dava pra pedir nada de álcool para o serviço de quarto. Nikki ligou para a recepção e disse: "Olha só, aqui é o Nikki Sixx, preciso de uma garrafa de JD agora mesmo e te dou mil pratas por ela". O pessoal do hotel não quis nem saber: "Senhor, vá para a cama. O senhor já bebeu demais".

26 DE JUNHO DE 1987 CONVENTION CENTER ARENA SAN ANTONIO, TX
No avião do Mötley a caminho de Houston, 1h

O show dessa noite foi matador, mas eu surtei muito. Uns porras de uns fãs na frente do palco estavam com uma grande faixa que dizia VANITY. Aquela vadia insana anda falando com revistas, dizendo que vamos nos casar... ela NÃO TEM O DIREITO de fazer isso. Preciso me livrar dela!

CDs PARA COMPRAR

1 Sweet — Give Us a Wink
2 Deep Purple — Come Taste the Band
3 Mott the Hoople — Greatest Hits
4 Bowie — Diamond Dogs
5 Queen — I, II e Sheer Heart Attack
6 Alice Cooper — Billion Dollar Babies
7 Sex Pistols — Never Mind the Bollocks
8 Iggy and the Stooges — Raw Power
9 AC/DC — Dirty Deeds
10 Lou Reed — Transformer

27 DE JUNHO DE 1987 — THE SUMMIT
Hotel, Houston, 15h — HOUSTON, TX

Chequei as mensagens da minha secretária eletrônica. David Crosby ligou — disse que vai quebrar meus braços se eu estiver me drogando. Acho que não vou retornar a ligação. A secretária estava completamente cheia, então só apaguei as outras mensagens, sem ouvi-las... Não tem ninguém com quem eu queira falar, mesmo.

A banda está afiada pra diabo, musicalmente tudo está no piloto automático, o público tem sido insano e todos os shows tiveram ingressos esgotados. Você pensaria que eu estou feliz o tempo todo.

Estou lendo Diary of a Rock Star, do Ian Hunter. Talvez eu lance meu diário em livro um dia... É, falou, dá pra imaginar?

P.S. Doug me ligou hoje e disse que todo mundo gostou da ideia de Wild Side ser o próximo clipe. As rádios estão curtindo essa faixa também. Acho que um clipe ao vivo está a caminho. Hora de ir pro show...

P.P.S. Disse ao Slash que, quando voltarmos pra L.A., vou tentar colocar a banda dele (Guns N' Roses) pra abrir alguns shows da turnê. Parece que vai dar certo. Mostrei as músicas deles pros caras e eles gostaram... Por ora não há interesse deles, mas talvez isso os ajude (qualquer coisa é

melhor que o Whitesnake). Slash é um cara legal quando não mija na cama... haha...

P.P.P.S. Talvez ter esses traficantes nos seguindo seja uma má ideia.

28 DE JUNHO DE 1987 DIA DE FOLGA
Hotel, Houston, 17h

Falando em Houston... Doc estava me dizendo que, quando o álbum estava em segundo lugar, nós deveríamos ter ido para o primeiro lugar. Tínhamos o álbum número um no país, mas, por razões misteriosas (jabá, quem curte?), a Whitney Houston ficou com o primeiro lugar. Isso é uma merda. Girls deveria ter sido nosso primeiro álbum a chegar à primeira posição.

Fodido por uma garota negra — parece que há um padrão se desenvolvendo na minha vida.

Indo pro quarto do T-Bone. Os traficantes têm 50 g de pó... pra dar pra gente. Por que não? É um dia de folga, certo?

FRED SAUNDERS: Durante a turnê do *Girls*, cada membro da banda tinha sua própria abordagem para os dias de folga. Vince sempre ia atrás de boceta. Mick ficava com Emi. Tommy topava qualquer coisa e Nikki era meio... matreiro. Entrava e saía de cena periodicamente, mas era difícil de lidar por causa das mudanças de humor causadas pelas drogas.

Nikki podia ser muito sensível e emotivo – eu e ele às vezes tínhamos longas conversas até altas horas, quando nós dois acabávamos chorando. Por outro lado, também podia ser um completo babaca – eu não conseguiria nem começar a me lembrar de quantas vezes ele me socou ou me mandou ir à merda naquela turnê. E eu sempre revidava o soco.

NIKKI: Acho que é por isso que existe o termo *coragem líquida*. Por qual outro motivo você socaria um ex-Hells

Angel, faixa preta de quarto dan? Mas Fred tinha um coração enorme além de toda a bravata. Eu costumava ter ótimas conversas com ele até tarde da noite, e ambos concordávamos que...

Minas = problemas.

Nosso álbum seguinte, *Dr. Feelgood*, chegou ao primeiro lugar, mas eu ainda digo que foi o nosso segundo álbum a alcançar essa posição.

30 DE JUNHO DE 1987 MYRIAD COLISEUM OKLAHOMA
Backstage, 19h30min

O *backstage* é o lugar mais chato do mundo se você está tentando se comportar bem. Na verdade, é o lugar mais chato do mundo mesmo quando você se comporta mal. Faz um tempo que não escrevo. Parece que não tenho nada sobre o que escrever (pra você, pelo menos). Nunca consigo manter esses diários na estrada, porque tudo parece se transformar num enorme borrão. Entra dia, sai dia e é sempre a mesma coisa, mesmo, exceto os shows. Ver os rostos daquela molecada... juro que é a única razão para eu estar vivo...

Bem, é melhor me preparar para o show. Todo mundo está se dando muito bem... nenhum drama ainda. Depois do show, partimos para Shreveport. Em Houston, só toquei guitarra o tempo todo no meu quarto e tive umas ideias e fiz uns riffs legais.

Ainda bem que fomos embora do Texas, tem uma tempestade de cocaína lá. Eu estava indo por um caminho que já conhecia e sabia o que viria em seguida. Tenho tomado muitos Halcions, Rich Fisher foi quem me ligou nisso. Entre esses comprimidinhos e toda a cocaína, é como se eu estivesse tomando *speedballs* com o selo de aprovação da banda.

Meu novo truque é triturar os Halcions e misturá-los com pó num frasquinho – chamamos essa mistura de *zombie dust*.

- **TOMMY LEE:** O Halcion era como o Xanax dos anos 1980. Bastava tomar um e imediatamente seria meia-noite – você apagava até o final da manhã seguinte. Bom, a gente tomava uns quatro ou cinco, depois começava a beber Jack – e então saía do hotel e caía na noite. Na manhã seguinte, trocávamos histórias – "Cara, você lembra do que aconteceu ontem à noite?". "Não faço ideia, mas mijei na cama!". "Ei, cara, eu também!". Acordávamos sem ter a mínima ideia de onde estávamos. Aqueles comprimidos eram bizarros – eram um blecaute completo, e naquela turnê nós tomamos uma caralhada deles.

ROSS HALFIN: Durante a turnê do *Girls*, Nikki me fez curtir usar cocaína a noite toda. Às dez da manhã, ainda estávamos pilhados, então ele me ensinou a tomar Nyquil para apagar. Normalmente, as pessoas tomavam uma colher desse xarope quando estavam com gripe. Nós tomávamos um frasco inteiro de uma vez e íamos capotar.

iNTERVALO

    Bem, não sei quanto a vocês, mas eu preciso respirar fundo por um momento, talvez até tomar um banho frio.

    Como diz Mick Mars, "aquilo me assustou, e eu sou destemido".

    Talvez seja uma boa hora para se afastar da escuridão e relaxar só por um segundo. Então, me deem um tempo e me permitam fazer algumas observações aqui antes de prosseguirmos.

    Quando pus as mãos pela primeira vez nestes diários velhos empoeirados, pedaços de papel e outras anotações e rabiscos variados, todo tipo de sentimento veio borbulhando à tona — em sua maioria, sentimentos de completo choque e incredulidade diante do fato de eu ter conseguido sequer fazer música durante esse período insano. Afinal, a música me conduz (às vezes à loucura) e compor ainda é o único lugar onde posso me perder e não ser encontrado... é a minha principal e única droga, e eu com certeza sou viciado nela. Mas nós

não estamos falando de uma overdose de duas estrofes e um refrão.

Eu havia perdido a perspectiva por completo e a música tinha ficado em segundo plano em relação às vozes na minha cabeça e aos demônios no meu closet. Eu era como o cara que lança a âncora da lateral do navio, mas esquece de amarrá-la em algum lugar. Você acaba flutuando sem rumo no Mar de Estupidez. Sua única esperança é ser resgatado, mas, infelizmente para você, você está no meio do oceano, e a patrulha de busca e resgate está de férias. Em algum momento, você tem de se perguntar de quem realmente é a culpa - sua, por ser estúpido, ou dos salvadores, por não estarem disponíveis? Tudo o que sei é que a música era a vela que eu tinha para chegar à terra firme, mas havia rasgos nela do tamanho do Himalaia.

Assim, outra pergunta me ocorreu, provavelmente a mesma que vocês devem estar se fazendo o tempo todo ao ler isto aqui:

Como é que esse filho da puta ainda está vivo?

TER VIVIDO MUITO NÃO SIGNIFICA QUE VOCÊ TEVE TEMPO PARA VIVER.

Verdade, porém...

Falando de maneira simplificada, acredito que ainda estou aqui porque ainda tenho coisas boas a fazer, pessoas para amar e música para escrever. É claro, minha vida tem meios tor-

tos de voltar a ponta da faca novamente contra mim...

Acredite em mim quando eu digo que geralmente há uma reviravolta. E, para incrementar o meu carma, ela geralmente vem com certo humor.

Digo, eu provavelmente vou encontrar o criador ao fazer alguma coisa nada *cool*, tipo jogar golfe ou cuidar do jardim. Eu não aguentaria estar lá em cima sentado ao lado de Deus, Bon Scott, Sid Vicious e Jimi Hendrix e ouvir alguém ler meu obituário aqui embaixo:

NIKKI SIXX MORREU HOJE... NUMA PORRA DE UMA PARTIDA DE GOLFE

OK, chega de gracinhas (você tende a fazer muita piada com morte depois de morrer e voltar algumas vezes... mas falarei mais sobre isso mais adiante). Ainda não nos afastemos muito do cemitério da minha mente.

O que consigo ver claramente agora é que eu estava tão ocupado fugindo do passado que nem vi os faróis adiante, que indicavam que algo desastroso vinha ao meu encontro. Uma colisão frontal estava prestes a acontecer, porém eu era teimoso demais para me ligar nos sinais, teimoso como um homem que não recua de uma briga e acaba descobrindo que seus pés estão presos firmemente em botas de concreto. Às vezes, a sua escolha é não ter escolha alguma... ou assim pensamos.

Voltemos, então, para a história que temos em mãos, contada por contradições de entes queridos, amigos e inimigos que nunca pensaram estar assinando a minha receita dos analgésicos definitivos... aqueles que adormecem o tornado da minha cabeça.

ESTA SE TORNOU A TURNÊ DOS
BOQUETES DE AEROPORTO

1º DE JULHO DE 1987 — HIRSCH MEMORIAL COLISEUM
Backstage, 20h — SHREVEPORT, LA

Esta se tornou a turnê dos boquetes de aeroporto. Depois dos shows, quando chegamos ao aeroporto, tem sempre uma fila de garotas à nossa espera... Começamos a levá-las pros banheiros dos aeroportos particulares.

Oklahoma foi foda. O show teve aquela energia de heavy metal *old school*. Quase rolou um tumulto antes de as portas se abrirem, mas, fora isso, tudo normal.

Hora do show. Até já...

2 DE JULHO DE 1987 — MISSISSIPPI COAST COLISEUM
No avião, 1h30min — BILOXI, MS

Estamos sentados no avião, nos preparando para decolar rumo a Biloxi. Tem alguma coisa nos fãs sulistas... eles são insanos. São mais selvagens e mais barulhentos do que os do Leste e os do Oeste. O show foi ótimo... O que eu te falei dos aeroportos? Enquanto estou aqui sentado com um sorrisão no rosto, a comissária acaba de me trazer uma garrafa de vinho branco e uma bandeja de prata com um Halcion e quatro carreiras. Estou num avião particular, lendo uma resenha que diz o quanto nós somos uma merda. Parece que tudo está encaminhado...

TOMMY LEE: A turnê do *Girls, Girls, Girls* foi uma depravação só, foi uma doideira do caralho.

Começamos a colecionar sutiãs, calcinhas, sapatos, vestidos, saias, *nudes* em Polaroid... tudo. Lembro de entrar em um dos ônibus da equipe e parecia uma porra de uma enchente de calcinhas – havia literalmente milhares de calcinhas. Parecia uma porra de um bordel sobre rodas. Elas ainda existem em algum lugar: guardamos todas em *cases* de estrada. Talvez devêssemos abrir um museu.

NIKKI: O dono do avião não nos deixava pendurá-las na aeronave, então usávamos os ônibus da equipe para guardar nossos "prêmios". O cheiro lá dentro era o de um mercado de peixe. Ouvi dizer que elas estão no depósito do Mötley... Deus ajude o pobre diabo que abrir esse *case* lacrado.

Hotel, Biloxi, 17h30min

Acabei de acordar. Vamos ficar aqui esta noite, precisamos de um dia de folga. A voz do Vince está destruída, as mãos do Tommy estão descascando e cobertas de cortes, meu corpo está arregaçando de tanto eu me jogar em cima... e fora... do palco, e as costas do Mars o estão matando. Ele piora a cada ano que passa, estou preocupado com ele. Preciso lavar minhas calças de couro, ou pelo menos tomar um banho – já faz seis dias.

Hora do show...

NIKKI: O desgaste da estrada é algo que nem sempre é notado pelos fãs de primeira. Aparece em fotos – uma ruga aqui e ali, ou olheiras sob os olhos injetados –, mas é facilmente escondido e sempre ignorado. Tomar banho era um luxo que eu, Mick e Tommy normalmente considerávamos um incômodo, em vez de uma vantagem.

Ao ler essa passagem do diário, agora me dou conta da dor que Mick Mars estava sentindo, mas quem imaginaria que essa dor se revelaria tão violenta anos mais tarde como uma doença degenerativa crônica da qual ele sofria, chamada espondilite anquilosante, e que ele necessitaria de uma prótese de quadril? Pra falar pouco, ele é um homem de aço... Toda glória a Mick Mars, o homem mais forte da Terra.

3 DE JULHO DE 1987 DIA DE FOLGA
Hotel, Biloxi, 17h20min

Passei a noite me revirando na cama de novo. Sem drogas. Deveria ter tomado algo pra dormir, mas estou tentando me comportar...

Acabei de comprar a Rolling Stone nova com a gente na capa. É claro que eles iriam nos alfinetar. A capa diz:

HEAVY METAL: É BARULHENTO, É FEIO E NÃO VAI EMBORA

Acho que, se eu quisesse ser aclamado pela crítica, deveria ter escolhido um estilo de música que não incomoda ninguém... Talvez seja um elogio? Porque nós somos barulhentos, feios e não vamos embora. Principalmente porque isso é o que eles querem.

NIKKI: Quando aquela edição da *Rolling Stone* saiu, fiquei imensamente ofendido. Eu realmente pensava que aquela seria a vez em que enfim seríamos elogiados como merecido pela nossa música. Em retrospecto, não acredito que levei tão a sério.

4 DE JULHO DE 1987
BARTON COLISEUM, LITTLE ROCK, AR

Backstage, 18h10min

Tenho pensado muito em Nona. No mês que vem vai fazer um ano que ela faleceu. Como a vida muda. Ela realmente foi uma mãe pra mim. Só tenho lembranças boas dela... Sempre tinha um sorriso no rosto e colocava a comida na mesa. Gostava muito de moda, então colocava os *patches* nas minhas roupas ou costurava calças boca de sino pra mim quando comecei a emular meus heróis do rock'n'roll. Em Jerome, Idaho, entrar numa loja e pedir por calças boca de sino era a mesma coisa que usar um moicano cor-de-rosa... pelo menos no departamento masculino da JC Penney...

Nem o inferno tinha a mesma fúria de um garoto de cidade pequena com um sonho.

RAISE YOUR HANDS TO ROCK

Sometimes I feel turned around
And upside down
And sometimes maybe I drink too much
But my heart's still in touch
I remember standing tall telling you
I'm gonna be a rock'n'roll star
When someone said, Sit down boy
You already are[xxxviii]

BOB MICHAELS: Não houve um 4 de Julho que não pensei em Nikki depois de um ano em particular – acho que foi 1984. Fui até a casa dele e ele estava chapado, disparando fogos de artifício enormes no jardim. Um dos fogos incendiou uma palmeira de doze metros de altura, que caiu em cima de um Mustang 1965, que também pegou fogo. Nikki achou a coisa toda absolutamente hilariante.

5 DE JULHO DE 1987. MIDSOUTH COLISEUM MEMPHIS, TN
Hotel, 1h40min

Ótimo show... ingressos esgotados. Enquanto fazíamos uma *jam* em Dancing on Glass, um cara jogou um pino pra mim no palco e fez um gesto como se estivesse injetando. Joia. Mas então vamos passar a noite aqui. Tenho uma ótima história sobre uma garota, uma banana e umas sobras de fogos de artifício... mas estou cansado. Vou dormir... sozinho.

Acho que os caras estão indo pra uma casa de strip. Só sei que me meteria em encrenca se fosse junto. Vou trabalhar numas músicas amanhã e não quero ficar de ressaca. Quando começo, não consigo mais parar... então é melhor parar agora...

DOC McGHEE: Nikki estava de fato mais controlável do que de costume durante a turnê do *Girls, Girls, Girls*. Não estava tão agressivo como costumava ser. Não queria ir tanto às baladas – acho que porque estava afundado naquela porra daquele antro de heroína. De um certo modo, fiquei quase grato. Enquanto os outros maníacos faziam suas merdas doidas pra caralho, eu podia pensar que pelo menos Nikki estava no quarto – "ele não matou ninguém hoje".

6 DE JULHO DE 1987 DIA DE FOLGA
Hotel, Memphis, 19h

Dia de folga... nada muito empolgante. Lendo um livro chamado Nigger, de Dick Gregory. É matador, é sobre um dos primeiros comediantes negros e todo o preconceito que ele sofreu nos anos 50 e 60. Consigo me identificar com sofrer preconceito. Quando minha mãe namorava o Richard Pryor, as pessoas nos lançavam olhares e faziam comentários... um pouco como os que eu recebo na loja de presentes do hotel quando ainda estou com maquiagem de show e calças de couro fedidas. Para as pessoas do meio-oeste, é como se eu fosse um leproso. Talvez eu seja apenas um negão?

NIKKI: Lembro-me de quando a minha mãe namorou Richard Pryor, que sempre foi legal comigo. Uma das lembranças mais vívidas que tenho é de morar num apartamento no nono andar em Hollywood. Eu costumava descer com Ceci até o estacionamento para brincar – não tínhamos pátio, porque o prédio ficava em pleno Sunset Boulevard. Minha mãe não vinha para casa há dias, e nós estávamos brincando quando ela e Richard chegaram de carro. Estavam os dois bebaços, e minha mãe caiu do carro e me deu um abraço, os dois deram oi e subiram para o apartamento. Fiquei naquele subsolo de cimento que era o nosso parquinho. Só anos depois é que me ocorreu que tipo de cicatrizes essas coisas deixaram na minha infância... E nem me vinha à mente que Richard era negro e minha mãe, branca. Nunca liguei para coisas desimportantes como essa.

DEANA RICHARDS: Eu trabalhava como crupiê em Lake Tahoe quando conheci Richard. Certa noite, estava dando as cartas numa mesa de *blackjack*, quando de repente levantei o olhar e dei de cara com aqueles olhos – BAM! Nunca havia saído com um cara negro na vida, e nem sequer notei que era um homem negro na minha frente. Só olhei para aqueles olhos e foi isso.

Algumas noites depois, o vi de novo e senti a mesma coisa de novo, e então um amigo nos ajeitou um encontro. Saímos juntos e acabamos no *backstage* de um show conversando com Bill Cosby. Depois, quando Richard voltou para Los Angeles, passamos a fazer essa ponte aérea para nos vermos – nosso relacionamento era seríssimo.

Richard era um homem muito profundo e intenso, terrivelmente machucado pelo mundo. Costumávamos ir muito à praia, ele fazia seus números para mim e eu sugeria mudanças que ele poderia fazer. Sempre corria pela praia com os braços levantados, berrando: "Vocês podem me deixar ser?". Dizia que eu era a única pessoa que apreciara sua alma. Eu certamente apreciava seu espírito.

Nikki estava com uns cinco anos na época e Richard o adorava – achava Nikki muito fofo, era "a" criança. Mas aquele era o início dos anos 1960, e Richard e eu nos deparávamos com racismo. Entrávamos em restaurantes e as pessoas nos olhavam de forma bem esquisita, e os garçons se recusavam a nos servir. Richard se expressava muito abertamente, então sempre dizia alguma coisa e arrumava encrenca, e aí tínhamos de ir embora.

Por fim, me mudei para Los Angeles para ficar com Richard e deixei Nikki com minha mãe e minhas irmãs. Iria trazê-lo quando estivesse estabelecida, mas, quando cheguei a L.A., tudo foi por água abaixo – Richard foi preso por bater num recepcionista de hotel e ficou na cadeia. Tudo foi para o inferno... E quando finalmente consegui Nikki de volta, foi um inferno para ele também.

7 DE JULHO DE 1987 MUNICIPAL AUDITORIUM NASHVILLE, TN
No avião, 14h30min

Sempre que tento convencer a Neglektra a fazer algo empolgante, eles reclamam. Não querem gastar dinheiro... ridículo pra caralho. Antes, eu pensava que essa era a gravadora legal, porque tinha o Queen. Agora consigo ver a verdade... eles provavelmente foderam com a carreira do Queen também...

Quando você está em alta, eles agem como se te amassem (e de fato amam o dinheiro que a gente rende a eles)... Mas quando você precisa de apoio, não tem amor nenhum. Bob Krasnow está totalmente na Idade da Pedra. Em algum momento vamos precisar nos livrar dessa gravadora. Tudo o que eles fazem é lançar nossos álbuns... Tem pouca ou nenhuma divulgação e, ainda assim, nós vendemos milhões de álbuns e os ingressos das nossas turnês esgotam.

Não é só a gravadora... são os agentes também. Eles simplesmente não sabem como motivar ou ameaçar a gravadora. Imagine o estrago que nós seríamos capazes de causar se a Elektra fizesse mais do que jogar nossos discos contra a parede e esperar que eles colem.

<u>MINHA TEORIA SOBRE AS GRAVADORAS</u>

1. Elas são os bancos da música.
2. Elas distribuem as músicas.
3. Elas editam e prensam as músicas (e cobram uma % imensa de volta).
4. Elas nunca deveriam ser as donas das músicas de ninguém só porque fazem 1, 2 e 3.
5. Você nunca vê isso acontecer em outros negócios.

P.S. Fazemos todo o trabalho, escrevemos todas as músicas... a gravadora nos empresta dinheiro... nós temos que pagar de volta, e ela é nossa dona? Que porra há de errado com a indústria musical? Não surpreende que gostem de nós fodidos de droga. Se estamos pra lá de Bagdá, não vemos que estão levando vantagem em cima de nós... é escravidão.

P.P.S. Viu o que acontece quando não fico fodido? Meu cérebro começa a funcionar de novo.

IAN GITTINS: O Mötley Crüe, posteriormente, reobteve o controle das masters de seus álbuns lançados pela Elektra Records. Tanto Nikki Sixx quanto o atual empresário da banda, Allen Kovac, estão legalmente impedidos de falar sobre as circunstâncias que levaram a essa reviravolta, mas a versão geralmente aceita é a de que a Elektra teria entregado o controle das masters em troca do Mötley renunciar aos lucros de royalties que eram devidos a eles. Como o Mötley ainda lança novos álbuns e faz turnês em arenas enormes, uma década depois disso tudo, parece justo presumir que a Elektra deve muito bem ter se arrependido dessa decisão em particular.

NIKKI: Tivemos de assinar um termo de confidencialidade para que outros artistas não descobrissem o que fizemos. Posso dizer o seguinte: a CEO da Elektra, Sylvia Rhone, mordeu a isca, a linha e o chumbo de pesca.

Regra Número Três: NUNCA PERMITIR QUE AS EMOÇÕES INTERFIRAM NOS NEGÓCIOS

TOM ZUTAUT: Por mais espertos que McCartney, Jagger, Bono, Page e Plant sejam, nenhum deles é dono das próprias masters, que, jovens, cederam em contrato às respectivas gravadoras. Nikki fez o mesmo com a Elektra quando era um garoto cheio de esperanças e sonhos, porém, quando adulto, foi sagaz o bastante para irritar a então presidente da Elektra, Sylvia Rhone, ao se comportar como um moleque de novo para convencê-la a devolver as masters a ele. Grandes corporações da indústria musical raramente cometem erros como esse, e não foi por acaso que foi Nikki quem conseguiu as masters de volta. É disso que Nikki Sixx é capaz!

SYLVIA RHONE: Se eu gostaria de fazer parte deste livro? Não acho que seria apropriado.

8 DE JULHO DE 1987 — THE ARENA, ST. LOUIS, MO
Hotel, St. Louis, 16h30min

Preciso ir pra academia. Tenho tomado uns drinks (meia garrafa de Jack) toda noite, mas não passa disso. Estou bem orgulhoso de mim mesmo. Mas, querido diário, estou tão entediado. Sinto cheiro de encrenca por perto... Será que é por isso que concordei em deixar a Vanity vir pra Mineápolis?

9 DE JULHO DE 1987 — DIA DE FOLGA
Hotel, St. Louis, 22h55min

Outra noite no mesmo hotel. Conheci duas garotas no lobby ontem à noite, fizemos um pequeno *ménage à trois*. Cheirei cocaína na bunda de uma delas... ISSO sim foi divertido. Fred foi até o meu quarto e disse: "Caramba, Sixxdog, o que você tá fazendo?". Respondi que estava tentando vencer o tédio, e ele: "Parece que você tá se saindo muito bem nisso". Eu amo o Fred, então perguntei se ele queria um teco e ele disse que com certeza queria. Estiquei uma carreira na bunda da outra garota e Fred cheirou, agradeceu como se fosse uma coisa corriqueira e foi embora.

Meu Deus, na estrada a gente perde a noção do que é real, né?

FRED SAUNDERS: Fizemos cartões para toda a equipe de produção da turnê do *Girls*, com códigos especiais. Começamos com isso porque os lobbies dos hotéis ficavam sempre lotados de fãs, então não podíamos falar os nomes dos caras da banda em voz alta nos walkie-talkies: se fôssemos ouvidos, haveria um tumulto! Então designamos números a todo mundo:

1. Doc McGhee
2. Doug Thaler
3. Rich Fisher
4. Eu
5. Vince
6. Nikki
7. Mick
00. Tommy

Depois, expandimos para abranger outras coisas:

20. localização
100. *krell*
101. hotel
129. show
268. ônibus
714. *groupie*
747. porco de batom

Então, poderíamos dizer coisas do tipo: "Qual seu 20? Bem, estou com o 6, que está com um 747 e um pouco de 100 no 268 a caminho do 129". Isso impedia as pessoas de pescoçar e era bem divertido também. Às vezes a banda falava assim o caminho inteiro do show de volta para o hotel... Quer dizer, do 129 para o 101.

1º DE JULHO DE 1987 KANSAS COLISEUM
Hotel, Wichita, 16h10min
WICHITA, KS

Qual é de todas essas garotas negras me perseguirem esses dias? Desde que a Vanity começou a falar com a imprensa, elas têm caído em cima de mim. Parece uma porra de uma epidemia...

Tommy e Vince estão batendo boca de novo. Esses dois deixam o Mick e eu malucos. Mas a banda está soando muito bem, e, no fim, isso é tudo que importa...

19h

O Whitesnake é nossa banda de abertura agora. Eles são chatos demais, e eu odeio o som vendido atual deles. O David Coverdale foi do Deep Purple, então é de se pensar que ele seria *cool* pra caralho. Mas não, ontem ele falou pro público que teve diarreia... Dá pra acreditar numa merda dessas? (zoeira!) E o mais fodido é que ele está MESMO com diarreia. Eu ia entrar num banheiro depois dele e ele me disse pra não usar o vaso, porque ele tinha acabado de cagar líquido. E depois sobe no palco e reclama disso pro público!

Sempre que conheço *rock stars*, parece que perco a fé... Será que ainda sobrou algum? Terra chamando Johnny Thunders, por favor, acorde e reúna os Dolls... por favor.

Essa mina, Tawny Kitaen, que dava pro Tommy, está aqui com o David Coverdale. Espero que o Tommy trepe com ela enquanto o Menino Diarreia está no palco.

FRED SAUNDERS: Como foi o Whitesnake na turnê de *Girls, Girls, Girls*? Foi um prazer trabalhar com eles, foram completamente profissionais. O sr. David Coverdale é o Richard Burton do rock.

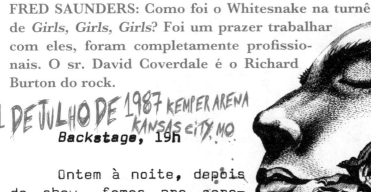

11 DE JULHO DE 1987 KEMPER ARENA KANSAS CITY, MO
Backstage, 19h

Ontem à noite, depois do show, fomos pro aeroporto à 1h30min da manhã. Em alguns dias, quando me sento no avião e observo o

céu, me pergunto quando essa turnê vai acabar.
Esqueci — a Vanity vai chegar amanhã — ou é hoje à noite? Acho que ela está tentando ficar sem usar drogas, então talvez não seja um desastre — acho que ela tem boas intenções.

FRED SAUNDERS: Sempre que Vanity vinha acompanhar a turnê, eu nunca via Nikki e ela a não ser no show. Acho que ela gostava da coca e da heroína – bem, da coca, certamente – tanto quanto Nikki; eles se trancavam no quarto do hotel e usavam quantidades enormes de drogas.

12 DE JULHO DE 1987
VETERANS MEMORIAL AUDITORIUM
DES MOINES, I

No avião, 1h

Agora estamos voando pra Mineápolis, onde teremos um dia de folga. A banda estava uma merda hoje, todo mundo bêbado. Mick tomou um porre de *Mars-ade*... o que é *Mars-ade*, você se pergunta? Bem, é muita vodka e um toque de Gatorade (só pra dar cor), então é basicamente só vodka.

Dica: nunca vá pro lado do Mick do palco pra beber água. Dei um gole ontem à noite e quase vomitei... era vodka pura. Acho que ele está tentando afogar as mágoas daquela vaca com quem ele estava. Acho que uma arma curaria essa mágoa de maneira muito melhor e mais rápida. Assassinato não deveria ser legalizado no caso de interesseiras?

MICK MARS: Eu estava bêbado na maioria dos shows da turnê de *Girls, Girls, Girls*. Bebia vodka pura no palco, e às vezes Nikki vinha até o meu lado do palco, pensava que era água e bebia. Então, além do vício em drogas, ele ficava muito bêbado. Todos estávamos fodidos – não sei como conseguíamos terminar uma música, muito menos o set inteiro. Eu caía bastante do palco. Não éramos lá a melhor banda, mas, de algum modo, as pessoas continuavam indo aos shows e continuavam a berrar.

13 DE JULHO DE 1987 DIA DE FOLGA
Hotel, Mineápolis, 18h10min

Temos dois shows no Met Center, onde é sempre irado, 17 mil pessoas em cada noite, ingressos esgotados... massa... lar dos Minnesota Vikings.

Estou tão entediado por não usar heroína. Pelo menos ainda consigo ficar bêbado toda noite, e *zombie dust* é demais. É meu novo melhor amigo.

14 DE JULHO DE 1987 MET CENTER Mineápolis, MN
Hotel, Mineápolis, 3h

Tim está bravo comigo porque eu o fiz beber Jack na frente do público hoje, me empolguei demais e derramei nos olhos e nele todo. Ele não está curtindo que eu o faça se vestir de padre. Fora isso, o show foi irado. Estou cansado de dizer que... é mais empolgante quando tocamos mal. Deus abençoe os Sex Pistols.

Vanity chegou, mas ficou no hotel... legal. No fundo, ela é uma garota legal, mas me deixa louco. Depois do sexo, eu gostaria que ela se transformasse numa garrafa de Jack.

TIM LUZZI: *Girls, Girls, Girls* foi a turnê do inferno, então acho que eles precisavam de um padre. Todas as noites eu subia no palco de batina e Nikki me pegava pelo cabelo, puxava minha cabeça para trás e fingia me forçar a beber Jack Daniel's. Ele punha o polegar na boca da garrafa, para eu não precisar beber de verdade, exceto por algumas noites em que tirou o dedo e aí um monte de Jack descia minha goela abaixo. Talvez fosse vingança por eu não usar heroína com ele.

PASTORA DENISE MATTHEWS: Sabe-se que a Terra vomita por causa do pecado e da idolatria que cultivamos. Foi exatamente isso o que aconteceu com meu corpo. Eu tinha uma visão demente e irresponsável do meu futuro, que não era muito iluminado, mas não é isso que são as luzes da ribalta – o lodo verde debaixo de um assento de privada de um banheiro imundo?

NIKKI: Eu achava que Luzes da Ribalta era uma balada em Nova York.

PASTORA DENISE MATTHEWS: Por fim, é idolatria, e é o que o Diabo nos levou a acreditar ser o caminho para o estrelato, a fortuna, as riquezas e uma vida glamorosa, como se isso fosse realizar todos os nossos desejos. Mas aí você acorda e se encontra perdido e sozinho. Vamos de pessoa em pessoa em busca de amor e não encontramos, porque ainda não curamos nosso interior. Sentimo-nos imundos por dentro e damos o nosso máximo para ser belos por fora. A maioria das pessoas anda por aí num transe, querendo estar morta.

15 DE JULHO DE 1987 — MET CENTER, MINEAPOLIS, MN
Backstage, 20h20min

- Depois do show hoje vamos voar direto pra Chicago. Não vejo um fim pra essa turnê...

16 DE JULHO DE 1987 — ROSEMONT HORIZON, CHICAGO, IL
Hotel, Chicago, 6h

Cheirei uma montanha de cocaína com Tommy e Fred depois do show no Met e no avião até aqui. Fomos pra uma balada *underground* de Chicago às 3h da manhã... as putas e parasitas de sempre. Eu adorei, mas agora as garotas foram embora, meus ouvidos estão apitando e estou doidaço de pó, vendo o sol nascer. Então não vou calar à boca... só me deixa pegar uns dois Halcions e um drink... depois preciso dormir.

Às vezes sinto que somos um ímã de sujeira. Todos os processos e acusações são só uma maneira dos canalhas tentarem nos estuprar pelo nosso dinheiro. As pessoas acham que somos ricos pra caralho. Se elas realmente entendessem o quanto gastamos numa turnê como essa (ou qualquer outra), ficariam embasbacadas.

De 100% do dinheiro que ganhamos, turnês como essa rendem cerca de 20% a 30% depois de todos os custos (essa merda não é barata). Nós então dividimos em quatro, e aí tem aquele cuzão do Tio Sam. Então, de US$ 10 milhões, levamos, digamos, uns US$ 3 milhões. Dividido por quatro dá uns US$ 750 mil, depois temos os impostos... o que dá uns US$ 400 mil pra cada um de nós.

Ora, não estou reclamando, mas, depois de 12 meses na estrada, isso dá uns US$ 30 mil por mês. Daí, deduzem-se gastos com o carro, casa, roupas e a vida — dá pra ter uma ideia. Não somos ricos pra caralho. Não temos o bastante pra dar pra aqueles cuzõezinhos do caralho que inventam

mentiras só pra nos extorquir.
   Por que o desabafo? Porque estamos sendo processados por um filho da puta aí que disse que perdeu a audição num show nosso um tempo atrás. Aposto que ele ouviria muito bem se eu perguntasse se ele quer um cheque de US$ 25 mil pra sumir.
   Boa noite. Ou bom dia...
   P.S. Deixei Vanity em Mineápolis — talvez ela possa se engraçar com o Menino da Dúzia de Rosas. Meu Deus, como sou babaca.

16h30min

   Acabei de acordar. Mais um dia, mais um show, mais um hotel... Nada na TV, nada na minha cabeça, nada sobre o que escrever...
   Hora de ir pra passagem de som. Se não fosse por essas páginas que chamo de minhas amigas, eu certamente não teria escapatória dos demônios da minha cabeça.

17 DE JULHO DE 1987 DIA DE FOLGA
Hotel, Chicago, 5h55min

Acabei de voltar do show e, depois, de um bar de travestis, onde tomamos shots de vodka, comemos caviar e rolamos de rir de todas as figuras que se apresentaram. Levamos umas gêmeas que se pegavam para nos entreter. Os fãs ficaram horas na frente do clube e num dado momento a polícia chegou. Nisso, nós estávamos com umas bandejas de prata com carreiras de cocaína, tampadas. Senti que íamos ser pegos, mas os tiras só disseram que adoravam a banda e que, se algum outro tira viesse encher o nosso saco enquanto estivéssemos em Chicago, bastava ligar pra eles, e nos deram seus telefones.

Quase perguntei se eles queriam uma carreira, mas achei melhor não abusar da sorte.

Mesmo com tudo que vem dando certo, sinto que o tédio da estrada começou a se abater sobre nós e que versões maiores e piores do hedonismo do Mötley nos aguardam nas sombras. Estão à espreita e sussurrando meu nome. Eis a parte irada – estou orgulhoso de dizer que só estou usando comprimidos e pó e bebendo (muito) – nada de heroína. Boa noite, meus soníferos estão me chamando.

267

21h20min

Droga. Já é noite e eu acabei de acordar. Desliguei o despertador porque aquela porra brilha muito. Agora, o grande dilema... que diabos pedir pro serviço de quarto?

18 DE JULHO DE 1987. MARKET SQUARE ARENA INDIANAPOLIS, IN

Hotel, Chicago, 4h

Fui pra uma casa de strip aí com a banda. Chamei os caras do Whitesnake pra irem com a gente (eles estavam no bar do hotel), mas um deles... acho que é Vivian o nome dele... disse que ia ficar no quarto pra praticar. Que porra é essa? Tem coisa demais no mundo pra ser destruída pra você ficar sentado no quarto tocando as mesmas merdas que tocava quando tinha 15 anos. Esses caras me dão uma preguiça do caralho. Não vejo a hora de o Guns N' Roses entrar na turnê com a gente. Preciso ir, tem uma ruiva capotada na minha cama e eu preciso chutar ela daqui.

Entediado em Chicago,

Sixx.

DOUG THALER: Na época da turnê de *Girls, Girls, Girls*, o Whitesnake, na verdade, era maior do que o Mötley Crüe. O álbum do Mötley estava em segundo lugar, e o do Whitesnake, em primeiro. A princípio, eles só iam abrir algumas datas iniciais da turnê, mas depois que aumentei o cachê deles de US$ 4.000 por show para US$ 10.000, acabaram ficando conosco até o final de outubro – o que eu achei ótimo.

No avião, 14h30min

Sentado no avião, de ressaca. Acho que bebi mais do que pensava ontem à noite. Vince e Fred disseram que fiquei chumbado. Acho que o *zombie dust* me dá a ilusão de que estou segurando a onda. Fazer o quê, é melhor que heroína... Quatro aspirinas, por favor.

Temos um show em Indy hoje à noite, aí, depois do show, partimos pra minha cidade do rock favorita no mundo... Detroit. Dois shows com ingressos esgotados... irado.

No avião, 1h

Hoje vamos gravar um clipe ao vivo de Wild Side. O que as pessoas pensariam se soubessem que estão cantando uma versão estuprada e desmantelada do Pai-Nosso... e soubessem como vim a escrevê-la? Como será que Becky está agora?

WAYNE ISHAM: Quando fomos filmar o clipe de "Wild Side", Nikki disse o que sempre me dizia: "Não quero aquela merda de sempre do Bon Jovi". Então decidimos fazer um clipe ao vivo totalmente exagerado e insano. Coloquei câmeras em todo lugar. Tommy tinha a bateria giratória, então pusemos uma câmera nela. Quis pôr uma no baixo de Nikki, mas ele não deixou, então colocamos na guitarra de Mick. E aí havia uma enorme bola de acrílico com uma câmera dentro, que jogamos para o público para conseguir umas tomadas doidas lá do meio. É claro que, como eram fãs do Mötley, acabaram quebrando a bola e a câmera. O problema era que o Mötley tinha um negócio chamado Bolhas Duplas... Eles te davam uma garrafa de Jack Daniel's antes do show e gritavam "Bolhas Duplas", o que significava que você tinha de beber direto da garrafa até as bolhas subirem – duas vezes! Assim, lá estava eu tentando operar a câmera principal, no palco, totalmente mamado, e Nikki veio por trás de mim e me mordeu muito forte no braço. De súbito, fiquei com uma dor lancinante, com Nikki morrendo de rir na minha frente, achando aquilo a coisa mais engraçada do mundo.

19 DE JULHO DE 1987
Hotel, Detroit, 17h25min

JOE LOUIS ARENA
DETROIT, MI

Flutuando na depressão. Parece que não consigo encontrar uma base firme na vida. Não sei por que, mas há dias em que eu queria voltar a ser um moleque nas ruas de Seattle, andando com outros músicos determinados a reinventar a música que nos afastou da insanidade... Rob Hemphil, Rick Van Zandt e os outros. A escola era uma coisa que fazíamos para poder fazer aquilo que realmente queríamos e precisávamos fazer, que era sonhar.

Agora, meu sonho está aqui e eu não tenho as ferramentas para desfazer os danos que sofri quando criança.

Por que estou tão puto?

Por que essa garotada se identifica comigo?

Tenho a resposta da segunda pergunta, mas não a da primeira. É fácil, porque sou fodido como eles. E também não por nossos próprios atos... outros nos quebraram... não que seja fácil quebrar um jovem. Agora, nós (os jovens) vamos quebrar vocês.

Foda-se tudo... alguém me chame um médico.

20 DE JULHO DE 1987
JOE LOUIS ARENA DETROIT, MI
Backstage, 23h45min

Eu adoro quando a banda está incendiária. Grande show, o segundo com ingressos esgotados aqui. Deslizamos pelo set como uma cascavel-chifruda, com as presas expostas, e ainda assim, por vezes encantadora. Sorri o tempo todo, devia estar parecendo o gato de *Alice no País das Maravilhas*. Entornando uísque, cambaleando de contentamento... Momentos como esse devem ser desfrutados...

21 DE JULHO DE 1987
Hotel, Detroit, 18h — DIA DE FOLGA

Ultimamente, passei de muito animado e feliz a completamente deprimido e não sei por quê. Não estou consumindo mais ou menos drogas e bebidas do que de costume. Comprimidos, aos montes, mas nada além de discretamente fora de controle. Sinto como se algo fosse se arruinar em breve... parece uma desgraça iminente.

Estarei em casa a esta hora na semana que vem. Não sei se isso é bom ou ruim... talvez seja ambos.

DOUG THALER: De algumas maneiras, Nikki não parecia tão diferente durante a turnê de *Girls, Girls, Girls*. A verdade é que quase sempre era impossível distinguir se ele estava alterado por Jack Daniel's ou por cocaína, ou sei lá o quê. Tudo o que sabíamos era que ele andava meio volátil e nós precisávamos vigiá-lo com olhos de águia.

22 DE JULHO DE 1987 DIA DE FOLGA
Hotel, Detroit, 20h40min

Fiquei deitado na cama o dia inteiro assistindo TV. Nada muito empolgante, exceto que Doug ligou pra dizer que Too Fast for Love ganhou disco de platina... Nada mal pra um disquinho de punk rock.

23 DE JULHO DE 1987
CINCINNATI GARDENS
CINCINNATI, OH

No avião para Cincinnati, 14h

Vince nunca consegue dormir sozinho, arruma uma garota diferente toda noite. Não consigo entender isso, porque sinto a necessidade de ficar sozinho. Sempre estou sozinho numa sala cheia de gente. Nunca consigo entender como Vince fica de mãos dadas com uma garota que acabou de conhecer. Fico absolutamente de cara. Não são só transas — tem uma chegando e uma indo embora todos os dias, de avião. Já as vi passar no corredor. Ele não só nunca é pego, como também não tem remorso algum. Às vezes, uma delas é a mulher dele, mesmo.

Vince é viciado em sexo, mas acho que eu chamá-lo de viciado é o sujo falando do mal lavado.

FRED SAUNDERS: Vince Neil deu muito trabalho na turnê de *Girls, Girls, Girls*. Acredito que se achava o Elvis Presley. Quando ficava muito bêbado, eu tirava todas as joias dele antes de ele sair, porque sempre era roubado. Outra coisa que ele fazia era sempre vir se gabar do número exato de garotas com quem dormiu. Ah, sim, esse dava um trabalhão, pode ter certeza.

24 DE JULHO DE 1987 THE COLISEUM RICHMOND, OH
Hotel, Cleveland, 14h

Acordei em Cleveland. Os hotéis estão começando a parecer todos iguais. Outro show hoje à noite, preciso muito de um dia de folga. Graças a Deus, estarei em casa em três dias. Minhas mãos estão tão machucadas e cortadas — meu corpo está fodido. Parece que faço coisas com o meu corpo no palco que só sinto quando a adrenalina baixa — ou o álcool baixa...

25 DE JULHO DE 1987 DIA DE FOLGA
No avião para Hebron, 16h

Às vezes, meu combustível simplesmente se esgota. Dou de cara num muro e não consigo me mexer. Não são as ressacas ou a meia-vida dos comprimidos... é outra coisa. Não sei o que é, mas a única maneira de atravessar isso é abaixar a cabeça e seguir pro fim. É como se eu tivesse um desequilíbrio químico.

Recentemente, li um artigo no jornal sobre pouco açúcar no sangue e álcool. Será que estou com pouco açúcar no sangue?

Não vejo a hora de tirar o dia de amanhã da porra do caminho e chegar em casa.

Enfim, estou entediado pra caralho e não calo a boca, então, ao invés de entediá-lo com meus rabiscos mundanos, vou deixar a caneta de lado e pegar a guitarra. Deve haver uma música aqui, em algum lugar, só esperando pra sair — só preciso reunir a energia para trazê-la pra fora.

MICK MARS: A essa altura da turnê, eu já não conseguia perceber se Nikki estava alterado, porque normalmente eu estava alterado também. Os shows eram todos bem consistentes: lá vem a garrafa de Jack Daniel's, quem consegue beber mais, quantas bolhas você consegue fazer. Eu virava fileiras de shots de vodka, um atrás do outro, depois ia pro quarto e pedia champanhe e vinho — era bem fodido. Porém, não acho que cheguei a perceber o quão mal Nikki estava ficando.

26 DE JULHO DE 1987 BUCKEYE LAKE MUSIC CENTER HEBRON, OH
No avião do Mötley a caminho de L.A., 2h

Havia 40 mil fãs hoje... que ótimo show. A banda estava na mais alta octanagem. Estávamos a toda — 40 mil garotos e garotas, todos com os punhos no ar, berrando a plenos pulmões. Há dias em que você acerta na mosca, com precisão cirúrgica. A banda estava afiada demais e pude sentir a eletricidade do público. Terminamos de um jeito ótimo. Agora temos quatro dias de folga. Devemos chegar umas 8h30min — não vejo a hora de dormir na minha cama. Minhas roupas estão fedendo demais. Quando for fazer a mala de novo, preciso colocar roupas novas.

FRED SAUNDERS: No Buckeye Lake, foi um grande show ao ar livre com o Whitesnake e o Anthrax. Houve um pequeno desastre naquele dia: quando o Mötley tocou "Smokin' in the Boys Room", Vince deveria fazer um solo de gaita. Ele nem sabe tocar gaita, mas eu sei, então nós cortávamos o microfone dele e ele fingia tocar, quando na verdade era eu, escondido ao lado do palco, tocando num outro microfone. Dali, eu observava as poses dele e os movimentos das bochechas. Porém, nesse show no Buckeye Lake, eu estava praticando e o microfone oculto, por algum motivo, estava ligado, então o solo de gaita de "Smokin' in the Boys Room" entrou do nada, a todo volume, no meio de uma música completamente diferente. Vince ficou bem puto, como de costume.

27 DE JULHO DE 1987
Van Nuys, 21h EM CASA

Em casa. Graças ao caralho. Lavei minhas roupas, lavei meu carro, chequei a secretária eletrônica. Tinha 67 mensagens... apaguei todas. Fui olhar a correspondência e havia um cheque de US$ 650 mil lá no meio. Eu vivia dizendo pro escritório buscar minha correspondência e reencaminhar pra mim enquanto eu estivesse em turnê. Como pode, mais de meio milhão de dólares dando sopa assim, na minha caixa de correio, na rua? Que merda, que doideira...

28 DE JULHO DE 1987
EM CASA
Van Nuys, 22h10min

Dormi o dia todo.
Acabei de escrever uma música nova chamada A Is for Asshole.

A is for Asshole
B is for Being Me[13]

---

13 "Asshole", babaca; "being me", ser eu.

29 DE JULHO DE 1987 EM CASA
Van Nuys, meia-noite

Gostaria de sentir a falta de alguém tanto quanto sinto falta de heroína. Ela me assombra como um amor a quem nunca consegui dar adeus.

Não vejo a hora de dar o fora daqui. Sinto que estou por um fio, me sinto mais seguro da heroína na estrada. Tenho espantado os lobos que vêm bater à minha porta. Todos eles sabem que estou em casa...

Deus, por favor, mantenha-os afastados...

30 DE JULHO DE 1987
Van Nuys, 18h40min EM CASA

Hoje estou deitado nesta cama e muito solitário — mesmo no topo do mundo? Me sinto aprisionado em meu próprio destino. Em dias como este, entendo os suicidas. Será que vou chegar até o fim da minha vida? Será que tenho a capacidade de amar alguém o bastante para que ela se sinta segura?

Em dias como este, detesto sair de casa. Consigo forçar um sorriso falso e ser cordial, mas, no fundo, me sinto como se ninguém gostasse de mim... e, pior... como se ninguém me entendesse.

Sinto-me como se estivesse completamente sozinho nesse planeta.

NIKKI: Em retrospecto, consigo ver agora que a depressão não estava só batendo à minha porta, já a tinha arrombado e ocupado a minha cabeça. Às vezes as coisas estão tão próximas que você simplesmente não consegue vê-las. Adoro a palavra "cumulativo"... Problemas emocionais são, com muita frequência, o resultado de muitas coisas acontecendo. Não eram só as drogas, o álcool, os comprimidos, a fama ou a minha infância. Era cumulativo, e a lista crescia e crescia... e crescia...

LETRA ORIGINAL

NOBODY KNOWS WHAT IT'S LIKE TO BE LONELY

I've got the power
I've got the power
I've got the power
But it still hurts
when you're all alone. [xxxix]

30. DE JULHO DE 1987
CIVIC ARENA PITTSBURGH, PA

Num voo do LAX para Cleveland, 11h45min

Meu tempo em casa foi muito curto, agora é mais um mês na estrada. Não consigo contar os quilômetros, nem me lembrar dos hotéis. Não me lembro das cidades e não consigo ter o fim em vista. Se não fosse pela música e pelos fãs, isso seria o mais próximo possível de uma tortura chinesa com gotas d'água na cabeça. Repetição... de novo e de novo e de novo... pinga pinga pinga...

É, estou reclamando. Acho que só estou cansado. Esse voo saiu de L.A. às 9h. Pousaremos em Cleveland às 16h, depois pegamos outro voo para Pittsburgh, onde pousamos às 18h, e então temos o show... esse vai ser bom. Dezesseis mil pessoas, ingressos esgotados. Então é melhor eu dormir um pouco. Meio que esqueci de ir dormir ontem à noite — recebi umas visitas de madrugada. Jason não mudou...

É bom dar o fora de L.A.

1.987

SHOW MUITO BOM, LEVANDO EM CONSIDERAÇÃO OS ESQUILOS E OS TRAILERS DE SORVETE

1º DE AGOSTO DE 1987

THE COLISEUM RICHFIELD, OH

Hotel, Cleveland, 2h15min

Não vejo a hora de dormir. Estou pra lá de exausto. Meus ouvidos estão apitando. Acho que estou ficando doente... ou talvez a visita que recebi em casa ainda esteja no meu organismo.

2 DE AGOSTO DE 1987

MEMORIAL AUDITORIUM BUFFALO, NY

Meio-dia

Uau, acabei de acordar... eu realmente precisava desse sono. Graças a Deus o telefone tocou, temos de sair pro aeroporto em uma hora. Era para uma entrevista de rádio sobre o nosso show em Buffalo hoje à noite.

Lá vamos nós pra Nova York. NYC é quase tão ruim quanto L.A. pra mim. Não sei dizer o que é pior... a gravadora, os traficantes ou as garotas. Talvez os três sejam a mesma pessoa.

3 DE AGOSTO DE 1987 DIA DE FOLGA

Hotel, Filadélfia, 16h

Por que é que sinto que Mick está com uma interesseira nas mãos? Mick Mars é o cara mais legal do mundo, mas ele atrai sujeira... é como um ímã de sujeira.

MINAS = PROBLEMAS.

4 DE AGOSTO DE 1987
SPECTRUM FILADÉLFIA, PA
Hotel, Filadélfia, 17h

Desci até o bar do hotel ontem à noite, noite bem tranquila, por sinal. Só tomei uns drinks e conheci alguns fãs. Um tipo legal de noite. Estou me sentindo bem hoje, mas recebi um telefonema do Sacha — disse que quer me ver. É claro que quer... ele é um traficante de heroína.

Vou te dizer, a costa leste me faz mal... Lá vêm os lobos.

Vou mudar o nome que dou nos hotéis, pra que ninguém me encontre. Que tal algum desses?

Anita Bath?

Al Coholic?

Seymour Pussy?

Ou o melhor de todos...

Si Cotic

P.S. Agora é hora de ir pro primeiro dos dois shows com ingressos esgotados no Spectrum. Uhu! Até mais.

5 DE AGOSTO DE 1987
Hotel, Filadélfia, 16h

SPECTRUM FILADELFIA, PA

O público foi muito barulhento ontem à noite, insano. A Filadélfia ama muito o rock'n'roll.

Conheci uma garota mulata de uma beleza inacreditável, e muito, muito legal. Ela voltou comigo pro quarto e ficamos curtindo. Uma coisa levou à outra e, depois, enquanto estávamos deitados (eu pensava: "essa é caso sério"), ela disse que tinha um filho e que precisava de dinheiro pro aluguel

e perguntou se eu podia ajudá-la com o pagamento do carro... e da escola do filho. Despejou tudo de uma vez.

Não parava mais... blá blá blá. Basicamente, eu a pagaria por seus serviços? Então a mandei embora. Caramba — talvez eu seja o ímã de sujeira.

P.S. Outro show da Filadélfia esta noite...

PENSAMENTO ALEATÓRIO

SE VOCÊ FAZ COMPRAS NO LIXÃO, VAI LEVAR LIXO PRA CASA

ROSS HALFIN: Nikki atirava pra todo lado em relação a garotas durante a turnê de *Girls, Girls, Girls*, mas elas nunca foram de fato seu foco. Ele curtia drogas muito mais. Ficávamos bêbados, usávamos um monte de *krell* e ele queria uma garota, mas, em essência, era totalmente orientado pela droga. Quase sempre acabava sozinho no quarto. Todo mundo sabia que isso significava que ele tinha drogas e não queria compartilhar com ninguém. Ou que estava com uma garota e queria transar com ela sob o efeito de drogas.

6 DE AGOSTO DE 1987 DIA DE FOLGA
Hotel, Filadélfia, 15h

Tommy e eu roubamos a limo ontem à noite, foi divertido pra caralho. Quando voltamos pro hotel e o motorista abriu a porta pra nós, travamos as portas, pulamos por cima dos assentos e saímos dirigindo. Ele veio correndo atrás de nós no estacionamento e, acidentalmente, arrombamos o portão do hotel. O cara ficou puto pra caralho, e aí o gerente do hotel saiu berrando, falando pra gente dar o fora dali. Fred Saunders teve de convencê-lo a não chamar a porra da polícia. Dissemos que sentíamos muito (é claro que não) e não fomos expulsos do hotel. Talvez porque já tenhamos gasto US$ 30 mil aqui até agora.

FRED SAUNDERS: Quer saber de uma coisa? Sempre aconteciam umas merdas assim com Nikki e Tommy, especialmente com Nikki. Ele me deixava no limite, por ter tantas facetas e ser tão instável e imprevisível. Houve inúmeras reuniões convocadas pelos empresários durante a turnê de *Girls, Girls, Girls* só para decidir o que fazer com ele. No final da turnê, eu já estava contratando seguranças em cada hotel e botando dois para ficar na porta dele o tempo inteiro.

ROSS HALFIN: Eu sempre dizia que Tommy deveria ter se casado com Nikki, porque, se eles fossem gays, seriam o casal gay ideal – feitos um para o outro.

Tommy fazia qualquer coisa que Nikki quisesse. Na verdade, todos eles faziam.

Nikki era egoísta, autocentrado e maníaco por controle, paranoico em relação ao que os outros poderiam fazer, mas, sem ele, o Mötley Crüe nunca teria feito sucesso. Era a visão dele, e você tinha de fazer o que Nikki quisesse.

NIKKI: Falou-se muito em controle e eu admito: eu era um maníaco por controle. Porém, alguém precisa estar no controle quando todo o resto está fora de controle. Sinto que, se tivesse tirado as mãos do volante, nós certamente teríamos batido. Mesmo se eu estivesse bêbado, pelo menos estava nos levando a algum lugar... Eu era passional, mesmo quando estava escorregando e perdendo o controle...

7 DE AGOSTO DE 1987
CUMBERLAND COUNTY CIVIC CENTER
Aeroporto da Filadélfia, 14h30min PORTLAND, ME

Estamos sentados no avião do Mötley, nos preparando para decolar para Portland. Todo mundo ainda está morrendo de rir da história da limo.

Acabei de lembrar que Portland foi onde começamos a turnê em que abrimos pro Ozzy em 84. Que ótimas lembranças. Saudades do Ozzy... espero que ele esteja bem...

Tommy acabou de se sentar ao meu lado e disse: "Cara, mijei na cama ontem à noite de novo". Ele sempre faz essa porra. Eu disse: "Por que você não vai mijar antes de deitar?". E ele: "Eu vou, cara, mas é que eu bebi pra caralho!".

Faz sentido.

TOP 5 ATIVIDADES DE TURNÊ

1. LIMOS BATIDAS? 1
2. COCAÍNA? ESTÁ NEVANDO
3. UÍSQUE? AOS LITROS
4. PUTAS? MAIS DO QUE CONSEGUIMOS APROVEITAR
5. REPERCUSSÕES? NENHUMA

DEUS ABENÇOE O ROCK'N'ROLL

8 DE AGOSTO DE 1987
CIVIC CENTER PROVIDENCE, RI

Hotel Four Seasons, Boston, 13h

Ontem à noite, depois do show, voamos pra Boston (lar do Aerosmith e do The Cars). Vamos fazer a nossa base aqui por alguns dias. Adoro poder me estabelecer e não precisar fazer as malas todos os dias.

Meio que sinto saudades dos ônibus às vezes. O embalo do motor é bom pra dormir e a festa pós--show sempre termina com o chão molhado em algum lugar dos fundos. É difícil transar em cima de um *case*, mas a cavalo dado não se olham os dentes.

Vamos pra Providence pra um show e depois voltamos pra dormir aqui... isso se dormirmos.

TOM ZUTAUT: Fui a um show da turnê de *Girls, Girls, Girls* com uma garota em nosso segundo ou terceiro encontro, e eu a levei para o *backstage* e a apresentei a

Nikki. Ele me perguntou se era um lance sério e, quando respondi que ainda a estava conhecendo, Nikki começou a dizer a ela como ela era gostosa.

Quando ele a debruçou sobre um banco de vestiário, ela reclamou que estava menstruada. Nikki disse que não se assustava com um pouco de sangue e começou a ter uma relação com ela ali mesmo, na frente de qualquer um que calhasse de passar por ali. Embora eu esperasse esse tipo de comportamento do Vince, foi chocante ver Nikki se comportar dessa forma.

Pelo menos ele me pediu desculpas depois, e disse que não sabia o que o levou a fazer aquilo. Talvez ele não soubesse, mas eu certamente sabia – drogas, álcool e muita fama e fortuna. Só um babaca narcisista e trincado pegaria o *date* de seu agente de A&R e transaria com ela com direito a público.

9 DE AGOSTO DE 1987 DIA DE FOLGA

Hotel Four Seasons, Boston, 15h

Estou voltando pra cama. Pegamos um andar inteiro do hotel e ontem à noite foi completamente insano... Foi tipo uma orgia no Four Seasons. Os quartos todos com as portas abertas e gente correndo pelada de um lado pro outro pelos corredores, de quarto em quarto. Às 5h eu enfim fiquei satisfeito. Acho que Tommy e Vince viram o sol nascer.

Sacha não para de ligar pro escritório da produção, deixando mensagens pra mim. Acho que ele conseguiu um itinerário com o Doc. Se Doc realmente soubesse como Sacha ganha dinheiro (além de dirigir uma limo), mandaria darem um tiro nele. Considerando que Doc já foi traficante, seria de imaginar que ele tivesse um faro melhor pra outros traficantes.

Faz algumas semanas que não falo com Vanity, e está uma maravilha do caralho. Será que ela ainda acha que a gente vai se casar?!

DOC McGHEE: Sacha era um russo que trabalhou um bom tempo para mim como motorista de limusine em Nova York. Eu sabia que ele fornecia pó para os caras do Crüe às vezes, mas isso não era nada de mais – havia dias em que eles pediam pó a porteiros e mensageiros! Mas tenho de dizer que não fazia ideia de que Sacha fornecia heroína ao Nikki Sixx.

NIKKI: Fornecer cocaína para a banda não é nada de mais. Acho que entra na aba "mantenha-os fodidos e mantenha-os na estrada".

10 DE AGOSTO DE 1987 CENTRUM WORCESTER, MA

Hotel Four Seasons, Boston, 12h30min

Acabei de pedir comida pro serviço de quarto. Precisamos pegar o avião pra Worcester, onde temos dois shows com ingressos esgotados. Vamos voltar pro hotel depois...

OK, hora de encher o saco...

Amo tocar as nossas músicas, mas não aguento a monotonia de fazer o mesmo set todas as noites. Quando tocamos mais de uma noite numa mesma cidade (tipo hoje), ou quando as cidades são bem próximas, sei que muitos fãs acabam vendo o mesmo show. Só gostaria que a gente não tivesse setlist. A banda podia aprender umas 30 ou 40 músicas, e a gente escolheria à medida que o show prosseguisse. Poderíamos definir uma música de abertura e uma de encerramento, mas, fora isso, preencher o meio no improviso. Porém, as bandas se sentem mais confortáveis com um setlist. O show é ótimo, mas é sempre mais uma noite de frustração pra mim por tocar o mesmo set na mesma ordem.

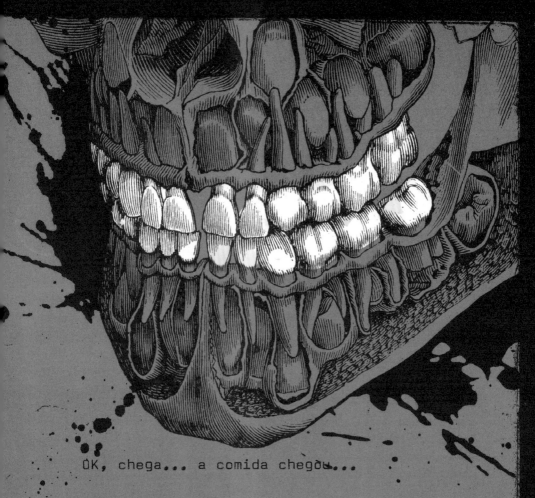

OK, chega... a comida chegou...

11 DE AGOSTO DE 1987
DIA DE FOLGA

Hotel Four Seasons, Boston, por volta do meio-dia

Outro grande show ontem à noite. Saímos pro próximo daqui a mais ou menos uma hora. Nada de novo a reportar, exceto que, depois de Worcester, vamos pra Nova York e eu estou nervoso.

Se eu acreditasse num Deus, pediria força a ele neste momento...

12 DE AGOSTO DE 1987 DIA DE FOLGA
Hotel Parker Meridian, Nova York, 16h

Tenho pensado na época em que eu estava na reabilitação e como foi difícil pra mim encarar a minha dependência. Não suportava o sistema forçado deles, baseado em Deus, mas o que me dava força era conversar com outros *junkies*. Sempre vem gente conversar comigo sobre drogas, sobre como não conseguem largar e perderam a esperança. Tento ajudar ao meu modo...

Se eu conseguisse me limpar, sei que seria capaz de ajudar os outros. Mas é impossível ajudar alguém sem ajudar a si mesmo...

Vou jantar no Scores daqui a uma hora, com T-Bone e Vince.

Meia-noite

Acabei de voltar do jantar. Adivinha quem era o motorista da nossa limo? Isso mesmo... Sacha... caralho! Quando o vi, sabia que estava frito... então perguntei se ele tinha alguma coisa, e aí ele me perguntou por que não retornei suas ligações. É como se ele estivesse me castigando por isso. Esses traficantes todos estão viajando no poder que têm, tipo aquele porra do Jason.

No final, quando eu estava mijando no banheiro, ele me passou um pino de heroína persa. Perguntei quanto era e ele disse: "Ah, você pode me pagar depois". Caralho... Agora estou aqui sentado, olhando pra essa merda, sabendo que não deveria, mas já dei uns tecos no banheiro e tem uma garota vindo pra cá.

Heroína é ótimo pro sexo. Você não consegue gozar.

Pelo menos não estou injetando. Vou ligar pro serviço de quarto me trazer um pouco de papel-alumínio e só perseguir o dragão.[14]

13 DE AGOSTO DE 1987 MEADOWLANDS ARENA
EAST RUTHERFORD, NJ

Hotel Parker Meridian, Nova York, 7h

A garota acabou de ir embora. Ela trouxe um pouco de pó e eu fiquei indo ao banheiro pra perseguir o dragão. Precisava mandá-la embora. Todas essas gostosonas cabeça oca são iguais, me pergunto como elas sequer conseguem amarrar os sapatos, de tão burras que são. Às vezes acho que deveria só comprar uma boneca inflável. Mesmo nível de inteligência, toda plastificada e cheia de ar... O problema é que eu provavelmente me apaixonaria. Preciso ir dormir. Tenho show hoje.

17h

Acabei de acordar. Parece que estou no inferno. Passando mal demais pra me limpar.
A única maneira de sair dessa é com água que passarinho não bebe... ou seria a que dragão não bebe?

19h

Hora de ir pra Meadowlands — seria eu demente? Esqueci que Vanity tinha dito que viria a Nova York e que eu concordei. Estou com dor de barriga de mais de um jeito...

---

14 Em inglês, *chasing the dragon*, expressão originada em Hong Kong que se refere a fumar ou inalar heroína ou demais opioides. (N. do T.)

14 DE AGOSTO DE 1987
RPI FIELDHOUSE TROY, NY

Hotel Parker Meridian, Nova York, 13h

Vanity chegou bem na hora do show ontem à noite. A primeira hora com ela é bacana, depois começo a ter essa sensação intranquila de que ela vai dizer alguma coisa e me fazer passar vergonha. É como ver o mesmo filme repetidas vezes. Preciso parar com isso. Ela não é uma pessoa ruim, sei que ela não consegue evitar essas coisas... Teve uma infância fodida, assim como eu, e esse embate dela com Deus e com a cocaína a leva à loucura. Mas preciso simplesmente acabar com isso. Não somos feitos um para o outro.

Vou esconder esse diário, porque, se ela o encontrar, vai perder o que lhe resta de sanidade. É melhor esconder também o pininho da mistura especial do Sacha e o pacote de droga fresca que ele me deu ontem à noite no show. Ou, melhor ainda, vou levá-los comigo.

P.S. Temos um show em Troy amanhã, acho que vou deixar Vanity aqui. Volto umas 2h ou 3h da manhã.

NIKKI: Eu tinha bons motivos para ficar apreensivo em Nova York. Em 1985, o Mötley Crüe tocou no Madison Square Garden. Depois do show, voltamos para o hotel e, assim que estava todo mundo nos respectivos quartos, pulei num táxi até Alphabet City com uns dois mil dólares no bolso.

Achei uma boca, entrei, comprei heroína e voltei para o hotel. Era *china white* pura. Eddie, do Twisted Sister, estava comigo, e havia uma garota conosco. Eddie estava cheirado e não calava a boca. Eu queria comer a garota, mas não conseguia tirá-lo do quarto, então perguntei se ele queria dar mais um teco. Quando ele disse que sim, ofereci uma grande carreira de heroína e disse que era coca. Ele cheirou e apagou no ato.

Comi a mina, e depois que ela apagou fui para o banheiro e comecei a injetar coca e *china white*. Surtei num piscar de olhos. Quando saí do banheiro e vi uma garota desmaiada na cama e um cara inconsciente no sofá, perdi a cabeça. Pensei que havia gente vindo me pegar, então joguei todas as drogas pela janela.

Algumas horas depois, o efeito passou e eu percebi que só havia chapado pra caralho e chegado naquele lugar psicótico de novo. Então, às 8h ou 9h da manhã, corri para a rua. As pessoas passavam por mim com suas roupas de trabalho, e lá estava eu de calça de couro, descalço, sem camisa, com a cara cheia de maquiagem, o cabelo todo ensebado e nojento, procurando minhas drogas. Incrivelmente, encontrei-as – então é claro que voltei para o quarto e fiz tudo de novo.

Quando Eddie e a garota acordaram, me acharam no banheiro, vomitando até o cérebro. Na época, eu não estava viciado em heroína, então aquilo me fodeu muito. No show do dia seguinte, passei mal pra caralho, então falei pra todo mundo que estava gripado. Não faço ideia se eles acreditaram em mim. Então, sim, Nova York e eu temos um histórico.

15 DE AGOSTO DE 1987 CIVIC CENTER PROVIDENCE, RI

Hotel Parker Meridian, Nova York, 4h

Acabei de voltar do show. Bêbado. Nem sinal da Vanity.

Hmm.

11h30min

Estou deitado na cama e consigo ouvir a Vanity no outro quarto, falando a 2 km por minuto no telefone. Não faço ideia de como ela entrou. Melhor nem perguntar.

Heather está aqui, assim como Sharise, com Vince. Sempre gostei da Sharise e meio que tenho pena dela. O Vince realmente a trata como lixo... não que eu seja um anjo.

E é claro que o Mick está com a porra da Emi.

É estranho quando a Heather vem se encontrar com o Tommy numa turnê. Sempre me sinto um fardo pra ela. Sei que ela nem me entende direito. Ela cresceu em Westlake, foi *cheerleader*, a garota mais popular da escola, o pai era médico. Ela é o tipo de ser humano que seria uma porra de um inimigo pra mim na juventude! Não acho que ela compreenda esse animal sinistro chamado Mötley Crüe, mas ama o Tommy pelo que ele é, e isso é tudo que importa.

Vamos pra Providence hoje à noite... Vou deixar Vanity aqui de novo. Sacha me deu um pouco de *china white* na limo ontem à noite. Só posso injetar por mais uns dois dias, senão vou me viciar de novo.

NIKKI: Com o passar dos anos, acho que Heather Locklear é aquela garota que Tommy deixou passar. Ela teve tudo o que eu não tive na infância, então, no fim das contas, talvez eu só tivesse inveja. Ela provou ter classe e sempre escolhe o caminho mais digno, e, ironicamente, isso é exatamente o que eu acho que Tommy deseja.

TOMMY LEE: Se a namorada de algum de nós viesse se juntar à turnê, nós a deixávamos em paz por alguns dias, e então, assim que ela fosse embora, nos reuníamos e pisávamos fundo na máquina da loucura – "Ae! As garotas vazaram!". Não era uma questão do tipo, agora que elas se foram, vamos atrás de boceta, embora houvesse, sim, um elemento disso. Mas era mais do tipo, agora que elas se foram, vamos fazer festa pra caralho! Podemos ficar acordados a noite toda e ser esquisitos.

16 DE AGOSTO DE 1987 DIA DE FOLGA
Hotel Parker Meridian, Nova York, 16h

O show de ontem foi bem merda. Toquei mal pra porra. Consigo sentir a tensão na banda... talvez seja porque as garotas estão aqui. Todo mundo está agindo feito putas. Fui pro quarto e Vanity não estava lá, então injetei. Injetei demais... tive uma porra de uma overdose.

Quando Vanity entrou, eu estava desmaiado no banheiro com uma agulha caída ao meu lado. Quando acordei, ela gritava a plenos pulmões. Estava doida de fumar cocaína e tenho certeza de que estava totalmente assustada, mas não parava de gritar. Berrava umas coisas sobre o Diabo. ISSO não ajudou porra nenhuma.

Consegui fazer com que Fred a acalmasse e a colocasse em outro cômodo. Ela disse ao Fred que eu estava injetando e eu menti, falei que só estava bêbado. Ele não acreditou em mim, mas deixou por isso mesmo.

Estou meio que tendo um pouco de crise de abstinência hoje. Não posso me viciar na estrada. Vou só tomar uns soníferos e aguentar o resto do dia. Não estou mais viciado em heroína e isso já está bom pra mim.

P.S. Axl me ligou hoje e me disse que o Slash está viciado e quer que eu o ajude... Pensa numa hora ruim...

PASTORA DENISE MATTHEWS: Se eu acredito no Diabo? Bem, o Diabo acredita no Diabo, e é o maior trapaceiro no jogo de esconde-esconde. Convence a maioria das pessoas a acreditar que ele não existe; é assim que ele as conquista. Acho que o maior engodo de todos é o de que há uma festa rolando no Inferno, e que o Diabo é o anfitrião dessa festa, e ele te considera especial porque é o seu Dia da Morte.

Andamos para trás quando deveríamos andar para a frente, e para a frente quando deveríamos subir. Satã é o principado e o poder das ondas do rádio. No fim das contas, ele está roubando nossa vida de oração e nós romantizamos a bruxaria dele, sem falar nos olhinhos inocentes das nossas crianças. Pecado gera pecado, e não devemos desfrutar dele. Sim, eu tenho muito do que me redimir.

NIKKI: Quê?

17 DE AGOSTO DE 1987 CIVIC CENTER HARTFORD, CT
No avião, 14h30min

Sentado no avião do Mötley, esperando a decolagem pra Hartford. Todo mundo está de bom humor... Ambos os shows em Hartford estão com ingressos esgotados.

Nunca vi uma mina comprar tanto quanto Emi... puta merda. Vejo-a no lobby do hotel com sacolas cheias de roupas, que ela então envia pra casa. Mick vai precisar de uma casa maior só pra caber a porra dos sapatos dela.

Estamos decolando agora. Ainda estou me sentindo meio mal, mas vou ficar bem... parei a tempo, quase me viciei de novo... quase.

18 DE AGOSTO DE 1987
CIVIC CENTER HARTFORD, CT
Hotel Parker Meridian; Nova York, 13h

Acordei com a ligação despertadora da recepção. Preciso ir pro avião do Mötley em 30 minutos. Temos outro show em Hartford hoje à noite... depois voltamos pra cá. Estou de saco cheio desse hotel, aqui fede. Não deixo as camareiras entrarem porque tenho medo do que elas possam encontrar. Mal posso esperar pra dar a notícia a Vanity de que terminamos.

19 DE AGOSTO DE 1987 *DIA DE FOLGA*
Hotel Parker Meridian, Nova York, 14h

Falei com meu avô hoje. Estou com saudades dele. Ele tem pescado e caçado bastante ultimamente. Sempre acabamos falando de Nona. Sei que ele está solitário.

Somos muito parecidos.

20 DE AGOSTO DE 1987
MADISON SQUARE GARDEN NOVA YORK, NY
Backstage, 19h

No *backstage* do Garden, no meio de todos os agregados, *groupies*, executivos variados, porcos das gravadoras, *promoters*, pessoal do rádio, namoradas, esposas e agentes. É o show mais concorrido da cidade. Parece um filme. Dou um sorrisinho e aceno com a cabeça quando falam comigo. Na maior parte do tempo, estou desinteressado, mas vejo, sim, alguns amigos e pessoas que respeito.

Na verdade, eu estava à procura do Bob Timmons, na esperança de que ele estivesse aqui.

Quero falar com ele a respeito de tentar me limpar quando a turnê acabar. Estou com uma sensação de que vou morrer se não parar... em algum momento, minha sorte vai acabar.

Hora de me aprontar pra subir no palco.

ALL OF MY HEROES ARE DEAD

Today my radio won't play
You – you died and left me here this way
I guess you lived your life
Like a loaded shotgun
You thought that your choice
Was no choice at all
I wanted to be just like you

All of my heroes are dead now
Left me here
In this wasted ghost town
All of my heroes

Yeah – your exit had such charm
And you – you ran a fortune
Through your arm
You lived your life like
A Molotov cocktail
Always set to explode
Behind the veil
I wanted to be just like you[XL]

21 DE AGOSTO DE 1987
BROOME COUNTY VETERAN'S MEMORIAL ARENA
Hotel Parker Meridian, 14h40min BINGHAMTON, NY

O show de ontem foi um dos melhores que já fizemos. O público de Nova York pode ser difícil de ganhar, mas nós conseguimos... incendiamos o lugar. Ótima noite, e todo mundo celebrou junto. Muito uísque, champanhe e carreiras pra todo mundo, nada além de sorrisos em todos os rostos...

Até me vi sem brigar com a Vanity. Acho que saber que não vou mais precisar lidar com o drama dela me tornou mais tolerante. Não vi o Bob, mas, mesmo assim, não usei nada de heroína. Vamos pra casa do Doug nas montanhas Pocono daqui a uns dois dias... vamos fazer churrasco e curtir.

Vou fazer compras hoje antes do show. Preciso de umas camisetas e botas novas.

22 DE AGOSTO DE 1987
NASSAU COLISEUM LONG ISLAND, NY
Hotel Parker Meridian, 13h15min

Vamos embora desse hotel daqui a umas duas horas. Essa porra desse quarto parece uma tumba. Aqui tive uma overdose, briguei, trepei (com algumas minas diferentes) e preciso dar o fora. Tem bandejas do serviço de quarto por todo lado, sangue nos lençóis e as toalhas estão pretas de tintura de cabelo. Aposto que eles vão me cobrar uma taxa absurda pelos estragos, e, pra ser sincero, não destruí o lugar (de verdade). Digo, a TV e os móveis estão todos intactos, haha.

Acho que o show de hoje vai ser matador. Vamos pro Nassau Coliseum e, depois, partimos pras Pocono, pra um lago lá onde fica a casa do Doug.

23 DE AGOSTO DE 1987 — DIA DE FOLGA
Montanhas Pocono, meia-noite

Fomos todos pra casa do Doug e da Jeanne pra um churrasco. Uma noite bem tranquila e agradável. Os filhos do Doug correndo de um lado pro outro. Nada de drogas, só algumas cervejas. Tocamos no Pocono Downs amanhã. Vanity vai pegar um carro até Nova York pra então pegar um avião de volta a L.A. Quando ela chegar lá, vou contar a ela por telefone que acabou. Estou com a sensação de que ela não vai se importar. É o melhor pra nós dois.

Vou começar a cortar as pessoas tóxicas da minha vida, espero que ela faça o mesmo. Uma delas seria eu. Boa noite.

DOUG THALER: Na época da turnê do *Girls*, eu e minha esposa Jeanne estávamos morando na Pensilvânia, e viajávamos semanalmente para Los Angeles. O Mötley foi à nossa casa no dia anterior ao show deles no hipódromo Pocono Downs – me lembro que era uma bela noite de domingo, até andamos um pouco de barco. Nikki estava OK naquele dia, mas era o que rolava com ele naquela época, um vai e vem: fazia alguma merda muito grande e ficava esgotado, depois, no dia seguinte, de algum modo ele se recompunha e integrava o grupo novamente.

24 DE AGOSTO DE 1987
POCONO DOWNS RACETRACK, WILKES-BARRE, PENSILVÂNIA
Backstage, 18h40min

Tudo cheira a bosta de cavalo. Acho que era de se esperar, né? É um hipódromo. Me lembra de quando cresci em Idaho.

Acabei de contar pro Fred que terminei com Vanity. Ele disse que provavelmente é melhor assim... Estou certo de que os caras vão se sentir aliviados também. Que ela fique bem.

P.S. Esse lugar é imenso. Parece que cabem umas 30 mil pessoas. O engraçado é que tem uma pista de corrida de cavalo ao redor do nosso palco... hahaha...

25 DE AGOSTO DE 1987
Backstage, 19h — WAR MEMORIAL, ROCHESTER, NY

Uns moleques invadiram o quarto do Vince e roubaram a carteira e umas roupas dele. Ele tinha 5 mil dólares na carteira — está puto pra caralho (com razão...).

23h20min

Vince às vezes é um tremendo babaca. Estou aqui sentado no *backstage* esperando ele voltar do hospital. Assim como os fãs, na verdade... esperando... massa. Ele estava fazendo um sanduíche e foi pegar mostarda pra colocar. Só tinha da marca Grey Poupon (minha favorita), que ele odeia, então ele jogou a jarra contra a parede. A jarra estourou, ricocheteou e fez um corte feio na mão dele. Agora ele está no hospital e nós ainda estamos esperando pra começar a porra do show. Muito legal da sua parte, mano... ou posso dizer moleque mimado?

VINCE NEIL: Caralho, o incidente do pote de mostarda foi puro *Spinal Tap*. Era eu sendo um idiota do caralho. Não gosto de mostarda de Dijon, mas o pessoal da alimentação sempre colocava no *backstage* – nunca tinha mostarda amarela, apesar de eu pedir pra mudar isso no *rider* há semanas. Então, quando vi de novo a mostarda de Dijon, fiquei puto e atirei a jarra contra a parede.

O vidro se despedaçou, ricocheteou e quase cortou meu dedo fora: ficou preso pela pele. Cortei os nervos, a artéria, os tendões; o sangue jorrava. Estávamos prestes a subir no palco, mas precisaram correr comigo para o hospital porque eu ia sangrar até morrer, e uma semana depois passei por uma cirurgia de oito horas para religar o dedo. Foi só um ataque de nervos – eu sendo Vince, o Príncipe.

FRED SAUNDERS: Naquele show no interior do estado de Nova York, não acreditei quando vi Vince Neil fazer birra e jogar a porra da mostarda na parede. A jarra ricocheteou e abriu a mão dele. Vince disse: "Bem, acho que a turnê acabou", ao que Nikki disse: "Porra nenhuma – tem duzentas pessoas trabalhando nessa turnê". A turnê continuou, e Vince precisou usar umas luvas que pareciam de boxe por várias semanas. Como eu disse, esse dava trabalho.

26 DE AGOSTO DE 1987 WAR MEMORIAL
Hotel, 2h15min
UTICA, NY

Entediado... vou dormir. Aqui é uma cidade-fantasma. Não tem nada passando na TV nem no rádio, não tem baladas... não tem serviço de quarto. Até o bar está fechado. Surreal, na melhor das hipóteses. Acho que devo ter morrido em Nova York e esse é o inferno do Nikki Sixx. Má hora pra ter parado de cheirar cola...

Mas pelo menos não estou com o braço engessado por causa de uma jarra de mostarda, haha...

14h30min

OK, é oficial... estou com febre da cabana. Acordamos cedo e viemos aqui pra bela Utica (exatamente). Temos um show aqui à noite. Pra mim, vir das Poconos para Utica é tipo ir da panela pra frigideira. Quer dizer, eu sou o primeiro a admitir que o interior é muito bonito. Muito verde e o ar é puro. Todo mundo parece saído de uma pintura do Norman Rockwell ou de um cartão-postal. Cachorros correm abanando o rabo enquanto um esquilo escala uma árvore com seu mais novo troféu (uma noz fechada). Vi uma nuvem mudar de forma lentamente, de um coração para um rosto sorridente. Para coroar, um trailer de sorvete acabou de passar, tocando uma canção de ninar desafinada. Tem um rastro de crianças correndo pela rua atrás do trailer, gritando e berrando: "Sorvete, sorvete!".

... Deus me ajude... estou no inferno.

P.S. A boa notícia é que hoje eu finalmente lancei a braba para Vanity ao telefone. Ela só disse "OK"... sem emoção alguma. Acho que ela realmente não ligou – massa.

27 DE AGOSTO DE 1987
DIA DE FOLGA

Hotel, Landover, Maryland, 14h15min

Chegamos tarde do show de ontem em Utica. Foi um show muito bom, levando em consideração os esquilos e os trailers de sorvete. Acabei de acordar. Preciso pedir café e comida. O que vou fazer hoje, diário?

Estou tão entediado. Sinto cheiro de encrenca. Graças a Deus pelos Halcions... dormi tão bem...

28 DE AGOSTO DE 1987
Hotel, 2h — CAPITAL CENTER LANDOVER, MD

Agora sim ficou divertido! Invadi o depósito do serviço de limpeza do hotel e peguei uns 20 baldes. Depois, um monte de cadeiras. Todo mundo estava dormindo ou ocupado em seus quartos. Equilibrei as cadeiras nas maçanetas das portas do meu corredor inteiro, enchi os baldes com todo tipo de merda — mijo, água, cerveja, basicamente tudo o que consegui encontrar — e os coloquei nas cadeiras...

Borrifei laquê em todas as portas, ateei fogo, bati nas portas e saí correndo. Todo um *modus operandi*... Borrifada de laquê, isqueiro, batida na porta, laquê, isqueiro, batida, etc. etc. Então, quando todo mundo atendia a porta, ela estava pegando fogo, e aí o balde virava e inundava tudo! Hahaha...

Fred Saunders tava comendo uma mina, então foi até a porta com uma porra de uma ereção enorme, e o balde caiu no pau dele. Ele correu pro meu quarto e disse: "Sixx, sai dessa porra, vou te quebrar todo!". E eu: "Vai se foder, cara!". E ele então arrombou a minha porta com um chute. Porém, como de costume, não fez nada, porque viu o quanto eu me diverti.

Eu amo o Fred, espero que ele consiga ficar de pau duro de novo... Certeza que vou ouvir falar disso amanhã.

Backstage, Capital Center, 23h55min

A banda estava afiada pra diabo hoje, tudo na cabeça. Caramba, adoro quando estamos a todo vapor... ótimo público.

• Não tem muito o que fazer aqui. Vou procurar uma balada ou alguma outra coisa com Fred e Tommy. Tenho certeza de que Fred tem alguma carta na manga. Se não, sei que alguns dos motoristas dos caminhões disseram que um carregamento de *krell* está chegando.

P.S. Acabei de receber um boquete de uma garota que começou a chorar e me agradeceu depois. Que porra foi essa?

FRED SAUNDERS: "Ás na manga" era meio que o nosso bordão da turnê. Um amigo me deu uma moeda de prata de 1888 que ele abriu com um maquinário, de forma que ela pudesse comportar 1 grama de cocaína, e eu andava com ela. Bastava girá-la para abrir, e lá estava a coca. Se estivéssemos numa balada, Nikki e Tommy ou Vince me pediam um ás na manga se quisessem dar um tirinho.

Às vezes, chegávamos no hotel numa nova cidade, fazíamos check-in, e Nikki e Tommy começavam a ligar para o meu quarto logo de cara, me pentelhando por um ás na manga. Eu dizia: "Poxa, caras, temos trabalho a fazer" – sempre havia entrevistas ou tardes de autógrafos em lojas de discos, mas aqueles caras não desistiam de me rondar.

29 DE AGOSTO DE 1987
Hotel, 15h10min CAPITAL CENTER LANDOVER, MD.

Acabei de acordar. Sentei no quarto com Tommy e Fred e usei cocaína a noite inteira, conversando, ouvindo música, bebendo. Neste momento estou me sentindo uma merda. Estou muito cansado e de ressaca. Ainda me sinto bêbado.

30 DE AGOSTO DE 1987
HAMPTON COLISEUM HAMPTON, VA

No avião, 1h

A banda estava uma grande merda esta noite. Todo mundo de ressaca. Como pudemos arrasar ontem à noite e ser uma merda hoje? Fico me perguntando se alguns dos fãs que viram os dois shows em Landover pensaram ter visto duas bandas diferentes.

Mars estava chafurdado em *Mars-ade* e Vince perdeu a voz na metade do set. Tenho certeza que eu estava tão ruim quanto eles. Nunca tocamos tão mal quanto o Aerosmith na época drogada deles — digo, pelo menos a gente não esquece as próprias músicas, nem nada assim. Só perdemos o *groove* e arrastamos ou aceleramos as músicas. Somos mais metal e o Aerosmith puxa mais pro *groove*, então, quando tocamos mal, só parece que o motor está fora do tempo. Parece... sei lá...

Hotel, Hampton, Virgínia, 17h

Preciso parar.

Tem dias que nem me importo com os nossos shows — só com como vou arrumar drogas. Cocaína, comprimidos, heroína, tanto faz. Só me dá alguma coisa, qualquer coisa... sinto que estou morrendo e não sei o porquê.

31 DE AGOSTO DE 1987
DIA DE FOLGA

Temos seis shows nos próximos oito dias antes de tirarmos uma folga. Estou deprimido...: essa turnê parece que vai durar uma eternidade.

NIKKI: Eu olhava as datas da turnê e pensava: "Quando é que isso vai acabar? E quando acabar, vou voltar para casa para quê?". Era uma época muito confusa. Ressentia o fato de os empresários simplesmente nos botarem na estrada e nos deixarem lá. Tanto Tommy quanto Vince eram casados – deve ter sido difícil para eles manter a cabeça no lugar. Eu era diferente: me sentia desprendido de tudo.

Sabíamos que precisávamos de uma pausa, ou algo ia se partir. Pedimos a folga e Doc negou. Eu era tão imaturo e fodido que não sabia que, na verdade, ele estava acabando com a banda aos poucos. No fim das contas, 15% de nada é nada, então nossos empresários estavam matando a galinha que botava a porra dos ovos de ouro.

DOC McGHEE: Sempre tive um problema sério com essa linha de argumentação do Sixx. É claro que as turnês eram longas demais para eles, mas só por causa da maneira como eles se comportavam na estrada! Tenha em mente que os caras tinham vinte e tantos anos, e só precisavam trabalhar duas horas por dia. E quanto a todos os caras que precisam acordar às 5h da manhã para carregar tijolos e só têm duas semanas de folga por ano? Se o Mötley Crüe ficava esgotado na estrada, era puramente porque eles tinham uma porra de um vício estúpido em drogas. Não era preciso ser um gênio para perceber isso.

SETEMBRO DE 1987

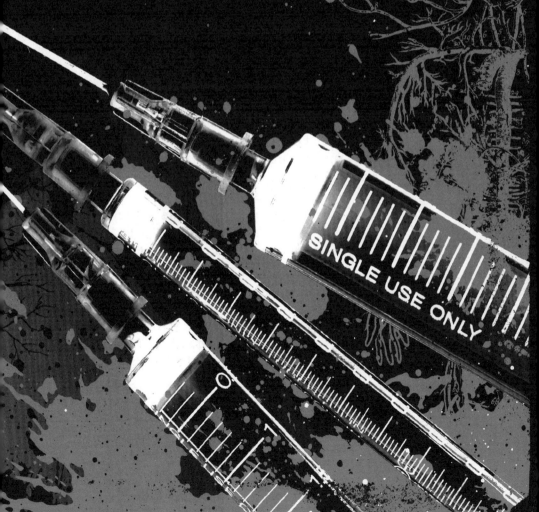

1º DE SETEMBRO DE 1987
COLISEUM RICHMOND, VA

Backstage, 19h55min

Acabei de receber uma massagem. Meu corpo está destruído, minhas mãos estão cortadas e machucadas, tudo porque tento quebrar o baixo a cada virada de refrão. As cordas do meu baixo estão com a ação tão alta que nem consigo apertar os trastes direito. Mick diz que tocar o meu baixo é como tocar um poste com fios de alta tensão.

Dito isso — hora de abrir o uísque e ir bagunçar a mente da juventude de Richmond.

2 DE SETEMBRO DE 1987 ROANOKE, VA
Hotel, Roanoke, Virgínia, 14h30min ROANOKE, VA

Viemos de avião ontem à noite depois do show em Richmond. Queria tocar o terror, mas já era muito tarde e não tem nada pra fazer em Roanoke. Liguei pro Fred, mas ele disse que todo mundo já tinha ido dormir e me convidou até o quarto dele pra um ás na manga. Lá, ele esticou umas duas carreiras pra mim e ficamos trocando ideia, ouvindo Merle Haggard, mas eu estava cansado pra caralho pra estender muito mais. Voltei pro meu quarto e fui procurar putas na lista telefônica... e acabei de acordar. Ainda estava com a roupa do corpo... Nem a cocaína tem funcionado ultimamente.

É incrível o efeito que o sono tem. Acabei de colocar Diamond Dogs, do David Bowie, pra tocar, um dos maiores álbuns já gravados.

Vou pedir café da manhã... tchau.

5 DE SETEMBRO DE 1987
Hotel, 17h ALPINE VALLEY
EAST TROY, WI

Os últimos dois dias foram de folga. Não aconteceu muita coisa, então nem escrevi. Tenho dormido muito... esquisito. Daqui a uma hora, vamos pegar um helicóptero pro show — show grande. Tudo esgotado. Nem sei quem vai tocar com a gente. Acho que não importa, porque todo mundo vai é pra ver a gente, mesmo.

P.S. Mick parece uma porra de um fantoche pra aquela vaca. Por que ele sempre deixa essas minas mandarem nele feito um cachorro? E, se ela mencionar Deus mais uma vez, vou esfaquear a cara dela com um crucifixo.

DOC McGHEE: Mick era o mais próximo que o Mötley Crüe tinha de um saco de pancadas. Era o mais fácil de provocar, por ser o mais quieto e nunca revidar. Ele é só um rapaz muito bom que quer ser feliz, e nunca foi feliz. Quando Nikki e Tommy ficavam chumbados, viravam uns caras bem cruéis, pegavam pesado, e, assim que Mick e Emi ficaram juntos, os dois começaram a malhá-los sem parar. Sabe uma coisa que resume bem essa relação? A vez que Tommy saiu correndo pelado pelos corredores de um hotel em Ohio e a polícia chegou, bateu na porta ao lado e prendeu Mick no lugar dele.

6 DE SETEMBRO DE 1987
Hotel, 16h — DANE COUNTY COLISEUM — MADISON, WI

Viajar em turnê sempre com a mesma banda de abertura fica muito chato depois de um tempo. Acho que, se fosse uma banda que eu adorasse, e não a porra do Whitesnake, não seria tão ruim. É ainda pior do que quando viajamos com o Iron Maiden... Lembro de ouvi-los do *backstage* e pensar que todas as músicas pareciam o tema do Bonanza, com os galopes e tal. Mal posso esperar pro Slash e os caras se juntarem a nós.

Minha banda de abertura favorita até agora foi o Cheap Trick. Sou e sempre serei o mais fã do Cheap Trick... e eles são os caras mais legais do mundo. Temos show hoje à noite... Talvez eu chegue tarde pra não ter que ouvir o Whitesnake. O triste é que eu adoro o Rudy Sarzo pra caralho — talvez ele devesse tocar no Mötley e eu devesse ir pra um manicômio.

RICK NIELSEN: O Mötley Crüe e o Cheap Trick fizeram turnês juntos na Europa e nos EUA. A coisa ficava feia com as duas bandas juntas. Os caras do Cheap Trick nunca foram viciados em heroína, mas bebíamos e pegávamos pesado. Às vezes eu via Nikki cambalear, mas não sabia exatamente por quê. Porém, sabia quando havia bebida envolvida, porque aí geralmente estava bebendo com ele.

7 DE SETEMBRO DE 1987
Hotel, 15h — LA CROSSE CENTER — LA CROSSE, WI

Mais um show hoje, mas estou pronto pra ir pra casa e fazer música. Superei as drogas e sei que elas me superaram.

Acordei às 9h, por alguma razão estranha. Tenho ouvido o Desolation Boulevard, do Sweet, sem parar... grandes composições. O Sweet sempre foi vendido para o mundo como uma banda pop, mas, assim como os Raspberries, no coração, eram uma banda de metal. Todo mundo pode aprender muito sobre ganchos musicais com esses caras.

Estou numa missão de levar a banda a um outro nível, musicalmente falando. Acho que até agora só arranhamos a superfície. Tommy e eu temos conversado muito sobre o que faremos a seguir... estou empolgado. Quero um álbum na primeira posição das paradas que nocauteie o mundo pelos ouvidos.

8 DE SETEMBRO DE 1987
Hotel, 17h — FIVE SEASONS CENTER, CEDAR RAPIDS, IA

Escrevi uma música maneira hoje. Tudo o que preciso fazer é ouvir Whitesnake e saber o que NÃO fazer.

Voamos de volta pra L.A. depois do show de hoje à noite. Graças ao caralho... Mas o que vai acontecer? Mudei meu número do telefone e instalei um portão e uma cerca de 3 metros de altura ao redor da casa enquanto estive fora. Estou determinado...

I'm a digital anti-Christ analog poltergeist
Like a cannibal watch me beat my meat
Shoot my gun right between the sheets

Like a criminal I'm on the take
I rattle nerves like a rattlesnake
Anti-trust public enemy
Steal your fruit and I shake your tree
You just love to hate me

All the preachers say
All the teachers say
All the speeches say
I'm so whoreable[XLI]

9 DE SETEMBRO DE 1987 EM CASA

Van Nuys, 11h.

É ótimo dormir na minha cama de novo. Dizer que enfeitei a casa seria eufemismo. Ralph Lauren, edredons de veludo amassado, móveis antigos de nogueira, gárgulas, tapetes persas... tudo dos anos 1800. Meu Deus, adoro esse lugar, exceto pelas lembranças... mas talvez elas possam se dissolver.

O portão e a grade ao redor da casa parecem tão medievais... adoro. Jon Roberts realmente deu uma bela ajeitada nas coisas pra mim.

Acabei de ligar pro escritório pra pegar meu número de telefone novo e falei com Karen Dumont. Disse a ela que Vanity havia detonado muito a minha casa enquanto estive fora, deixou tudo desarrumado e sujo. Karen então me disse que estava à procura de um lugar pra ficar e se ofereceu pra cuidar da casa quando eu voltar pra turnê. Respondi que pensaria a respeito, mas, cá entre nós, ela me faria um favor. Fico sempre preocupado que alguns malucos invadam a casa enquanto estou fora.

17h

Acabei de falar com Robbin ao telefone. Ele está vindo me buscar na sua Ferrari nova e vamos ver um filme. Andei na minha Harley hoje. A bateria tinha acabado, então tive de dar um tranco no Valley Vista e subi e desci pelo Ventura Boulevard. Fui até um antiquário e comprei um jogo de talheres de prata antigo insano, num estojo de nogueira. Uau... não se fazem mais coisas assim.

KAREN DUMONT: Eu trabalhava no escritório da PolyGram em Nova York e fui transferida para o *bureau* de Los Angeles. Quando me mudei para lá, me disseram para nem *falar* com o Mötley Crüe, porque eles eram encrenca, mas às vezes eles passavam no escritório, Nikki mais do que os outros, e nós acabamos ficando amigos.

Nikki me pediu para ficar na casa dele durante a turnê do *Girls*, porque ele namorava Vanity e temia que ela não estivesse cuidando muito bem do local. Perguntou se eu me hospedaria lá para ficar de olho na casa e nela. Vanity era muito pouco confiável e muita gente a detestava, mas eu na verdade a achava OK.

1º DE SETEMBRO DE 1987
Van Nuys, 15h   EM CASA

Qual o sentido de ter uma grade ao redor de sua mansão se as pessoas ficam esperando do lado de fora e tocam o interfone até você atender?

Como essa gente sabe que estou em casa?

Não acredito que Jason não parou de ligar até eu atender. Disse que me viu de moto no Ventura ontem e pensou em dar um oi, mas eu tinha trocado o número. Falei pra ele que estava tomando banho e ligaria mais tarde...

É, falou.

11 DE SETEMBRO DE 1987

Van Nuys, 14h EM CASA

Não dá pra acreditar nessa porra. Você nunca vai acreditar. Cheguei do mercado ontem e, quando entrei em casa, Vanity surgiu de supetão do nada e me assustou pra caralho. Os olhos dela estavam saltando das órbitas. "Se você me odeia tanto assim, me bate!", ela gritava, e tentava arranhar meus olhos e meu rosto. Recuei até ficar preso num canto.

Depois que ela disse pela centésima vez: "Me bate, me bate, me bate se você me odeia", nocauteei ela de jeito.

Ela caiu no chão com um baque. Arrastei-a pelo cabelo até a porta da frente, abri e a levei até os degraus. Olhei pro acesso à garagem e havia uma limo estacionada. O motorista desceu do carro e perguntou: "Está tudo bem?". "Esse lixo é seu?", repliquei. Ele disse que sim e então falei: "Pois leve embora da minha propriedade". Apertei o botão pra abrir o portão e a chutei dos degraus...

Porra de vaca psicótica! Acabei de ligar pra polícia e disse que ela invadiu minha casa e tentou arrancar meus olhos, então tive de me defender. Estão vindo pra cá agora. Vou dar queixa e pedir uma ordem de restrição.

INFERNO DO CARALHO!

17h40min

Eu tinha rasgado o número de telefone do Jason, mas agora o filho da puta deixou outro bilhete na minha caixa do correio — parece que está todo mundo atrás de mim.

22h

Sentado aqui sozinho ouvindo música, ainda estou abalado com aquela merda da Vanity.

Acho que vou dar uma volta de moto... Me pergunto o que os caras estão fazendo.

TOMMY LEE: Eu costumava ir bastante à casa de Nikki quando ele namorava Vanity. Nem sempre era legal. Lembro de uma vez em que eu estava lá e eles brigaram feio e ele jogou um anel de diamantes de 3 ou 4 quilates pela descarga.

NIKKI: Nossa, tinha me esquecido disso. Ainda bem que Tommy lembrou... preciso ligar pra seguradora.

PASTORA DENISE MATTHEWS: O que matou o meu relacionamento com Nikki? Acredito que a fama e a busca possessiva por fortuna, amor e a exaltação de uma Vanity morta, cheia de narcóticos, foi o que me quebrou. Minha Bíblia diz que a mulher que vive pelo prazer morrerá em prazer. Parece-me que, não importava para onde eu me voltasse como Vanity, estava destinada à morte. E embora eu decorasse o rosto com maquiagem e me fizesse bela, Deus dizia: "Ainda assim, farei teus amantes te odiarem". Ele fez exatamente isso... e não poderia ter terminado de outra forma.

12 DE SETEMBRO DE 1987
Van Nuys, 23h45min EM CASA

Acabei de voltar de um jantar com Bob. Fomos a um restaurantezinho francês fresco no Ventura Boulevard. Falamos de carros a maior parte do tempo e dividimos uma boa garrafa de vinho, e foi isso. Estou sentindo que sou capaz de controlar isso. Talvez consiga só usar sem ser em excesso. Talvez não esteja tão mal quanto eu acho que estou... ando bem são ultimamente.

Hoje foi um dia tranquilo. Fui ao shopping só bater perna. Fui de boné e moletom... ninguém me notou. Ouvi Prince hoje... muito... e Thompson Twins... O quão gay é isso? Melhor colocar Hell Bent for Leather pra tocar pra me redimir...

Nem tomei sonífero pra dormir. Vou acender umas velas e pular na cama com um livro de Roald Dahl...

BOB MICHAELS: Nikki e eu costumávamos ir a um restaurante francês no Ventura Boulevard. A única razão para irmos lá é que, no bar, eles tinham vodkas congeladas há um mês, então víamos o quão mamados de martíni conseguíamos ficar. Os jantares sempre terminavam com a gente saindo de carro do restaurante, que ficava num cruzamento movimentado, e dando vários zerinhos, com o volante virado todo pra esquerda e o acelerador no chão. Nem conseguíamos ver para onde íamos e não batíamos por milagre. Nunca nem nos ocorreu que poderíamos bater. Nikki sempre se safou de tanta coisa que se sentia intocável.

13 DE SETEMBRO DE 1987
Van Nuys, 18h30min EM CASA

Querido diário, sou o maior *loser*. Sou a maior escória e um mentiroso, me sinto como água de esgoto. Sinto vergonha... fiquei chapado ontem à noite. Não, não só chapado — perdi a cabeça de novo. Acabei no closet injetando cocaína... estava indo tão bem. Estou muito confuso. Não começou tão mal, achei que pudesse controlar...

P.S. Acabei de acordar e estou passando tão mal que não consigo nem comer. Vou voltar pra cama. Talvez, se eu só me esconder debaixo das cobertas e dormir, tudo isso terá sido só um pesadelo...

Por que eu levo tudo longe demais? Por que me faço me sentir mal? Literalmente...

14 DE SETEMBRO DE 1987
Van Nuys, 14h
EM CASA

Acabei de receber um telefonema do escritório. Karen disse que Sacha ligou procurando por mim — ele está em L.A. e quer saber se preciso de uma limo (um código para heroína?).

Por que não?

P.S. Acho que ninguém sabe como Sacha ganha dinheiro de verdade.

19h

Sacha veio aqui — ele trouxe de verdade as limos pra cá. Trouxe os negócios pra L.A... diz que Nova York é loucura demais. Falei pra ele que estou basicamente limpo, mas recaí e injetei coca, e agora me sinto mal. Conversamos sobre ter controle. Ele disse que, se eu quiser que ele me ajude a controlar, posso contar com ele. Concordei — se eu não usar cocaína, fica tudo bem. É só assim, e apenas assim, que vou parar no closet.

Sacha é um cara legal, na verdade. Jason é um porra de um egocêntrico — como pode um traficante ter um ego enorme? Sempre fica segurando o bagulho ou os contatos quando eu quero comprar em grande quantidade. Ao passo que Sacha me deu o telefone de Abdul, seu fornecedor direto, porque ainda tem que voltar pra Nova York pra buscar roupas e móveis. Ele não trafica mais coca, diz que as pessoas ficam esquisitas demais quando usam. Nem me fale...

Assim, comprei um pouco de heroína mexicana preta que vou só fumar até voltar pra estrada. Se usar uma vez por dia, vai ser como tomar uma cerveja à tarde.

Liguei pro Jason hoje e disse que vou denunciá-lo à polícia se ele voltar aqui, e ele ficou morrendo de medo. Assim, agora não tenho mais conexão nenhuma com a cocaína (graças a Deus)... me sinto seguro pra caralho agora.

Vou dar uma perseguida no dragão, escrever umas músicas e dar uma volta de moto... fim de um dia na vida...

DON'T LAUGH (YOU MIGHT BE NEXT)

I've been dreamin'
In black and white so long
You know I didn't always hit the shit
But my livin' days are way past gone
I've been thinkin'
Of where I went all wrong
I been livin' in this hole so long
I feel like it's where I belong

Don't laugh — you might be next
Like you got nothin'
You wouldn't like to forget

I've been thinkin'
Oh why I went so far
I just been chasin' this dragon
All around the block
And I ain't got no car
So now you're sayin'
It's a weakness in my soul
Yeah before you write me off so quick
You better look around at the people
That you know

Don't laugh — you might be next[XLII]

15 DE SETEMBRO DE 1987
Van Nuys, 17h — EM cASA

Estava checando o correio algumas horas atrás e Vanity chegou numa limo. As primeiras palavras a sair da boca dela foram o quanto ela sentia muito. A aparência dela estava melhor do que esteve em muito tempo. Convidei-a a entrar, foi bacana. Dei meu novo número a ela e disse que poderíamos ser amigos. É melhor desse jeito do que do outro.

22h

Vanity acabou de ligar e disse que quer vir aqui ver um filme. Que seja — que mal pode ter?

16 DE SETEMBRO DE 1987
7h — EM cASA

Vanity acabou de ir embora pra comprar cocaína. Ela veio aqui ontem à noite, bebemos e ela perguntou se eu queria um teco. Meu Deus, a ideia parecia tão boa — então cheiramos a noite toda até o pó acabar. Disse a ela que tinha dinheiro no cofre e ela saiu no meu jipe pra comprar mais um pouco. Sei que eu já disse que não usaria mais, mas não estou injetando nem fumando. Vou só até o meio-dia e depois durmo... O interfone acabou de tocar, já volto...

Legal, a loja de bebidas acabou de entregar champanhe Cristal — preciso muito beber, estou muito pilhado. Acabou tudo aqui. Nada é pior do que ficar sem nada. Vou ligar pro Abdul pra pedir uma entreguinha de heroína preta.

Meio-dia

Abdul trouxe uns 7 gramas — mas Vanity sumiu do mapa. Vaca do caralho! Acho que ela roubou meu dinheiro. Vou pra cama... porra, estou puto... e pensar que estava me divertindo.

23h

Vanity acabou de ligar, disse que está vindo pra cá. Falou que precisou esperar pelo bagulho e não tinha meu telefone novo. Pediu desculpas... Eu tenho cara de trouxa?

Ainda bem que tenho onde escrever isso... caso contrário, seríamos só eu e as vozes na minha cabeça...

17 DE SETEMBRO DE 1987
Van Nuys, 17h *EM CASA*

Acabei de falar com Karen ao telefone. Disse a ela que viajo amanhã e pedi que ela vigiasse a casa. Vou deixar a chave debaixo da gárgula da porta da frente. Não consegui dormir ainda, mas acho que mantive a compostura muito bem. Acho que, se eu dissesse a verdade a ela, ela não viria olhar a casa, e não posso confiar que Vanity não venha aqui completamente maluca. Escondi toda a parafernália de droga no cofre atrás do espelho, ninguém sabe que está lá. Mandei tirar os tijolos e instalar o cofre ano passado.

Comprei lençóis novos pra cama de hóspedes – entrei no quarto de visitas e cheirava a mijo de gato... valeu, Slash! Não seria uma maneira muito legal de Karen começar sua estadia. Só espero que não tenha impregnado o colchão também. Talvez tenha alguma coisa que eu possa borrifar nele.

Não acredito que fumei cocaína com Vanity a noite inteira. Acabou como sempre... expulsei ela daqui às 8h da manhã, quando ela já estava doida e falando de Deus. E ainda esqueci que comprei o Whisky e o mandei pra ser adestrado! Vão trazê-lo de volta daqui a dois dias... espero que a Karen não se importe. Vou voltar pra cama até amanhã de manhã.

KAREN DUMONT: Quando me mudei para a casa de Nikki, minha única condição era que ele não usasse drogas enquanto eu estivesse lá, porque isso eu não suportava. Não saberia o que fazer se ele perdesse a cabeça. Doc e Doug ficaram contentes quando fui morar lá, porque achavam que Nikki gostava de mim e que eu poderia ser uma boa influência para ele. Lembro que, no dia em que cheguei, a cama do quarto de visitas cheirava a mijo e Nikki disse que Slash mijara nela. Ele não quis comprar outra cama, então eu dormia num sofá num outro cômodo.

PASTORA DENISE MATTHEWS: Nikki e eu não conseguiríamos acertar nosso relacionamento sem Jesus, então não era para ser. Caso contrário, teria dado certo. Ambos precisamos de todas aquelas experiências apenas para dar o passo seguinte. A maioria de nós é usada como degrau para que subamos para o próximo nível. Alguns estão acostumados a nos derrubar e dizer "bum!". Contanto que nos levantemos e sigamos subindo...

18 DE SETEMBRO DE 1987 — DIA DE FOLGA

Saindo de casa na limo, 8h

Sinto-me muito esgotado neste momento. Estou na limo... Não quero nunca mais voltar pra essa vida. Estou muito empolgado por voltar à turnê. Não tive tempo de fazer as malas esta manhã, então estou levando as mesmas roupas sujas com que voltei da última vez.

Por que é que toda vez que consigo me pôr de pé escorrego e caio na lama de novo? Estou cercado de degenerados... eles me procuram, me caçam, me encontram e tentam me matar. Odeio as drogas, mas não consigo parar. Depois que a turnê acabar, em dezembro, quero entrar na reabilitação em janeiro (preciso pedir pro Bob Timmons reservar um quarto pra mim pro dia 2 de janeiro). Vou vender a casa e me mudar... Hoje cheguei a rezar para Deus.

Não acredito que fumei cocaína de novo.

Não acredito que transei com a Vanity de novo.

Não acredito que pensei que poderia simplesmente só dar uma experimentada de leve na droga.

Espero não entrar em crise de abstinência.

Não acredito que estou considerando frequentar o AA/NA/CA.[15]

Não acredito que estou considerando ir pra reabilitação.

Não acredito que rezei pra Deus.

NIKKI: A armadura estava começando a rachar. Vejo, nessas passagens do meu diário, que eu estava procurando uma maneira de sair da areia movediça. Talvez estivesse finalmente espe-

---

15 Além dos Alcoólicos Anônimos, Nikki se refere aqui também aos Narcóticos Anônimos e ao Cocaine Anonymous. (N. do T.)

rando que alguém me lançasse uma corda. Pela primeira vez, acho que eu estava de fato disposto a agarrar essa corda. Ao ler essas passagens, vejo que eu estava gritando por ajuda. Só acho que não estava gritando alto o bastante.

L.A. SUCKS

Drive down the freeway with your head in a bag
You should be told you're not alone being had
Sniff some paint, sniff some glue
Look at the effect this city's having on you
I understand your teenage angst
I understand trying to kill the past
Maybe we should all move far away
Maybe it can be all blamed on L.A.
Don't tell me about me
and I won't tell you about you
If you need a therapist,
try suicide or go to the zoo
This city's built on drag queens, clichés and
sins
Rumors and back-stabbings at the Café Le Trend
If you live in this town
you're a sucker and a clown
Bullshitters by the ounce, liars by the pound
There's always a fool with a vial full of dreams
There's always a bum falling apart at the seams
Gold lamé high heels a Rodeo Drive bitch
Some desperate old groupie
trying to get herself hitched
Worn and torn it's ripping apart
Another 6.5 will be too much for my heart
Riots and floods and shootings oh my...
I wonder if I'll ever get out of this city
alive?
Ya — L.A. sucks[XLIII]

19 DE SETEMBRO DE 1987
ROBERTS MUNICIPAL STADIUM EVANSVILLE, IL
Backstage, por volta da meia-noite

Primeiro show da volta... cara, é ótimo estar de volta à turnê. Foi tão bom rever os caras. Por piores que as coisas fiquem entre a gente, pelo menos eu sei que eles se importam comigo. Não querem nada de mim. Não estão tentando me matar (não que eu saiba — haha)...

O show de hoje pareceu durar três horas. Eu já estava suando resíduos tóxicos depois da primeira música... toda a cocaína, bebida e heroína simplesmente vazavam de mim...; não tomei um drink sequer no palco... Meu Deus, eu odeio L.A... ou acho que odeio as pessoas que atraio em L.A...

20 DE SETEMBRO DE 1987 — MARKET SQUARE ARENA, INDIANÁPOLIS, IN
Hotel, meio-dia

Não acredito que estamos de volta a Indy apenas dois meses depois de termos tocado aqui. A ganância do Doc está flagrante. Há tantos fãs do Mötley por aí, mas ele só vai aonde o dinheiro fácil está e não nos ajuda a conquistar novos fãs em novas cidades (ou países). Cá entre nós, acho que precisamos de um empresário novo. Esse cara não gosta da gente — só do nosso dinheiro. Nunca está aqui conosco, nem no escritório. Está cada dia mais agindo como uma gravadora... trabalha pouco e leva muito crédito. Simplesmente joga tudo contra a parede e, se grudar, legal — se não, a culpa é nossa.

ALLEN KOVAC: Agenciou o Mötley Crüe desde o final dos anos 1990 e, embora não queira criticar os empresários anteriores, tenho, sim, a impressão de que eles só estavam seguindo o dinheiro. O truque é ampliar o que você faz numa cidade, ao invés de voltar a ela várias vezes. Os aconselhadores que o Mötley tinha na época não explicavam a quantidade de trabalho que eles tinham de aguentar, tanto mental quanto fisicamente. Não consideravam que, quando os artistas se cansam, muito provavelmente vão tomar soníferos ou se automedicar com álcool. O Mötley Crüe foi abusado pelo sistema – a gravadora e seus representantes não explicaram como as coisas funcionavam, só queriam que eles se mantivessem correndo na esteira.

22 DE SETEMBRO DE 1987 — DIA DE FOLGA
Hotel, Tulsa, Oklahoma, 14h20min

Rich Fisher decidiu alugar um helicóptero e todo mundo vai voar até um restaurante pra um grande jantar. Eu disse que vou, mas sei que não vou. Não consigo socializar, prefiro ficar aqui. Estou muito desconfortável na minha própria pele. Essa sensação vem me rondando já há alguns anos — quanto maiores ficamos, mais triste me sinto...

P.S. Acabei de ligar pro Bob Timmons... caiu na secretária eletrônica.

BOB TIMMONS: Nikki me ligava esporadicamente durante a turnê de *Girls* para pedir ajuda, mas nunca a aceitava. Costumava esconder sua depressão com raiva – sentia que, já que agora era famoso, as pessoas queriam ficar ao redor dele, mas gostavam da fama, e não dele, então automedicava a dor usando drogas. O Mötley Crüe vivia num mundo surreal – lembro-me de uma turnê anterior em que eu estava no *backstage* com eles, e o David Lee Roth chegou, jogou uns 30 g de cocaína na mesa e disse: "E aí, caras, isso aqui é pra vocês!". Essa era a atitude deles: "Nós somos *rock stars*, então isso é o que fazemos".

23 DE SETEMBRO DE 1987 TULSA CONVENTION CENTER
Hotel, Tulsa, 17h
TULSA, OK

Sinto-me frágil, atormentado e desconfortável na minha própria pele. O que aconteceu foi que, quando a heroína foi embora, com ela também foi o conforto. Estou bebendo mais do que bebia em turnês anteriores para tentar substituir o conforto que a heroína me dava. Detesto admitir, mas talvez eu nem seja quem eu penso que sou. Estou me sentindo frágil e fraco, e deveria estar no topo do mundo. Agora comecei a rachar de novo.

Bob Timmons retornou a ligação, mas eu não quis falar com ele.

24 DE SETEMBRO DE 1987
No avião, 1h
LLOYD NOBLE CENTER
NORMAN, OK

O show de hoje foi duro. Estamos sentados, prontos pra decolar para Dallas. Fred está puto comigo (embora não admita) porque, antes de o show começar, me escondi num *case* do lado do palco enquanto a música de introdução, The Stripper, tocava. Fred surtou e começou a correr pra todo lado à minha procura. Virava os *cases* de cabeça pra baixo e berrava pra cortarem o *playback* daquela intro... hahaha... Saltei de dentro do *case* bem a tempo de começar o show. Quando olhei pro outro lado do palco, ele estava pálido feito um fantasma. Dei um sorrisinho e ele só chacoalhou a cabeça...

FRED SAUNDERS: Nikki sempre fazia umas merdas desse tipo. Quanto mais o Mötley Crüe crescia, mais arrogante ele ficava. Sempre empurrava as coisas com a barriga e se atrasava só porque podia. Antes dos shows, a banda fazia o que chamávamos de XPS – xixi pré-show – e Tommy, Vince e Mick achavam um banheiro, mas Nikki simplesmente colocava o pau pra fora e mijava onde estivesse, num corredor ou do lado do palco. Muito encantador mesmo.

25 DE SETEMBRO DE 1987 REUNION ARENA DALLAS, TX
Hotel, Dallas, 13h45min

Animado pros shows de hoje e amanhã. Amo o Texas. Vou me comportar bem... talvez vá à academia e escreva umas músicas. Hora de ir pra passagem de som... te vejo depois do show... não vou sair.

DALLAS = ENCRENCA.

26 DE SETEMBRO DE 1987 REUNION ARENA DALLAS, TX
Hotel, 16h30min

A noite de ontem foi insana. Mais um grande show... Como sempre, Dallas arregaça. Pisoteamos o set como um Godzilla mecânico (ou um Crüezilla). Depois, partimos pras melhores casas de strip da cidade. As garotas se amontoavam em cima da gente... loiras, morenas, ruivas. Notas de US$ 100 pra todo lado. Só eu devo ter gastado uns US$ 5 mil. Tenho certeza de que, juntos, deixamos uns US$ 25 mil lá... divertido pra caralho.

À medida que a noite prosseguiu e os drinks correram soltos, eu meio que perdi a memória. Estava tentando saborear meu *zombie dust*, mas acho que ele acabou me pegando. Mick e Emi voltaram pro quarto deles (é claro), mas Donna McDaniels foi com a gente. Quando acordei, havia uma calcinha no meu abajur e os sapatos dela ao pé da cama. Lembro que ela foi pro meu quarto dar um teco comigo, mas de resto não me lembro de mais nada.

Meu Deus, espero não ter trepado com ela. Dá pra imaginar, eu ter feito a mesmíssima coisa pela qual encho o saco do Mick?

MINAS = PROBLEMAS.

Hora de ir pro show... estou com muita ressaca.

Backstage, **19h30min**

Todo mundo está enchendo o meu saco, rindo e perguntando se eu comi a Donna. Deus do céu. Quando a vi, ela só me deu um abraço e disse que se divertiu ontem à noite. Mas não perguntou da calcinha nem dos sapatos – o que isso significa?

Hora de fazer a pintura de guerra. Vamos dormir em Dallas esta noite. Vou direto pro meu quarto depois do show.

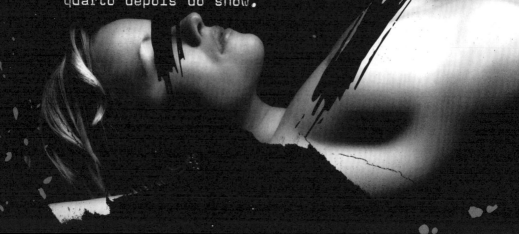

23h45min

Executei um plano de fuga esta noite — direto do palco pra limo, para então ser conduzido direto pro meu quarto. Estou assistindo a um documentário sobre Hitler, Eva Braun e o uso de drogas deles... OK, entendi o recado.

25 DE SETEMBRO DE 1987 — DIA DE FOLGA
Hotel, Dallas, 3h35min

Acabaram de bater na minha porta. Olhei pelo olho mágico e vi duas loiras maravilhosas. "Oi, Nikki!", elas disseram, e eu falei que estavam no quarto errado. "Ah, vai, Nikki, abre a porta, a gente sabe que é você!", riram. Repeti que estavam no quarto errado e uma delas falou: "Ah, não estamos, não, viemos pra cá ontem à noite com você e eu esqueci meus sapatos".

Então abri a porta e falei que estava passando mal. "Ah, que pena, a gente achou que você talvez quisesse um repeteco de ontem à noite. Foi demais!". Falei que foi, mesmo, devolvi os sapatos e a calcinha e disse que, se não estivesse passando mal, adoraria ficar com elas. "Valeu, mas essa calcinha não é minha...", disse uma delas, e a outra replicou que também não era dela. Deus do céu.

14h20min

O avião parte logo mais para Denver. Robbin Crosby vem nos visitar por alguns dias, e depois meu avô vai até Salt Lake.

Hotel, Denver, 22h45min

Acabei de chegar ao hotel. Hotel bacana, tem um spa completo no térreo, do qual vou me aproveitar. Pedi ao Rich pra chamar um médico... preciso da minha injeção mensal de penicilina pra mandar embora qualquer resfriado que esteja se aproximando.

Robbin chega aqui amanhã de manhã. Pegamos quartos lado a lado, exatamente como nos velhos tempos, quando morávamos juntos. Porra, como nós nos divertíamos! O Ratt estava começando a engrenar e o Mötley já estava encaminhado. Demos a ele o apelido de King, porque ele era muito grande. Ninguém conseguia bater nele, mas eu sempre tentava, haha. Costumávamos ir a um café que ficava bem do lado de casa todos os dias, porque não tínhamos geladeira, e passávamos horas conversando. Eu adoro ele. Ele vem enfrentando uns problemas com drogas, mas diz que está limpo agora... só bebendo.

A PLAYLIST DE HOJE TEVE OS SEGUINTES ÁLBUNS

Aerosmith — Get Your Wings
Aerosmith — Draw the Line
Aerosmith — o primeiro álbum
Aerosmith — Rocks

NIKKI: O Aerosmith estava em turnê com o álbum *Permanent Vacation* ao mesmo tempo em que nós estávamos com o *Girls, Girls, Girls*. Às vezes, pousávamos no mesmo aeroporto, mas nunca nos víamos de fato, só os aviões um do outro. Uma noite, Steven e Joe deixaram um bilhete na janela do nosso avião, tipo quando você toma uma multa quando estaciona em local proibido. O bilhete dizia que, se não tomássemos cuidado com o caminho em que estávamos, iríamos nos destruir como acontecera com eles. Debochamos disso, mas o interessante é que fiquei envergonhado demais para mencionar isso no diário... porque sabia que eles estavam certos.

P.S. Nunca saberei escolher o que é mais engraçado — o Aerosmith ter escrito "Dude Looks Like Lady" inspirado no Vince ou o Dire Straits ter escrito "Money for Nothing [*and chicks for free*]" inspirado no Mötley.

28 DE SETEMBRO DE 1987 McNichols Arena Denver, CO
Hotel, Denver, meio-dia

King, o rei, está aqui! Estava me contando as histórias de terror da banda dele. Ele basicamente odeia todos os caras. Blotzer é um babaca do caralho o tempo todo hoje em dia, e Percy se acha o maior *rock star* (cara, você é do Ratt, você não é o Steven Tyler ou o Jagger). Acho que é a mesma coisa com todas as bandas.

É esquisito ver que King engordou tanto. Deve ter ganhado uns 20 quilos. Acho que ele não está mesmo usando drogas. Sempre que paro de usar, começo a engordar. Sempre digo que não sei o que é pior — ser viciado em drogas ou gordo.

Dito isso — hora de pedir comida...

29 DE SETEMBRO DE 1987 McNichols Arena Denver, CO
Hotel, Denver, 4h45min

O show de hoje foi muito bom. King disse que ficou de cara com o quanto estamos afiados. As melhores garotas de Denver estavam lá (que negócio é esse entre strippers e *rock stars*?), então as trouxemos pro hotel conosco. Reservamos um quarto a mais, sob o nome Justin Case,[16] e

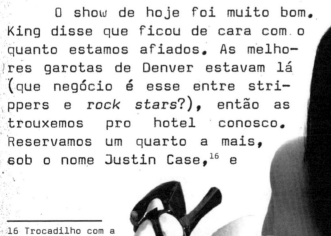

---

[16] Trocadilho com a expressão "just in case", que, em tradução livre, significa "só para garantir", "só por desencargo". (N. do T.)

amontoamos todas elas lá. Tommy e Vince vieram pro quarto (Tommy trouxe o aparelho de som, eu levei as músicas) e pedimos oito garrafas de champanhe, duas de Jack e um monte de comida pro serviço de quarto. Curtimos demais, botamos a música bem alta e as garotas dançaram pra nós, depois cada um escolheu suas garotas e foi pros respectivos quartos. Agora elas forám embora... vou dormir... dia divertido.

Sãos e salvos — três Mötleys e um Ratt.

P.S. King achou o Whitesnake ótimo. Disse que eu sou só um punk do caralho e não gosto deles porque eles sabem tocar de verdade. Dei um soco no pescoço dele e ele me nocauteou contra a parede (doeu pra caralho) e aí nós dois rimos.

FRED SAUNDERS: Nikki e Robbin tinham uma camaradagem especial. Ambos eram caras grandes – Robbin tinha 1m93cm e, quando o Mötley e o Ratt estavam começando, os dois trabalharam juntos no circuito de clubes de Hollywood. Também eram companheiros de droga e sempre se esgueiravam juntos. Eram competitivos, mas Nikki tinha uma cabeça mais forte e, em geral, era capaz de persuadir Robbin a fazer o que ele quisesse. Robbin era bastante depressivo e Nikki se nutria desse tipo de coisa: se visse uma fraqueza numa pessoa, sentia o cheiro do sangue e partia pra cima como um tubarão.

NIKKI: Sinto saudades do Robbin e penso muito nele. Usamos heroína juntos pela primeira vez com seu amigo Smog Vomit, de uma banda chamada Tex and the Horseheads. Quando finalmente larguei a heroína, Robbin foi ainda mais fundo do que eu. Perdeu tudo e acabou sem teto, divorciado e falido. Acabou contraindo AIDS por compartilhar agulhas com moradores de rua em L.A. e eu iria perder um dos meus melhores amigos do mundo. Não foi a AIDS que tirou Robbin de mim (ou de qualquer um de nós, no caso) – foi a heroína. Ele mudou tanto que precisei cortá-lo da minha vida.

Deixei-o ficar na minha casa em 1990, sob o entendimento de que drogas não eram permitidas ali. Eu tinha filhos pequenos e estava limpo e sóbrio. Um dia, quando ele estava fora, entrei no quarto de hóspedes e vi um saco de papel pardo amassado. Aquilo me pareceu familiar demais, então abri e encontrei agulhas, colheres e o material de sempre que usamos para nos matar. Precisei pedir que ele fosse embora. Foi um dia triste para nós dois. Lembro-me de chorar ao vê-lo partir. Nunca mais o vi.

Algumas semanas depois, ele me ligou e pediu US$ 10 mil emprestados para poder quitar as dívidas e se reerguer. Respondi que o amava e que ele era um dos meus melhores amigos, mas, sendo eu mesmo um ex-*junkie*, sabia para onde iria o dinheiro e senti que o mataria, ao invés de salvá-lo. Disse que, se ele conseguisse ficar sóbrio por noventa dias, lhe daria o dinheiro num piscar de olhos. Ele me mandou me foder e desligou na minha cara. Isso partiu meu coração, porque eu sabia que não era a intenção dele. Fiquei tão triste que nem consegui ir ao funeral dele. Até hoje me sinto culpado, como se pudesse ter feito mais para ajudá-lo.

ROSS HALFIN: Robbin não era tão forte mentalmente quanto Nikki, e não conseguia lidar com heroína como Nikki lidava. Lembro de uma vez que eu estava andando pela rua em L.A. e vi Robbin literalmente sentado na calçada, mendigando. Fazia um calor escaldante, mas ele estava pálido como um fantasma e seus pés estavam azuis e cheios de bolhas. Robbin acabou contraindo HIV por compartilhar agulhas e morreu de AIDS.

11h40min

Acabei de sair do telefone com Doug. Disse a ele que Doc está nas últimas com a banda. Ele replicou que minha reação está sendo exagerada e

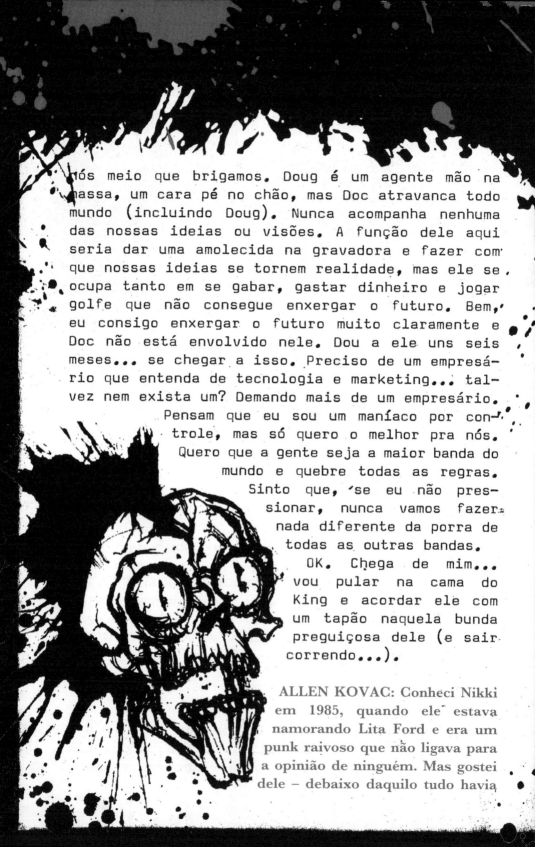

nós meio que brigamos. Doug é um agente mão na massa, um cara pé no chão, mas Doc atravanca todo mundo (incluindo Doug). Nunca acompanha nenhuma das nossas ideias ou visões. A função dele aqui seria dar uma amolecida na gravadora e fazer com que nossas ideias se tornem realidade, mas ele se ocupa tanto em se gabar, gastar dinheiro e jogar golfe que não consegue enxergar o futuro. Bem, eu consigo enxergar o futuro muito claramente e Doc não está envolvido nele. Dou a ele uns seis meses... se chegar a isso. Preciso de um empresário que entenda de tecnologia e marketing... talvez nem exista um? Demando mais de um empresário.

Pensam que eu sou um maníaco por controle, mas só quero o melhor pra nós. Quero que a gente seja a maior banda do mundo e quebre todas as regras.

Sinto que, se eu não pressionar, nunca vamos fazer nada diferente da porra de todas as outras bandas.

OK. Chega de mim... vou pular na cama do King e acordar ele com um tapão naquela bunda preguiçosa dele (e sair correndo...).

ALLEN KOVAC: Conheci Nikki em 1985, quando ele estava namorando Lita Ford e era um punk raivoso que não ligava para a opinião de ninguém. Mas gostei dele – debaixo daquilo tudo havia uma pessoa cujos olhos e sorriso mostravam ter bom caráter e que queria entender o lado dos negócios, bem como crescer como artista. Eu quis agenciar o Mötley Crüe – o que, por fim, vim a fazer – em grande parte porque Nikki e Tommy tinham uma exuberância verdadeira e queriam aprender.

30 DE SETEMBRO DE 1987
SALT PALACE
SALT LAKE CITY, UT

No avião, 2h30min

King só olhou pra mim e disse: "Uau, isso não é nada mal....haha...". Pedi à comissária que trouxesse uma carreira pra ele numa bandeja de prata, junto com uma garrafa de champanhe. Tacos frescos e tortillas pra todo mundo, exceto pro Vince, que comeu seu sanduíche de atum de costume. O show dessa noite foi legal, mas a altitude daqui é de matar, por mais que você esteja em forma. Mick convidou King pra uma *jam* com a gente em Salt Lake... vai ser divertido. Tom chega amanhã... e nós devemos chegar dentro de uma hora. Hoje estou feliz.

Hotel, Salt Lake City, 12h30min

Tom chega hoje pra passar um tempo comigo. Vou ter meu avô e King comigo, meio como o pai e o irmão que nunca tive. As garotas de Salt Lake são tão lindas. Esta é uma cidade de gente sufocada que cresceu sob um punho de ferro religioso e repressão sexual. Então, será que eu precisaria mesmo te contar, Caro Diário, da depravação do caralho que resulta da mistura do Mötley Crüe com garotas mórmons?

Depois do show, volto pra L.A. no avião do Mötley e não sei por quê. Preciso de uma namorada – uma garota normal e legal... Onde estaria ela? Talvez a encontre esta noite...

1º DE OUTUBRO DE 1987
Van Nuys, meio-dia — DIA DE FOLGA

Lar, doce lar... acabei de acordar. Chegamos de avião de Salt Lake ontem à noite... Robbin veio conosco e Tom ficou e foi pra casa de carro. O voo foi tranquilo e o céu estava maravilhoso. Nosso piloto inclinava o avião para a esquerda de modo que era possível ver as estrelas com tanta clareza que nós vimos até uma estrela cadente. Depois, inclinava para a direita e era possível ver o arco da Terra com os pontos de luz dos pequenos subúrbios à medida que nos aproximávamos de L.A. Parece uma tumba elétrica... Às vezes me pergunto se vamos sair dessa vivos...

Karen foi para a casa de uma amiga agora que voltei — ela diz que acha estranho ficar aqui quando eu também estou, mas eu gostaria que ela ficasse. Talvez a presença dela me impedisse de ficar doido.

13h30min

Abdul tem um amigo que vende pedra. Encomendei quase 30 g — que vão estar aqui daqui a pouco.

Estou deprimido e não sei o motivo. Não consigo tirar esse lugar da cabeça. Não consigo me desvencilhar disso. Drogas melhoram tudo — drogas pioram tudo. Sempre que vou parar, sinto a comichão...

15h45min

Oh, meu Deus — assim que peguei a pedra e dei um pega no *pipe*, achei que meu coração fosse saltar pra fora do peito. A casa toda começou a tremer e rodar e as coisas caíram da parede. Fui jogado no chão e me dei conta de que era uma porra de um terremoto.

Não sabia o que fazer, então corri pra fora, com o *pipe* na mão, e a porta se fechou sozinha atrás de mim. Estava pelado e precisei correr até os fundos da casa e quebrar a janela pra entrar. E então o alarme disparou e a companhia de segurança ligou. Em dias como este, eu gostaria de não ter saído da cama...

17h

Joguei a cocaína pela descarga, pro caso de haver outro terremoto. Não acho que meu coração aguenta. Tomei uns comprimidos e estou começando a me sentir cansado. Temos um show em San Diego e não quero ter a chance de conseguir mais coca. Vou ali tocar guitarra e deitar na cama até apagar.

IAN GITTINS: O terremoto de Los Angeles de 1º de outubro de 1987 mediu 5.9 na escala Richter. Oito pessoas morreram, inúmeras ficaram feridas, 2.200 desabrigadas e mais de 10 mil prédios sofreram danos sérios. No entanto, Nikki Sixx foi, de longe, o angeleno mais infame a reagir ao terremoto correndo para fora de casa pelado e empunhando um cachimbo de crack.

2 DE OUTUBRO DE 1987
SPORTS ARENA
SAN DIEGO, CA
Van Nuys, 10h

Eita, acabei de acordar. Dormi 16 horas seguidas. Estou morrendo de fome, acho que não comi absolutamente nada ontem. Vou pegar a moto e ir comprar comida mexicana aqui no fim da rua antes de partir pra San Diego.

Sonhei que era criança, rindo e brincando com meu pai. Estava muito feliz, e então ele simplesmente desvaneceu diante dos meus olhos. Fiquei sozinho no meio da rua, procurando por ele freneticamente... é uma sensação que tenho muito, internamente.

12h30min

Vou dirigindo pra San Diego, com Robbin, que está vindo pra cá agora. Depois de andar na Ferrari dele, estou pensando em comprar uma... não que terei tempo em casa pra dirigi-la.

3 DE OUTUBRO DE 1987
DIA DE FOLGA
Van Nuys, 13h10min

Tenho os próximos dias de folga. O show em San Diego foi muito bom, muita gente foi de L.A. até lá. É mais fácil dar um oi e trocar uma ideia em San Diego do que em L.A... o Forum é sempre um zoológico. Alguém disse que o pessoal da gravadora estava lá, mas a banda não quis falar com eles. Eles que se fodam.

Vou ao cinema com Bob. Preciso de uma noite normal... cansei de ser eu. Até escrever neste diário está me entediando, porque é tudo a meu respeito.

4 DE OUTUBRO DE 1987 — DIA DE FOLGA
Van Nuys, 10h30min

Fui ao cinema ontem à noite com Bob, voltei pra casa e toquei guitarra até por volta da 1h da manhã. Sem visitantes, sem telefonemas, uma noite perfeita... Escrevi umas músicas bem maneiras...

Meio-dia

Vou levar o carro e o jipe pra lavar. O dia está muito lindo, talvez eu tome sol. Riki talvez passe aqui e Pete também... Falei com Slash, ele está tão empolgado quanto eu para o Guns sair em turnê com a gente.

O ESFORÇO PARA SER NORMAL NORMALMENTE NÃO É TANTO ESFORÇO ASSIM

POWER TO THE MUSIC

Who said music's dead in the streets?
Don't know what they're talking about
They gotta put a bullet in my head
If they want to keep me down. [XLIV]

6 DE OUTUBRO DE 1987 — GRAND WESTERN FORUM, LOS ANGELES, CA.
10h15min

Sentado no jardim, bebendo café e tocando guitarra... que dia bonito aqui em L.A. Hoje estou feliz. Em dias como este, reflito muito... parece que faz uma vida desde que tudo isso era só um sonho. Ontem foi outro dia seguro e são. Meu problema é que, quando não estou usando drogas e bebendo, fico mais feliz de verdade, até o tédio bater. E aí aparece esse diabinho na minha cabeça que diz: "Vamos, só um pouco", e eu perco todo o controle...

Essa estrada tem um fim. Só não sei onde ele está.

14h

Vou de Harley pro Forum. Vou pelo caminho que ladeia a praia e vou chegar cedo. Não tem coisa muito melhor do que subir a costa de moto para ir pros seus dois primeiros shows com ingressos esgotados em sua cidade natal. Memory Motel, dos Stones, não para de tocar na minha cabeça...

15h30min

Estou sentado à beira da estrada, observando o oceano. Ainda bem que trouxe o diário. A vista é linda demais pra não parar, absorver tudo e até tentar escrever.

Sei que ela está por aí, a minha alma gêmea. É claro, dizem que, se você fica procurando, nunca encontra o que quer que esteja procurando. Por ora, estou só observando essas vastas ondas e me lembrando do quão pequeno sou.

Melhor ir nessa, ou vou perder meu próprio show... haha...

19h30min

Backstage... acabei de sair de uma viatura. Estava na moto e, assim que cheguei ao local do show, um tira me parou. Falei pra ele que tinha um show pra fazer, e ele disse que não se importava, eu estava acima do limite de velocidade, e pediu pra ver minha habilitação. Falei que não tinha habilitação e ele disse que eu iria pra cadeia. Falei que, se eu não estivesse no palco dentro de uma hora, haveria um tumulto, e novamente ele disse que não se importava. Então eu o mandei se foder e ele me prendeu...

Doc apareceu, convenceu o tira a me soltar e eu precisei me desculpar. Desmoralizante demais ter de me desculpar àquele idiota, mas engoli o orgulho e disse que sentia muito. Tenho certeza de que ele queria me dar uma surra, como os tiras fizeram na frente do Whisky anos atrás...

Preciso me aprontar... hora de um shot de JD e, depois, dar uma bela surra em L.A. — hoje e amanhã...

7 DE OUTUBRO DE 1987 GRAND WESTERN FORUM
LOS ANGELES, CA
Em branco

8 DE OUTUBRO DE 1987
LONG BEACH ARENA   LONG BEACH, CA
11h45min

Ontem foi um pesadelo... provavelmente o pior dia da minha vida, depois do dia em que Nona morreu.

Vanity apareceu na minha casa depois do primeiro show no Forum com uma pedra do tamanho de uma bola de baseball. Fiquei acordado a noite inteira e o dia inteiro até a hora do show.... Precisaram mandar um carro me buscar e, quando cheguei no Forum ontem à noite pro segundo show, estava tão em frangalhos que nem conseguia falar. Fiquei escondido no camarim com medo de o meu coração explodir até a hora de entrar no palco. Precisei cheirar uns 250 mg pra conseguir subir no palco. Achei de verdade que fosse morrer no palco ontem à noite — o que é que há de errado comigo? Por que não consigo dizer não às drogas? Elas me assombram... ou me assolam...

P.S. Eu deveria ser o homem mais feliz do mundo. Meus sonhos se tornaram realidade. Preciso parar — isso está me matando. Vanity está me matando. As drogas estão me matando... ou será que eu já estou morto? Não vou durar mais um ano. Sei que não.

NIKKI: Esse foi o começo do fim. Eu sabia que ou ia morrer, ou ia ficar sóbrio. Sabia como morrer. Àquela altura, já tivera tantas overdoses e convulsões em segredo, então eu entendia qual era a fronteira e estava a centímetros de cruzá-la. Morrer podia ser fácil... o que eu não sabia era se conseguiria viver.

POSSÍVEIS FRASES PARA CAMISETAS:

REHAB IS FOR QUITTERS
ou
WHY DO YOU THINK THEY CALL IT DOPE?[17]

9 DE OUTUBRO DE 1987
Van Nuys, 19h DIA DE FOLGA

Fiquei escondido debaixo dos lençóis o dia inteiro. Não atendo o telefone. Nada de TV, nada de música, só eu e minha .357 no criado-mudo... que parece estar falando comigo, sussurrando. Sei que isso soa dramático, mas você não está no meu lugar. Sinto que preciso me internar num manicômio... é só uma questão de tempo até eu morrer. A questão já não é mais "como". É "quando".

1º DE OUTUBRO DE 1987 OAKLAND STADIUM OAKLAND, CA
Van Nuys, 16h

Não consigo dormir já faz 48 horas. Não acho que vou conseguir chegar ao show. Não consigo nem

---

17 "Reabilitação é para os fracos" ou "Por que você acha que chamam de 'irado'?" — o termo *dope*, que se refere a drogas, é usado também como gíria equivalente a adjetivos como "irado", "maneiro" etc. (N. do T.)

escrever... minhas mãos estão tremendo muito feio. Não paro de ouvir vozes sempre que dou um pega no *pipe* e aí, quando o efeito baixa, não tem ninguém aqui. Estou ficando louco. Preciso de heroína pra baixar e não tem ninguém por perto... tudo o que tenho é coca. Nem bebida, nada... nem mesmo um comprimido sequer. Simplesmente não vou atender o telefone nem a porta. Não consigo. Estou paranoico demais... Não consigo encarar as pessoas.

TAKE ME TO THE TOP
Take me to the top and throw me off[XLV]

Caralho... o que eu vou fazer? Tem um estádio lotado me esperando e eu estou aqui morrendo e ninguém se importa de verdade. Nem eu. Queria poder morrer. Vou tomar um banho quente e deitar na cama, quem sabe eu durma... é, falou... estou tãoooo fodido...

11 DE OUTUBRO DE 1987 DIA DE FOLGA
Van Nuys, 14h30min

Ontem cheguei ao mais fundo possível do poço. Não durmo há dias e estava tão fumado que perdi o voo do Mötley. Na verdade, não perdi merda nenhuma — simplesmente não apareci. Doc providenciou um jatinho pra me levar pro Oakland Stadium. Eu estava fora de mim — cheirado pra caralho, achei que ia ter um ataque cardíaco.

Quando cheguei lá, houve uma reunião da banda e todos me perguntaram se eu estava injetando... quiseram ver meus braços. Graças a Deus, eu estava fumando cocaína... então não havia sinais, exceto a insanidade. Finalmente consegui subir ao palco e voltei pra casa assim que o show acabou. Todo mundo está puto comigo, e quer saber de uma coisa? Eles que se fodam! Estou de saco cheio dessa porra dessa banda! Além dessa baboseira toda, meu estômago está me matando ultimamente. Tem uns pontinhos de sangue aqui e ali toda vez que cago. Isso sempre acontece quando bebo demais ou aumento o consumo de drogas. Acho que depois de um tempo essas merdas começam a rasgar as minhas entranhas. O problema é que não tenho bebido tanto quanto usado drogas... talvez as minhas entranhas estejam saindo?

TOMMY LEE: O Oakland Stadium foi o ponto em que todos percebemos que Nikki estava numa merda muito séria. Quando ele perdeu o voo, todos entramos em pânico e dissemos: "Porra, vamos tocar num estádio hoje – não é só uma arena ou um clube!". Cara, teria sido o maior bolo de todos os tempos.

Sixx precisou pegar outro voo mais tarde e, quando chegou, sua aparência estava uma merda – um adorável tom cinzento. Pedimos para ver os braços dele, e é claro que esta-

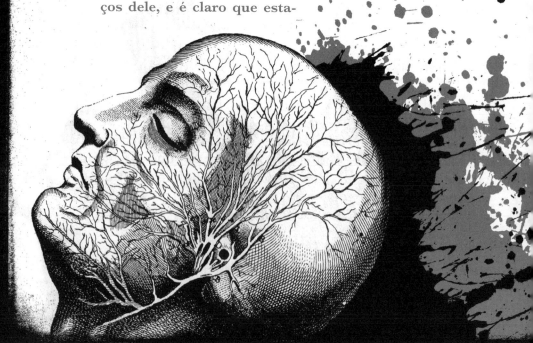

vam zoados. Mas nunca chegamos a pensar em pedir a ele que saísse da banda. A verdade é que todos nós estávamos metidos com alguma merda, então não estávamos na posição de encher o saco dele.

VINCE NEIL: Tocar no Oakland Stadium era um negócio de grande prestígio e lá estava Nikki, fodendo tudo pra gente. Havia muita gente dependendo de nós e, quando ele não apareceu, eu achei que o show simplesmente não fosse acontecer. Fiquei contente em termos feito o show até o final, mas não faço ideia de como Nikki conseguiu.

Van Nuys, 16h

Esqueci de escrever mais uma das minhas estúpidas desventuras. Uma noite dessas, caí e bati a parte de trás da cabeça na lareira do quarto, e provavelmente só me lembro disso porque minha cabeça ainda está latejando. Meu estômago e minha cabeça estão me matando.

Sinto que estou apodrecendo lentamente, tanto física quanto mentalmente. Estava tocando guitarra ontem à noite e mal conseguia fazer um acorde, de tão fodido. Analgésicos, uísque e cocaína... que vida adorável, não?

Karen voltou pra cá hoje. Abri a porta pra ela e a única coisa que consegui fazer foi dizer oi, e então voltei direto pro quarto. Ela deve perceber o quão mal estou.

KAREN DUMONT: Só fiquei alguns dias na casa enquanto Nikki estava lá, e ele escondia as coisas muito bem, mas de vez em quando eu o via aos trapos. Foi tolo o bastante para me dizer o que gostava de fazer – fechar a porta do quarto, entrar no closet e mandar ver. Ficava tão paranoico que todas as portas deveriam ficar trancadas, então eu insistia para que ele deixasse a porta do quarto aberta, e, se não estivesse, eu a esmurrava e berrava até que ele abrisse. Ficava assustada por ele ter uma arma.

13 DE OUTUBRO DE 1987
Hotel, 16h30min MEMORIAL COLISEUM PORTLAND, OR

Estou percebendo uma *vibe* estranha na banda. Ou ninguém quer ficar perto de mim, ou eles estão tentando me dar um castigo por causa de Oakland, e quer saber de uma coisa? Isso está me deixando bem puto... todo mundo nessa banda já ficou fodido. Vince matou um cara, Tommy fez merda milhares de vezes, Mick já fez também, e ninguém reclama quando usamos cocaína e heroína a noite inteira. Então, eu perdi o voo? Porra, eu cheguei no show! Agora sou o discriminado do rock'n'roll na banda. Eles que se fodam!

Talvez eu devesse sair da banda. Aí eles iam se foder por não ter mais músicas.

WITHOUT YOU

Without you, there's no change
My nights and days are gray
If I reached out and touched the rain
It just wouldn't feel the same
Without you, I'd be lost
I'd slip down from the top
I'd slide down so low
Girl you'd never, never know... [XLVI]

14 DE OUTUBRO DE 1987
Hotel, Tacoma, 14h45min DIA DE FOLGA

Pessoas... pra todo lado... parece que não há onde eu me esconder, nem no meu interior.

15 DE OUTUBRO DE 1987
Backstage, 18h TACOMA DOME TACOMA, WA

Às vezes sou capaz de ser o maior babaca. Minha mãe e minha irmã vieram até o hotel ontem e eu havia passado a noite acordado e estava completamente surtado da cabeça. Olhava fixamente pelo olho mágico à procura de gente que estivesse me espionando, quando minha mãe e minha irmã bateram na porta e disseram: "Oi, Nikki, somos nós, viemos te ver". Não sei por que, mas perdi completamente a cabeça, xinguei-as de tudo quanto é coisa, mandei irem se foder etc. etc. Cá entre nós, não sei se eram as drogas falando ou a vergonha por estar tão chapado de cocaína e não querer que elas me vissem. Minha mãe vai ao show hoje. Tentarei me desculpar.

No avião, meia-noite

Estou bêbado... sentado no avião, a caminho do Canadá. Minha mãe foi ao show e, depois, quando ela veio me falar sobre o que acontecera no hotel, perdi a boa de novo. Mandei expulsarem-na do local... chamei-a de puta na frente de todo mundo... acho que, nesses momentos de confrontamento, me bate o quanto eu fui abandonado por ela e meu pai e isso vem à tona das maneiras mais maldosas possíveis. Minha irmã não tinha nada a ver com isso, mas, por algum motivo, na minha cabeça, acabei a vinculando também. Sei que deixei muita gente desconfortável esta noite ao gritar tanto e quebrar coisas, mas não consigo evitar agir dessa maneira. Gostaria de poder me desfazer de toda essa raiva...

CECI COMER: Minha mãe e eu fomos até Tacoma ver Nikki. Levei meus dois filhos – Jake tinha dois anos e Caleb era apenas um bebê. Precisei pagar pelo estacionamento no hotel e era todo o dinheiro que eu tinha. Primeiro, teve um monte de baboseira no lobby – Nikki mandou a recepção avisar para esperarmos dez minutos, que se transformaram em uma hora. Quando finalmente consegui permissão para subir até o quarto dele, bati na porta e ele perguntou quem era. Fiquei puta, porque ele deveria saber que era eu, mas respondi: "Oi, é a Ceci. Estou com os meninos aqui, você vai sair?". Ele só berrou muito alto, numa voz rouca: "Vai embora!". Fiquei totalmente arrasada e furiosa. Voltei para casa completamente enojada, só pensava: "Que babaca". Me senti desprezada.

DEANA RICHARDS: Ah, meu Deus, aquilo foi tão doloroso... Chegamos à recepção e perguntamos por Nikki. Eles nos disseram o número do quarto dele e nós ligamos, mas ele não atendia. Então subimos e batemos na porta. Podíamos ouvi-lo dentro do quarto, mas ele não vinha até a porta. Mandou a gente ir embora. Foi horrível. Aquele dia todo foi como um borrão horrível para mim, simplesmente lamentável.

Foi como uma outra noite alguns anos antes, quando o Mötley Crüe estava começando a fazer sucesso, e Nikki convidou Ceci e a mim para um show no Paramount Theatre, em Seattle. Fiquei muito contente e animada em vê-lo, depois de tantos anos. Ceci e eu fomos ao *backstage* para falar com Nikki, eu coloquei a mão nas costas dele e ele simplesmente me afastou bruscamente e saiu do camarim. Ele foi até o banheiro com Ceci e, ao segui-los, vi que ele estava usando cocaína. Aquilo partiu meu coração. "Nikki, o que você está fazendo?", perguntei. "Eu sei exatamente por que você veio aqui – você quer alguma coisa de mim. Quer meu dinheiro", ele respondeu. Fiquei muito chocada, porque era a última coisa que eu pensaria. Então fui embora... e aí fiquei sem ver ou ouvir falar de Nikki por muito, muito tempo.

NIKKI: Acreditar que fui abandonado pelo meu pai e, depois, pela minha mãe, me deixou segurando um caminhão de lixo cheio de sentimentos, e todo esse lixo começou a feder. Na época, eu não sabia o quão tóxico isso realmente era. Quando pensamos em guardar alguma coisa, geralmente é porque achamos que um dia vamos precisar dela, mas é diferente com sentimentos. Você os guarda e esquece, e então, um dia – como um serial killer que guarda todos os cadáveres na garagem – algo começa a cheirar mal. Dizem que um cão é o primeiro a sentir o cheiro de sua própria merda. Acho que um viciado em drogas é o último.

ON WITH THE SHOW
*Frankie died just the other night
Some say it was suicide*[XLVII]

16 DE OUTUBRO DE 1987 PACIFIC COLISEUM
Vancouver, 19h30min VANCOUVER, COLÚMBIA BRITÂNICA, CANADÁ

Ontem, no *backstage*, depois do massacre da família de Seattle em Tacoma, tomei uns drinks com umas garotinhas e parece que elas têm um contato que consegue um pacote de agulhas novas, então falei pra elas irem pro meu quarto depois do show. Trouxe escondido 30 gramas de heroína persa pro Canadá, mas falei pra elas levarem um *8-ball*, porque não quero ficar sem nada. Não vou falar pra elas que tenho droga. Foda-se... mas notícias correm rápido. Vou colocar Mott the Hoople pra tocar e me preparar pra entrar no palco. Meu corpo está tão cansado que sinto que poderia simplesmente cair morto.

Hoje a noite vai ser divertida. O nome de uma das garotas é Mouse. Não sei e nem quero saber o da outra...

17 DE OUTUBRO DE 1987
Hotel, 15h50min DIA DE FOLGA

Me olhei no espelho hoje e tudo o que vi foi a morte. Perdi peso demais e a minha pele está amarela, se não cinza. Meus olhos estão lá no fundo da cabeça e meu sorriso desapareceu. Visto couro e tento encobrir isso tudo com um comportamento defensivo, só pra conseguir atravessar esse inferno... A fama é ótima, não é mesmo? Alguém quer um pouco? Pois podem ficar com a minha... eu a detesto.

18 DE OUTUBRO DE 1987 NORTHLANDS COLISEUM
Backstage, 18h05min EDMONTON, ALBERTA, CANADÁ

Estou aqui lendo meus próprios diários... estou realmente me fazendo mal. Essas drogas me assombram. Essas páginas são um festival contínuo de amargura. Sou inteligente o suficiente pra saber que essas drogas e o álcool estão matando a mim e a minha música, então por que não consigo tomar as rédeas da situação?

Sonhei a vida inteira em fazer música, e tenho toda razão do mundo para estar feliz, porém, não consigo. Como saio dessa espiral descendente? Não consigo achar saída pra esse buraco. Gostaria de dizer a mim mesmo: "Se você está num buraco, ponha a pá de lado", mas não consigo. Estou viciado demais, só penso nisso, mas sei que há mais. Será que é porque nunca guardei luto por não ter um pai? Há uma razão, e eu tenho certeza de que ela está bem diante da minha cara. Sou orgulhoso demais pra pedir ajuda, mas é de ajuda que eu preciso.

Preciso segurar a onda. Preciso parar. Sinto que estou apodrecendo. Toda manhã, quando acordo, sinto o cheiro da morte em mim. A morte está logo ali, e a menos que eu saia dessa, não vou escapar dela. Como é que paro? Preciso ir pra reabilitação? Será que sequer há uma razão pra viver? É insano me perguntar isso, mas às vezes me pergunto se alguém sentiria minha falta se eu morresse... Será que alguém iria ao meu funeral?

Injetei muita cocaína ontem à noite com Tommy... e quando digo muita, foi muita mesmo. A porra dos meus braços parecem uma almofada de alfinetes. Show hoje, depois partimos pra Calgary. Mouse e Laurie (é esse o nome dela?) vão nos acompanhar...

TOMMY LEE: Acho que o momento em que eu finalmente concluí que Sixx e eu estávamos loucos pra caralho e tínhamos chegado à insanidade foi no Canadá, quando acabou a heroína e a cocaína e nós passamos a noite injetando Jack Daniel's. Depois, só pensei: "Que porra foi *essa*?". Nem me ocorreu que a gente poderia simplesmente só beber o JD. Mano, vou te falar, havia alguma coisa seriamente errada com a gente.

NÃO HÁ HERÓI NA HEROÍNA

19 DE OUTUBRO DE 1987
Calgary, 18h30min

OLYMPIC SADDLEDOME
CALGARY, ALBERTA, CANADÁ

Depois do show de ontem, viemos de avião pra cá e eu acabei injetando sozinho a noite toda. Tentei injetar Halcion também — qualquer coisa que funcione. Dormi por umas duas horas. Tenho um show pra fazer. Vou pedir uns drinks e dar o fora daqui. Nem desfiz as malas...

2º DE OUTUBRO DE 1987
Hotel, 17h20min   DIA DE FOLGA

Acabei de acordar. Tive mais uma noitada solo. Na verdade, minha cocaína acabou. Aquelas minas, Mouse e Laurie, estão com o Tommy, e eu sei que elas têm parafernália e heroína, mas disse que não vou usar nada e me entoquei no meu quarto. Estou muito entediado. Tocar guitarra é chato... ouvir música é chato... trepar é chato... eu sou chato.

Doug Thaler me perguntou se eu consideraria ir pra reabilitação. Pelo menos ele se preocupa. Estou cansado da turnê e cansado das drogas, mas não consigo me livrar de nenhuma das duas.

Ditado do AA:

ENJOADO E CANSADO DE ESTAR ENJOADO E CANSADO

21 DE OUTUBRO DE 1987
WINNIPEG ARENA
Hotel, 5h30min

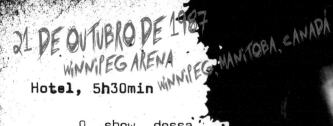
WINNIPEG, MANITOBA, CANADÁ

O show dessa noite foi muito afiado, foi mágico. Depois, Tommy e Fred foram pro meu quarto e ficamos bebendo e cheirando. Havia *zombie dust* envolvido também. Saí no corredor rapidinho e ateei fogo numa porta usando fluido de isqueiro e laquê — acho que era o quarto do Rich Fisher. O alarme de incêndio disparou e a segurança veio correndo, mas o Fred conseguiu inverter as coisas de um modo que ficou parecendo que foi culpa deles. Tommy e eu ficamos ouvindo por trás da porta, nos mijando de rir.

Aí, mais ou menos uma hora atrás, Doug ligou e me disse que eu poderia ter incendiado o hotel, o quarto era de uma família chinesa que ficou morrendo de medo. Merda! Eu estava só de sacanagem. Não é como se eu tivesse ateado fogo no hotel de fato! Que monte de merda! Agora está todo mundo puto comigo (de novo). Será que ninguém entende uma piada por aqui?

P.S. Vou maneirar. Você não acreditaria na fúria dos caras. Hora de partir pra Toronto...

FRED SAUNDERS: Nikki, Tommy e eu estávamos sentados no quarto de Nikki e ele foi até o banheiro – ou pelo menos pensamos que foi. Ao invés disso, ele saiu do quarto e despejou fluido de isqueiro numa porta e na maçaneta. Ateou fogo, bateu na porta e saiu correndo, então, quando o cara abriu a porta, ela estava completamente em chamas. No quarto estavam um jovem chinês e seu filho – isso poderia tê-los matado. A segurança do hotel subiu e eu comecei a berrar, dizendo que diabo de hotel era aquele. Eu tinha que tomar conta de uma banda e não precisava de alguém tentando atear fogo sorrateiramente nos quartos! Pediram desculpas a mim, e Nikki estava escondido no quarto, só rindo em silêncio.

22 DE OUTUBRO DE 1987 DIA DE FOLGA
Hotel, Toronto, 19h15min

Puta que pariu, preciso de um dia de folga. Minhas mãos estão fodidas e cortadas, bem como o meu corpo, de tanto eu me jogar pelo palco. Estirei um músculo da coxa e torci o tornozelo – quem disse que o rock'n'roll não tem riscos físicos? Hahaha... Hoje à noite T e eu vamos a um clube e, depois, daremos uma entrevista no rádio por volta da meia-noite.

O café da manhã chegou... vou nessa.

SIXX

Hotel, 5h30min

Bêbado – Tommy e eu nos divertimos demais ontem. Demos uma surra do caralho num imbecil que veio falar merda pro Tommy. O nome dele era Axl, e a princípio pensei que tínhamos surrado o vocalista do Slash, mas era outro cara. Depois subimos pra rádio... O DJ, Joey, foi legal pra caralho, mas acho que fizemos ele ser despedido. A gente se divertiu em excesso... fazer o quê...

JOEY SCOLERI: Em 1987, eu tinha 20 anos e era DJ de um programa de metal na rádio Q107 em Toronto. Usava o nome de Joey Vendetta. O programa ia ao ar todas as sextas-feiras, da meia-noite às 2h da madrugada, e fiquei empolgado com a oportunidade de entrevistar o Mötley Crüe.

Estava esperando entrevistar Vince e Mick, mas, com todo respeito a eles, Nikki e Tommy eram os caras mais concorridos. Tommy estava comendo a Heather Locklear e Nikki estava comendo todo mundo. Assim, fiquei pilhado quando foram eles que chegaram ao estúdio, embora eu ache que eles não acreditaram que esse moleque seria o DJ. Havia uma porrada de gente com eles, todo mundo bem estragado – lembro que Tommy tinha acabado de brigar com um cara que falara alguma merda a respeito de Heather no clube embaixo da rádio.

Começamos o programa e eu disse: "Oi, eu sou Joey Vendetta, Nikki e Tommy do Mötley Crüe estão aqui, e nós vamos conversar com eles depois desse som". Coloquei pra tocar uma faixa de *Girls, Girls, Girls* e, assim que começou, Nikki me passou uma garrafa de Jack. Não demorou muito pra eu ter vontade de virar tudo – eu era um cara de 20 anos que acabara de receber uma garrafa de Jack do Nikki Sixx, então virei metade dela de uma vez! Fiquei mamado em questão de dois minutos e só pensei: "Me fodi".

Nikki então me perguntou se eu já tinha usado cocaína. Respondi que não, e ele disse: "Bom, então você vai começar essa noite". Ele pegou um saco, onde não havia só um grama – era preciso uma pá pra mexer naquele negócio. Nikki pegou um pouco com a unha do dedinho e colocou sob o meu nariz, e eu cheirei com ambas as narinas.

Na época, eu não sabia que, quando você está bebendo, a cocaína ajuda a equilibrar as coisas, então, em uns trinta segundos, passei do Sr. Bêbado ao Sr. Super Autoconfiante. Quando a música acabou, comecei a tagarelar feito o Wolfman Jack[18] sob o efeito de ácido, a 250 km/h. Comecei a

---

18 Famoso radialista estadunidense das décadas de 1960 e 1970, conhecido por sua eloquência exuberante. (N. do T.)

entrevistar Nikki e Tommy e, de cada duas palavras, uma era "caralho" ou "puta" – conversávamos como se estivéssemos sentados num bar, ao invés de um programa de rádio.

"A gente pode fumar isso aqui?", perguntou Nikki, e então fumamos haxixe durante a entrevista inteira. Todo mundo pôde nos ouvir fazendo *psssssch* enquanto falávamos – não seria difícil deduzir o que estava rolando. Nikki então sacou a cocaína de novo, e os ouvintes puderam escutar a gente fumando e cheirando.

De repente, Nikki disse: "Vamos jogar um jogo – Adivinhe o Que Estamos Fazendo. Podemos dar ingressos pros shows como prêmio!". Pegou um microfone, aproximou da virilha e pegou uma lata de lixo de metal que estava num canto. Tirou o pau pra fora e começou a mijar na lata – não havia saco plástico nela, então o barulho era muito alto. Os ouvintes ligavam e perguntavam: "Vocês estão com a torneira aberta?". Nikki gritava: "Não, estou mijando numa lata de lixo!".

E então Tommy disse: "Adivinhem o que eu estou fazendo, Toronto!", e colocou o pau pra fora e começou a batê-lo na mesa. "Ah, não tem necessidade de fazer isso, cara", falei, mas ele dizia: "Cara, ouve só o barulho que faz!". Enquanto isso, os ouvintes ligavam e perguntavam: "Ele está batendo o pau na mesa?".

Decidi colocar os ouvintes no ar, o que foi uma atitude incrivelmente estúpida. Nosso diretor de programação sempre dizia para tentarmos fazer do ouvinte a estrela. Obviamente porque eu estava bêbado e chapado, não fiz nenhuma triagem, então o primeiro telefonema foi mais ou menos assim:

Ouvinte: Olá, eu sou a Megan.

Nikki: Oi, Megan, quantos anos você tem?

Ouvinte: Doze.

Nikki: Ah, que bom, adoro as de doze anos. Dá pra ouvir os ossos estalarem quando você coloca...

Ela só deu risada. Felizmente, Megan não fazia ideia do que ele estava falando. Quando Nikki, Tommy e todo o *entou-*

rage deles foram embora, me senti exausto, como uma puta que trepou com um monte de gente. Enquanto recolhia todas as latas de cerveja e garrafas de Jack, me dei conta de que poderia ser despedido na segunda-feira, mas concluí que, mesmo se fosse, ainda assim viraria uma lenda.

Na segunda, o diretor de programação me chamou para falar com ele. Pediu-me para levantar o dedo indicador da minha mão direita. Levantei, e ele me perguntou: "O que é que isso aí faz?". Respondi que não sabia, e ele disse: "Isso aí aperta o botão de desligar os microfones. Você é quem supostamente deve estar no comando – agora, vaza daqui!". O Mötley Crüe me convidou para ir ao camarim deles no show de Toronto, e Nikki e Tommy disseram que nunca haviam se divertido tanto numa entrevista de rádio. Nós nos demos muito bem. Não fiquei próximo de Vince e Mick. Mick sempre parecia muito desanimado, mas, agora que sei o quanto ele estava doente e o que ele tinha de aguentar daqueles idiotas do Nikki e do Tommy, o entendo completamente.

23 DE OUTUBRO DE 1987
DIA DE FOLGA

Hotel, Toronto, 16h

Uau, dois dias de folga em sequência. Estou com uma ressaca daquelas... Ontem à noite, um moleque de uma banda falou pra mim e pro Tommy que arrombou as portas do lugar onde tocamos aqui na turnê do Theatre of Pain, enquanto passávamos o som... lembro disso. Todos os fãs entraram correndo... hahaha... Depois de conversarmos mais um pouco, ele subiu no palco com sua banda VO5. Você tinha que ver o cabelo desses caras! Chegava no teto! Mas o fedelhinho cantava pra caralho. "Fica de olho, ainda vou ser um astro...", ele me disse.

E eu disse a ele: "Cuidado com o que você deseja...".

NIKKI: Bem, o garoto realizou seu sonho – mais tarde, entrou no Skid Row e se tornou Sebastian Bach. Sempre gosto desse tipo de história. Com que frequência vemos alguém conseguir exatamente o que queria?

24 DE OUTUBRO DE 1987 — CIVIC CENTER, OTTAWA, ONTARIO, CANADÁ
Backstage, Ottawa, 16h30min

Não estou com muita vontade de escrever. Nada de novo acontecendo, na verdade. Estou até que muito bem — as cicatrizes nos meus braços estão melhorando. Fiquei meio viciado aqui no Canadá, mas rebati com soníferos... pra mim, nenhuma novidade.

Hoje o show vai ser bom, mas amanhã é no Maple Leaf Gardens — o quão do caralho é isso? Ingressos esgotados — gostaria que Nona pudesse ter visto isso...

25 DE OUTUBRO DE 1987 — DIA DE FOLGA
Hotel, Toronto, 15h30min

O show ontem à noite no Maple Leaf Gardens foi insano... tocamos muito bem. Todos nos entreolhamos com grandes sorrisos no rosto, como nos velhos tempos.

Mais uma noite nesse hotel. Neste momento, preciso de duas coisas... dar o fora desse hotel, e dar o fora desse hotel. Parece que faz uma semana que estamos aqui. Praticamente já me mudei pra cá... passei fita isolante em todas as cortinas, não deixo as camareiras entrarem, de novo. Coloquei echarpes em cima de todos os abajures. Tem bandejas do serviço de quarto por todo lado e botei um pôster do NY Dolls na parede acima da cama. Está muito bacana aqui, mas é hora de ir embora. A banda quer visitar a casa de strip local hoje à noite — mais fácil que tirar doce de criança.

P.S. Não liguei pra casa nenhuma vez ainda. Não tenho motivo pra ligar. Tenho certeza de que Karen está passando bem... contanto que os fantasmas não saiam rastejando do meu closet.

Letra aleatória

POISON APPLES

Took a Greyhound Bus down to Heartattack and Vine
with a fistful of dreams and dimes.
So far out didn't know that I was in,
had a taste for a life of slime.
When push comes to shove, the music was the drug
and the band always got to play.
Sex, smack, rock, roll, mainline, overdose.
Man, we lived it night and day.

We loved our Mott the Hoople,
it kept us all so enraged.
And you love us and you hate us and you love us.
'Cause we're so fuckin' beautiful! [XLVIII]

27 DE OUTUBRO DE 1987
Hotel, Toronto, 13h.
THE FORUM, MONTREAL, QUÉBEC, CANADÁ

Acabei de comer. Preciso começar a fazer as malas e arrumar o quarto, porque eles vêm buscar a bagagem às 13h30min. Depois, embarcamos pra Montreal e, depois do show, voamos pra Nova York. À tarde, voamos pras Bermudas, porque vamos fazer um concurso da MTV lá chamado *Mötley Crüise to nowhere*.[19]

O show desta noite é o último com o Whitesnake − graças a Deus!

---

19 Em tradução livre, algo como "Mötley Crüzeiro para lugar nenhum". (N. do T.)

ROSS HALFIN: Quando Nikki trepava com garotas na turnê do *Girls*, era sempre muito discreto, pois queria levá-las sozinhas para o quarto e transar usando drogas. A única exceção foi em Montreal. Havia uma garota no *backstage* depois do show que estava a fim de um *gang bang*, e 43 de nós transamos com ela. Tommy foi o primeiro, Vince foi o segundo, eu fui o terceiro, porque, por alguma razão da qual me esqueço agora, Nikki quis ser legal comigo, e depois ele foi o quarto. O único que não quis participar foi Mick.

Essa garota era OK, por mais estranho que pareça, mas também havia uma garota Hells Angel lá que era repulsiva, com a vagina toda raspada. Tinha dentes estragados, tatuagens horríveis e um cinto de balas, e eu ainda tenho uma foto do *tour manager*, Rich Fisher, fazendo sexo oral nela enquanto Nikki observa rindo. O fato de ela ser tão medonha apetecia a Nikki: ele sempre gostava de fazer as piores coisas possíveis e, normalmente, fazia.

NIKKI: Para mim, o feio sempre foi belo, e a beleza costuma se revelar muito feia. Quando eu era mais novo, detestava o meu rosto. Era um rosto muito doce e inocente – sem armadura para proteger os nervos expostos. Essa é uma das razões pelas quais, mais velho, eu o distorci por meio de maquiagem e teatralidade. Quando tiro fotografias, sou atraído por documentar o lado mais obscuro e verdadeiro da vida ou da fantasia. Garotas? Naquela época, quanto mais rápido terminasse, mais rápido eu poderia me jogar no fundo do poço. A aparência delas só me interessava se elas se destacassem da maioria. Uma motoqueira toda fodida, para mim, era mais interessante do que uma modelo – o que me interessava era quem elas eram. Pessoas quebradas atraem pessoas quebradas. Eu era como um cara prestes a saltar de um prédio sem rede de segurança. Quanto antes o sexo terminasse, mais rápido eu atingiria a calçada... e mataria a dor.

28 DE OUTUBRO DE 1987
Hotel, Bermudas, 20h — DIA DE FOLGA

Acabei de chegar ao hotel. Cara, está tudo morto aqui. Nem o bar está aberto. Doc está aqui – ele fica olhando pra mim como se a qualquer momento eu fosse virar a cabeça 180º e cuspir sopa de ervilha verde nele. Quando falo alguma coisa, ele ri, mas um riso nervoso, como alguém à espera de uma danação iminente. Talvez isso seja bom – bons empresários precisam viver com medo. Vou assistir TV... eu sei, eu sei... estranho! Roubei um sonífero do Fred pra conseguir dormir.

Tenho comido feito um cavalo nos últimos dias. Acho que meu corpo precisa de um pouco de nutrição, ele passou por poucas e boas no Canadá.

DOC McGHEE: O Mötley Crüise era um concurso cujos vencedores não imaginavam aonde iriam. Então os levamos para o Triângulo das Bermudas. A MTV estava envolvida, e no primeiro dia recebi uma ligação de um cara do canal, dizendo que dois dos vencedores estavam presos na alfândega. Eram dois caras – os oficiais da alfândega abriram a bagagem deles e encontraram equipamento de voo, roupas femininas e dildos. Precisei ir até lá para liberá-los. Naquela noite, demos uma festa de boas-vindas e os dois caras apareceram completamente montados como drag queens. Tommy não percebeu e achou uma delas maravilhosa – "Cara, que gostosa da porra!", ele me disse. Quando expliquei que eram dois caras, o Mötley não quis ficar muito perto deles. Curiosamente, um deles era figurinista do Mötley e ganhou o concurso por acaso.

DOUG THALER: Quando o Mötley voltou das Bermudas, os caras me contaram desses dois moleques *crossdressers* doidos que estavam no cruzeiro. Posteriormente, acabei agenciando um deles numa banda chamada Toilet Boys. A essa altura, ele passou a usar o nome de Miss Guy.

29 DE OUTUBRO DE 1987
Hotel, Bermudas, 14h DIA DE FOLGA

Tommy, Fred e eu conseguimos Vespas e rodamos pela ilha de manhã. Usamos os capacetes ao contrário e agimos como pilotos kamikazes. Fazia tempo que eu não dava tanta risada. Tiramos umas fotos... mal posso esperar pra revelá-las. OK, preciso tomar um banho (já faz mais de uma semana) e ir até um barco aí por causa de algum concurso.

Voamos pra casa amanhã. Vamos gravar um clipe para You're All I Need com Wayne. Prometo não deixar o Sikki botar a cara feia pra fora. Mal posso esperar pra ver o meu cachorro, que mal conheci.

DOC McGHEE: Fomos de barco até uma ilha para participar de um concurso de dança da cordinha. Pensei que nunca poderia pedir ao Mötley Crüe para fazer a dança da cordinha, eles vão me queimar vivo, mas Vince é tão doente da cabeça que *queria* fazer a dança da cordinha. O concurso era só para casais, e quando Vince e Tommy foram até o sujeito gay que era o responsável pelo concurso e chamado de Rei da Dança da Cordinha, ele disse que eles não poderiam participar e não fazia ideia de quem era o Mötley Crüe. Vince ficou louco e berrou que aquela era a festa dele, então ele poderia fazer o que quisesse, mas o Rei não deixou mesmo assim, e começou a dançar sob uma barra de 30 cm. Vince ficou tão puto que passou a jogar pedaços de frango no cara. Acertou um no rosto dele, e o Rei da Dança da Cordinha foi embora furioso, de forma que fiquei com a MTV e uma galera furiosa nas minhas costas. Que ótimo. Incrível mesmo.

3º DE OUTUBRO DE 1987 DIA DE FOLGA
Van Nuys, 23h30min

Passamos o dia hoje filmando o clipe de You're All I Need com Wayne. Será que eu deveria mandar uma cópia pra Nicole?

Disse aos empresários que, quando a turnê recomeçar, preciso mudar o nome que uso nos hotéis para Sharon Needles.[20] Eles não gostaram muito da ideia, então é claro que esse vai ser meu novo nome. Bem apropriado, na minha opinião.

> Verso aleatório inédito
> *Nothing to share except these needles*

WAYNE ISHAM: Antes do clipe de "You're All I Need", tivemos uma longa conversa a respeito do que queríamos fazer. Vimos uma reportagem sobre um cara que havia matado a namorada, o que Nikki relacionou com acontecimentos de sua própria vida – ele insistia em dizer que havia um ângulo pessoal ali, mas eu nunca realmente entendi do que ele estava falando. Além disso, ele sempre adorou a ideia de Sid e Nancy, então quisemos um clipe sobre um relacionamento autodestrutivo.

O clipe começa com a polícia colocando o corpo de uma garota numa ambulância e prendendo o namorado dela, para só depois contar a história. Há muitos berros e gritos, mas nenhuma violência de fato – isso não impediu a MTV de banir o clipe, como de costume. Disseram que era literal demais e havia violência implícita.

Era uma coisa ousada a se fazer, típica do Mötley – eles adoravam dar um passo à frente e fazer coisas que outras bandas não tinham coragem. Originalmente, a banda nem aparecia no clipe, mas a gravadora nos fez incluir algumas imagens deles, que gravamos no meu estúdio. Gostaria de poder dizer que vi nos olhos de Nikki o estado mental em que ele se encontrava naquela época... mas não vi.

---

20 O nome é um trocadilho, tem a mesma sonoridade da expressão *"sharing needles"*, "compartilhando agulhas". Daí o verso que ele escreve logo em seguida: "Nada a compartilhar senão essas agulhas". (N. do T.)

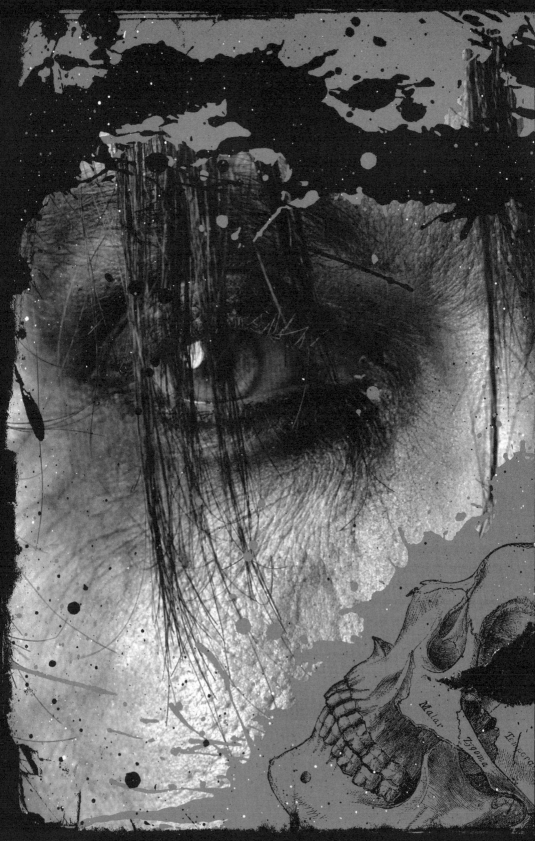

NOVEMBRO DE 1987

P.S. NÃO CONTEI PRA NINGUÉM, MAS ARRUMEI UM BALÃO DE HEROÍNA PERSA

1º DE NOVEMBRO DE 1987

Van Nuys, meio-dia DIA DE FOLGA

Estou lendo On the Road, do Kerouac, de novo. Sinto uma conexão muito grande com escritores como Kerouac, Allen Ginsberg e William Burroughs. Há quem diga que gostaria de ter idade o bastante pra ter vivido os anos 60, ou vivido na década de 20. Eu adoraria ter vivido em qualquer uma dessas épocas. Invejo a habilidade desses autores de chocar a sociedade com suas palavras e desafiar a lei com sua liberdade.

Estou sem drogas (hoje) e me sinto muuuito vivo. É bom estar em casa. Até agora, as baratas da minha vida ainda não descobriram que estou aqui. Já vou ter ido embora antes de elas virem se alimentar da minha fraqueza. Karen parece maravilhada com o fato de eu estar lúcido. Somos dois maravilhados, no caso. Talvez eu esteja vencendo esse negócio, pouco a pouco...

P.S. Adoro essa passagem do livro. Pra mim, ela descreve o Mötley com perfeição:

"Um brinde aos loucos. Aos desajustados. Aos rebeldes. Aos encrenqueiros. Aos pinos redondos nos buracos quadrados. Aos que veem as coisas de forma diferente..."

KAREN DUMONT: Não sei o que ele fez, mas Nikki conseguiu me passar uma boa impressão. Ele era mais forte do que todo mundo que eu conhecia no sentido de fazer as coisas parecerem OK. O fato de ele funcionar tão bem ao mesmo tempo em que usava quantidades enormes de droga mostra o quão bom ele era em manter a compostura. Houve momentos em que ele parecia bem surrado, mas, ingenuamente, atribuí isso à preguiça. Ele ria quando eu puxava sua orelha, mas nunca foi maldoso comigo e eu nunca me dei conta do quão mal ele estava. Sempre pensei que estar na merda trazia à tona o lado mais maldoso das pessoas. Vince era mais desse jeito – dava medo.

2 DE NOVEMBRO DE 1987 DIA DE FOLGA
Van Nuys, 15h

Lar, doce lar. Tomei café da manhã com Karen hoje. Eu mesmo cozinhei, de verdade... acho que ela só estava sendo educada, porque eu mal consegui comer os ovos, pareciam borracha. Falei pra ela que o novo clipe era baseado no filme Taxi Driver, e ela disse que não sabia se a MTV teria colhão pra passar. Por mim, tudo bem. A MTV está ficando tão chata, um canal chiclete, e tem um monte de banda bunda mole aparecendo e arruinando tudo.

Sinceramente, acho que ninguém compreende o que o Mötley realmente é, pois, se compreendessem, não nos copiariam. Somos um trem descarrilhado, um filho bastardo do punk rock com o heavy metal, e tem gente que acha isso bonitinho. Mal sabem eles. Preferíamos cortar a garganta de vocês do que fazer parte disso... Assim, espero que a MTV NÃO passe o clipe.

Fui ao parque com Whisky. Uau, tem muita garota gostosa por lá! Talvez eu devesse ter tomado banho semana passada, quando disse que tomaria... Elas provavelmente acharam que eu era um sem-teto. Melhor pra mim.

MINAS = PROBLEMAS... e conhecer uma mina num parque, com um cachorro, é a receita perfeita pro desastre.

P.S. Amanhã é meu último dia em casa. Preciso voltar pra estrada.

RODEO
Laughing like gypsies, show to show
Livin' my life like a rolling stone
This is how my story unfolds
Traveling man, never at home
Can't find love so I sleep alone
This whisky river has a long way to flow
All that I know is life on this road.[XLIX]

3 DE NOVEMBRO DE 1987
Van Nuys, 8h

MUNICIPAL AUDITORIUM
MOBILE, AL

A limo está aqui. Vou pegar um voo comercial ao meio-dia para New Orleans, de onde o nosso avião vai nos levar pra Mobile. Nem desfiz as malas (de novo). Talvez eu só jogue fora essas roupas e compre novas na estrada... a maioria delas já está toda furada, mesmo.

No avião, 17h

Sentado aqui no nosso avião, esperando a decolagem. Acho que o Vince ficou acordado a noite toda... parece meio surrado. Eu? Sim, geralmente sou eu o surrado, ou melhor, despedaçado. É incrível o que alguns dias sem ressaca fazem com sua disposição. Estou me sentindo criativo, o que, pra mim, significa vida. Minha luta é para manter a criatividade ou ficar num estado entre travado e completamente seco.

Backstage, Mobile, 19h

Acabei de chegar ao local do show. Estou muito cansado, porque não consegui dormir muito no avião. Tenho pensado muito nos meus pais. Parece que é o que faço nos últimos dias, em que não estou usando drogas. Acho que as drogas talvez sejam uma parte de mim matando a dor, mas, pelo menos desta vez, graças a Deus, não usei nada já faz alguns dias. Foi legal ainda não estar acordado quando a limo chegou.

Vou ali ver o Slash e os caras... eles se juntaram à turnê hoje. Agora, a má notícia pra eles é que Tom Zutaut disse que eles são um Mötley mais jovem e mais louco. Isso parece um desafio ou não?

SLASH: Ficamos muito empolgados pra cair na estrada com o Mötley. Tínhamos muito em comum – ambas as bandas eram de L.A. e tocavam o terror. Saímos em turnê pelo Canadá com o The Cult e tocamos com o Iron Maiden e o Alice Cooper, mas o Mötley Crüe era *cool* e estava no auge. Era a nossa chance de conviver com uns caras que estavam na cena há bem mais tempo que nós e estudar o terreno, ver se éramos mais doidos que eles.

```
                        LIVIN' IN THE KNOW

              TV says 10 dead for Christmas,
                       stalker on the loose
                  Another freeway shooting,
                 and I'll be hangin' by a noose
      I can't seem to shake it, I can't bend the spell
  Special thanks to Mom and Dad for bringing me to hell
```

4 DE NOVEMBRO DE 1987 CIVIC CENTER
Backstage, 18h10min — ALBANY, GA

Passei a noite em Mobile ontem. Bom demais ver o Slash. O Guns N' Roses foi incrível ontem à noite, mas os nossos fãs podem ser bem brutais. Ficaram só parados, olhando, pela maior parte do show — não querem ver ninguém além da gente. Talvez um dia a gente faça um evento tipo "Uma Noite Com o Mötley Crüe", mas Doug diz que isso é suicídio. Mas enfim, acho que eles vão ser enormes um dia, mas quem sou eu pra dizer? Pensava a mesma coisa dos Ramones...

Bebi muito pouco ontem (meia garrafa de Jack), mas sinto os demônios na minha cabeça batendo na porta e não quero deixá-los entrar (ou sair).

5 DE NOVEMBRO DE 1987
Hotel, New Orleans, 13h30min

Hoje decidi escrever uma carta pra minha mãe... provavelmente sem a intenção real de colocá-la no correio.

Querida Mãe,

Vou começar essa carta perguntando como você está, sem interesse real na resposta. Só tentando ser educado — um bom filho, por assim dizer. Se fosse pra ser sincero, perguntaria algo mais afiado. Talvez algo não tão simples, algo com que ambos pudéssemos nos relacionar, ao invés de "como está o tempo aí?". Ah, diabos, nós nunca fomos de esconder o desdém um pelo outro. Quer dizer, você me mostrou o seu ao me abandonar anos atrás. Mas vamos direto ao ponto — você chegava sequer a sentir a minha falta quando me mandava pra casa da vovó? Eu sequer estava nos seus pensamentos? Você chegou a chorar como eu chorei uma vez quando seu carro virou a esquina e disparou? Vou te dizer uma coisa — eu te amava, mesmo sem nem te conhecer. É a inocência de uma criança, então não me arrependo. Nona e Tom sempre me deram amor incondicionalmente, mas, quando menino, eu sentia falta da minha mãe. Deitado na cama à noite, me perguntava se você tinha saído para me comprar presentes naquele dia. Esperava pelo seu telefonema (que nunca vinha) e, no fundo do coração, sabia que você estava sempre planejando meu retorno. Sabia que era só questão de tempo até você me salvar... Realmente pensava que você me amava, mas estava errado. Você não tinha saído para me comprar nada exceto uma infância fodida e não planejava nada a não ser como arruinar minha vida inocente. Deixe-me fazer uma pergunta sincera — como você se sentiu quando fiz o mesmo com você? Arde quando você ouve o meu nome no rádio? Você sente suas entranhas se retorcerem, ou não sente nada? Seria triste se você não sentisse nada, porque meu plano de arrancar seu coração teria fracassado. Acho que fiz um bom trabalho até agora, mas não acabou entre nós até você morrer, e só então estaremos quites. Acho que a vida nem sempre dá certo, mas foi você quem começou isso. Espero que você morra de coração partido. A vida não é ótima?

Com amor, Seu Filho (?)

DEANA RICHARDS: Tom sempre me disse que um dia contaria a Nikki a verdade sobre o que aconteceu quando ele era criança – que Nona e minhas irmãs o tomaram de mim, ao passo que eu sempre o quis de volta. Sempre rezei para que Tom contasse isso a ele, porque eu queria que Nikki soubesse a verdade mais do que qualquer coisa no mundo. Mas Tom nunca contou.

Certa vez, em 2001, Tom se juntou a Nikki numa turnê que passou por Seattle. Fui até o aeroporto me encontrar com Tom por uma hora e perguntei por que ele ainda não havia contado a verdade a Nikki, mas ele só disse: "Ele não vai dar ouvidos". "Como assim, não vai dar ouvidos?", perguntei. "Nona já faleceu há muito tempo, você pode contar a verdade ao Nikki, e acho que você está empurrando com a barriga".

Olhei para Tom e disse: "Eu devia ter sido forte o bastante para enfrentar vocês. Vocês nunca conseguiriam tomar Nikki de mim se eu tivesse sido forte o bastante para enfrentá-los". E ele me olhou de volta e disse: "Sim, nós conseguiríamos!". Havia uma certa expressão no rosto dele, e um veneno em sua voz, e de repente eu percebi que, esse tempo todo, ele fazia parte do plano.

Minha filha Ceci literalmente salvou a minha vida, porque houve momentos em que eu pensei que simplesmente não aguentava mais a dor e quis acabar com tudo. Isso porque Nikki e eu ficamos separados por todos esses anos, mas eu nunca, nunca quis isso.

TOM REESE: Mentira! Eu nunca disse isso a Deana. Ela só está viajando tremendamente na culpa. Distorce a verdade e mente, como fez a vida inteira. Já contei a verdade a Nikki muitas vezes. Deana esteve tão drogada por tantos anos que não sei o quanto de cérebro ainda resta a ela, de verdade. Já falei isso a ela, a maneira como ela leva a vida... mas não vou mais me meter nisso. Tenho setenta e oito anos e simplesmente não preciso disso.

CECI COMER: Há tanta coisa que Nikki não sabe sobre a vida que eu e mamãe levávamos naquela época. Ela sempre agia como se tudo estivesse bem, mas quase nunca estava. Ela teve um derrame nos anos 1980, e teve um inverno em que ficou muito doente, e nós ficamos sem comida e óleo para o aquecedor na casa em que morávamos de aluguel. Eu comia torrada com ketchup e acordei tantas vezes com o cabelo congelado. Mamãe sempre amou Nikki e o queria conosco, mas passamos por muitas, muitas dificuldades.

Acho que o tipo de relação que mamãe e Nikki têm é comum demais, e muito triste. Tira o foco das coisas certas e as guarda num local escuro. A essa altura, todas as histórias estão muito convolutas e todo mundo parece sofrer de memória seletiva. Mas eu sei do seguinte – o que quer que tenha acontecido lá atrás, mamãe sempre quis Nikki do lado dela. Ela nunca desistiu. Nenhuma mãe desiste. O ponto final é que ele quer e precisa da mãe, e ela quer e precisa do filho.

6 DE NOVEMBRO DE 1987
CAJUN DOME
LAFAYETTE, LA

Backstage, 19h45min

O Guns está no palco agora, mas a coisa mais esquisita acabou de acontecer uns minutos atrás. A banda chegou e havia uma carreira de pó de uns dois metros de comprimento. Perguntei aos caras do Guns se eles queriam dar um teco, e eles só se entreolharam de um jeito esquisito. Por fim, Tommy disse: "Fala sério, vocês deveriam ser mais Mötley que o Mötley!". Assim, Axl se debruçou, deu a menor cheiradinha e tossiu, e então disse que eles precisavam subir ao palco. Quando eles saíram, nos entreolhamos e mandamos ver. "Beleza, mais pra nós", disse Vince, e então cheiramos nós mesmos, com Fred, Hawk e alguns dos *roadies.*

Preciso ligar pro Zutaut... porra, nem era tanto pó assim...

SLASH: Axl nunca foi muito de drogas, mas o Guns N' Roses era uma banda totalmente da heroína, e não dá para ficar usando na estrada, então estávamos bem limpos naquela turnê. Cocaína também nunca foi a minha droga de preferência. Nosso uso de drogas era uma coisa mais "um-dia-na-vida", uma crise interna pessoal que não queríamos revelar, ao passo que o Mötley estava disposto a ir até o inferno para ser a banda com a *persona* pública mais excessiva e ultrajante possível. Eles se esforçavam para ser a banda que mais consumia álcool e pó na cena. A imagem toda deles girava em torno disso.

NIKKI: Dizem para você tomar cuidado com o que deseja... mas nós nunca fomos cuidadosos.

7 DE NOVEMBRO DE 1987
Backstage, 17h — LAKEFRONT ARENA, NEW ORLEANS, LA

O show de hoje vai arrebentar, o público está louco lá no estacionamento. Já está todo mundo chumbado, gritando "Crüe! Crüe! Crüe!". Dá pra sentir quando as coisas estão no limite... rock'n'roll! Caos iminente é bom...

Vou dar uma saída hoje.

8 DE NOVEMBRO DE 1987
No avião, 16h20min

MISSISSIPPI COLISEUM
JACKSON, MS

Acabamos de pousar — estou com uma ressaca filha da puta.

Heather está aqui, então Tommy saiu com ela ontem à noite. Mick foi trepar com Emi. Vince fez a mesma coisa de sempre — foi pra uma casa de strip. Assim, levei o Slash pra uns bares legais no French Quarter de New Orleans depois do show. Ficamos pra lá de mamados. Levei-o até o Dungeon, mas não nos deixaram entrar. Slash perguntou o motivo e Fred explicou que, da última vez que estive lá, cortei o sutiã de uma garota do clube. Infelizmente para mim, era a namorada do dono.

P.S. Arrumei um balão de heroína persa — nada de agulhas, só pra perseguir o dragão. Em New Orleans, fica muito fácil. Comprei bem na frente de todo mundo e ninguém nem viu a transação, nem Fred. Consigo notar um *junkie* a 2 km de distância... e eles obviamente conseguem me notar também.

NIKKI: Quando o Mötley saiu em turnê com o Ozzy, em 1984, fizemos um show em New Orleans durante o Mardi Gras. Ozzy Osbourne e Mötley Crüe em New Orleans no Mardi Gras = má ideia. Nossos empresários estavam muito apreensivos, assim como Sharon Osbourne. Ozzy saiu com Vince e eles se meteram em todo tipo de encrenca. Tommy e eu levamos o guitarrista do Ozzy, Jake E. Lee, ao Dungeon Club. Como sempre, eu tinha um canivete, e lá havia uma garota usando um top que basicamente expunha tudo, mas escondia o bastante pra me encher o saco. Então saquei o canivete, cortei o top e o arranquei. Os peitos dela pularam para fora e eu disse: "Agora sim a festa começou!". De repente, surgiu uma sombra em cima de mim – o segurança do clube. Era a namorada do dono mesmo. O cara então pegou Tommy, Jake e eu, nos jogou na rua e começou a nos bater com uns tacos de baseball com rebites. Arranhados e surrados, saímos correndo. Anos depois, quando voltamos ao Dungeon, nos informaram que estávamos banidos do lugar. Falei que aquilo havia acontecido há muito tempo, e eles disseram: "Não na *nossa* lembrança".

FRED SAUNDERS: Passamos horas dirigindo pelo French Quarter de New Orleans na tentativa de encontrar um amigo de Nikki para arrumar heroína. Falei que não ia deixá-lo usar, então ele me demitiu. Nikki me demitia a torto e a direito. Depois, tentamos ir ao Dungeon Club, mas eles se recusaram a nos deixar entrar, o que, francamente, não me surpreendeu nem me incomodou.

9 DE NOVEMBRO DE 1987 DIA DE FOLGA

Hotel Marriott, Huntsville, Alabama, quarto 432, 16h30min

Tocamos em Huntsville há um ou dois anos, e um garoto alegou que jogamos cacos de vidro na plateia e ele ficou cego. Doc diz que ele está nos processando — o garoto diz que tínhamos canhões no palco (hã, esse é o AC/DC) e disparamos vidro neles. Cheguei até a ouvir que disparamos pedaços de metal também... que porra é essa? Espero que esse moleque não venha nos ver hoje.

Ah, é, porra, ele é cego, então não vai ver mesmo.

1º DE NOVEMBRO DE 1987
VAN BRAUN CIVIC CENTER
Hotel, meio-dia — HUNTSVILLE, AL

Porra, acabei de receber uma ligação do Rich. Slash e eu ficamos bêbados e brigamos no bar ontem à noite, e parece que ele bateu o pescoço e está bem zoado. Vai precisar usar uma tala no pescoço. Porra, estou me sentindo mal por isso... é sempre divertido, até alguém se machucar...

P.S. Ainda estou me perguntando se o moleque cego vai aparecer no show hoje.

SLASH: Nikki e eu ficamos horas bebendo no bar e começamos a brigar. Nikki é um cara bem grande e caiu em cima de mim. Na manhã seguinte, acordei com quatro vértebras deslocadas, na cama do técnico de bateria de Tommy, Spider. Precisei consultar com médicos e fazer sessões de acupuntura pelas três semanas seguintes na turnê. E o tempo todo que estava no palco precisava ficar de cartola e não me mexer um centímetro.

11 DE NOVEMBRO DE 1987
JEFFERSON CIVIC CENTER
Hotel, 3h10min — BIRMINGHAM, AL

Lutando contra tudo. Sinto que estou em guerra contra tudo e todos. Não entendo... por que não sinto nada além de raiva? O único momento em que não me sinto assim é quando estou anestesiado. Só que não está funcionando como antes. Estou farto de escrever sobre isso, mas é o único jeito que tenho de desabafar. Estou cansado pra caralho, e não sei por quê. Por que são essas as palavras que sempre estão na ponta da minha língua — POR QUÊ?

Por que fui tratado daquele jeito quando criança — como se fosse apenas um estorvo?

Por que minha mãe sempre queria estar com outra pessoa que não fosse eu?

Por que meu pai me deixou?
Por que não acredito nem confio num Deus?
Por que estou aqui?
Por que não consigo parar de usar drogas?
Por que não consigo encontrar amor?
Por que, por que, por quê...

FATHER

All these years, an angry child
Broken, shattered, torn inside
I feel old, I feel dead
Barely hangin' by a thread

Father, where were you?

To my father, how could you run?
You walked away, abandoned your son
Broke my heart, left me dying
So fucked up, where I came from

What's a father without a son?
It's like a bullet without a gun[LI]

CECI COMER: Meu próprio pai sempre questionou se eu era mesmo filha dele, e deixou claro ao longo dos anos que ele se importava mais consigo mesmo do que comigo. Com o pai de Nikki é diferente, porque Nikki nunca teve a chance de levar um tapa na cara como esse. Só conseguia supor. Talvez tenha sido melhor para ele o pai não estar por perto como o meu esteve, mas não saber a verdade – a sua própria verdade – é uma dor que te consome. Sei que Nikki se pergunta como seria ter um pai, mas é essa síndrome de poderia/teria/deveria-ter-sido que é tão difícil de lidar, porque, no fim das contas, você nunca vai saber.

14h15min

Alguém estava batendo na porta sem parar, até eu gritar mandando se foder. E então Fred ligou dizendo que era hora de recolher a bagagem. Acho que vamos sair às 14h30min. Porra de comprimidos e heroína... então, o que eu faço? Rolo na cama e começo a escrever. Você é meu único amigo e eu sinto que preciso falar com você. Parece que não consigo encontrar meu sorriso, minha paixão, não consigo encontrar a mim mesmo... estou me afogando.

Não sei o que é pior, o vício que me assombra ou o meu deslize gradual rumo à insanidade. Não consigo nem expressar em palavras o que estou sentindo — sei que não sei, e essa é uma sensação louca pra caralho. Vou tentar me reerguer e engolir o sapo, mas, se devo ser honesto, a podridão está começando a transparecer.

Backstage, 18h30min

Acabei de chegar atrasado pro show, por minha culpa. Acho que estou no Alabama. Dei de cara com o Duff, que estava de cueca boxer, botas de cowboy e sem camisa. Falei: "E aí, Duff, visual legal". Ele disse que uma garota roubou todas as suas roupas ontem à noite enquanto ele estava desmaiado. Agora, isso é engraçado pra caralho. OK, preciso de um drink.

P.S. O que é que tem 48 pernas e 12 dentes? A primeira fila do show no Alabama...

12 DE NOVEMBRO DE 1987 DIA DE FOLGA
Hotel Marriott, Savannah, Geórgia, 16h

Liguei pra casa e chequei a secretária eletrônica. Duas mensagens. Uma era engano e a outra era uma garota (não sei quem) dizendo: "Ei, Nikki, vai se foder".

Isso basicamente resume a minha vida em Los Angeles.

13 DE NOVEMBRO DE 1987 SAVANNAH CIVIC CENTER SAVANNAH, GA
Hotel, 14h40min

Acabei de acordar. Meus olhos estão remelentos. Visual legal. Estou com a cara afundada em A Revolução dos Bichos, de George Orwell, pela zilionésima vez. Amo muito esse livro, é tão paralelo ao rock'n'roll. Afinal de contas, nós somos meio que os animais que estão tomando a sociedade, sem nunca pensar qual será o final.

dessa história — e, se o fizermos, veremos que será estragado. Grande livro.

Ontem à noite, Tommy e eu enchemos o elevador com todos os móveis dos nossos quartos, e então Tommy saiu correndo e ligou pro Slash e pro Duff e disse a eles pra nos encontrarem no lobby. Esperamos, pulamos pra dentro do elevador e apertamos o botão do lobby. Quando as portas se abriram, lá estavam eles à nossa espera. Ficamos relaxando no elevador, todo mundo começou a rir, ficamos subindo e descendo, bebendo e cheirando, até o pessoal do hotel dizer que ia nos expulsar.

Ah, o rock'n'roll...

TOMMY LEE: Certa noite, Slash foi beber comigo e com Nikki e tentou nos acompanhar no Jack Daniel's, shot a shot. Ficamos horas no bar e, de repente, Slash colocou a cabeça embaixo da mesa e vomitou por todo lado. Estava começando a apagar, então nós o levamos até seu quarto, onde ele capotou de imediato, o deitamos na cama e tiramos uma Polaroid dele deitado de costas, desmaiado, e Nikki com o saco no queixo dele. Essa foto se tornou a credencial do Slash na turnê: ele deitado inconsciente, com as bolas do Nikki no queixo.

14 DE NOVEMBRO DE 1987
Hotel, 16h30min
COLISEUM
COLUMBIA, SC

Releio meus diários e, na metade das vezes, nem escrevo quando os traficantes aparecem... parece redundante demais. Mas eu disse que tentaria registrar todos os momentos, bons ou maus, nesses diários, então aqui vai.

Tem nevado de novo. Já faz algumas noites que não durmo mais do que uma ou duas horas. Estou começando a me esconder no quarto de novo. Sinto que posso estar caindo nos meus velhos hábitos novamente e é como um carro fora de controle, não há nada que eu possa fazer. Não quero usar as drogas, mas só consigo pensar nisso. Se eu não usar (bem, não consigo não usar)... encontrei um pouco na mala e injetei esse resto de heroína, depois de cheirar uma tonelada de cocaína ontem à noite... então estou sem mais heroína. Queria tê-la achado quando ainda tinha um pouco de pó... um *speedball* teria sido legal. Estou passando muito mal.

DOC McGHEE: As pessoas me perguntam por que eu nunca confrontei Nikki a respeito dos vícios dele, mas nós sempre tentávamos conversar com ele e simplesmente não adiantava nada – a conversa ficava feia bem rápido. Quando artistas morrem em turnê, os fãs dizem que, se os outros caras da banda os amassem de verdade, teriam ajudado, ao invés de deixá-los morrer sozinhos num quarto de hotel. A verdade é que os companheiros provavelmente tentaram intervir inúmeras vezes, mas, por fim, quando alguém é o tempo inteiro desagradável, você acaba ficando anestesiado com a situação.

15 DE NOVEMBRO DE 1987

Backstage, 19h GREENSBORO COLISEUM

GREESNBORO, NC

Tédio. Não vejo a hora de subir no palco e ter alguma porra pra fazer.

16 DE NOVEMBRO DE 1987 DIA DE FOLGA

Hotel, Knoxville, 5h30min

Pousamos em Knoxville há duas horas. Fui até o quarto do Tommy, cheiramos umas carreiras e ouvimos música. O pó acabou, então fomos até o quarto do Fred pra um ás na manga, mas ele só tinha um pouquinho. Porra! Amanhã é dia de folga e estou a fim de ficar chapado. Agora estou pescando... boa noite.

FRED SAUNDERS: Eu tinha um pequeno truque que usava com Nikki quando ele vinha me rondar para conseguir cocaína de madrugada. Ele ligava para o meu quarto dizendo: "Cara, ás na manga". Antes que ele chegasse, eu esmagava um sonífero, esticava uma carreira e dava para ele cheirar. Começávamos a conversar e, em questão de cinco minutos, ele já bocejava, dizendo que estava cansado. Eu então o conduzia de volta ao quarto e o colocava na cama. Acho que ele nunca descobriu que eu fazia isso.

15h25min

Grande show ontem à noite em Greensboro. Eu realmente me senti numa das melhores bandas do mundo por uma hora e meia. Senti que não havia nenhuma alma azeda e decadente ali em cima do palco. Castigamos o público com o volume do som e fazia tempo que não estávamos tão afiados. Depois do show, foi diferente. Tentamos conseguir pó – foi a coisa mais esquisita do mundo! Do tipo, basta mencionarmos pó e as ondas do rádio ficam em silêncio. Ninguém responde, ou então dizem que estão ocupados e retornam pra gente depois. Acho que tem alguém dizendo pros *roadies* e pro resto da equipe não nos dar mais drogas.

Meia-noite

Estou sentado aqui sozinho no quarto, me perguntando que diabos eu deveria fazer quando não estou no palco ou usando drogas.

Tenho momentos de completa lucidez e faço muitas perguntas, e elas machucam, porque não tenho a maioria das respostas.

SLASH: Naquela turnê, fiquei maravilhado com o fato de o Mötley Crüe ter todo um sistema intrincado de gente com walkie-talkies procurando por pó. Eles sempre pareciam saber onde havia a cocaína mais próxima, mas, para ser sincero, tentar cheirar o máximo de pó possível me parecia muito chato. Se fosse heroína, a coisa teria sido muito mais sinistra e dramática.

17 DE NOVEMBRO DE 1987 KNOXVILLE COLISEUM
KNOXVILLE, TN
Hotel, 13h40min

Algumas noites, ao deitar a cabeça no travesseiro, tudo o que consigo ouvir é um zumbido, e isso está piorando a cada ano. Nunca falo disso, acho que simplesmente se tornou normal pra mim, mas, nos últimos tempos, tenho ouvido esse zumbido ao acordar também, se houver muito silêncio. Acho que, contanto que isso suma quando a turnê acabar, por mim, tudo bem.

18 DE NOVEMBRO DE 1987 JEFFERSON CIVIC CENTER
BIRMINGHAM, AL
Hotel, Knoxville, 3h15min

O show foi bom, ingressos esgotados, como de costume. Drogas, OK, álcool, OK, *groupies*, OK, depressão, OK. Uma garota me pediu um autógrafo e eu perguntei por que ela queria. Ela disse que era porque me admirava. Eu então falei que ela talvez devesse procurar um psiquiatra! Ela começou a chorar, e eu, a rir.

Foda-se essa merda toda. Não quero ser uma estrela.

Não entendo mais nada. Bob Timmons não para de me ligar, me pedindo pra considerar a reabilitação. Pergunto se existe algum lugar que não vai vir com pregação de Deus pra cima de mim, como o último. Ele só suspira e dá um riso nervoso. Ninguém me entende... ninguém.

Estou solitário... Não sei como viver e parece que não consigo morrer.

Backstage, 18h15min

Acabamos de chegar de avião pro show. Hotel, agora, só quando chegarmos a Atlanta. Sinto que a minha pele está apodrecendo. Cheiro à merda e a minha merda tem cada vez mais traços de sangue. Não consigo explicar como estou me sentindo, só que me sinto como se estivesse prestes a explodir em lágrimas a qualquer momento. Fico andando em círculos pelo quarto noite após noite... parece que não consigo encontrar um caminho. Que porra está acontecendo comigo? Não vejo a hora deste show terminar pra eu poder me esconder. Sabe, não sei dizer o quanto mais eu aguento. Vou ligar pro Bob e pedir a ele o telefone de algum psiquiatra. Por dentro, estou gritando por ajuda, e por fora finjo que está tudo OK. Mas sei que não estou fingindo muito bem.

TOMMY LEE: Nikki nunca foi o cara que sai cambaleando e caindo por aí, e que as pessoas mandam se cuidar, colocar a vida no lugar. Ele simplesmente ia para o quarto usar drogas sozinho. Todos nós meio que fazíamos isso. Depois de meses em turnê com os mesmos caras, viajando, comendo, dormindo e trepando juntos, nós só queríamos ir cada um para o seu quarto depois dos shows e, às vezes, nem ver uns aos outros. Eu me sentava no meu quarto e cheirava uns dois gramas de cocaína sozinho. Os caras me ligavam e perguntavam: "O que você tá fazendo?". E eu respondia: "Nada – tchau!". Umas duas horas depois, era eu quem ligava para eles: "Ei, cara, você tem pó aí?". Estávamos distantes, cada um fazendo joguinhos em seu próprio mundinho.

19 DE NOVEMBRO DE 1987 DIA DE FOLGA
Hotel Ritz Carlton, Atlanta, Geórgia, 20h

Fiz muitos nadas hoje. Toquei um pouco de guitarra, li, não tinha que ligar pra ninguém, exceto pro escritório... Doc sumiu do mapa de novo. Acho que ele está de férias em algum lugar aí. Fico puto de pensar nele deitado em alguma praia com um drink naquela mãozinha gorda, observando o pôr do sol, capaz de desfrutar do dinheiro que rendemos a ele, enquanto Doug e a banda são só escravos desse corre.

Falei com Slash no hotel dele, disse pra me encontrar aqui por volta de umas 21h pra gente sair... talvez ir a uma casa de strip. Falei pra ele convidar os outros caras do Guns, mas só Duff e Steven vêm junto. Estou tentando de verdade sair desse estupor. Conversei com Bob Timmons e perguntei se existe algum remédio pra depressão. Ele me disse que sim, mas que ficar sóbrio curaria muito essa sensação. Tenho de admitir, sentado aqui com esse uísque na mão e um prato de ovos comidos pela metade... é assustador, mas intrigante. Sei que, quando estou perdendo a cabeça pras drogas, faria qualquer coisa pra parar, mas quando o efeito passa e a cabeça clareia, sinto a necessidade de tentar

controlar o uso mais uma vez.
Mas agora há algo mais me erodindo e eu não sei o que é.

Bob disse que pode achar um psiquiatra pra mim em L.A., um que trate de dependência, mas eu falei que a coisa vai mais fundo do que isso. Meus machucados estão explodindo, e a dor original está se enchendo de pus. São as questões da infância ou eu estou perdendo a sanidade?

20 DE NOVEMBRO DE 1987 THE OMNI ATLANTA, GA
Hotel Ritz Carlton, Atlanta, Geórgia, 5h

Estou bêbado e de muito bom humor. Slash e eu fomos pro bar do hotel e ficamos mamados. Ele vomitou espaguete pelo bar inteiro, depois pediu mais um drink. Eu sempre quis um irmão mais novo, acho que acabei de encontrá-lo... boa noite.

TOM ZUTAUT: De um copo de uísque até a próxima dose de heroína, Nikki e Slash estavam ambos no mesmo trem, ao mesmo tempo, saltando de uma festa para outra, procurando pelo máximo de diversão possível em suas fantasias mais loucas de rock'n'roll. Slash também era muito sociável, divertido de se conviver, gentil e atencioso, e foi muito grato a Nikki por ter dado ao Guns a oportunidade de participar da turnê com o Mötley. Também era sempre o último a ir embora do bar, então não era difícil para Nikki encontrá-lo quando quisesse se divertir ou chapar. Axl era diferente. Levava muito a sério os esforços para levar o G N' R a um outro nível e não ficava nada contente com os excessos em que sua banda andava se metendo. O que Nikki não sabia na época era que a Geffen estava prestes a largar mão de *Appetite for Destruction* por volta das 200 mil cópias vendidas e dizer ao Guns para fazer o disco seguinte. Ao invés disso, o Mötley manteve o trem noturno do G N' R na velocidade máxima, no turbo, e fez a balança pender para a Geffen continuar a promover *Appetite*, que acabou vendendo mais de 20 milhões de cópias.

16h20min

Temos um show com ingressos esgotados aqui esta noite, depois mais um daqui a alguns dias. Rota estranha pra caralho. Compor umas músicas, escrever poesia, ler... nada muito interessante na TV. Minha vida gira em torno do corre do rock'n'roll: hotel-show-hotel-show-hotel-show... essa repetição te esgota demais. Acrescente então algumas ressacas, um comprimido ou dez, um pino ou dois... e, oh, Deus, não esqueça das garotas que mal conseguem contar até 10 e dos sanguessugas que dizem ser seus amigos...

Parece que esse ciclo nunca termina, então sinto muito prazer em sacanear o pessoal do serviço de quarto. Abro a porta nu ou de canivete em punho, só de botas de cowboy, e pergunto em que cidade estamos (ainda com a maquiagem do show da noite anterior)... É divertido ver as pessoas tentarem agir como se não houvesse nada errado. Às vezes recebo uma ligação de Rich ou de Fred e eles dizem: "Siiiixxxxxxxxx, você está assustando o pessoal do hotel de novo!". OK, hora de ir para o show...

Backstage, 19h45min

Acabei de sair da mesa de massagem aqui do camarim. Estávamos tomando uns drinks e Doc acabou de entrar dizendo que Axl foi preso por pular no público. Slash está lá no palco cantando uma música dos Stones e não está nada bom. Acho que é melhor eu me preparar... acho que o público provavelmente está ficando desordeiro...

23h

Slash quer sair porque está puto com Axl, então vou levá-lo a uma casa de strip matadora. Acredito que eles têm de esperar o vocalista sair sob fiança amanhã. Acho que não vou oferecer heroína ao Slash, porque sei que ele já teve problemas... um de nós recair já é ruim o bastante.

DOC McGHEE: Axl Rose estava no palco em Atlanta quando viu um dos seguranças, que calhava de ser um policial de folga, empurrando os fãs da banda. Axl saltou do palco e começou a brigar com o segurança, então os demais o pegaram e o levaram para os bastidores. Nisso, Slash cantou algumas músicas, o técnico de bateria do Guns cantou "Honky Tonk Women" – quatro vezes, terrivelmente mal. Eu disse aos seguranças: "Olha só, deixem Axl terminar o show, depois, por mim vocês podem até atirar nele", mas eles chamaram a polícia. Disse a Axl para cooperar com os policiais, assim eles o soltariam. Nisso, um policial entrou e perguntou o nome completo dele, e Axl respondeu: "Vai se foder!". Pronto – foi preso e dormiu na cadeia.

21 DE NOVEMBRO DE 1987 UTC ARENA
Hotel, Atlanta, meio-dia CHATTANOOGA, TN

Partimos pra Chattanooga em algumas horas. Estou com muita ressaca e não me lembro de muita coisa. Acordei com uma garota negra ao meu lado às 6h, não tenho a mínima ideia de onde ela está ou quem é ela. Mandei ela embora daqui. Acho que invadi o quarto do Doc e serrei a cama dele no meio ontem à noite, mas vou ter que esperar pra ver – talvez eu tenha só sonhado.

Preciso de café. Tem uma carreira esticada no meu criado-mudo, mas acho que eu vomitaria se a cheirasse. Estou lembrando alguma coisa com *zombie dust*.

Backstage, Chattanooga, 18h40min

Porra, estou me sentindo como cocô de cachorro. Mal vejo a hora de voar de volta pra Atlanta e ir pra cama. Vomitei no banheiro do avião duas vezes. Acho que eu realmente serrei a cama do Doc no meio... minha memória está clareando. Também tentei jogar a cama do Fred pela janela (por isso que estou de olho roxo) e Mick tentou pular da janela... ele estava doido pra caralho. Doc me contou que todos nós botamos o pau pra fora no bar, derramamos Jack neles e ateamos fogo. Que porra, não tenho mais nenhum pelo pubiano. E tenho um show pra fazer. Posso ouvir o Guns no palco tocando, então acho que tudo voltou ao normal.

DOC McGHEE: Nikki e Tommy serraram minha cama no meio, de forma que, quando deitei, ela desmontou. Dois dias depois, arrumaram uma arma de chumbinho, colocaram uma fileira de discos no fim do corredor e se deitaram no chão para atirar neles. Quando a segurança chegou, o corredor estava repleto de chumbinho e vinil despedaçado. Certa vez, na Suíça, eles compraram o que pensaram ser uma arma de chumbinho, mas carregaram com sinalizadores. Foram para o quarto de Vince, ele disparou a arma e o sinalizador disparou e ricocheteou na parede. Correram todos para o meu quarto para me avisar, mas é claro que, quando voltamos para o quarto de Vince, a porta havia se fechado. Então desci até a recepção para pegar uma chave reserva, e havia um cara que tinha as chaves reservas de todos os quartos do hotel numa corrente enorme pendurada no pescoço, que disse: "Claro, vamos lá e eu abro pra vocês". "Que nada, só me dá a chave" – quase saí no braço com ele. No elevador a caminho do quarto, comecei a falar como o hotel era ótimo, e, assim que ele abriu a porta, a fumaça invadiu o corredor, os alarmes de incêndio e os extintores dispararam e a cama estava pegando fogo. E então nos expulsaram do hotel.

Spent a million dollars on amphetamines
Crashed a lot of cars
Fucked all the stupid stars in Hollywood
Because I could[LII]

22 DE NOVEMBRO DE 1987

THE OMNI, ATLANTA, GA

Hotel, 13h10min

Porra, ontem fui direto pra cama. Dormi por 12 horas seguidas. Nossa... me senti uma merda ontem. Não faço ideia de como fiquei tão fodido, mas fiquei. Doc ainda não conseguiu entender como entrei no quarto dele e cortei a cama no meio. Fazemos isso com Rich Fisher o tempo todo — entramos no quarto dele pra roubar comprimidos. Acho que vou descer pra pegar uma sauna e receber uma massagem. Hoje estou me sentindo bem pra caralho. Então é essa a sensação da sobriedade? Hmm...

23h

Uau, acabei de sair do palco. Agora há pouco estava na sala de recepção e uma garota negra me abordou junto com seu filho, seu pai e sua mãe, e me apresentou a todos eles: "Esse é o Nikki, blá blá blá". Eu não fazia ideia de quem diabos era ela, mas entrei na onda. Perguntei se alguém queria uma bebida e fui até o camarim pegar umas cervejas pra eles. Puxei Fred de lado e perguntei quem era aquela mina com o filho, e ele respondeu que era a garota da casa de strip que peguei outro dia.

Que porra foi essa? OK, então acho que estava fodido da cabeça, mas por que ela trouxe o filho e os pais? Que diabos eu falei pra ela? De repente, me deu a maior dor de barriga e eu precisei pedir licença. Fui educado, mas não conseguia ver a hora de vazar dali. Fiquei escondido no camarim até eles irem embora... Que porra foi aquela?

MINAS = PROBLEMAS.

Hora de ir pro avião do Mötley... rumo a Orlando...

23 DE NOVEMBRO DE 1987 DIA DE FOLGA
No avião, 2h45min

Tommy e Vince estão mamados pra caralho e batendo boca. Mick está com uma cara de saco cheio disso tudo e eu estou só observando a escuridão pela janela. Se não sairmos da estrada, vamos acabar a banda... pode escrever o que estou dizendo.

Hotel Stouffers, quarto 1267, Orlando, Flórida, 23h

Acabei de voltar do bar. Tentei conversar com Tommy sobre como estou me sentindo e simplesmente não acho que ele compreende. Ele está feliz o tempo todo... o que me deixa ainda mais louco. Talvez eu tente falar com o Mick...

23h15min
Fui até o quarto do Mick pra conversar com ele, mas Emi estava lá, então fui embora.

3h

Acabei de tomar um punhado de comprimidos. Com sorte, talvez eu não acorde... boa noite.

NIKKI: Alguns anos depois, me foi receitado um antidepressivo e a minha vida deu uma reviravolta em três dias. Na época, era uma droga experimental, hoje conhecida como Prozac. Eu estava em turnê há meses e tinha saído de casa apenas umas poucas vezes. Estava finalmente livre das drogas, mas a depressão estava piorando. Em 1987, eu sabia que havia algo errado, só não sabia o que era...

MICK MARS: Se eu sabia, na época, o quanto Nikki estava deprimido? Na verdade, não, nem um pouco. Eu não prestava atenção de verdade, exceto quando ele provocava Emi e a mim. Só fazia o que precisava fazer, que era tocar o show, e normalmente já estava bêbado mesmo. Não me importava muito. A banda estava se autodestruindo, então eu só pensava: "Foda-se".

I'm feeling rotten today
I guess
I forgot I am shot
I'm not OK
So long to pain,
So long to games
So long say goodbye
Someone tell me why,
I'm feeling cold inside
Do I wanna, do I wanna die?
Someone tell me why,
It's building up inside
Do I wanna die and
Kiss it all goodbye?

I'm a sinking ship
On a sea of bliss, I'm not OK
I'm blind to this
Is this just a test
To help me see?[LIII]

24 DE NOVEMBRO DE 1987 — LAKELAND CIVIC CENTER

Backstage, 18h45min — LAKELAND, FL

Viemos de helicóptero pro show. Izzy veio até o camarim (milagre) e nos apresentou à sua namorada. Ai, meu Deus — já posso dizer Bruce Dickinson de novo? É uma mina chamada Suzette que eu comi num banheiro em Hollywood quando ela tinha 17 anos. Depois, passei a comprar drogas dela. Ela ia até a minha casa, eu a amarrava e a tratava como um animal de fazenda. É bonitinha, desde que não abra a boca. Eu costumava colocar uma mordaça nela, pra não ter de ouvir as baboseiras de cocaína dela. A vida é esquisita e está ficando cada vez mais.

Quando ela entrou com Izzy, agi como se nunca a tivesse conhecido. Então, quando eles foram embora, Tommy disse: "Sixx, cara, é aquela mina do chão do banheiro do Whisky A Go-Go, lembra?". Ah, nossa, caralho, eu tinha me esquecido disso também. Voltamos de helicóptero pro hotel depois do show — tocamos aqui de novo amanhã. O Guns está no mesmo hotel da nossa equipe. Tim precisa se animar. Coloquei ele no palco vestido de padre e ele parece um cachorro sem dono por conta disso. Talvez precise ficar bêbado. Ele me ama, eu sei, parece sempre preocupado, como se fosse minha tia judia ou alguma coisa assim. Tim, eu não vou morrer... não tenho tanta sorte assim.

P.S. Terminei de ler A Revolução dos Bichos e estou começando Queer, do Burroughs, de novo.

NIKKI: Suzette me fez pensar no Bruce Dickinson porque Dickinson me odiava por eu ter trepado com a mulher dele. Em minha defesa, só gostaria de apontar que: a) eu não fazia ideia de que era a mulher dele, e b) não foi minha culpa ela ter entrado pela janela do meu quarto de hotel na Inglaterra, me pedido para fodê-la, me agradecido depois e saído pela janela de novo.

ROSS HALFIN: Bruce Dickinson escreveu a música "Tattooed Millionaire" a respeito de Sixx. Odiava Nikki por ele ter trepado com sua esposa na época. Até aí, pensando bem, Vince e Tommy também treparam...

25 DE NOVEMBRO DE 1987
Hotel, 16h20min — LAKELAND CIVIC CENTER
LAKELAND, FL

Acabei de acordar. Fiquei acordado até o meio-dia cheirando pó. Alugamos uma grande sala de conferência do hotel e fomos à loucura pra caralho... Slash, Tommy, Steven, Duff, uns caras da equipe, várias putas e fardos e mais fardos de bebida. Tem um traficante aqui que simplesmente dá o bagulho pra nós. Deu um *8-ball* pra cada um e nós fizemos o melhor pra usar tudo. Foi insano... empilhamos tudo na mesa. Nunca vi tanta cocaína junta. Eu e Tommy tentamos bolar um jeito de cozinhar aquilo tudo pra poder fumar, mas não tínhamos todos os suprimentos necessários. Danados, tentamos de todo jeito e acabamos fumando a cocaína molhada num cinzeiro de vidro.

Meus dedos estão com bolhas pra caralho. Tenho uns dois gramas na mesa aqui do meu lado. Eu deveria só jogar essa merda descarga abaixo, mas o cara vai trazer mais, mesmo, então é melhor cheirar uma carreira e ir pro helicóptero... caralho, preciso de um drink... minhas mãos estão tremendo.

P.S. Suzette veio até o meu quarto antes da festa e quis trepar comigo. Tommy estava no quarto, cheirando comigo, e eu disse pra ela ir embora. Ela começou a ficar puta, então eu a empurrei pra fora do quarto, ela bateu na parede e começou a chorar.

MINAS = PROBLEMAS.

26 DE NOVEMBRO DE 1987
Backstage, 19h30min JACKSONVILLE COLISEUM
JACKSONVILLE, FL

Estou aqui no local do show. O de ontem à noite foi desleixado e cansado. Os fãs não perceberam. O Guns está ficando melhor, o público está curtindo cada vez mais, estou com um bom pressentimento em relação a eles. Se a gravadora der o suporte necessário, eles terão uma boa chance. Não são como as outras bandas que vieram depois de nós... são mais parecidos conosco.

Prosseguindo para notícias mais empolgantes... não estou me sentindo tão deprimido (provavelmente porque as drogas estão impedindo que eu me sinta assim), mas estou sentindo dores muito fortes na lateral do corpo, como se meu fígado estivesse indo pro beleléu. Não entendo por que tem traços de sangue no meu cocô. Quero trazer um médico pra um dos shows e perguntar, mas já sei o que ele vai dizer.

Não tenho entendido o Vince nesses últimos tempos. Parece que ele está cada vez mais longe. Quando falo com ele, parece que ele nem escuta — será que é comigo? Ele só quer saber de boceta, mas, até aí, eu só quero saber de drogas... não somos tão diferentes. Sinto falta dele, mas os olhos dele não param quietos quando estamos conversando, ou então ele diz que precisa ir.

Sinto falta de música, música nova, e dos meus amigos com quem comecei essa jornada, mas, mais do que tudo, sinto falta da minha sanidade. Não vejo a hora dessa porra de turnê acabar. Estou tão cansado de viajar. Quero matar os empresários por não darem ouvidos a nós. Alguma coisa ruim vai acontecer, eu simplesmente sei que vai. Não há como ficarmos tão perto uns dos outros e, ao mesmo tempo, nos distanciarmos cada vez mais e esperar que isso dure.

P.S. Devia ir ao jantar do Dia de Ação de Graças hoje... prefiro pedir comida no quarto.

SEU EGO NÃO É SEU AMIGO.

27 DE NOVEMBRO DE 1987 DIA DE FOLGA
Hotel Sheraton, Fort Myers, quarto 538, 14h10min

Fizemos um show em Jacksonville ontem, chegamos por volta de umas 3h da manhã. Encontrei um amigo do meu velho traficante Jason ontem à noite, que tinha um grama de alcatrão mexicano, mas nada de parafernália. Tive de pedir papel-alumínio pro serviço de quarto ao chegar no hotel. Cara, eu estava com água na boca. Fumei um pouco e apaguei... acordei passando mal hoje. Sei que não é por causa disso. Chamei Slash, Steven e Duff pra virem no nosso avião ontem. Izzy não quis vir porque joguei a namorada dele contra a parede. Ei, Izzy, eu a comi primeiro, então, vai se foder.

Axl nunca vem com a gente. É um idiota.

DOUG THALER: Juntei-me à turnê em Jacksonville e Nikki estava bem fodido de Jack Daniel's. Ele me mostrou uma substância preta viscosa que alegou ser um tipo de cocaína exótica que ele ia cheirar. "Boa sorte ao cheirar uma substância viscosa!", pensei. Então, na manhã seguinte, ele disse que havia perdido aquela merda esquisita e me perguntou o que havia acontecido com o bagulho. Respondi que não fazia absolutamente a mínima ideia.

TOMMY LEE: Andávamos com o Slash todos os dias na turnê, mas Axl era bem mais reservado. Houve vezes em que ele foi muito legal, mas em outras ele tinha aquela porra que todos os cantores têm – SV: Síndrome de Vocalista.

```
                              FIND MYSELF

            I gotta find myself some love
             I gotta find myself some drugs
         I gotta find myself some liquid sunshine
       I gotta find myself, I gotta find myself
                       I'm a sick motherfucker
                       I'm a sweet sucka mutha
                        Ain't no one tougher
                    I'm a wreck, I'm a sleaze
                    I'm a rock'n'roll disease
                   I'm a pusher, I'm a shover
              Ain't no motherfucker tougher
              I gotta find myself some glue
                 I gotta find some suction
                  Now my aim is destruction
        I gotta find myself, I gotta find myself
               I got to deal with my neurosis
               I got to deal with my neurosis
              I gotta sniff myself some glue
                  I got to find myself[LIV]
```

28 DE NOVEMBRO DE 1987 — LEE COUNTY CIVIC CENTER, FORT MYERS, FL

No avião, 2h05min

Hoje o show foi em Fort Myers. Neste momento, estamos no avião a caminho de Fort Lauderdale. Acabei de sacanear a Emi de jeito. Todo mundo menos Mick cagou de rir. Ela está sempre falando em Deus e estava num desses falatórios. Isso me dá ânsia de vômito, então me levantei, fui até o meio do avião com as calças abaixadas, apontei os dois dedos do meio em direção ao Deus dela e berrei sem parar: "Vai se foder, Deus! Se você é tão real, me derruba agora!". Emi começou a fazer o sinal da cruz e a chorar, e quanto mais ela chorava, mais eu curtia fazer aquilo. Desnecessário dizer que estou aqui no meu assento, ainda vivo e bem. Ela é exatamente como a minha mãe e Vanity, cheia de baboseira, e, no fim, vai tirar tudo do Mick, porque se tem alguma coisa que consigo farejar é uma mercenária.

P.S. Tommy convenceu o piloto a dar um giro de ponta-cabeça — aposto

que Emi se mijou naquela calcinha larga, depois de tudo o que eu falei...

MINAS = PROBLEMAS.

MICK MARS: Nikki foi bem horrível comigo e com Emi ao longo de toda a turnê do *Girls*. Era escroto quando usava heroína, Jack Daniel's, Halcion, quando estava sóbrio, de qualquer jeito. Jogava comida e bebida na gente, me provocava muito, fazia muitas ameaças – simplesmente não suportava a ideia de Emi e eu estarmos juntos. Transformou aquela turnê num pesadelo.

TOMMY LEE: Quer saber de uma coisa? Talvez tenhamos ido longe demais. Ficamos putos porque tínhamos um protocolo de não trepar com quem contratávamos e, de repente, lá estavam Mick e Emi percorrendo as escadas escondidos para ir ao quarto um do outro. Mas Mick é um cara muito sensível e, verdade seja dita, ele simplesmente se apaixonou por Emi – ele acabou se casando com ela, afinal!

Mas, uma vez que Emi se envolveu com Mick, a atitude dela mudou e ela virou uma porra de uma diva conosco, então queríamos dar uma lição nela. Lembro que sempre derramávamos Jack sem-querer-querendo nela no avião, a provocávamos para ver o quão longe podíamos ir até ela ficar putaça... estávamos só de sacanagem, sendo uns moleques retardados e estúpidos.

BABY KILLS
She carries Mother's Bible
Mixes Valium with her beliefs[LV]

29 DE NOVEMBRO DE 1987
Hotel, 15h
HOLLYWOOD SPORTATORIUM
PEMBROKE PINES, FL

Acabei de acordar. Hoje é o último show da turnê dos EUA... graças a Deus. Vou pedir café da manhã... mas assusta, porque vou pra casa...

Backstage, 18h

No local do show. Pedimos pros caras da pirotecnia dispararem uma tonelada de fogos durante o show do Guns, daqui a pouco. Eles nunca usaram pirotecnia, então tenho certeza de que vão se assustar... vai ser divertido.

20h20min

Ora, isso, meu amigo, foi insano. Carregamos uns 25 fogos e quando o Guns entrou em Welcome to the Jungle, disparamos todos de uma vez. A banda parecia que ia cagar nas calças, e depois abriu o maior sorriso que já vimos. Axl estava com uma camiseta do Mötley... ISSO foi inesperado. Preciso me aprontar... último show...

30 DE NOVEMBRO DE 1987
Aeroporto, meio-dia   FINAL DA TURNÊ DOS EUA

Sentado no avião aguardando a decolagem rumo a Los Angeles. Ainda não dormi... A noite de ontem extrapolou todas as outras noites de depravação. Alugamos uma sala de conferências enorme de novo, com uns cinquenta gramas de pó, mas desta vez tínhamos a parafernália necessária pra fumar... uma porrada de comprimidos, bebida. Enfileiramos umas minas uma ao lado da outra, umas seis ou sete, cheiramos carreiras nas costas delas para então enfiar o pau, depois o cara seguinte fazia o mesmo, e assim por diante... comportamento de animal foi pouco! Estávamos completamente doidos.

Muitos abraços e declarações de saudades e agradecimentos. Destruímos aquela sala inteira e aí, quando já era hora de ir pro aeroporto, T-Bone sacou uns soníferos e apagou. Precisamos levá-lo de cadeira de rodas até o avião. Colocaram-no sentado ao lado de uma garotinha, que começou a chorar.

Meu Deus, precisamos descansar... estou muito cansado, meus olhos estão lá no fundo da cabeça.

Vejo isso na cara de todo mundo. Amo esses caras e sei que somos uma grande banda, mas está tudo girando fora de controle e ninguém está assumindo o volante. Contanto que façamos dinheiro, somos os queridinhos do mundo...

Boa noite... Estou a caminho de *Home Sweet Home*...

TOMMY LEE: Puta merda, cara, o show no Sportatorium! Chamamos de *Snortatorium*,[21] por causa da caralhada de traficantes de cocaína que apareceu no show. Um deles tinha até uma placa no carro que dizia D-E-A-L-E-R.[22] Havia simplesmente uma quantidade infinita de cocaína de graça. No mesmo segundo em que o show acabou, Nikki e eu metemos a cara numas pilhas enormes de cocaína e não tiramos mais. Lembro de me levarem de cadeira de rodas pelo aeroporto, porque eu estava acabado *pra caralho* – não conseguia andar, falar, pensar, nada. Talvez tenha babado um pouco.

DOUG THALER: Depois do último show nos EUA, todo mundo estava completamente fodido de pó e álcool. Tommy tomou um monte de calmantes por volta de umas oito ou nove da manhã e Rich Fisher precisou levá-lo de cadeira de rodas até o voo do meio-dia de volta para L.A. Um cara horrorizado na primeira classe quase cagou nas calças quando começaram a largar Tommy, semiconsciente, no assento ao lado do dele. A comissária, sabiamente, recolocou Tommy num assento sem ninguém ao lado, na primeira classe. Acho que foi a primeira vez naquela turnê que Tommy estava mais estragado do que Nikki.

SAVE OUR SOULS

It's been the hard road; edge of an overdose
No matter how high you're still too low
I've been the dancer, the wicked romancer
It's a never-ending nightmare, edge of disaster[LVI]

---

21 Trocadilho com o verbo *snort*, "cheirar". (N. do T.)

22 Dealer, "traficante". (N. do T.)

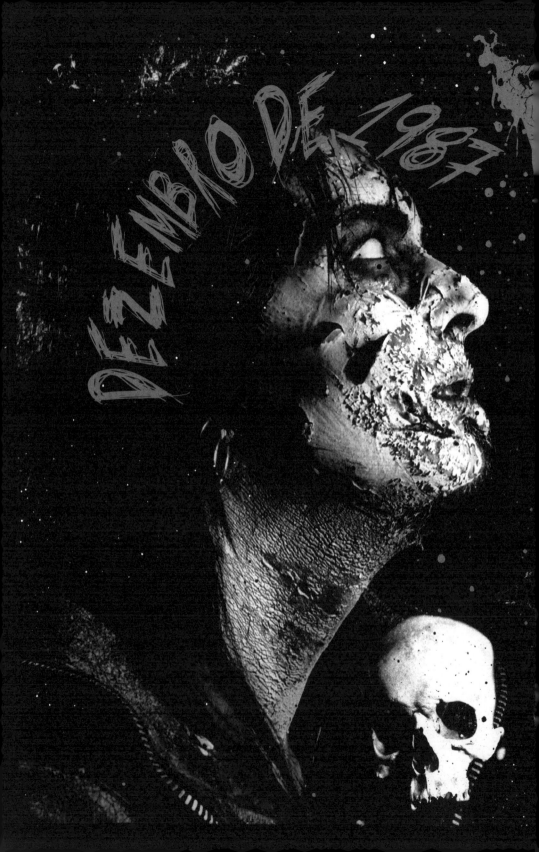

...ELE DIZ QUE, SE VOCÊ NÃO MUDAR SEU ESTILO DE VIDA, NÃO VAI VIVER ATÉ O FINAL DO ANO.

1º DE DEZEMBRO DE 1987

Van Nuys, 13h50min

Abdul está vindo aqui enquanto Karen está no trabalho. Estou me sentindo muito estafado, destruído depois da turnê, e preciso de um tempo da realidade... por isso o Abdul. Estou tão cansado de estar cansado. Sinto que estou me transformando num fantasma diante do mundo todo.

Não acho que o pessoal do escritório saiba o quão frágeis nos tornamos. Karen não sabe que eu sei que ela é uma espiã. Preciso tomar cuidado e chamar Abdul nos momentos certos. A aparência dele entrega tudo de cara — ele parece um rato apodrecido, mais até do que eu. Karen conseguiria vê-lo chegando a dois quilômetros de distância, porque ele parece heroína. Quando se trata de traficantes, ela é cega feito um morcego, mas até um morcego seria capaz de ver que Abdul é a ideia errada.

Me pergunto o que os caras estão fazendo. Sei que, sempre que uma turnê termina, me sinto como um estranho na minha própria casa. Sem serviço de quarto, é difícil até entender como comer. O interfone acabou de tocar... preciso ir...

2 DE DEZEMBRO DE 1987

Van Nuys, 15h45min

Ontem só fiquei deitado sem sentir nada, sem remorso nem celebração. Na real, estou mentindo, sinto ódio, mas esqueci de quem... Será que isso ainda importa? Talvez não.

O céu está cinza hoje e isso me faz sentir seguro, como se eu estivesse debaixo de um edredom enorme e prestes a pegar no sono. Ontem comprei US$ 5 mil em heroína, porque não quero ver Abdul todo dia, por uma série de razões. Não acho que sou capaz de ver ninguém agora, porque estou à beira de um colapso de contato humano. A turnê me deixou completamente sem personalidade. Além disso, Karen está de olho em mim e visitantes acenderiam o sinal vermelho pra ela.

Acho que vou me arriscar pra fora do quarto em breve, mas, por ora, estou rezando pro tempo não abrir.

3 DE DEZEMBRO DE 1987
Van Nuys, 16h20min

Tenho injetado heroína umas 4 ou 5 vezes ao dia. A boa notícia é que não vou ficar com umas marcas feias se me mantiver na linha (isso daria uma letra legal – *I won't have bad tracks if I stay on track*)... não sentir nada é uma sensação tão boa. Meus nervos pareciam fios de alta tensão havia meses. As pessoas simplesmente me esgotam, chegam perto demais, olham nos olhos e dizem umas merdas estúpidas. É preciso me refrear, senão acabo magoando-as, ainda mais se eu for um herói pra elas.

Vince foi quem mais teve um impacto sobre a minha sanidade. Posso ser um babaca, Tommy pode ser egocêntrico, Mick pode ser recluso e insano, mas Vince é uma rainha do drama e isso é muito desgastante... pequenos chiliques aqui e ali, o tempo todo. Quando você está frágil, não é preciso um terremoto pra te derrubar. Tremores constantes já funcionarão muito bem.

Karen vai chegar do escritório do Doc em algumas horas. Acho que precisarei usar a velha desculpa favorita dos *junkies* e dizer que acho que estou ficando doente... talvez gripado... não consigo levantar da cama...

5 DE DEZEMBRO DE 1987
Van Nuys, 2h30min

É oficial, me sinto viciado de novo.
Acho que eu sempre soube disso.

Van Nuys, 14h05min

Hoje teria sido aniversário de Nona. Estou envergonhado demais pra ligar pro Tom e perguntar como ele está. Tenho certeza de que ele está de coração partido também. Então cá estou eu, injetando heroína sozinho no quarto. Assistindo TV, assistindo a vida passar diante de mim — fui de moleque sonhador a perdedor, de herói a um zero à esquerda. Espero que ela não possa me ver agora, porque quem eu me tornei partiria o coração dela. Fui um bom garoto, ela me amava, acho que eu é que não me amei o bastante e, agora que estou me desfazendo, devo ser uma verdadeira decepção. Eu diria que vou vê-la em breve, mas sei tanto quanto você, diário, que, se existe um céu, não é pra lá que vou...

NONA
Nona, I'm out of my head without you...LVII

7 DE DEZEMBRO DE 1987
Van Nuys, meia--noite

Sigo por uma estrada que sei que não é onde eu deveria estar, mas parece que não consigo encontrar o freio. Não tenho certeza se quero encontrar. Abdul me disse hoje que passou a vender pó pra alguns clientes selecionados, já que o negócio da heroína não está indo tão bem. Falei pra ele que estou curtindo não ter de me preocupar diariamente com entregas, já que comprei uma boa quantidade, e ficaria com uns 30 gramas se ele conseguisse uma cocaína rosa da pura. Ele disse ter um contato que pode conseguir da pura, mas que aí eu preciso pagar um extra pra ele não ter que tirar do próprio bolso, e por mim, tudo bem... tenho mais dinheiro do que consigo gastar, então o que são uns US$ 500 a mais ou a menos? Não quero ter de cozinhar a droga e fazer toda aquela função, além do mais, Karen está me vigiando com olhos de águia. Sei que assim que ela entra no escritório a pergunta é sempre a mesma – "Como está o Nikki?". Até comecei a ligar pra alguém de lá antes de injetar pra despistar (eita, outro título de música – *throw everybody off my track*). Abdul disse que vai me trazer 100 agulhas novas quando vier aqui. As minhas estão acabando e quando se injeta cocaína, usa-se o triplo de seringas. Agora, o dilema – será que eu injeto, de forma a não ser pego, mas e aí quando eu for pro Japão, como escondo as marcas?

Preciso dizer que sinto que nunca vou largar essa merda, e estou me acostumando com a ideia. Se eu pudesse simplesmente sumir lentamente, talvez assim ficasse feliz...

Pete passou aqui e compartilhamos uma injeção... ele está viciado de novo também.

KAREN DUMONT: Doc e Doug gostavam do fato de eu estar morando na casa de Nikki porque esperavam que isso fosse como deixá-lo de castigo [para não usar drogas], mas nunca me pediram para espioná-lo. Eu dizia a eles que o final de semana havia sido bom, e era basicamente isso. Nikki não estava limpo, mas escondia bem, porque ele sabia que eu não conseguia lidar com gente louca de droga e teria sumido dali imediatamente. Havia um traficante que vinha tarde da noite e tocava o interfone. Eu atendia e mandava o cara ir embora, mas Nikki brigava comigo por causa disso. Se eu estivesse na casa, eles não entravam, então acho que Nikki precisava planejar outras visitas.

8 DE DEZEMBRO DE 1987
Van Nuys, 19h30min

Karen me perguntou por que só compro suco de limão de garrafa e sorvete quando vou ao mercado. Respondi que tomo chá com suco de limão depois que ela sai pra trabalhar, e quanto ao sorvete — só ando com vontade de doce ultimamente...

Faz uma semana que não como comida mesmo... com a heroína, é assim. Então a Karen tem de ir ao mercado e comprar comida de verdade, que eu nunca como. Digo a ela que como enquanto ela está no trabalho. Estou ficando tão magro que é difícil achar alguma roupa no armário que me sirva. É claro, como dizem, não há como ser rico demais ou magro demais.

NIKKI: Eu usava o suco artificial de limão pra cozinhar a heroína persa. Dá para usar suco de limão de verdade, mas dá muito trabalho. Deixava garrafas em sacos de lixo no meu quarto, e a faxineira perguntava se podia jogá-las fora, e eu não permitia. Nada é pior para um *junkie* que usa heroína persa do que ficar sem suco de limão pra diluir... exceto ficar sem droga. Lembro de ir ao mercado e percorrer os corredores para cima e para baixo com o carrinho, passar horas lá e só comprar limões e sorvete. Que belo retrato da decadência eu devia ser para as mães que faziam a compra semanal da família.

11 DE DEZEMBRO DE 1987
Van Nuys, 15h10min

Acabei de acordar e me dei conta de que hoje é o meu aniversário. Corri pra checar a secretária eletrônica... nenhuma mensagem. Ninguém me ligou pra desejar Feliz Aniversário. Nenhum presente, nenhum cartão, nada. Massa. Acordei com desejo de drogas e a cabeça cheia de mágoa.

Preciso ir pro Japão amanhã e sei que vou largar no avião, exatamente como fiz em 85. Karen sabe que está rolando alguma coisa, mas, referente a tudo que é *junkie*, sou bom em esconder. Meus braços, por outro lado, contam uma história bem explícita. Graças a Deus que é dezembro, porque, se fosse verão, seria muito suspeito eu usar manga comprida e jaqueta de couro o tempo todo. Não faço sexo desde a turnê... perdi todo o desejo ou interesse.

17h

Abdul veio aqui e me deu um balão de *china white* de primeira linha como presente de aniversário. Disse que, se eu quiser, me consegue um ótimo preço, caso eu compre em quantidade como fiz com a persa. Não sei se isso é o que se chamaria de um presente de aniversário convencional, mas, considerando que é o único que ganhei, vou aceitar.

Ainda não desfiz as malas que levei pro braço americano da turnê, então vou jogar as roupas fora e pegar umas limpas pra ficar pronto pra sair amanhã. Estou com pena da minha faxineira — faz umas duas semanas que ela não entra no meu quarto. Está cheirando a morte aqui. Preciso jogar tudo fora antes de viajar, sei que a Karen vai fuçar... Feliz aniversário.

19h

Acabei de voltar das compras. Preciso de umas coisas pra viagem ao Japão. Karen disse que eu devia tomar um banho, porque estou cheirando mal. Vou tentar, mas estou trincado demais e nem dou a mínima.

É triste, mas é o meu destino.

12 DE DEZEMBRO DE 1987
No avião a caminho de Tóquio, 17h

Trouxe uma pequena quantidade de heroína pra cheirar, mas já acabou há umas seis horas. Estou entrando em abstinência. Todo mundo só fala do quanto eu emagreci. Falei que estou de dieta e parei de beber... pelo menos essa parte de parar de beber é verdade, porque *junkies* detestam álcool. Porém, neste exato momento preciso de uma dose, e aqui só tem Jack. Tenho um punhado de Valium pra ajudar, mas nem isso é capaz de remover essa dor. Porra, estou me sentindo que nem merda... suando em bicas. É incrível a diferença que 12 dias podem fazer na sua vida. Passei de um completo bêbado e cocainômano a viciado em heroína de novo.

Esta é a minha segunda viagem ao Japão em abstinência. É foda, mas é bom, porque sei que no Japão não tem como conseguir heroína... pelo menos eu nunca consegui. Graças a Deus...

DOC McGHEE: Quando o Mötley ia ao Japão, eles basicamente torturavam o pobre sr. Udo, o *promoter*, que é o homem mais simpático e legal do planeta. Quando chegamos a Tóquio, encontraram maconha num dos *cases* de bateria de Tommy no aeroporto, então a polícia apreendeu todo o nosso equipamento. Tommy não fazia ideia do quão sério aquilo poderia ser. "Cara, que mal faz uma maconhazinha?", era só o que ele dizia. O Mötley não entendia – ou não se importava – que no Japão a tolerância a qualquer tipo de perturbação é muito baixa. Quando chegamos ao hotel, Tommy jogou uma garrafa de vinho do décimo andar e não conseguia compreender por que aquilo poderia ser uma coisa muito séria.

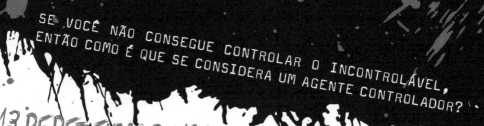

SE VOCÊ NÃO CONSEGUE CONTROLAR O INCONTROLÁVEL, ENTÃO COMO É QUE SE CONSIDERA UM AGENTE CONTROLADOR?

13 DE DEZEMBRO DE 1987
SOGO TAIKUKAN RAINBOW HALL NAGOYA, JAPÃO

Backstage, 17h

Me preparando pra entrar no palco. Passando muito mal. Mantenho a mentira de que estou gripado, mas todo mundo sabe a verdade... é uma verdade inaudita. Vou lá suar um pouco desse veneno. Estou com muito jet lag e me sinto deprimido. Tentando sorrir e ficar animado, mas, pra ser sincero, nunca me senti pior... Mas eu sabia no que estava me metendo.

14 DE DEZEMBRO DE 1987
FESTIVAL HALL
OSAKA, JAPÃO

Hotel, Nagoya, 2h

Ainda acordado, não consigo dormir. Estou com muita cãibra nas pernas e o Valium não está fazendo muito efeito. Todo mundo ficou mamado e trepou com umas japonesinhas. Eu não conseguiria nem se quisesse...

NIKKI: Sabe o que não é nada glamoroso? Vomitar e cagar ao mesmo tempo numa crise de abstinência de heroína. Alguma coisa vai pegar fora da privada. Dá pra imaginar a cara daquelas doces senhorinhas japonesas faxineiras do hotel?

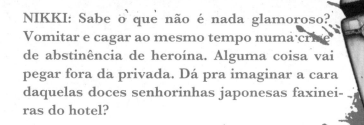

`No trem-bala a caminho de Osaka, 14h`

Não dormi muito... ficava acordando o tempo todo. Estou quase superando a abstinência, agora só tem a comichão. Graças a Deus pelos comprimidos.
  Estou no trem-bala. As fãs daqui são incríveis, nós somos tipo os Beatles aqui. Rola basicamente um tumulto, todas gritando: "Nikki! Tommy! Nikki! Tommy!". Por algum motivo estranho, elas parecem amar T-Bone e eu. Eu pensaria que Vince seria o favorito, com os cabelos loiros e a *vibe* californiana, ele seria o ídolo perfeito por aqui.

O mais doentio é que elas não param de dizer: "Oh, Nikki-san, sentimos muito que você esteja gripado!". Caralho de mentiras que voam por aí... vou tentar dormir.

15h

Não consigo dormir...

16h30min

Acabamos de chegar em Osaka. O show de ontem foi louco pra caralho... Nem acredito — a banda parece estar apaixonada de novo. Mas a porra da Emi ainda está com o Mick, como se ela fosse a porra da namorada dele ou alguma coisa do tipo. Que puta do caralho! Hora da passagem de som.

15 DE DEZEMBRO DE 1987
Hotel, Tóquio, 5h DIA DE FOLGA

Acabei de sair da cadeia... escrevo depois...

Hotel, 11h45min

Bem, me sinto uma merda... não pelo que aconteceu ontem à noite, mas porque a minha cabeça está me matando. Vejamos se eu consigo remontar a noite de ontem. Fizemos um show, pegamos o trem-bala de volta pra Tóquio, Tommy e eu começamos a beber muito. Derramamos drinks na Emi e começamos a arrumar treta e eu meio que apaguei. Acho que joguei uma garrafa de Jack Daniel's nuns japas ou alguma coisa assim. Meio que lembro de estar na cadeia e o Doc e o sr. Udo estavam lá. Acho que vou dar uns telefonemas pra saber quem está bravo e quem achou engraçado. Mas antes vou comer uns ovos moles de merda... comer ovo no Japão é como cometer *harakiri*.

TOMMY LEE: Cara, nós fomos a típica banda de rock americana feiosa bêbada naquele trem-bala. Parecíamos umas aberrações. Derramamos JD em Emi, depois Nikki achou que alguém estava olhando feio pra ele, então se armou com a garrafa de Jack e a arremessou pra outra ponta do vagão. A garrafa se espatifou contra a parede, e vidro e uísque voaram em cima de um executivo japonês que se levantou assustado pra caralho. Quando chegamos na estação, havia uma fila de policiais. O cara apontou para Nikki e ele foi levado preso. Acho que chegou até a cheirar cocaína na cela, levou escondida na meia.

MICK MARS: Ainda acho que Nikki arremessou a garrafa dentro do trem-bala por causa de mim e de Emi. Ele havia jogado um monte de arroz e sujeira nos nossos assentos e em nós, e de repente veio furioso pra cima de nós. O rosto dele tinha uns quinze tons de vermelho raivoso. Começou a berrar comigo e ia me bater com a garrafa de JD, mas, no último segundo, girou e a arremessou pra outra extremidade do vagão, onde ela se espatifou em cima de um monte de gente.

VINCE NEIL: Nikki e Tommy estavam completamente fora de controle no trem-bala, e eu, totalmente envergonhado. Eles foram horríveis com os japoneses, berravam "Vão se foder – vocês perderam a guerra!" para executivos de sessenta anos que nem sabiam quem era o Mötley Crüe; estavam só indo do trabalho para casa e aqueles psicopatas berravam e jogavam garrafas de JD neles, que provavelmente nem entendiam inglês. Foi absolutamente inaceitável. Quando Nikki foi preso, eu só disse o seguinte para Mick: "Fodam-se esses caras, não vamos nos envolver com isso". Eu estava cagando caso Nikki fosse pra cadeia e ficasse lá. "Quer saber? Você cavou sua própria cova", foi só o que pensei.

DOC McGHEE: Quando chegamos a Tóquio, havia uns cem policiais esperando para prender Nikki. Tommy quis brigar com eles e berrava para que o prendessem também. "Olha, eu sou o empresário deles, podemos conversar?", perguntei ao chefe de polícia, que respondeu: "Você, empresário? Preso!". E assim, Nikki e eu fomos levados embora. Fomos colocados numa cela, e se eu não estivesse algemado teria dado uma puta surra em Nikki. Ele estava viajando tanto que me perguntava: "Cara, será que eu devo mostrar minhas *tattoos* a eles?". O sr. Udo teve de ir à delegacia às quatro da manhã e nós precisamos assinar um pedido de desculpas para o cara que foi atingido pela garrafa.

NIKKI: Lembro de Fred Saunders me contar que, quando eu estava na cadeia em Tóquio, perguntei ao capitão: "Se as minhas bolas estivessem no seu queixo, onde o meu pau estaria?". O capitão perguntou o que eu disse ao tradutor, que respondeu que eu disse que sentia muito e que não queria ser desrespeitoso. Acho que este era o jeito do Mötley Crüe: alguém sempre nos livrava das encrencas.

16 DE DEZEMBRO DE 1987
Hotel, Tóquio, 14h NIPPON BUDOKAN TÓQUIO, JAPÃO (SHOW 1)

Ultimamente, tenho me afundado mais profundamente em pensamentos de... por quê? Nem sei por que, estou apenas me afundando mais. Há dias em que não sei mais o quanto aguento, ou sequer por que ia querer aguentar. Você pensaria que eu estaria empolgado por tocar três noites lotadas no Budokan, mas estou apodrecendo por dentro e só consigo sentir o cheiro do meu passado pútrido... ele me assombra. Pra você talvez pareça uma queimadura superficial, mas a dor é profunda demais até mesmo pra ser arrancada cirurgicamente.

P.S. Estou tão solitário que liguei pra Vanity. Deve ter sido a cocaína que consegui com a Yakuza...

P.P.S. O porra do Tommy me deixa puto. Ele diz que dei um soco na cara dele ontem à noite — deveria ter dado, caralho. Vince quase levou um tiro da Yakuza. Noite interessante. A banda não está falando entre si. Adorável... adorável pra caralho...

17 DE DEZEMBRO DE 1987 — NIPPON BUDOKAN
Hotel, Tóquio, meio-dia — TÓQUIO, JAPÃO (SHOW 2)

Mais um show ontem à noite... como se eu fizesse alguma outra coisa além disso! Saímos do palco cedo, como é costume aqui no Japão. Fui direto pra um apagão bêbado. Parece que não consigo ficar sóbrio porque minhas vísceras estão tentando me matar. Sei que estou morrendo de depressão. Sinto-me como uma alma perdida... como se fosse a última pessoa que restou na Terra. Se eu morresse, será que alguém ia chorar? Parece que, se eu acabasse com o meu sofrimento, mataria dois coelhos com uma cajadada só.

Rich Fisher disse que eu liguei pra recepção do hotel e reclamei de fãs batendo na minha janela ontem à noite. Porra — estou no 26º andar. Estou ficando louco... perdendo todos os parafusos. E isso lá é novidade?

P.S. Tenho uma coletiva de imprensa hoje, mas todo mundo pode ir se foder. Não vou aparecer...

18 DE DEZEMBRO DE 1987 — NIPPON BUDOKAN
Backstage, 22h — TÓQUIO, JAPÃO (SHOW 3)

Acabei de sair do palco. Último show do ano. Não quero ficar na estrada e não quero ir pra casa. Se for pra casa, vou me viciar de novo. Vou pra Bangkok explorar a cidade. Tenho US$ 50 mil em dinheiro vivo que a contadora vai me arrumar e todo mundo está me dizendo pra não ir. Estou cansado desse bando de babacas, me deixem viver ou morrer do meu jeito. Sei que pago o vale-refeição de vocês, mas vocês já não ordenharam o bastante? Se eu não voltar, vocês podem ganhar milhões com *merchandise* de um *rock star* morto...

Chega, estou esgotado e não estou nem aí. Meu coração está partido desde a infância. Estou gasto até o osso de ser arrastado feito um escravo e perdi a disposição pra qualquer coisa, exceto sumir... por favor...

19 DE DEZEMBRO DE 1987
Hotel, Tóquio, 1h

Bem, hoje entrei em chamas.

Doc e todos os outros exigiram que eu não vá a Bangkok, e disseram que, ao invés disso, Doc e o sr. Udo irão para Hong Kong comigo. Só não quero ir pra casa, então isso é melhor que nada — mas só me deram US$ 15 mil em grana! Às vezes me pergunto por que os deixo me puxar por uma argola no nariz feito uma vaca rumo ao matadouro. Tenho todas as intenções de despistar Doc e o sr. Udo, mas vou fingir que estou animado com a viagem (por enquanto...).

Tenho um voo pra pegar e não consigo achar minhas roupas, então é melhor eu descobrir o que aconteceu ontem à noite. Estou muito desanimado. É Natal e eu não tenho motivo pra ir pra casa. Tem alguém aí? Ou eu vou virar só mais uma fatalidade do rock'n'roll? A morte é uma opção? Ou eu sou a porra de um mártir? Por que estou vivo? Por que me importo? Com o que me importo? Será que sou um...

Foda-se, Nikki, eu me odeio... vai se foder ... e morre logo...

> ANYBODY OUT THERE?
>
> I'm gonna die
> You're gonna die
> We gotta live for tonight
> 'cause we're runnin'
> Out of time
> Lookin' for a lover?
> Let me ask ya
> Is anybody out there?[LVIII]

KAREN DUMONT: Doc McGhee ficou muito deprimido e envergonhado com Nikki no Japão, porque respeitava muito o sr. Udo e o via como um amigo, além de parceiro de negócios. Doc se ofereceu para levar o sr. Udo para Hong Kong para se redimir e os dois estavam falando sobre isso quando Nikki passou por eles por acaso e disse: "Hong Kong? Parece ótimo – eu adoraria ir!". O sr. Udo, por ser tão educado, disse então: "Por favor, venha conosco". Doc ficou morrendo de vergonha.

TOMMY LEE: Na real, acho que decidir ir a Hong Kong foi um dos momentos mais sóbrios de Nikki. Ele não queria ir embora, porque isso significaria o fim da festa, e me disse que queria comprar móveis novos para sua casa. Parecia muito sincero em querer ir a Hong Kong e fazer uns bons negócios em móveis.

VINCE NEIL: Quando Nikki anunciou que não voltaria para L.A., e sim iria para Hong Kong, não dei a mínima. Nem pensei duas vezes, só disse: "Beleza, divirta-se, falou". Não estávamos nada próximos e eu queria distância dele, porque ele era ideia errada pra caralho.

No avião para Hong Kong, 16h

O sr. Udo acabou de me dizer: "Nikki-san, você vai morrer se não parar". Disse que falou a mesma coisa pro Tommy Bolin, e Tommy não deu ouvidos. Morreu alguns dias depois. Udo parecia que ia chorar. Isso me fez sentir amado... mais do que meu pai jamais fez.

Hotel, Hong Kong, 19h20min

Doc, o sr. Udo e eu vamos a um restaurante chinês que o sr. Udo diz ser um dos melhores do mundo. Faz alguns dias que não como nada. Estou fraco demais pra tentar sair depois. Quando disse isso a Doc, ele suspirou de alívio. Ah, Doc, você não vai se livrar dessa tão fácil. Amanhã está logo ali e o inferno, a poucos passos de distância. Soa poético, não? Certo. Hora de ir jantar...

P.S. Estou cheirando muito mal. Não tomo banho desde L.A. e percebo de fato a repulsa das pessoas quando sentem meu cheiro. Às vezes, chego perto das pessoas só pra sacaneá-las. Não trouxe nenhuma roupa, só dinheiro. Porra, do que mais eu preciso?

2º DE DEZEMBRO DE 1987

Hotel, Hong Kong, 11h

Uma intérprete, Li, vai me encontrar daqui a uma hora e vou comprar umas antiguidades pra minha casa. Doc disse que vai comigo. Estou me sentindo bem depois de ter dormido, mas ainda não tenho interesse algum em banho ou comida.

Estou com uma sensação de alívio por estar longe de todo mundo. Se eu pudesse desaparecer pra algum lugar assim, talvez conseguisse me encontrar. Minha vida é barulhenta. Para onde quer que eu vá, há gente falando comigo, mas nada é tão alto quanto os gritos na minha cabeça. São muito, muito distantes, e não consigo compreender as palavras... passei a me dar conta de que são as drogas. Elas estão sempre me chamando. Neste momento, já desisti. Realmente não me importo mais... elas venceram! Pra ser sincero, a minha vida tem sido um aborto. Ou pelo menos deveria ter sido.

Se ser um *rock star* é uma realização, fracassei terrivelmente e me sinto miserável. Cuidado com o que você deseja, como dizem (quem quer que diga). Concordo. Estão certos... apodrecer é doloroso. Será que não existe um caminho mais fácil? Não existe sensação de vazio maior do que sair pra comprar antiguidades se perguntando se você estará vivo no Natal. É como tentar desfrutar de um último cigarro antes de ser executado.

Hotel, 17h

Acabei de voltar... Li ficou horrorizada quando me viu. Acho que os emaranhados do meu cabelo e a barba por fazer há dias reforçaram o meu visual de sem-teto. Bom, comprei uma bela mesa chinesa pra minha sala de jantar... cerejeira ornamentada... bem clichê, pra falar a verdade, mas eu gosto. Pedi comida e estou me arrumando pra sair...

21h

Acabei de acordar, apaguei de cara na cama com uma garrafa de Jack e um *steak* do meu lado. Acho que acabaram de trazer a comida, me pergunto o que pensaram ao me ver nesse estado.

21 DE DEZEMBRO DE 1987

Hotel, Hong Kong, 13h

Bem, a noite de ontem foi interessante... um exercício de excesso...

O sr. Udo, Doc e eu tomamos uns drinks no bar e fomos pra uma balada que na verdade é um bordel. Havia duas pistas, duas bandas tocando — não acredito que estou em Hong Kong e ouvi uma banda tocar uma música do Mötley num puteiro. Fomos conduzidos até uma cabine privada onde 4 garrafas de champanhe Cristal, 2 garrafas de Jack, uma de vodka e pratos enormes de comida nos esperavam... é um desses negócios que preciso escrever...

Funcionava da seguinte maneira... havia belas garotas circulando, cada uma com um número. Você dizia à cafetina o número que queria e se havia algum pedido especial (um vestido branco, botas pretas ou qualquer coisa do seu interesse)... em outras palavras, elas estavam lá pra agradar em todos os níveis. Em dado momento, notei o número 800... porra, 800 garotas pra escolher! Escolhi uns 8 números e a noite começou. Te levam pros fundos do lugar, mas, por uns dólares americanos a mais, vão até seu hotel, então lembro que perguntei à cafetina se dava pra mandar uma garota vestida de freira com botas de exército, e nisso vi Doc fazer uma careta... ele provavelmente sabia que essa seria só a ponta do iceberg. Bem, consegui o hábito de freira, mas não havia uniformes de exército ou, mais importante, botas nazistas pra acrescentar à composição... as outras garotas eram putas carne-de-vaca... tão perfeitas quanto a imperfeição...

Minha intenção verdadeira era encontrar drogas (afinal, não é pra isso que servem strippers e putas?) e eis que um grama de heroína custa 100 pratas... melhor do que as 500 pratas que pago em casa... então comprei um grama de coca e 250 mg de *china white* (fácil de cheirar)... À medida que a noite progrediu, decidi pegar as garotas e voltar pro hotel... mas não sem antes mandar um monte de garotas pro quarto do sr. Udo. É engraçado como, sempre que eu faço coisas legais, acabo pisando na merda... Doc ligou hoje de manhã pra dizer que o sr. Udo ficou ofendido... que inferno do caralho... justo quando eu pensei que as coisas estavam indo bem...

Bem, a cereja do bolo é que eu acordei com a roupa do corpo e todo o meu dinheiro e minhas drogas sumiram... não faço ideia do que aconteceu e acho que nem ligo. Doc, nervoso, me pediu pra voltar pra L.A... Essa é a minha chance de dispensar a Polícia da Não Diversão, então concordei. A boa notícia é que estamos em voos diferentes, então eu não vou embarcar. Quando Doc e o sr. Udo estiverem no ar, vou chamar Li e dar o fora...

DOC McGHEE: Nikki mandou prostitutas para o meu quarto e para o do sr. Udo. Apareceram no meio da noite. Ao ir embora da balada, como brincadeira de despedida, disse a Nikki para não mandar garotas de capacete nazista e botas da Gestapo, e ele deve ter levado a sério, porque elas apareceram de capacete, mas sem as botas. Quando abri a pórta e dei de cara com elas, o sr. Udo me ligou e disse: "Nikki mandou três garotas para o meu quarto!". O pobre Udo ficou fora de si. Tirei uma grana a mais do meu próprio bolso e paguei para aquelas mulheres irem embora.

14h30min

Meu voo de volta é às 21h30min hoje — não que eu vá embarcar, haha! O do Doc é às 18h e o sr. Udo está indo embora agora. Preciso achar um banco, estou sem dinheiro algum, mas pelo menos aquelas putas não roubaram meus cartões de crédito...
Acho que eu deveria ligar pra casa, coisa que não faço há semanas...

19h

Estou sozinho. Isso não é legal...
Ondas de depressão se abatem sobre mim, depois raiva, depois indiferença. Já estou bêbado, acho, se beber meia garrafa dé Jack é estar bêbado. Na verdade, não sinto nada, mas talvez isso seja um problema comigo. Vou dar uma volta por aí hoje. Não tenho plano algum. Vou embora amanhã e tenho certeza de que Doc vai ter uma porra de um infarto ao descobrir que não embarquei hoje.
Disse a Li pra não contar a ninguém, ou eu a mataria. Depois sorri... já ela, não...
Liguei pro Abdul... ele vai me encontrar no LAX amanhã. Vou mandar uma limo buscá-lo e disse a ele pra levar uma dose de heroína persa preparada. Mal posso esperar... estou com água na boca... pelo menos isso cala os gritos.

22 DE DEZEMBRO DE 1987
Hotel, Hong Kong, 4h

Faz algumas horas que retornei. Estou entediado... nada aconteceu. Acho que Li estava me afastando de qualquer coisa que colocasse seu trabalho em risco. A única coisa interessante foi quando eu estava andando pela rua, olhei pra um beco e vi um velho sentado iluminado por uma única lâmpada, enquanto vapor subia da sarjeta ao seu lado. Perguntei a Li o que era aquilo e ela disse que se tratava de um vidente. "Legal, vamos lá falar com ele", eu disse então. Entramos no beco e abordamos o velho, que olhou para mim, depois para Li, depois para mim de novo. Parecia meio assustado. Tudo bem, estou acostumado... mas não esperava o que viria a seguir.

Os dois começaram a conversar em chinês, e então Li anunciou que o velho não queria ler a minha sorte. "Mas não é esse o trabalho dele?", perguntei. Li respondeu que eu não ia gostar do que ele tinha a me dizer. Repliquei que ia, sim, e o velho pegou lentamente a minha mão, olhou nos meus olhos e falou alguma coisa a Li. "Ele diz que, se você não mudar seu estilo de vida, não vai viver até o final do ano". "Obrigado... isso me dá uma semana a mais do que eu esperava", pedi que ela dissesse a ele.

O homem olhou para mim, velho e cansado, e disse suavemente três ou quatro palavras a Li. Segundo ela, ele falava sério. Eu agradeci e perguntei a Li se esses caras eram só parte das armadilhas pra turistas em Hong Kong. Ela parecia triste e disse: "Nikki, eles nunca erram". "Talvez, se voltarmos para o hotel, você consiga um voo mais cedo", acrescentou. Concordei, ainda que só por tédio...

Boa noite...

No avião rumo a L.A., meio-dia

Estou no avião... acabamos de decolar. Me sinto bem. Dormi bem e tomei banho, mas não tinha pente pra tirar os nós do cabelo, então acho que

minha aparência está ainda
pior. Essas calças de couro
estão dando uma sensação
bem grudenta. Estar com
o corpo limpo usando roupas
sujas é pior, é como se eu estivesse usando as roupas de um men-
digo. Estou com um cobertor sobre
as pernas pra encobrir o odor. Comi
e tomei café, quase como uma pessoa
normal. Tenho uns dois Halcions em
algum lugar da minha jaqueta, acho
que vou dormir a viagem toda até L.A.

17h

Não tenho certeza de que dia é
hoje... já é 23 ou ainda é 22? Mas acabaram de pedir para eu fechar a bandeja
do assento — estamos pousando em L.A.
Espero que Abdul esteja aqui. Deixei mensagens pra Robbin e Slash perguntando se eles
querem sair... esqueci de ligar pra Karen.
Em Hong Kong notei que minhas costelas
estão aparecendo sob a pele, mas que meu rosto
está inchado e amarelado. Estou com umas cicatrizes esquisitas nas pernas e uma irritação
na pele do peito e dos braços. Tenho certeza
de que é só por ficar sem tomar banho... já
vi isso antes. OK, hora de apertar os cin-
tos... estamos descendo pro Inferno. Satã
está em casa (haha)!

Van Nuys, 19h

Lar, doce lar. Nossa, como é bom tirar essas
calças de couro. Tomei outro banho e desfiz o
ninho de rato do meu cabelo. Estou ótimo — Abdul
me deu uma dose de 10 g assim que entrei na limo.
Estou ótimo. Era disso que eu sentia falta.

Recebi uma mensagem de Robbin e Slash, vamos todos pro Cathouse hoje à noite. King tem um pouco de heroína persa, mas nenhuma agulha, então vou até a casa dele nas colinas pra perseguir o dragão e, de lá, pro Franklin Plaza Hotel pra buscar o Slash. Estou com a limo.

21h

Karen não vai sair — disse que precisa trabalhar! Perguntei a ela se Doc sabia que eu não tinha voltado de Hong Kong quando deveria, e ela acha que não. Acredito que ter ameaçado a vida da intérprete tenha funcionado. Sempre funciona, haha. Acabei de me tocar que é Natal e eu não comprei nada pra ninguém. Karen, porém, montou uma árvore de Natal e finalmente se livrou da do ano passado. Eu sempre posso dar às pessoas os presentes que ganhei ano passado e não abri ainda...

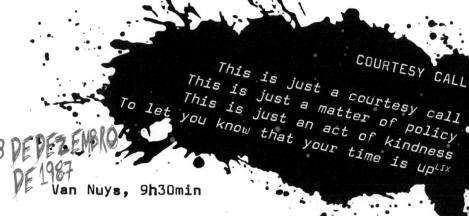

23 DE DEZEMBRO DE 1987

Van Nuys, 9h30min

Desfeita, incerta, indeterminada, desnecessária... minha vida se resume a isso. Preciso parar ou vou morrer... não consigo mais ficar em cima desse muro. Inspirei o ar do inferno pra bem fundo nos meus pulmões e ainda estou aqui.

Talvez exista um Deus... talvez, só talvez, exista tal linha de vida. Alguma coisa aconteceu ontem à noite... bom, eu morri. Parece insano, não?

Sinto-me diferente hoje. Acho que pela primeira vez na vida me sinto esperançoso. Não me lembro de já ter me sentido feliz, mas sinto que houve um estalo. Sinto, não tenho certeza...

A noite de ontem não foi diferente de tantas outras noites, tomei o rumo do inferno, na esperança de ser recebido pelos braços da morte ou simplesmente matar a dor e preencher o buraco do vazio que há dentro de mim. Estou fraco e passando mal demais para descrever toda a noite, vou tentar mais tarde... então aqui vai a versão curta...

Busquei Slash, sua namorada Sally, Steven Adler e Robbin, e fomos pro Cathouse. Muito pó, álcool, comprimidos... realmente não lembro de muita coisa. Em algum momento, começaram os apagões de costume. Depois, voltamos pro hotel do Slash pra pegar heroína. Eu estava acabado demais e deixei um cabra me injetar. Fiquei azul no ato. Isso foi o que me disseram.

Steven e Sally entraram e tentaram me fazer reviver, tenho certeza de que, neste ponto, deu-se todo aquele drama que costuma haver quando um *junkie* morre na sua casa. Mas então aconteceu algo que nunca acontecera — eu não voltava. Chamaram uma ambulância e eu estava já bem a caminho da morte.

Vi alguma coisa... caralho... OK, vamos lá. Estava na maca, coberto até a cabeça por um lençol. Vi alguma coisa... lá estava minha limo. Havia gente chorando. Havia uma ambulância... havia um corpo coberto por um lençol sendo carregado pra dentro da ambulância. Era eu. Eu vi tudo.

Estava no alto, acima daquilo tudo. Não saberia disso se estivesse morto. Não entendo. Mas algo parece diferente em mim. Só que vou ter que escrever mais tarde. Preciso organizar meus pensamentos.

SALLY McLAUGHLIN: Sou escocesa, mas me mudei para os EUA em 1987 porque namorava Slash. Quando cheguei, fui direto para a estrada com o Guns N' Roses, que estava abrindo para o Mötley Crüe, e depois o Guns já emendou outra turnê, desta vez com Alice Cooper. Assim, 22 de dezembro de 1987 foi o meu primeiro dia em Los Angeles. Slash e eu estávamos hospedados no Franklin Plaza, e, Nikki ligou para Slash e foi nos encontrar lá. Nikki, Slash, Robbin Crosby e eu fomos para o Cathouse na limo de Nikki, ficamos horas lá. Os rapazes não paravam de correr pra limo pra cheirar cocaína e então voltar para o clube, até que foram uma última vez e não voltaram para me buscar, então tive de voltar a pé sozinha até o Franklin Plaza, furiosa.

SLASH: Não me lembro de muita coisa. No Cathouse, Nikki me perguntou se eu sabia onde ele podia conseguir heroína. Um amigo meu tinha acabado de virar *junkie*, então ligamos para ele e voltamos todos para o Franklin Plaza. Eu estava tão bêbado que nem enxergava o chão onde cair. Meu amigo injetou em Nikki, mas eu nem percebi.

SALLY McLAUGHLIN: O Guns estava com duas suítes no Franklin, Slash em uma e Steven Adler na outra. Entrei batendo o pé na nossa suíte, furiosa, e Nikki disse: "Oh-oh, melhor a gente deixar eles sozinhos um pouco". Nikki e Steven foram para o quarto do Steven com o traficante, e eu comecei a berrar com Slash, mas ele estava tão bêbado que nem retrucou.

Alguns minutos depois, bateram na porta. Era Nikki, com uma aparência horrível, e ele entrou e já caiu no chão. Pensei: "Ótimo, agora tenho que lidar com *dois* bêbados aqui". Então o traficante apareceu, deu uma olhada em Nikki, berrou "Ele tá morto!" e saiu correndo. O cara literalmente pulou da janela e da sacada e saiu correndo pela rua.

SLASH: Quando percebi, Sally estava gritando porque Nikki estava todo contorcido e azul num canto do quarto.

SALLY McLAUGHLIN: Slash estava paralítico, e Nikki estava ficando azul. Steven me ajudou a carregar Nikki até o banheiro, depois saiu correndo e eu fui deixada sozinha

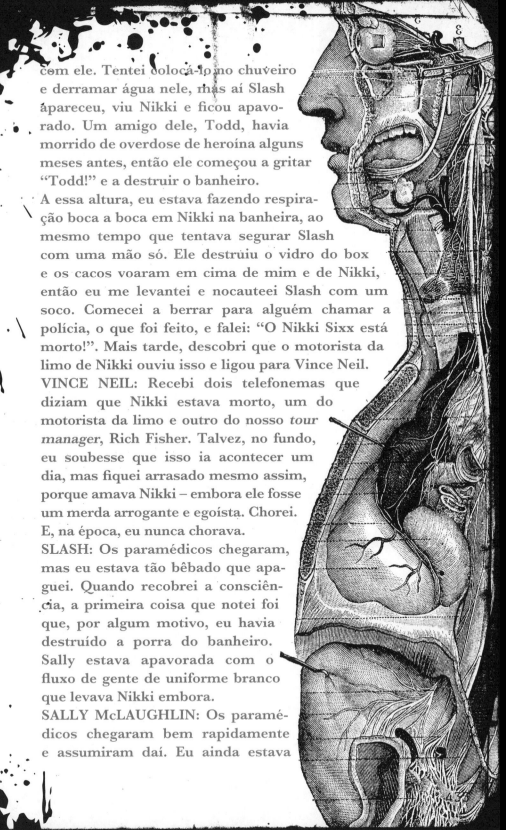

com ele. Tentei colocá-lo no chuveiro e derramar água nele, mas aí Slash apareceu, viu Nikki e ficou apavorado. Um amigo dele, Todd, havia morrido de overdose de heroína alguns meses antes, então ele começou a gritar "Todd!" e a destruir o banheiro.

A essa altura, eu estava fazendo respiração boca a boca em Nikki na banheira, ao mesmo tempo que tentava segurar Slash com uma mão só. Ele destruiu o vidro do box e os cacos voaram em cima de mim e de Nikki, então eu me levantei e nocauteei Slash com um soco. Comecei a berrar para alguém chamar a polícia, o que foi feito, e falei: "O Nikki Sixx está morto!". Mais tarde, descobri que o motorista da limo de Nikki ouviu isso e ligou para Vince Neil.

VINCE NEIL: Recebi dois telefonemas que diziam que Nikki estava morto, um do motorista da limo e outro do nosso *tour manager*, Rich Fisher. Talvez, no fundo, eu soubesse que isso ia acontecer um dia, mas fiquei arrasado mesmo assim, porque amava Nikki – embora ele fosse um merda arrogante e egoísta. Chorei. E, na época, eu nunca chorava.

SLASH: Os paramédicos chegaram, mas eu estava tão bêbado que apaguei. Quando recobrei a consciência, a primeira coisa que notei foi que, por algum motivo, eu havia destruído a porra do banheiro. Sally estava apavorada com o fluxo de gente de uniforme branco que levava Nikki embora.

SALLY McLAUGHLIN: Os paramédicos chegaram bem rapidamente e assumiram daí. Eu ainda estava fazendo respiração boca a boca em Nikki, e uma coisa esquisita de que me lembro é que, quando a minha respiração voltava da boca dele, soava como se ele estivesse roncando. "Caralho, e se ele estiver só dormindo, acordar e achar que eu estou tentando beijá-lo?", pensei.

Os paramédicos arrancaram a camiseta de Nikki para dar uma injeção de adrenalina nele, e então o levaram embora. Eu não havia conseguido acordá-lo, mas os paramédicos, depois, disseram que eu havia ajudado a mantê-lo vivo. Depois que o levaram, a polícia nos conduziu ao quarto de Steven. Tivemos de carregar Slash, que ainda estava desmaiado. A polícia interrogou a todos nós e vasculhou o outro quarto. Mais tarde, quando entrei lá de novo, achei um saco de heroína no chão e um pino de cocaína na mesa, que passaram despercebidos.

TOMMY LEE: Recebi um telefonema do Slash no meio da noite: "Cara, não se assuste, mas o Nikki está numa ambulância a caminho do hospital", disse ele, e acrescentou que tinham feito tudo o que podiam para acordá-lo – colocaram-no na banheira, jogaram água na cara dele, massagem cardíaca – mas nada funcionou. "Fodeu!", pensei.

KAREN DUMONT: Doug Thaler me ligou às 3h da manhã para perguntar se Nikki estava em casa. Falou que um motorista de limusine havia ligado para Vince e dito que Nikki fora dado como morto no Franklin Plaza e levado numa ambulância. Comecei a ligar freneticamente para vários hospitais, mas não o achava em lugar nenhum.

SLASH: Ele entrava e saía de salas de cirurgia a noite toda. Os agentes dele chegaram mais tarde e berraram comigo por eu ser uma péssima influência, mas a verdade é que eu só estava entendendo 25% do que estava rolando. Para mim, não parecia algo sério. Acontecia comigo o tempo todo.

NIKKI: Acordei numa cama de hospital. Havia um policial me fazendo perguntas, então eu o mandei se foder. Arranquei os tubos e saí mancando, só de calça de couro, até o estacionamento, onde duas adolescentes estavam sentadas chorando, com uma vela acesa ao lado delas.

Ouviram no rádio que eu havia morrido e pareceram meio surpresas ao me ver.

As garotas tinham um pequeno Mazda surrado e me deram uma carona pra casa, enquanto ouvíamos meu obituário no rádio. Uma delas me deu uma jaqueta e elas me fizeram prometer que eu nunca mais usaria drogas. Karen abriu a porta para mim. Fui direto até a secretária eletrônica e mudei o recado, que agora dizia o seguinte: "Oi, é o Nikki, não estou em casa porque estou morto". Assim que Karen saiu para trabalhar, fui direto para o quarto, injetei e apaguei.

KAREN DUMONT: Às 5h45min da manhã, ouvi uma batida na porta e lá estava Nikki, tremendo pra caramba. Estava descalço e sem camisa, usando o que parecia ser a jaqueta de uma garotinha, tão apertada nas costas que seus ombros estavam levantados. Disse que não conseguiu achar as chaves.

No dia seguinte, fui buscar as botas dele e falar umas poucas e boas a Slash e ao Guns. Sally me disse que os caras da ambulância iam desistir de Nikki, mas umas garotas imploraram histericamente para que eles tentassem de novo, e foi aí que conseguiram trazê-lo de volta.

Meio-dia

Acabei de acordar. Meu corpo dói como nunca. Estou com fome, sujo e quero tomar um banho. Preciso retornar algumas das mensagens que recebi. Quando cheguei de madrugada, mudei a saudação da secretária eletrônica para OI, NÃO ESTOU AQUI PORQUE ESTOU MORTO. Preciso mudar isso de novo...

Todas as mensagens dizem coisas do tipo: "Você é um babaca", ou "Isso não tem graça", ou "Qual é o seu problema, Nikki? Você tá bem da cabeça, cara? Isso é muito fodido". Pela primeira vez, concordo com todas elas e também não acho nada engraçado (bem, talvez seja um pouco).

Uma última coisa... é melhor já admitir. Chega de drogas. Chega de ser infeliz e chega de tentar me matar. Acordei hoje de manhã ainda com uma agulha no braço e sangue na mão. O quão mal eu estava pra chegar em casa e injetar depois de ter morrido? Mas, mais importante, joguei fora toda a parafernália. Estou enjoado de ser um *junkie* egocêntrico, egoísta, alcoólatra e que odeia a si mesmo.

PARA USAR UM CLICHÊ: ESTOU ENJOADO E CANSADO DE ESTAR ENJOADO E CANSADO

KAREN DUMONT: Só depois foi que descobri que Nikki injetou de novo antes de ir para a cama. Tínhamos uma relação muito discreta, caso contrário, antes de ir trabalhar, eu teria entrado no quarto dele para me certificar de que ele estava dormindo. Ele estava claramente abalado e não deveria ter sido deixado sozinho, mas eu realmente não tinha noção.

17h

Falei pra Karen que não quero mais saber de drogas. Ela disse que espera que não mesmo, mas pareceu não acreditar. Acho que ainda vai levar um tempo até as pessoas acreditarem em mim. Merda, nem eu sei se acredito em mim.

18h25min

Estou tão cansado. Preciso dormir. Parece que faz anos que não durmo, é a única maneira de explicar o quão cansado estou. Sabe, sinto que desmoronar assim talvez não seja uma coisa ruim, no final das contas. Achei meu livro do AA debaixo da cama enquanto estava recolhendo as drogas pra jogar fora. Li esta passagem, que pela primeira vez fez sentido pra mim...

PASSO 1
ADMITIMOS QUE ESTÁVAMOS IMPOTENTES E QUE AS NOSSAS VIDAS HAVIAM SE TORNADO INCONTROLÁVEIS

DEANA RICHARDS: Quando fiquei sabendo que Nikki quase morreu, não foi inesperado, porque era o que eu sempre temia, mas rezava para que não acontecesse. Ficava apavorada com a ideia de ele morrer sem que nada fosse resolvido – sem ele finalmente perceber o quanto eu o amava.

MICK MARS: Quando recebi a notícia de que Nikki estava morto, minha primeira reação foi: "Eu sabia que esse pentelho do caralho ia fazer alguma coisa assim!".

VINCE NEIL: Devo dizer que sempre houve rumores de que alguém do Mötley Crüe morreu. Recebíamos trotes aos montes. Inclusive, faz umas duas semanas, recebi um telefonema dizendo que Tommy havia morrido – e era a minha própria mãe ligando.

25 DE DEZEMBRO DE 1987
Manhã de Natal, Van Nuys, 9h30min

Bom dia e Feliz Natal. Decidi pôr este diário de lado e começar um novo... com o novo dia que se aproxima, me sinto esperançoso. A vida, acredito eu, de algum modo, tomou uma direção melhor.

Não sei como sobrevivi a esse ano que passou, mas sei que deve haver uma razão. Hoje, pela

primeira vez, não estou preocupado com os resulta-
dos ou com os porquês e quandos. Só quero viver.
Acordei feliz. Nem consigo acreditar. Não acordei
com a cabeça berrando e com os meus instintos me
dizendo para correr e me esconder dentro de uma
agulha ou de um caixão, o que viesse primeiro...
contanto que eu ficasse anestesiado ou, melhor
ainda, morresse... quero viver e não sei por quê.
    Ei... por que perguntar por quê? Vou acordar
Karen e desejar um Feliz Natal a ela. Acho que vou
até ligar pros caras da banda.
    Feliz Natal.

NIKKI: Nunca vou me esquecer de acordar depois de dormir por quase quarenta e oito horas e me sentir tão diferente. Sabia que algo havia acontecido comigo, mas não
estava pronto para avaliar. Foi uma experiência, acredito
eu, espiritual. As drogas me deixaram prostrado e eu sabia
disso. Mesmo se demorasse algumas tentativas, eu ia largar as drogas. Recebera uma nova chance de viver e iria
agarrar a vida pelo pescoço e sacudi-la até não poder mais.
Desde então, tenho aproveitado a vida ao máximo. Sim, caí
algumas vezes, mas sempre volto a me levantar. Sempre
digo que não gostaria de ter conhecido o cara daquela
época – e nem você gostaria.

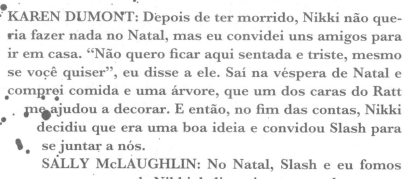

KAREN DUMONT: Depois de ter morrido, Nikki não queria fazer nada no Natal, mas eu convidei uns amigos para ir em casa. "Não quero ficar aqui sentada e triste, mesmo se você quiser", eu disse a ele. Saí na véspera de Natal e comprei comida e uma árvore, que um dos caras do Ratt me ajudou a decorar. E então, no fim das contas, Nikki decidiu que era uma boa ideia e convidou Slash para se juntar a nós.

SALLY McLAUGHLIN: No Natal, Slash e eu fomos para a casa de Nikki de limusine, com todos os presentes que compramos. Lembro que Nikki deu uma boina de presente para Slash. Dormimos no quarto de Karen, e Slash fez xixi na cama de novo, como sempre fazia depois de usar cocaína e beber. Ele não quis contar a Nikki, então implorou para que eu contasse. Quando contei, Nikki só disse: "Ah, bom, pelo menos ele não se cagou, como acontecia comigo".

Cheguei a comprar fraldas de adulto para o Slash, mas ele nunca usou.

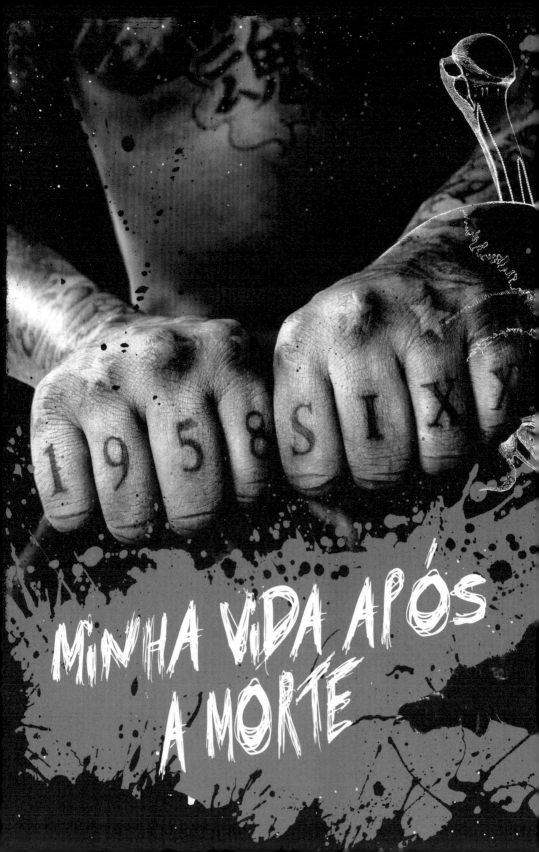

Não faz muito tempo, eu disse a um amigo: "Morri uma vez, mas agora estou melhor". De vez em quando ele me lembra da graça dessas palavras. Ninguém sabe por que fazemos as coisas que fazemos até estarmos dispostos a descascar todas as camadas para chegar ao núcleo de todas as nossas baboseiras. Descobri muita coisa a respeito de mim mesmo quando finalmente me vi pronto para tanto — nem todas elas ruins, por sinal. Um dos dons que recebi com a sobriedade foi a habilidade de enxergar através das baboseiras dos outros (ninguém conhece um embusteiro melhor do que outro embusteiro — mas agora estou melhor).

Recentemente, falei para o Lemmy, do Motörhead, que eu deveria estar numa daquelas camisetas com o Sid Vicious e o Johnny Thunders, e ele disse: "Que nada, você é melhor que isso, camarada". Acho que outra pessoa deveria ter escrito a minha biografia, mas ainda estou vivo e mandando ver, então cá estou eu sentado digitando. Ia escrever o final da minha história aqui, mas percebi que

AINDA NÃO CHEGUEI AO FINAL. DIABOS, TALVEZ EU ESTEJA SÓ NA METADE.

Haverá tempo de sobra para dizeres em lápides e elegias mais tarde... Lá vou eu, rindo da morte de novo. Sou como um homem deitado sobre uma cama de pregos. Posso fazer uma careta de dor, mas, de algum modo, encontro um jeito de rir da ironia de onde repouso minha cabeça, porém, ainda há frustração. Ela vem não das perfurações, mas do fato de a minha vida não ter entrado ainda no *Guinness Book*. Como eu disse, só estou na metade do caminho.

A primeira metade foi um longo passeio de montanha-russa pelo inferno. Só consigo imaginar como será a segunda metade. OK, chega de falar de mim e dos meus devaneios. Vou tentar fazer meio que uma retrospectiva da insanidade e da beleza que sucederam o dia 25 de dezembro de 1987:

- Cancelei a turnê europeia.
- Pulei a reabilitação e larguei a heroína por conta própria.
- Mudei-me da Casa da Heroína em Van Nuys para um lar bem escondido num lugar chamado Hidden Hills.
- Fiquei recluso por meses. Não ia nem ao mercado e perdi completamente o contato com a realidade.
- Escrevi a maior parte do álbum *Dr. Feelgood*.
- Fui consultar com um psiquiatra e disse a ele que a vida com drogas era melhor do que isso.
- Fui diagnosticado como clinicamente deprimido e quimicamente desequilibrado (ou seria embalsamado?).
- Comecei a tomar um remédio novo na época, chamado Prozac.
- Pela primeira vez na vida, me senti confortável na minha própria pele sem estar chapado.
- Contratei um terapeuta para a banda, para melhorar a comunicação entre os caras.
- Conheci minha futura ex-mulher.
- Mudei-me para o Canadá para gravar *Dr. Feelgood* com Bob Rock.
- Fiquei sóbrio no Canadá.
- Concluímos o álbum e me mudei de volta para L.A.
- Fui à casa de Tommy e Heather e cheirei dois *8-balls*. Doug Thaler foi lá e jogou as drogas descarga abaixo.
- *Dr. Feelgood* chegou ao primeiro lugar nas paradas.
- Fomos à Rússia e fiz meu primeiro show sóbrio.
- Despedimos Doc McGhee.
- A turnê de *Dr. Feelgood* teve todos os ingressos vendidos.
- Casei-me no Havaí com a minha atual ex.
- Gunner Sixx, meu primeiro filho, nasceu.
- Recebemos um American Music Award.

Storm Sixx, minha segunda filha, nasceu.

Meu casamento foi por água abaixo.

Voltei para as drogas.

BOB ROCK: Conheci Nikki quando fui produzir *Dr. Feelgood*. Ele acabara de ficar sóbrio pela primeira vez. Sempre o conheci não como uma pessoa normal, mas sóbrio e careta, e, nesse estado, ele é um dos meus melhores amigos.

Vi Nikki escorregar duas vezes. Depois que terminamos de gravar *Dr. Feelgood*, eu estava num estúdio com ele e Tommy. Era uma noite de domingo em Hollywood, e os dois decidiram tomar uma taça de vinho no jantar. "Caras, vocês não podem fazer isso", eu disse a eles, mas Nikki retrucou: "Rockhead, uma taça de vinho no jantar, tudo bem". É claro que depois da primeira taça veio outra, de repente a garrafa sumiu e Nikki estava no telefone com o traficante. "Nikki, o que você está fazendo?", perguntei. "Por que esperar? Eu sei aonde vou parar essa noite, então por que esperar?", foi a resposta dele.

Chegou a um extremo total em dez minutos. Depois disso, a noite toda se tornou um puro pandemônio. Nikki e Tommy foram para uma balada – havia provavelmente uma única balada aberta numa noite de domingo, mas eles a encontraram. Todos os antigos traficantes saíram dos esconderijos; havia garotas, drogas, depravação. Acabamos voltando para o estúdio, porque decidi que era o melhor jeito de evitar que eles fossem para a cadeia. Os dois acabaram entalhando suásticas na parede do estúdio da A&M. Perdemos a primeira semana de gravação enquanto Nikki voltava para casa para tentar salvar o casamento.

Na segunda vez, estávamos em Vancouver gravando o álbum com John Corabi. Descobrimos que a primeira esposa de Tommy, Candice, que era stripper, ia se apresentar num clube, então Nikki e Tommy decidiram se disfarçar de lenhadores canadenses, para não serem reconhecidos, e foram vê-la dançar. Vestiram camisas de lenhador e colocaram bigodes falsos, e eu caí no chão de tanto rir. "Caras, não tem como não ver que vocês são Nikki e Tommy!". Foram mesmo assim e, quando me dei conta, Nikki me ligou do clube, dizendo: "Rockhead, vem pra cá, estamos tomando uns shots!". Quando cheguei lá, Nikki tinha conseguido pó também. Na manhã seguinte, ele acordou ao lado de alguém que não conhecia e com a maior montanha de pó que ele já vira depois de *Scarface* em cima de uma mesa. Pegou um voo de volta para casa naquela manhã e nunca mais voltou a Vancouver. Tudo o que eu podia fazer quando ele se encontrava nesse estado era garantir que ele não fosse para a cadeia... ou perdesse a cabeça.

- Escrevi umas músicas novas para a coletânea *Decade of Decadence*.
- Fomos para a Europa com o AC/DC e o Metallica.
- Recaí nas drogas.
- Vince pediu demissão ou foi demitido (depende de quem te contar a história).
- O Mötley arrumou um novo cantor — John Corabi.
- Voltamos ao Canadá para gravar o álbum *Mötley Crüe*.
- Não consegui me manter sóbrio.
- O casamento se espatifou por completo, mas me mantive firme de modo a não reproduzir as atitudes do meu pai. Ficar infeliz parecia uma alternativa melhor do que deixar meus filhos sem um pai — ou pelo menos foi o que pensei.
- O álbum *Mötley Crüe* foi lançado e foi um fracasso.
- A turnê de *Mötley Crüe* foi um fracasso.
- Minha esposa, prestes a se tornar ex-esposa, engravidou na única vez que fizemos sexo naquele ano.
- Decker Sixx, meu terceiro filho, nasceu.
- O casamento enfim acabou. Ela me pediu US$ 10 milhões na justiça, dizendo que "merecia".
- A justiça disse que eu poderia ficar com a mansão.
- Concordamos na guarda conjunta dos nossos filhos e ela perdeu o processo dos US$ 10 milhões.

- Conheci a então estrela de *Baywatch* e coelhinha da *Playboy* Donna D'Errico e fiquei completamente apaixonado por ela em um encontro e meio.
- Vendi a mansão e me mudei para uma pequena propriedade alugada em Malibu com todos os meus filhos, Donna e seu filho Rhyan.
- Casei-me com Donna no dia 23 de dezembro de 1997.
- John Corabi saiu da banda sob pressão e Vince retornou ao Mötley Crüe.
- *Generation Swine* foi lançado, com sucesso moderado.
- Fizemos uma turnê com o Cheap Trick tocando em arenas quase sempre vazias.
- Tommy gravou duas faixas para a nossa coletânea *Greatest Hits* antes de ser preso. Quando eu o visitava na cadeia, ele me dizia que não sabia se queria continuar no Mötley Crüe.

PHOTO BY KEVIN ESTRADA / WWW.KEVINESTRADA.COM

- Fizemos a turnê de *Greatest Hits*, com shows quase sempre lotados. Tommy saiu da banda no meio da turnê depois que Vince, bêbado, deu um soco nele. Um segurança deu um soco num fã e eu o chamei de "crioulo" no palco. Fui levado ao tribunal por ter cometido essa estupidez e recebi ameaças de morte. Durante a turnê, fui preso por agressão. Chamei a CEO da Elektra Records, Sylvia Rhone, de "vaca" na revista *Spin* e, todas as noites, ligava para ela do palco com meu celular e pedia à plateia que a mandasse se foder... além de mais outras merdas insanas de sobra.
- Chamamos Randy Castillo, baterista da banda de Ozzy, para se juntar a nós, e tocamos com os Scorpions, com 25 mil a 35 mil ingressos vendidos a cada noite.
- Comecei um projeto paralelo chamado 58. Não vendeu muito, mas as críticas excelentes reacenderam minha criatividade.
- Lancei um selo chamado Americoma. Não deu certo, mas também reacendeu a minha criatividade (e meu ódio pelas *majors*).
- Relançamos todos os álbuns do Mötley Crüe pela nossa própria gravadora e vendemos 500% mais cópias do que quando estávamos numa *major*.
- Ainda sóbrio e feliz no casamento.
- Donna e eu compramos um rancho de 20 hectares nas Malibu Hills.
- Minha ex foi morar em Orange County com um fulano e perdeu a guarda dos nossos filhos.
- Mick Mars não retornava minhas ligações pedindo ajuda para escrever o próximo álbum, então recrutei James Michael. Escrevemos o disco *New Tattoo* (posteriormente, descobri que Mick estava perdido em meio a seu próprio vício).

JAMES MICHAEL: Nikki e eu éramos da mesma gravadora e nos cumprimentávamos quando nos encontrávamos pelos corredores. Lancei um álbum solo e ele me ligou para dizer que havia achado algumas coisas do disco incríveis e gostaria que trabalhássemos juntos. Começamos a compor e deu incrivelmente certo logo de cara. Escrevemos duas músicas no primeiro dia.

Nikki é um cara muito criativo e talentoso, e pensa de uma maneira muito obscura e distorcida. Transborda energia e está sempre pensando, sempre criando. Nikki é um dos compositores mais inspiradores e uma das pessoas mais excepcionais que já conheci.

- James e eu compusemos hits para o Meat Loaf e para o Saliva.
- *New Tattoo* foi lançado e a turnê estava indo bem, até Randy Castillo ser diagnosticado com câncer.

NIKKI: Randy ficou doente demais para prosseguir com a turnê. Ele costumava dizer que éramos irmãos de mães diferentes. Eu sempre ligava para ele da estrada, para saber como ele estava. Ele queria muito voltar para a estrada, mas simplesmente não tinha forças. Todo mundo temia que a turnê o esgotasse, e ele precisava de toda a força possível para combater essa doença horrível. Quando ele faleceu, fomos ao funeral e coloquei meu anel de caveira no caixão dele. Tínhamos o mesmo anel, mas o dele não estava em seu dedo. Randy foi um dos maiores bateristas de rock'n'roll, e agora a banda da casa do Paraíso está muito melhor.

- Continuamos a turnê com a baterista Samantha Maloney.
- Donna engravidou da nossa primeira filha.
- Comecei a tomar remédios controlados para lidar com o estresse.
- Voltei a beber.
- Voltei a usar cocaína.
- Tive um caso com a baterista.
- O Mötley Crüe concordou em dar uma pausa de cinco anos.
- Frankie-Jean, minha quarta filha, nasceu.
- Fui embora de casa depois que Frankie nasceu.
- Até hoje é difícil para mim pensar que fiz isso.
- Comecei a pegar a autoestrada para o inferno. De novo.

ALLEN KOVAC: Nikki voltou a usar heroína quando abandonou a esposa logo depois do nascimento da filha. Como agente dele, disse que ele precisava de ajuda, e caso não a buscasse, eu não trabalharia mais com ele. Deixei claro que estava disposto a me demitir, a menos que ele assumisse a responsabilidade – e foi o que ele fez.

Já trabalhei com grandes artistas, com um senso afiado de letra, melodia e estrutura, e coloco Nikki à altura dos maiores de todos os tempos. Barry Gibb, Debbie Harry, John Mellencamp e Luther Vandross, todos eles entendiam que paixão e um ótimo olho para a imagem eram necessários. Nikki tem tudo isso – o artista completo em todos os aspectos de sua arte. Ele será reverenciado por seu talento e por seu lugar na história do rock'n'roll. Além disso, é uma joia da coroa do rock'n'roll. Talvez nunca ganhe um Grammy, porque a indústria nem sempre julga com base no talento, mas ele merece muitos.

Fui para a reabilitação e finalmente "me encontrei" no deserto, em Tucson, Arizona. Estava no ponto mais baixo da minha vida e queria mudar para sempre. Jurei que, acontecesse o que acontecesse, eu jamais voltaria a usar.

- Depois de muito trabalho da minha parte, Donna aprendeu a perdoar e eu aprendi a ser perdoado, e voltei a morar com a nossa família.
- Finalmente sóbrio — sóbrio mesmo —, mas as feridas demoram a cicatrizar na nossa família.
- Montei uma banda chamada Brides of Destruction.
- Gravamos um álbum chamado *Here Come the Brides*, que gerou muita expectativa, mas vendeu pouco.
- Era hora do Crüe voltar. Saí em turnê com o Brides, o que confirmou a afirmação do item acima.
- Adorei estar sóbrio... mais próximo do que nunca de Donna e das crianças.
- Colocamos o trem do Mötley Crüe de volta nos trilhos. Não foi fácil... mas essa banda nunca foi fácil. Ao mesmo tempo, processei a marca de tênis Vans e recebi US$ 1 milhão por eles terem usado a minha imagem em propagandas sem minha autorização.
- Mick fez uma cirurgia para colocar uma prótese no quadril e recebeu alta dos medicamentos controlados.

MICK MARS: Nikki é, hoje, uma pessoa completamente diferente. Deu uma volta por cima total e vive muito mais para a música e para seus filhos. Como eu já disse, nós sempre tivemos uma relação de amor e ódio, mas hoje ele é uma pessoa muito mais amorosa e bondosa, e está com os parafusos no lugar. Nossa relação está muito mais saudável. É ótimo poder conversar abertamente sobre toda e qualquer coisa.

- Vince participou de um reality show, fez um lifting na TV e entrou em forma.
- Tommy fez um reality show chamado *Tommy Lee Goes to College* e gravou um álbum solo.
- Ainda limpo e sóbrio, emocional e fisicamente pronto para dominar o mundo.
- O Mötley Crüe gravou quatro músicas novas com Bob Rock. Lançamos a coletânea *Red, White and Crüe*, que vendeu mais de um milhão de cópias.
- Decidimos arriscar tudo e sair em turnê sem *promoters* ou bandas de abertura. O primeiro braço da turnê teve todos os ingressos esgotados.
- Levamos o monstro para passear ao redor do mundo e descobrimos que tínhamos um novo público, então recrutamos as bandas jovens Sum 41, The Exies e Silvertide para abrir os shows da turnê de verão.

RICK NIELSEN: Vi um show do Mötley Crüe recentemente e, ao invés de serem só caóticos, como costumavam ser, estavam mais afiados do que nunca. Sempre disse a Nikki que, como baixista, ele era como o Gene Simmons – o som era melhor quando ele não tocava. Mas isso não é mais verdade.

Nikki tem muito mais responsabilidade agora e investe mais energia na positividade do que em positivamente se destruir. Ainda é maluco, mas isso nunca vai mudar. Acho que talvez ele tenha finalmente sacado que advogados não sabem de tudo, esposas não sabem de tudo, filhos não sabem de tudo – e quer saber de uma coisa? Nem mesmo Nikki Sixx sabe de tudo, também!

- Donna, eu e nosso amigo Paul Brown (que fez o projeto gráfico deste livro) fomos para o Camboja e para a Tailândia fotografar. O que vimos foi de partir o coração.
- Fundei a instituição Running Wild in the Night, em parceria com a Covenant House, para ajudar jovens que fugiram de casa ao redor do país. Essa molecada — assim como este moleque que está escrevendo este livro — pode fazer tanta coisa na vida. Basta uma segunda chance.
- O Mötley Crüe lançou o primeiro DVD ao vivo com a participação de nós quatro, os membros originais.
- Lançamos um álbum ao vivo sem usar a fórmula padrão da indústria musical.
- Sem querer soar um bobo alegre piegas, a essa altura da minha vida eu estava tão feliz que, toda manhã, ao acordar, só faltava eu mijar carinhas felizes. Poderia continuar com essa lista... mas acho que vocês entenderam o ponto. Fala sério, nem eu acredito em algumas dessas coisas. Ah, dane-se, me deixem me gabar, é a porra do meu livro, afinal de contas.

TOM ZUTAUT: Nikki vive e respira pela criatividade. Tem um ótimo olhar estético e, agora que se envolveu com a fotografia, cria umas imagens incríveis com sua lente. Se ele se determinar, pode ajudar muitas bandas novas de rock a desenvolver e compor músicas melhores – talvez ele produza o *Appetite for Destruction* desta geração. E fico orgulhoso com o fato de ele ser um bom pai para seus filhos e ter dado a eles a infância que nunca teve.

VINCE NEIL: Nikki e eu estamos mais próximos do que nunca. Se antes ele era um completo fodido, hoje é totalmente racional e as coisas que ele diz sempre fazem sentido. Ele me aconselha sobre como lidar com certas coisas ou sobre como me manter na linha, é como se fosse o conselheiro da nossa banda. Sabe de uma coisa? Ele poderia trabalhar como aconselhador hoje e isso é bem assustador. Ainda é um maníaco por controle, mas está evoluindo até mesmo nesse aspecto. Hoje em dia, Nikki e eu somos amigos muito próximos, e eu *nunca* pensei que fosse dizer isso.

● Terminei recentemente uma turnê mundial com o Mötley Crüe, quase todos os shows lotados. Hoje, os membros da banda compartilham comigo seus problemas, suas boas novas e seus sonhos, e dizem que me amam. Eu estava voltando da Austrália no meu aniversário e todos cantaram parabéns para mim e fizeram as brincadeirinhas de costume a respeito de envelhecer. Embarquei e cheguei as mensagens numa escala em Hong Kong. Cada um deles me ligara separadamente e me desejara feliz aniversário de novo. Uau — caras para os quais eu costumava ser um ditador e pura e simplesmente um desgraçado. Isso é inacreditável. E então, depois de vinte e duas horas de voo, cheguei em casa e fui recebido com cartões de aniversário dos meus filhos. Maravilhoso...

TOMMY LEE: Bato palmas demais para Nikki por como ele está hoje. É ótimo conviver com ele agora que consegue sair sóbrio, animar e se divertir sem surtar. Ainda saímos muito juntos. Num nível pessoal, ele ficou ótimo em parar para pensar sobre as coisas. Indivíduos com personalidades propensas ao vício tomam decisões muito rápido e não param para pensar, sejam essas decisões músicas, negócios ou o que quer que seja. Nikki e eu sempre fomos caras muito espontâneos e instintivos, que simplesmente se deixavam levar, mas agora ele se informa muito para poder tomar a decisão certa.

Estamos próximos como sempre, mas Nikki é um indivíduo sombrio e curioso, que percebeu que pegou um caminho muito escuro de sua mente, com poucos postes que o iluminassem. Você não ia querer acrescentar heroína e cocaína a isso aí, cara! O ponto é que Sixx já é um porra de um doente, e sempre será. Ele não precisa daquelas merdas.

Minha vida após a morte obviamente teve seus percalços, e eu não acho que eles não devam existir. Quando retornei da turnê, Donna pediu divórcio, e estou conseguindo me manter limpo mesmo em meio a essa situação desastrosa. Seguir em frente separado da garota com quem pensei que ficaria pelo resto da vida foi a coisa mais difícil com que tive de lidar em muitos anos.

Estou escrevendo de um quarto de hotel na Índia, com saudades dela. Estou solteiro e não queria estar, mas às vezes não temos o que queremos, temos o que devemos ter. Não sei o que o futuro guarda para mim, mas, de algum modo, tenho certeza de que será um caminho mais elevado. Ao ouvir os macacos e pássaros a noite toda da janela do hotel, a coisa mais difícil do mundo é não pegar o telefone e dizer: "Vamos tentar mais uma vez". Porém, devo ficar sozinho nesse período da minha vida e estar em unidade com a minha solidão. Dói muito lá no fundo.

Preciso ser honesto, isso tem sido doloroso, mas preciso ser forte pelos meus filhos. Sabe, para um homem que já desnudou a alma neste livro, pode parecer irônico que eu prefira manter essa questão privada em sua maior parte, mas sinto que é a coisa certa a se fazer... de novo, pelos meus filhos. A curva nessa estrada não é muito diferente das drogas. Algumas coisas levam um tempo até sair do seu corpo.

O que aprendi até agora na vida foi a desprender-me o máximo possível das pequenas coisas e tentar manobrar de modo a não colidir com as coisas grandes. A vida é como uma longa viagem sem um rumo em particular. Não há como evitar um pneu furado em algum ponto da jornada, e isso nunca acontece numa boa hora... Na verdade, geralmente é debaixo de uma chuva torrencial ou de uma nevasca que você sente o carro dar um pulo por causa do pneu que acabou de estourar e rasgar toda a sua segurança e seu controle.

No entanto, na verdade não temos escolha. Temos de descer, consertar o pneu, voltar para o carro e cair de volta na estrada da vida.

Há alguns ditados que eu abominava e hoje valorizo:

1. É preciso se desprender para manter o que você já tem.
2. Deixe estar e deixe com Deus.

Que diabos essas coisas significam? Deixem-me explicar:

1. Para manter a minha felicidade, preciso doar o máximo que eu puder. Funciona. É incrível. Um cara que, na maior parte do tempo, consumia, tomava e se valia de uma força descomunal para encher o saco das pessoas, agora usa isso como mantra. Incrível.

2. Nunca pensei que havia um Deus (bem, eu achava que eu era ele), mas sei agora que há uma força maior do que eu e isso tem sido uma parte importante da minha sobriedade. Então deixei estar algumas merdas, e deixei o cara lá em cima lidar com elas. Um cara que era um completo maníaco por controle agora tem o desprendimento como estilo de vida... incrível...

PASTORA DENISE MATTHEWS: Ouvi dizer que Nikki agora está sóbrio e buscando. Isso é maravilhoso. Graças a Deus!

A dependência foi a minha queda e, no entanto, foi justamente a coisa que me deu uma conexão espiritual e uma consciência que eu nunca pensei que existisse. Largar as drogas e o álcool foi a coisa mais difícil que já fiz e a que me deu mais satisfação. Na verdade, sou grato por ser um dependente, pois assim, por meio da recuperação, tenho a habilidade de retribuir.

Sinto que vivi duas vidas (talvez mais) e, de novo, poderia continuar e continuar a contar essa história... mas acho que isso realmente fica para outro livro, para outra hora. Por ora, tenho um tanque cheio de combustível e um desejo profundo de saber o que me aguarda.

Ah, sim...

Sabe, ao ler este livro, fica muito fácil ver por que eu fui tão raivoso e confuso por todos aqueles anos. Passei a vida ouvindo diferentes histórias: algumas verdadeiras, outras mentirosas, algumas que ainda não sei o que são. Crianças nascem inocentes. Ao nascermos, somos muito parecidos com um HD novo — não há vírus, não há informações ruins, nenhum download foi feito. É aquilo com que alimentamos esse HD, no meu caso, o HD da minha cabeça, que começa a corromper os arquivos.

O meu ficou tão convoluto, poluído e distorcido que eu só funcionava com a informação que recebia. Transformei isso na minha armadura, meu mecanismo de defesa, minha arma de autodestruição. Tive de fato uma infância fodida e fui um adolescente perturbado — isso é fato. Como eu cheguei lá, já é uma história contada por muitas vozes, mas não cabe mais a mim culpar. Preciso aceitar o caminho que me foi dado e transformar os limões em limonada.

De uma coisa eu sei — muita gente além de mim se magoou pelo fato de a minha família ser cheia de mentiras e segredos.

Perdoei minha mãe, porque ela teve, sim, uma parte nisso. Talvez não exatamente da forma como me foi passado, talvez parte da história dela seja convoluta também. Não importa mais. A família vem em primeiro lugar, e eu a amo — ela é minha mãe. Ela realmente fez o melhor que pôde, a partir daquilo com que também teve de lidar em sua própria vida. É uma mulher legal, uma mulher muito criativa e me ama muito. Não quero que ela viva o resto da vida com culpa. Infelizmente para ela, acho que eu já a torturei por tempo demais. Te amo, mãe.

DEANA RICHARDS: Nikki disse algumas vezes que quer que tenhamos uma relação melhor, e eu quero isso mais do que qualquer coisa no mundo. Não se passa um dia sem que eu sofra e reze por Nikki. Ficamos separados por todos aqueles anos, e não foi escolha minha, mas nunca tive a oportunidade de explicar isso a ele. Ele é meu filho, e eu o amo.

Meu pai? Bem, não pude fazer as pazes cara a cara com ele, mas Donna descobriu onde ele está enterrado e me levou lá em 1999. A princípio, eu iria mijar na sepultura dele, mas decidi que era hora de deixar tudo isso para trás. Eu carregava essa vingança desde muito novo e desde então isso vinha me matando, e continuar a carregá-la (ainda mais por ele já estar morto) seria retroceder. Era finalmente hora de andar para frente e abandonar a raiva e a dor. Pai, tudo o que eu tenho a dizer é que você perdeu um filho e tanto.

Meus avós? Bem, Nona me amava, disso eu tenho certeza, e é uma sensação muito boa. Acho que neste exato momento ela está suspirando de alívio e estou certo de que quando nos reencontrarmos ela vai me dar uma bela bronca... haha...

Tom esteve ao meu lado por altos e baixos. Ele me criou e fez o melhor que pôde, e quer saber de uma coisa? Nem era o papel dele. Assumiu o papel do meu pai e, por isso, merece a Medalha de Honra, porque era como estar em uma puta zona de guerra.

QUASE POR ÚLTIMO, MAS DEFINITIVAMENTE NÃO MENOS IMPORTANTE

Qual é a minha parte nisso tudo?

Bem, a minha parte é até que simples (se é que se pode dizer que há alguma coisa simples a meu respeito).

1. Injetei todo tipo de merda que consegui arranjar, e depois mais um pouco (e depois mais um pouco ainda). Realmente não é necessário repassar essa lista... além disso, as páginas estão acabando e o tempo também, rápido.

2. Eu era um viciado em drogas, alcoólatra, deprimido, maníaco por controle e ególatra.

3. Para ser sincero comigo mesmo, eu só estava mesmo fugindo, fugindo da merda porque não aguentava o cheiro. Fosse eu titica de galinha ou fosse aquilo uma galinhada, fedia pra caralho e eu simplesmente não sabia lidar... então deixei que aquilo lidasse comigo.

Estamos chegando ao final e, ao mesmo tempo, ao começo destas desventuras. O motivo de eu precisar correr a 400 km/h numa rua sem saída, gritando por vingança e abraçando a morte, é algo que ainda estou tentando compreender a cada dia da minha vida após a morte. Mas, como dizem, a vida é uma jornada, não um destino.

Parte de mim (Nikki? Ou Sikki?) acha que tudo isso foi parte de um plano maior para expor as terminações nervosas expostas da disfunção para que eu então pudesse me curar. Porém, os alcoólatras sempre acham que tudo gira em torno deles, então há grandes chances de isso ser só mais um defeito de caráter no qual eu preciso trabalhar. Eu sempre dizia: "Qualquer coisa que vale a pena fazer, vale a pena fazer em excesso"... bem, na verdade, ainda digo isso, e pratico também. Todavia, agora vou passar a me superar com uma pauta diferente, mais saudável.

DEFINITIVAMENTE POR ÚLTIMO, MAS AINDA NÃO MENOS IMPORTANTE

Alguém me perguntou por que eu estava escrevendo este livro, e eu respondi: "Talvez uma única pessoa o leia e talvez este livro ajude essa única pessoa". "Isso não é muito rock'n'roll, né?", disseram então. "Vai se foder", eu disse e sorri, porque sei que é a coisa mais rock'n'roll que há a meu respeito — eu faço o que quero fazer da vida. Acho que Lemmy estava certo — eu sou melhor do que isso.

NIKKI SIXX

Dezembro de 2006

Sempre digo que ter escrito *Diários da Heroína* me salvou. Ou melhor, publicar o livro me salvou. Não tenho certeza se lá em 1987 esses rabiscos estavam fazendo muito bem para mim. Agora, mostrá-los para o mundo vinte anos depois já é uma história completamente diferente.

Isso porque voltar ao passado e reler estas passagens — algumas focadas e lúcidas, outras apenas viagens, outras puramente insanas — foi um choque. Ler os minutos de loucura me mostrou que minha vida era tão abjeta naquela época que foi quase um alívio quando morri.

Acho que este livro me ajudou a me responsabilizar por mim mesmo e pelo público. Foi também o melhor incentivo que eu poderia imaginar para nunca mais recair nas drogas.

E não recaí. É algo de que me orgulho muito e que também me faz sentir humilde. Mantive-me limpo, sóbrio, seguindo os passos — mas sei que não devo nunca ficar complacente, porque sigo em recuperação até o dia em que morrer (de novo).

Então, deixem-me tentar atualizá-los das minhas aventuras póstumas desde que *Diários da Heroína* foi lançado. Espero que vocês não estejam esperando mais da mesma depravação de sexo, drogas e rock'n'roll — e, caso estejam, fico feliz em desapontá-los (haha!).

Afinal, fala sério. Vocês leram um ano inteiro de miséria minha. Permitam-me agora falar de dez anos de alegria e positividade. Vou tentar não me gabar, mas... mereci, e vocês também merecem.

Estou provavelmente mais feliz do que nunca. Estou sóbrio, contente na minha própria pele, casado e apaixonado, um homem de família e de negócios, e todos os dias, desde o momento em que acordo, estou constantemente me enchendo de criatividade. Acredito que alimentar sua obsessão é algo necessário... persegui-la... encontrá-la e abraçá-la. A minha obsessão é a criatividade... vocês já encontraram a sua?

A primeira coisa que faço toda manhã é pegar minha guitarra e começar a tocar e a compor, e então vou gravar meu programa de rádio ou cair para a rua para tirar fotos (estou trabalhando em outro livro e na minha primeira exposição de fotos).

Hoje, não acordo pensando em como conseguir drogas — a minha criatividade se mantém a mesma.

Isso é um alívio e tanto. Às vezes ouço pessoas dizerem: "Ah, eu era mais criativo quando bebia e usava drogas" — e eu acreditava nisso. Hoje, acho a maior baboseira. Você não precisa de drogas para ser criativo. Deve ser capaz de acessar a criatividade num estado de sobriedade — e essa visão deve ser clara.

O que aprendi é que a clareza é uma das coisas mais importantes que podemos aprender e nos ensinar na vida... sim, ela pode ser aprendida...

Quando releio as passagens do meu velho diário, elas mostram o quão flagrantemente eu corria em direção à DESTRUIÇÃO. Eu achava que viver daquele jeito era glamoroso, porque era como viviam os artistas que eu amava e eles eram extremamente criativos e *cool*. Que erro tamanho!

O tipo de erro que acaba te matando.

Os dez anos que se passaram desde que *Diários da Heroína* saiu não foram só doçura e leveza. Houve muito autoaperfeiçoamento, muitas risadas, muito amor — mas também houve desafios, como há em toda vida.

Na minha opinião, a forma como lidamos com a escuridão é o que realmente nos permite desfrutar da luz do sol. A vida não é um mar de rosas... é dura e os esforços que ela demanda nos dão valor e garra.

A maior diferença é que eu encarei os desafios sóbrio, focado em me manter no momento presente e em ser sincero.

Em meio a toda a mídia que acontecia quando *Diários da Heroína* saiu, em 2007, eu também estava me divorciando. Foi brutal, doloroso, e eu precisei lutar com todas as forças para manter o que era meu por direito. Minha família vinha em primeiro lugar, mesmo se eu estivesse na linha de fogo.

O que sempre me salvou nos momentos em que a vida fica uma merda e eu me vejo contra a parede foi me jogar na criatividade. Assim, me mantive são escrevendo mais, me aprofundando cada vez na fotografia - e, sempre em primeiro lugar para mim, tocando mais música.

Ainda assim, fazer isso sozinho seria uma vida vazia... tenho orgulho de ser pai de quatro humanos lindamente diferentes e originais... meus filhos são foda. Meu único arrependimento real é ter precisado passar tanto tempo na estrada durante o crescimento deles... espero que isso os tenha dado alguma forma de força e resiliência.

Espero que isso tenha mostrado a eles como amar e sentir amor quando as coisas não são convencionais. A família Sixx é tudo menos convencional... mas que almas lindas e fortes eles têm.

Especificamente, quando *Diários da Heroína* foi lançado, eu estava tocando mais músicas com MEU PROJETO PARALELO, o **Sixx:A.M.**

Quando decidimos transformar *The Heroin Diaries Soundtrack* num álbum inteiro e formar uma banda, a música surgiu muito rapidamente. James e DJ foram parceiros de composição incríveis e nós três contribuímos com melodias e letras. Eles sacaram, e nossa conexão foi real.

Concordamos em três coisas: se for divertido, vamos continuar; é preciso ser algo sincero; e nós precisamos elevar o nível.

Acho que abordar a vida com uma "Atitude de Gratidão" é essencial, mas, não importa o que você faça, tente também se superar. Confie em mim: funciona.

Quando fizemos *The Heroin Diaries Soundtrack*, falamos da conexão das músicas e letras, que deveriam funcionar por si mesmas, com o livro. Inserimos uma narração: eu lendo algumas das passagens dos diários por cima das músicas.

Foi empolgante, porque, de um jeito esquisito, parecia que estávamos fazendo algo nunca antes feito.

O Sixx:A.M. se tornou uma bola de neve muito rapidamente. Gravamos um clipe para "Life is Beautiful", lançamos a música e ela chegou ao

O último show antes da minha cirurgia de substituição do quadril
Foto: Dustin Jack

segundo lugar na parada Hot Mainstream Rock. As pessoas realmente entenderam o que estávamos tentando fazer.

O *feeling* entre nós três era incrível. Não foi bem assim com o Mötley Crüe quando voltamos ao estúdio para gravar um novo álbum, *Saints of Los Angeles* — aquele que se tornaria nosso último.

Se devo ser sincero, àquela altura, Vince, Tommy, Mick e eu não estávamos na mesma sintonia. Simplesmente não conseguíamos nos dar bem. Acho que talvez já não tivéssemos mais a mesma visão do que o Mötley Crüe deveria ser.

Sempre fomos cabeça aberta: nos anos 1980 já fazíamos experimentações com sequenciadores e sons esquisitos. Porém, eu sempre pensei que o Mötley Crüe deveria ser o Mötley Crüe. Não deveríamos nos desviar tanto da estrada a ponto de os fãs pensarem: "Não estou entendendo nada". Como dizem por aí, mantenha-se na sua faixa e pise fundo pro inferno...

Estávamos partindo para a nossa turnê mundial enorme como de costume. Essa se chamaria *Crüefest* e contaria com quarenta e cinco, cinquenta shows.

Alguns meses antes dessa turnê imensa começar, os *promoters* ligaram para os nossos empresários.

"A banda mais quente do momento é o Sixx:A.M.", disse um dos *promoters*. "Eles atrairiam de cinco a sete mil pessoas cedo, todos os dias. Queremos eles na turnê".

Oh, oh. Eu não tinha certeza se os caras do Mötley Crüe topariam isso, mas liguei para cada um deles. Disse: "Olha, o lado bom é que a casa já estará cheia antes mesmo de nós entrarmos no palco. Há duas outras bandas entre os sets, e eu não me apresento da mesma forma no Sixx:A.M. e no Mötley Crüe. Fico bem na retaguarda".

Foto: Dustin Jack

Com James e DJ, do Sixx:A.M. durante a sessão de fotos para Prayers for the Blessed

Os caras ouviram e foram superlegais quanto a isso. Fiquei muito agradecido, porque eles não precisavam ser.

Adorei essa turnê da *Crüefest*. Entrava no palco com o Sixx:A.M. à tarde, relaxava por algumas horas no local e mandava ver com o Mötley. Foi ótimo tocar com duas bandas diferentes; dois estilos diferentes; duas afinações diferentes. Dois repertórios diferentes... Se a vida tem a ver com novas experiências, então aquilo foi a vida em alto e bom som...

Tudo tinha uma atmosfera de criatividade e positividade. E, por volta desse período, apareceu mais um projeto incrível para mim. Allen Kovac, meu agente, ao ouvir minhas narrações no álbum *The Heroin Diaries Soundtrack*, teve a ideia de que seria ótimo eu ter meu próprio programa de rádio.

Sempre fui obcecado pelo rádio, desde garoto. Quando eu era bem pequeno, ouvia rádio e me perguntava de onde vinham aquelas vozes. Depois, à medida que fiquei mais velho, o rádio se tornou a fonte do meu fluxo contínuo de novas músicas. Ficava sentado na perua Datsun 510 laranja da minha avó, em Idaho, com a minha Les Paul falsa, tentando aprender os acordes das músicas mais populares.

Isso foi o começo do aprendizado de escrever minhas próprias músicas, porque eu não era muito bom em aprender as músicas dos outros... então juntava umas três ideias diferentes e *voilà*! Virei um compositor... haha...

Assim, Allen marcou com a Premiere Radio e eu parti para Chicago para nossa primeira — e definitivamente não a última — reunião. Disse o seguinte:

"Quando estou em turnê e sintonizo as estações de rádio locais, ouço as bandas que adoro, mas quando ouço o DJ falar, às vezes desligo."

Tocando o terror com o Sixx:A.M

Foto: Dustin Jack

"E se fizermos um programa a ser retransmitido por diferentes estações? Podemos entregar um programa completo que cubra vários formatos. Adoro o *classic rock* que cresci ouvindo, mas sou um grande fã de alternativo e do lado mais pesado do rock atual... Se conseguirmos abranger todos os formatos e eu puder tocar músicas novas, podemos enriquecer o rádio. Acredito piamente que é um meio que precisa de uma recauchutagem."

Eles adoraram a ideia e eu comecei a fazer meu programa *Sixx Sense*. Adorei logo de cara, me dei muito bem com ele. Mal sabia eu, porém, que ainda estaríamos no ar oito anos depois.

Somos hoje o maior programa de rádio retransmitido do mundo... não tem como fazer isso viciado em drogas! Poder compartilhar o meu amor pela música todo santo dia? Na verdade, nem acredito que me pagam para fazer isso.

Depois de ter dado milhares de entrevistas ao longo dos anos, foi empolgante me ver do outro lado do microfone e fazer as perguntas. Talvez por eu mesmo ser um artista, sei como falar com outros artistas sobre o que a música significa para eles.

Algumas das entrevistas que fiz viraram minha cabeça do avesso.

Paul McCartney foi ao programa! Fiquei meio ansioso porque queria muito fazer um bom trabalho, mas aí então ele chegou, se sentou, olhou para mim e disse: "Sei que você já fez muita coisa e que o seu programa de rádio chega a muita gente, então obrigado por me receber!".

Meio que mijei nas calças bem ali...

Ele me contou de como sempre amou muito o rádio e do quanto o rádio ainda o influencia até hoje. Essas palavras mostram por que ele ainda é um dos maiores artistas vivos – porque ele ama música.

Mike Tyson foi fantástico, totalmente aberto e tem o maior coração do mundo. Mike é frágil e forte ao mesmo tempo. Sabe o que quer, mas nem sempre sabe como chegar lá, e é sincero quanto a isso.

Antes de ele vir ao *Sixx Sense*, o pessoal dele me disse: "Mike aceita tirar umas fotos com você, mas de maneira alguma peça para ele fingir morder a sua orelha – ele é muito sensível em relação a isso". "Claro", eu disse. "Porra, eu não quero deixar o Mike Tyson puto!"

A entrevista foi ótima e, depois, tiramos uma foto juntos. Só olhei a foto depois que ele saiu,

---

23 O programa encerrou em dezembro de 2017, após a publicação deste livro nos EUA (N do T).

e lá estava ele, em pé ao meu lado, com a boca aberta, fingindo morder minha orelha!

Mike me deu seu telefone porque ele também é um dependente em recuperação, e de vez em quando ligo para ver como ele está. Pergunto e ele sempre responde a mesma coisa: "Estou bem – ainda estou sóbrio".

Quando você está em recuperação, esse é o tipo de conversa que você tem. É a conversa da vida, é viver o momento.

A vida é bacana... imagine tentar fazer tudo isso se eu ainda usasse drogas.

Assim, com o Mötley Crüe, o Sixx:A.M., meu programa de rádio e meu amor pela fotografia, minha carreira criativa estava indo muito bem. Já minha vida pessoal? Não tanto.

Depois do meu divórcio, namorei aqui e ali, mas estava mais preocupado em ficar perto dos meus filhos e tentar garantir minha presença em casa para eles,

Faço meu programa de rádio há 8 anos, sem previsão de parar[23]

Foto: D. Randall Blythe

o que antes não acontecia com tanta frequência. Eu ficava cauteloso sempre que apresentava uma garota nova a eles.

Não queria que eles ficassem magoados caso o relacionamento não desse certo, eles já haviam passado por tanta coisa. De qualquer modo, ninguém com quem saí estava à altura do que eu queria para a minha vida.

Isso foi antes de eu conhecer Courtney Bingham.

Tudo começou por meio de um amigo em Nova York. Certo dia, estava falando com ele ao telefone sobre a minha vida de solteiro, e ele disse: "Conheço uma garota que é um amor e muito sociável, tem muitos amigos. Acho que talvez vocês se dessem bem. Posso te apresentar a ela — ela mora em L.A., talvez ela possa te apresentar a algumas amigas?".

"Claro, beleza", respondi.

O que eu tinha a perder?

Meu amigo ligou para Courtney e disse a ela: "Tenho um amigo que mora em Calabasas, tem quatro filhos, trabalha muito — talvez você goste dele, ele é muito engraçado de um jeito meio espertalhão".

Courtney concordou em conversar comigo, mas acho que ela deve ter pensado: "Nossa, um pobre velho careca que mora em Calabasas e não consegue arrumar um encontro!". Na verdade, ela chegou até a perguntar: "Ele não consegue arrumar encontros ou alguma coisa assim?".

"Ah, ele consegue, sim", respondeu meu amigo, e era verdade. "Ele só não quer mais sair com strippers e mulheres doidas".

Enquanto isso, procurei Courtney on-line e descobri que ela era modelo. Dei uma olhada nas fotos dela. Ora, na minha experiência, isso pode ser uma receita para o desastre, mas eu de fato precisava sair mais...

O que pensei foi o seguinte:

Já que nós íamos sair com ela como copilota para me apresentar a outras mulheres, qual seria a aparência dessas mulheres a quem ela iria me apresentar? Porque ela era linda...

Courtney e eu conversamos por telefone e nos demos muito bem. Era uma mina legal: um coração muito mole, moral alta e extremamente criativa. Oh, oh.

Decidimos nos encontrar para jantar. Ela me disse qual era seu carro, então a vi chegando enquanto a esperava na frente do restaurante italiano.

Quando ela desceu do carro, pensei de novo: "Oh, oh".

Essa não é a minha copilota. Essa é meu *date*.

É claro que ela não sabia disso e eu estava provavelmente colocando a carroça na frente dos bois. Porém, não vi por que isso deveria me impedir.

Sentamos, dissemos ao garçom o que queríamos e, ao mesmo tempo, pedi a ele para já trazer a conta. Quando fiz isso, vi que Courtney olhou para mim boquiaberta e surpresa.

"Hmmm", pensei. Sim, suponho que isso possa parecer estranho para algumas pessoas.

O ponto é que sempre fiz isso: pedir a conta assim que faço o pedido. Na minha opinião, comer é algo que você tenta terminar o mais rápido possível. Na estrada, estou acostumado a engolir comida no *backstage* ou comer em postos — gosto de comer e ir embora. Superem!

Sempre imaginei que poderia estar fazendo algo muito mais interessante do que sentar e comer. Para mim, comer e dormir são duas das maiores perdas de tempo que existem!

Logo ficou claro que Courtney não via as coisas da mesma maneira.

Quando a conta chegou, eu já havia acabado de comer, mas Courtney mal tinha começado. Ela dava uma garfada, mastigava lentamente, colocava o garfo de volta no prato e conversava. Outra garfada lenta, mais conversa...

Foi o jantar mais longo da história. Porém, sem reclamações da minha parte — estávamos nos divertindo demais. Rimos muito e foi muito inspirador ver alguém com tanta energia.

Não me lembro se já senti uma conexão exatamente como essa — e isso também era novo para mim, porque eu estava sóbrio e agora sabia de verdade o que eu queria e o que não queria na minha vida... Passara a acreditar que era preciso um ato divino para que eu conhecesse uma mulher que estivesse à altura dos meus padrões.

Normalmente, uma refeição esticada como aquela seria tortura para mim, mas eu estava com uma sensação fantástica. Não pude deixar de notar, porém, que Courtney não parava de encarar o meu rosto e o meu cabelo.

"Ah, eu tenho uma estrela tatuada no rosto", soltei de repente. "Isso está te assustando? Às vezes eu esqueço que ela está aqui."

"Não", ela respondeu. "É que você tem um estilo tão legal!"

"Ah, bom", falei. "Achei que você estivesse pensando que eu poderia ser um serial killer."

Courtney e eu nos demos tão bem que começamos a sair juntos, o que logo progrediu para um namoro, de forma muito natural. Temos uma diferença de idade, mas isso nunca pareceu um problema, de forma alguma — ela tem uma alma antiga e acho que eu ainda tenho um espírito meio que superjovem.

Acho que também já está tarde demais para eu ser convencional... viva e deixe viver, eu digo. Afinal, estou vivo.

Estávamos nos divertindo muito, porém, mesmo assim, eu não estava seguro em relação a quando apresentar Courtney para os meus filhos. Essa é sempre uma decisão difícil para qualquer pai nessa situação. Porém, às vezes, o único jeito de fazer é fazendo.

Assim, depois que já estávamos saindo há um mês, Courtney me deixou em casa uma noite e eu perguntei: "Você quer entrar?".

Ela aceitou. Minha filha mais nova, Frankie, estava lá, e as duas se deram bem assim que se viram. Na verdade, depois de meia hora de conversa, Frankie perguntou a ela: "Você quer dormir aqui?".

"Ei, você tem dez anos!", eu disse a ela, rindo. "Não é você quem decide essas coisas!" Mas que pergunta legal, não? Courtney retrucou que poderia dormir no sofá... cara, não estamos mais nos anos 1980!

De repente, toda a minha vida pareceu estar tomando a direção certa. Lancei um livro de textos e fotos, *This Is Gonna Hurt*, e o Sixx:A.M. fez um álbum homônimo para acompanhar.

As sessões de autógrafos foram mais uma vez muito emotivas... O assunto era *bullying*, e isso foi antes das campanhas anti-*bullying* que aconteceram ao redor do mundo. O diálogo girava em torno de ser diferente e abraçar isso. O Sixx:A.M. chegou ao primeiro lugar da parada de rock *mainstream* dos EUA com a música "Lies of the Beautiful People", que abordava perfeitamente esse tópico... a imagem de capa do single, da garota com uma cobra, foi minha primeira fotografia a ser publicada... outro marco.

Enquanto isso, o Mötley Crüe embarcou numa turnê mundial com a Ozzfest, depois fizemos mais uma porção de datas com o Kiss. Foi por volta dessa época que decidimos dar um fim à banda.

Convoquei uma reunião da banda quando estávamos em Tóquio, e só disse o que estava na minha cabeça... e já há algum tempo.

"Home Sweet Home" com minha esposa, Courtney

"Tive uma ideia. Estamos só envelhecendo. Estamos ótimos, mas não seria incrível fazer uma turnê final e encerrar no auge total, com shows enormes em Los Angeles?"

O mais fantástico foi que todo mundo concordou. Todos na mesma sintonia. Se estivéssemos todos superenergizados e a fim de fazer o mesmo tipo de música, talvez a história fosse diferente, mas... não estávamos. Não mais.

Todos gostamos da ideia de dizer "Chega!" e colocar um grande e definitivo ponto final na história da banda. Foi por isso que assinamos um contrato de cessação de turnês, que determinava que nenhum de nós poderia voltar a sair em turnê sob o nome Mötley Crüe.

Todos detestávamos a ideia de que, alguns anos mais adiante, alguém decidisse sem que os outros caras quisessem: "Ah, quero fazer uma reunião!". Eu não queria que acabássemos processando uns aos outros, ou que houvesse dois Mötley Crües capengando pelo circuito das turnês de nostalgia.

Sabe quantas bandas bunda-mole tem por aí só com um ou dois membros sobrando? Não, isso não seria para nós.

Agora tínhamos de nos preparar psicologicamente para esse último giro de dezoito meses pelo mundo na *Final Tour*. Porém, antes disso, eu tinha um negócio importante a resolver.

Queria pedir Courtney em casamento.

Sabia que queria fazer isso em grande estilo e vinha quebrando cabeça para achar a melhor maneira. Já estava equipado: comprei um diamante, mandei encravar num anel seis meses antes, e desde então ele estava escondido numa gaveta de meias no meu closet.

E então a oportunidade se apresentou a mim. Uma revista do Reino Unido, a *Classic Rock*, quis me dar um prêmio de Showman do Ano numa cerimônia em Londres, e nós decidimos que eu iria até lá e apresentaria meu programa de rádio durante a premiação.

Perfeito! Voaria até Londres, na volta, pararia nas ilhas de St. Bart's, onde Courtney se juntaria a mim para umas férias, e eu a pediria em casamento lá!

Os melhores planos traçados e coisa e tal...

Meu plano de mestre começou de um jeito bem merda quando parti para o LAX para pegar meu voo para Londres. Estava na metade do caminho quando, de repente, me dei conta:

Esqueci o diamante! Ainda está lá na minha gaveta de meias!

Tive de dar meia-volta, dirigir até em casa e retornar pela *freeway* em tempo recorde para conseguir pegar o voo em cima da hora. Guardei o diamante na mochila que sempre levo comigo, junto com minhas câmeras e meu computador.

A premiação da *Classic Rock* foi um rolê legal — entrevistei Jeff Beck e mais uma porção de outros caras para o programa antes da cerimônia. Foi ótimo receber um prêmio, apesar de eu não ser muito bom em receber elogios ou prêmios em público.

Depois da premiação em Londres, estávamos guardando o equipamento do programa e batendo papo, quando de repente um produtor me perguntou: "Ei, você está com a mochila? Acabei de ver uma igual à sua largada na outra sala ali...".

Porra! Eu estava me esforçando pouco para perder aquele diamante?

Cheguei ao hotel às duas da manhã e nem dormi para pegar o voo para St. Bart's no dia seguinte e me encontrar com Courtney. Pelo menos o anel estava comigo.

As ilhas são cheias de colinas e estradas de pista única, então Courtney e eu alugamos um jipe.

É um lugar muito francês, com praias secretas e pequenos restaurantes escondidos por todo canto, e, quando relaxávamos sob o sol, armei meu plano.

Courtney tende a ser a mais responsável de nós dois, então geralmente é ela quem organiza as coisas, dirige e planeja onde vamos comer (sim, fui treinado a desfrutar de refeições longas agora). Assim, ela ficou surpresa quando eu disse: "Ei, na sexta tenho uma surpresa pra você — vou te levar pra jantar!".

"OK", disse ela. "Onde você quer ir?"

"Não se preocupe com isso! Já tenho tudo resolvido."

"Você ao menos sabe achar um restaurante?"

"Não se preocupe! Já está tudo certo! Talvez eu até te surpreenda com uma boa escolha!"

A sexta-feira chegou e nós descemos até o lobby do hotel e pegamos nosso jipe. Courtney estava linda, como sempre. Antes de ela se sentar no banco do motorista, eu a interceptei.

"Me dá as chaves."

"Oi? Você vai dirigir?"

"Sim, é uma noite especial", falei. "Mas, antes de sairmos, vamos voltar pro hotel e arrumar uma taça de vinho pra você." (Sim, é possível se manter sóbrio perto de gente que bebe...)

No hotel, alguns dos funcionários nos abordaram e disseram: "Oi, Nikki!". Todo mundo sorria para nós. Courtney parecia confusa.

"Por que está todo mundo olhando esquisito pra nós?", ela sussurrou.

"Não sei", respondi, embora soubesse.

"Siga-me, por favor, sr. Sixx", disse o *maître*, e nos conduziu pela saída dos fundos do restaurante até a praia.

Courtney e eu andamos de mãos dadas pela areia, por uma trilha de lanternas que levava até uma tenda com vista para o oceano. Ao chegarmos na tenda, era uma pérgula enorme com milhares de rosas vermelhas e amarelas, que eu mandara trazer de outra ilha.

"Não acredito que você fez tudo isso", disse ela.

"Rá!", pensei comigo mesmo. "Você não viu nada ainda."

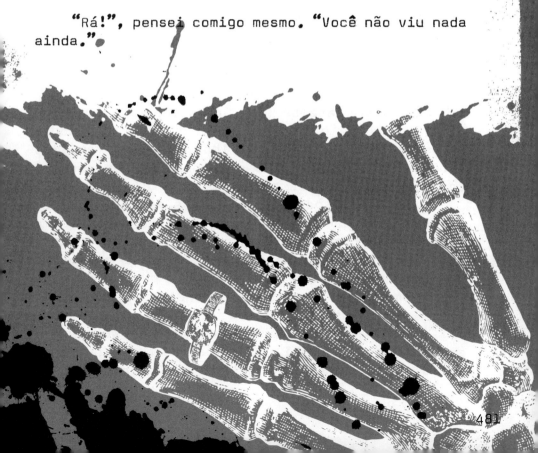

Conversamos sentados enquanto Courtney degustava seu vinho e eu bebia água. Eu não parava de tentar sinalizar para um garçom excessivamente atencioso para que desse o fora dali, mas demorou alguns minutos até que ele percebesse a deixa.

Courtney falava, falava, falava... e então me ajoelhei numa perna.

"O que você está...?", perguntou ela.

E então fez um silêncio sepulcral.

Abri a caixa com o diamante, que eu já tinha perdido diversas vezes, e perguntei se ela se casaria comigo. Eu já havia dito a ela que nunca mais me casaria de novo.

E agora, lá estava eu, pedindo-a em casamento.

Ela começou a chorar.

Eu já estava ajoelhado há um tempinho, meu joelho na verdade estava começando a doer.

"Isso é um sim ou um não?", perguntei. "Preciso me levantar!"

Ela começou a rir. "Sim!"

Nós nos casamos na Greystone Mansion, em Beverly Hills, num dia lindo. Foi uma cerimônia pequena: nossos lindos filhos, nossas famílias estendidas e talvez mais umas noventa pessoas que conhecemos há muitos anos.

Passei por uns altos e baixos sérios na vida, mas não acho que já fui mais feliz do que naquele dia glorioso na Califórnia... estava com minha noiva, meus filhos maravilhosos e meus amigos... o que mais um homem pode querer?

Chamo isso de minha segunda chance... não foder tudo dessa vez...

Aprendi que a criatividade vem em várias formas. Quando publiquei *Diários da Heroína*, dez anos atrás, estava me aprofundando cada vez mais na fotografia. Uma década depois, é um caso de amor seríssimo.

Alguns anos atrás, montei um pequeno estúdio chamado Funny Farm. Fiz tantos ensaios fotográficos maravilhosos lá... especialmente por serem com pessoas que a sociedade como um todo não costuma considerar belas.

A beleza está nos olhos de quem vê, e é possível encontrá-la nos lugares mais inesperados. É possível encontrá-la nas minhas fotos. As pessoas que fotografo são a história... eu só dou a elas a chance de contar essas histórias.

Comecei a entrar em contato com vítimas de queimaduras, pessoas que nasceram com doenças raras, amputados, transgêneros. Perguntava se me dariam a honra de fotografá-las e explicava como eu trabalhava.

Dizia o seguinte: "Vou montar um set, criar uma história e colocar você nela. Vai ser uma aventura supercriativa. Você topa?".

Quase sempre topavam.

Nunca vou me esquecer de uma garota chamada Farah, que fotografei para *This Is Gonna Hurt*. Era uma prostituta que pesava talvez uns 160 quilos. Encontrei-a por meio de um site para caras que têm atração por garotas gordas e perguntei se ela modelaria para mim.

Farah é negra, e a primeira coisa que fizemos quando ela chegou ao Funny Farm foi pintar sua pele com tinta branca e desenhar veias profundas por todo seu corpo. Fizemos uma peruca para ela e maquiamos seu rosto para que ela ficasse muito parecida com Diana Ross. Ela era muito bonita e diferente... o diferente é sempre bom...

Conversamos por muito tempo. Quase sempre, chego a conversar por duas horas com as pessoas que vou fotografar antes de sequer pegar a câmera.

Só jogamos conversa fora, batemos um papo e elas me contam suas histórias.

Pareço ter um dom... As pessoas querem me contar seus segredos mais profundos e obscuros. Desde os anos 1980 recebo cartas de fãs que abrem o coração por completo e derramam suas histórias para mim.

Farah teve uma vida muito dura. Sua mãe e seu pai morreram de overdoses de heroína e seu padrasto começou a prostituí-la quando ela era muito nova. Era uma história pesada e terrível — além disso, ela tinha de lidar com um problema muito sério de obesidade.

Coloquei Farah numa plataforma, uma espécie de pedestal que mandei construir para ela. Ela subiu completamente nua, e eu disse a ela: "Deixe suas mãos soltas — fique confortável onde você está".

"OK, Nikki", disse ela. Farah confiou em mim. Sinceridade e confiança... isso significa tudo para mim...

Demos um gel a ela. Era a mesma substância que colocam nos milk-shakes do McDonald's antes de adicionar os corantes, os açúcares e colocar no refrigerador. Era completamente transparente e eu pedi a Farah que colocasse um pouco da substância na boca.

"Quero que você feche os olhos", instruí. "E, quando estiver pronta, quero que você ponha pra fora toda a dor da sua infância. Toda a dor, toda a tristeza, todo o remorso, todos os arrependimentos — coloque tudo pra fora e me deixe capturar isso tudo na câmera. Faça disso seu expurgo."

"Sim. Quero fazer isso", disse ela, e colocou o líquido na boca.

"Está pronta?", perguntei.

Ela assentiu.

Apertei o obturador e Farah pôs tudo para fora. Deu um grito e vomitou aquele líquido trans-

Arrasando no nosso casamento

parente por todo seu corpo nu e seu belo rosto. Foi incrível.

Ela começou a chorar. "Obrigada", disse. "Este é um dos melhores dias da minha vida."

"Eu é que agradeço a você", respondi. "Você me deu uma grande história, e por isso sou grato."

Foi muito comovente. E o melhor ainda estava por vir.

Meses depois, fizemos um documentário sobre as sessões de foto de *This Is Gonna Hurt* e eu convidei diversas pessoas que fotografei para falar de suas experiências. Para meu deleite, Farah aceitou retornar.

Ao chegar, estava maravilhosa. Usava um vestido lindo, emagrecera bastante, estava com uns óculos muito legais e estilosos, o cabelo todo montado — simplesmente espetacular.

"Uau, olha só pra você", eu disse ao abraçá-la.

Farah se sentou, ligamos a câmera e ela começou a falar.

"Larguei a prostituição. Voltei para a faculdade, estou estudando Arte". Ela parecia — estava — muito feliz.

Eu a fotografei em seu pior momento, e ela olhou a foto e pensou: "Eu nunca mais quero ser ela". Essa é a mágica da fotografia. É meio como se recuperar das drogas ou do álcool. A recuperação é que é a parte bonita da história.

Todos nós podemos fazer dessa a nossa história.

As pessoas não se dão conta de como é belo sair por cima da dependência em heroína, cocaína ou álcool. Mas isso pode, sim, ser feito. Acredite em mim, pode ser feito.

Pouco depois, porém, precisei abandonar o Funny Farm, porque sabia que ficaria longe por um bom tempo para a turnê final do Mötley Crüe, e não poderia estar presente no estúdio.

OK. Era hora de cravar uma estaca no coração do Mötley Crüe.

Quando subimos ao palco, ainda detonamos e rosnamos por "Home Sweet Home" e "Kickstart My Heart" e "Wild Side" e "Dr. Feelgood"... ainda tínhamos a pegada. A mágica ainda estava lá, pela última vez.

Foi uma sensação muito boa, sair no topo. Nós quatro começamos, e nós quatro terminamos juntos... ora, isso é que é sinceridade e rock'n'roll.

Fizemos o que quisemos fazer. Jogamos por nossas próprias regras.

Agora, foi uma turnê verdadeiramente longa, e à medida que 2015 prosseguia, sem um fim em vista para os shows, meu pobre e judiado corpo começou a me importunar.

Estava com sérios problemas no ombro, de tanto quebrar instrumentos desde sempre, e meu quadril esquerdo aos poucos pedia arrego de tanto que eu pulei de cima dos amplificadores quando era moleque... sempre da perna esquerda. Acrescente aí um baixo e trinta e cinco anos se comportando como um lunático no palco... é, eu sentia dor.

Mas quer saber de uma coisa? E daí? Eu amo o rock'n'roll.

De todo modo, eu aliviava a pressão ao aproveitar cada chance que tinha de correr para os braços de um velho amor: a fotografia.

Embora eu não tivesse mais o Funny Farm, não era por isso que deixaria as câmeras de lado. Decidi me debruçar sobre outra grande paixão minha: fotografia de rua.

Enquanto viajava o mundo, decidi que me colocaria em situações que a maioria das pessoas consideraria inseguras: me aventurava em becos suspeitos com minhas câmeras e puxava conversa com as pessoas.

Capturando beleza nas ruas de L.A.

O que poderia dar errado, certo?
Na verdade, nada deu errado. Ao invés disso, conheci algumas pessoas verdadeiramente incríveis e tirei fotos das quais tenho um orgulho imenso. Tive experiências maravilhosas das quais nunca vou me esquecer.
Como ter conhecido Rosanne.
Certa manhã, em algum lugar do Canadá, estava caminhando por uma área barra-pesada. Chovia, e eu passei por dois prédios velhos, um ao lado do outro, que haviam sido lacrados. As janelas foram quebradas e pessoas jogaram todo tipo de quinquilharia e móveis lá dentro. Havia um abrigo ali.
Ouvi uma agitação e vi algo se mover no chão. Quando fui até a cerca e olhei lá dentro, uma mulher se retraiu para longe de mim. Devia ter uns trinta anos.

Olhei para ela e ela olhou para mim.

"Oi, meu nome é Nikki e eu sou um viciado em heroína em recuperação", disse a ela. "Faço fotografia de rua. Estou por aí para contar a história de todo mundo, porque isso talvez ajude outras pessoas."

"Oi, Nikki."

"Quer conversar um pouco, se eu só me sentar aqui?", perguntei.

Ela quis. Sentou no chão do outro lado da cerca, e eu fiz o mesmo do meu lado, talvez por umas duas horas. Ela estava com uma fita de hospital ao redor do pulso, com cicatrizes embaixo, mas tentava passar uma boa aparência. Estava maquiada e suas roupas não combinavam, mas eram coloridas.

Depois de um tempo, ela disse: "Não quero te deixar desconfortável, mas preciso de um pico".

"Estou OK aqui", falei.

"Isso não vai te dar vontade de usar drogas de novo? Porque não quero causar isso", ela perguntou.

Que coração, que alma! Isso não é lindo?

"Estou muito bem, mas você se importaria se eu tirasse umas fotos suas?", eu disse.

"Claro, tudo bem". Ela pulou a cerca e se sentou ao meu lado.

Pegou as drogas e as preparou: o mesmo ritual que eu sabia de cor. Espetou a agulha no braço, puxou o sangue para a seringa e injetou.

Fotografei-a quando ela fechou os olhos e relaxou. Parecia estar numa paz absoluta. Lembrei-me muito bem desse momento... todos os meus demônios relaxavam e tudo parecia de ouro.

...bem, exceto quando você é um viciado em heroína e provavelmente vai morrer.

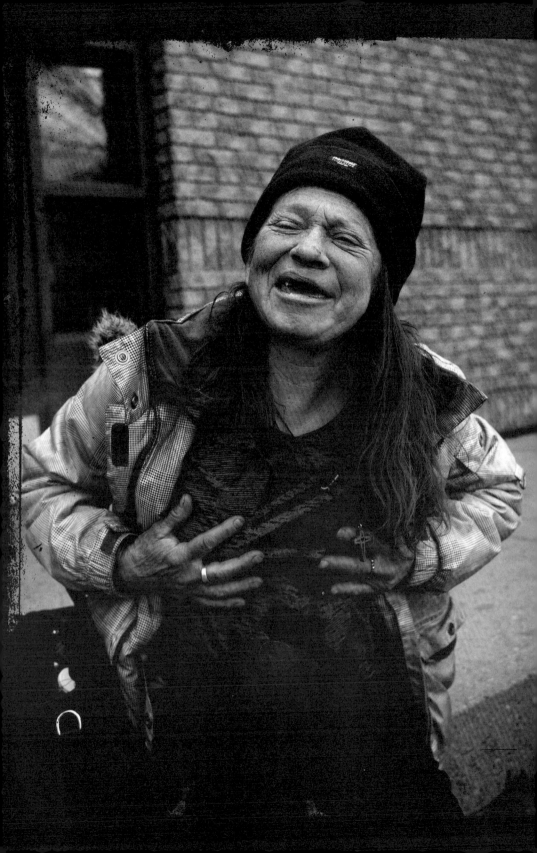

Fiquei lá sentado com ela por mais um tempo, até que chegou a hora de ir para o show. Sempre carrego no bolso notas de 5, 10 e 20 dólares para dar às pessoas que precisam de um pouco de ajuda depois que eu as fotografo.

Dei US$ 40 a Rosanne. Perguntei se era suficiente, e ela respondeu que aquilo era mais do que bondoso... inacreditável...

"Obrigada", disse ela.

Agradeci de volta, me despedi e dei as costas para ir embora. Nisso, ouvi a voz dela de novo: "Ei, Nikki!"

Virei-me.

"Você derrubou seu dinheiro."

Olhei, e ela apontou para a calçada, onde uns US$ 100 em notas haviam caído do meu bolso.

Olhei para o dinheiro e olhei para ela.

"Por que você me avisou?", perguntei. "Eu já estava pra entrar no meu carro e ir embora."

E ela respondeu: "Porque esse dinheiro não me pertence".

Tentei dar o dinheiro a ela. "Não!", ela recusou. Insisti, dizendo: "Eu realmente quero que você fique com esse dinheiro". Dessa vez, ela aceitou.

Entrei no carro, voltei para o hotel e pensei que gostaria que as pessoas fossem mais como Rosanne.

Mais tarde, quando mostrei a foto que tirei dela a James Michael e contei a história dela, ele disse: "Parece que esse momento está dando alívio à vida dela".

Foi daí que veio a letra da música "Relief", do Sixx:A.M.:

"In a little while, all the weight of the world feels like a light rain..."[24]

Pouco antes de entrar no palco com o Mötley Crüe, eu sempre dizia aos caras: "Divirtam-se!". Porque fazer parte de uma banda de rock'n'roll é de fato muito divertido. Se não fosse, por que então tocar?

Quando o Mötley saiu do palco pela derradeira vez, na véspera de Ano-Novo de 2015, ao final do nosso terceiro show no Staples Center, não me senti triste; me senti orgulhoso. Essa banda foi fantástica, a maior jornada da minha vida — que agora chegava ao fim.[25]

Só tenho ótimas lembranças com Tommy, Vince e Mick — conquistamos o mundo juntos e, no meu coração, sempre conquistaremos. **Vou amar o Crüe para sempre... como poderia não amar?**

OK. E então, o que vem a seguir?

---

24 "Daqui a um pouquinho, todo o peso do mundo vai parecer uma garoa..."

25 Em novembro de 2019, quase quatro anos depois daquele que até então era o show final da carreira da banda, o Mötley Crüe anunciou que voltaria aos palcos em 2020, a partir de uma suposta brecha no contrato assinado pelos quatro membros, com direito à "explosão" do tal contrato em vídeo postado nas redes sociais. A turnê de shows em estádios, que tinha seu início marcado para junho de 2020, contando também com Def Leppard, Poison e Joan Jett & The Blackhearts, foi adiada para 2021 em decorrência da pandemia de Covid-19. (N. do T.)

Sempre adorei teatro. Diabos, até escrevi um álbum chamado *Theatre of Pain*. Mesmo quando o Mötley Crüe ainda tocava em clubes, eu queria que o público sentisse que estava vendo mais do que só um show de rock. Uma das minhas maiores críticas a algumas das bandas de rock atuais é que não há mais tantas apresentações teatrais e os *rock stars* estão se tornando uma espécie em extinção. Aparentemente, é mais descolado não ser descolado. Onde estão os David Bowies, os Queens, os Van Halens e Aerosmiths das antigas de hoje? Esses artistas combinavam todos os grandes elementos do mistério e das narrativas clássicas com uma musicalidade formidável — o visual, as roupas, o

A reverência derradeira da nossa carreira

Foto: Dustin Jack

design de palco e a arte dos álbuns, tudo embrulhado num perigoso pacote rock'n'roll que entregava mais do que apenas umas boas canções. Tudo era excessivo e mais barulhento que o inferno. Os fãs viam mais do que só um show de rock, fosse com David Bowie and The Spiders From Mars ou com o Pink Floyd te levando para o *Dark Side of the Moon*. Esse tipo de espetáculo foi o que me atraiu à música. Eu não me alistei no rock'n'roll para usar um suéter, ficar num canto e olhar pros meus sapatos. Eu queria usar roupas tipo Mad Max, pintura de guerra no rosto e MISTURAR, inventar mitos a respeito de uma banda de punk rock mesclado com o *glam* BRITÂNICO que encontra a porra do heavy metal. E então dominar o mundo, uma cidade destruída por vez. Nenhum Keith Richards em sã consciência pensaria que fazer um vídeo no YouTube de um hamster numa roda seria a estrada para o sucesso, ou em comprar seguidores de Twitter e Instagram. Ainda vivo por esse princípio e, seja no Mötley Crüe ou no Sixx:A.M., sempre fizemos questão de injetar um elemento teatral na música e nos shows. Acho que isso é uma boa parte da razão por termos feito sucesso. Às vezes me pergunto se estou vivendo no mesmo planeta que um dia foi habitado por *rock stars*... ou você é um T-Rex, ou você é um coelho... Para mim, não é uma escolha difícil...

Assim, foi totalmente natural quando decidimos transformar *Diários da Heroína* numa produção teatral de grande escala. Parecia um caminho muito natural para esse material. Além disso, já tínhamos as músicas compostas! Ao longo dos últimos anos, a produção do musical *The Heroin Diaries* progrediu bastante. O roteirista, Todd Kreidler, e o diretor, David Esbjornson, são altamente respeitados na área. Todd escreveu *Holler If Ya Hear Me*, baseado nas letras de Tupac Shakur, e também trabalhou intimamente com o dramaturgo mundialmente respeitado August Wilson por muitos anos. David dirigiu montagens de alguns dos maiores dramaturgos contemporâneos, incluindo Edward Albee, Tony Kushner e Arthur Miller. Sinto-me muito sortudo por tê-los conhecido e tido a chance de trabalhar com eles. É preciso uma grande equipe para criar uma grande obra, e pessoas que não funcionam à base do medo... Esse é o time. E, como estou sempre a um centímetro da indústria musical, tivemos muita sorte em trazer a bordo um produtor chamado Michael Cohl para nos ajudar a concretizar nossa visão. Michael é, há muito tempo, produtor de shows de alguns dos maiores artistas musicais do mundo (Rolling Stones e U2, para citar apenas dois), ex-presidente da Live Nation Entertainment e o produtor que nos deu sucessos da Broadway como *The Producers*, *Hairspray* e *Spiderman: Turn Off the Dark*. BOOM!

Por fim, decidimos logo no começo que não queríamos seguir a abordagem tradicional que a maioria dos musicais segue, que é estrear na Broadway, gastar muito dinheiro logo de cara e ver se a peça faz sucesso. Isso me lembrava demais o jogo da música pop, que eu abandonei há muito, muito tempo. Quando os produtores, Allen Kovac e eu nos reunimos para debater como levar o musical às pessoas, todos nós pensamos: "Vamos voltar para o início. Vamos levar a produção aos fãs ao invés de fazê-los vir até Nova York para assisti-la". E foi o que foi. O musical deverá sair em turnê pelos EUA e Canadá no início de 2018.[26]

Cada vez que tento conquistar uma nova forma de arte, tenho de me lembrar que, se eu trabalhar

---

26 Até a conclusão desta tradução (abril de 2020), o musical ainda não havia estreado e ainda se encontrava em produção, na fase de seleção do elenco. (N. do T.)

duro o bastante e só confiar no processo e nas pessoas ao meu redor, poderei ser bem-sucedido em desbravar um novo território artístico. Como já escrevi, eu não tinha ideia de que *Diários da Heroína* faria tanto sucesso quanto fez. O Sixx:A.M. só iria lançar cinco ou seis músicas para acompanhar meu livro, mas, quando as pessoas ouviram, os outros membros e eu soubemos que poderíamos levar a banda adiante. Meu programa de rádio e a fotografia vieram depois desses sucessos. Uma coisa que os executivos da iHeart Radio não paravam de me perguntar era: "Você acha que consegue fazer um programa de rádio por mais de um ano? Porque é para isso que precisamos de você". Aparentemente, outros *rock stars* tentaram desenvolver algo parecido com *Sixx Sense* antes e todos eles deram para trás após alguns meses – quando fazer o programa se tornou trabalhoso demais. Nosso programa tem mais de sete anos e tenho orgulho em dizer que somos o maior progama de rádio retransmitido do mundo. Ao adentrar a segunda metade de 2017, estou ansioso pela minha primeira exposição fotográfica numa galeria. Minha paixão pela fotografia se equipara à minha paixão por tudo o que é artístico na vida. Hoje, há quem fale da minha obra fotográfica sob a mesma luz de alguns dos meus ídolos, como Ellen Von Unwerth e Diane Arbus. Tenho certeza de que, na noite de estreia do musical *The Heroin Diaries*, vou ter uma reação similar, a de me perguntar: "Como diabos foi que eu cheguei até aqui?". Essa é uma das melhores sensações que se pode ter – saber que seu trabalho árduo valeu a pena. O que eu aprendi foi o seguinte – trabalhe duro, mais duro do que qualquer outra pessoa no recinto... Ouça quem tem mais experiência do que você e se esforce para melhorar em sua arte... E seja grato. Sinceramente, se mais gente deixasse os egos e as baboseiras na porta, a vida com certeza seria um bocado melhor. Prontos para arrebentar? Eu estou...

Depois de tudo isso, vou dizer, o que vem em seguida é passar muito tempo em *home, sweet home.*

Outro dia, preparei uma xícara de café para mim na minha cozinha. Demorei um pouco para achar as xícaras. "Ah, então é aqui que você as guarda!", disse a Courtney.

Ela me olhou meio esquisito.

"Então, qual é a sensação de estar na casa que você comprou?", perguntou ela.

Foi uma boa pergunta, porque eu mal estivera lá. Comprei a casa enquanto estava na estrada com o Mötley. Courtney e eu demos uma boa olhada no imóvel uma vez e eu disse: "Adorei — vamos comprar!".

E depois fui embora. De volta para a estrada, onde estive pela maior parte dos últimos trinta e cinco anos.

Estou agora com cinquenta e oito anos[27] e adoro. Gosto DA MINHA IDADE muito mais do que quando eu tinha quarenta e oito, ou trinta e oito, ou vinte e oito — especialmente vinte e oito, porque foi quando morri pela primeira vez! Estou vendo meus filhos crescerem, eles são criativos e talentosos e eu tenho muito orgulho deles.

---

27 Quando do lançamento original desta edição comemorativa do livro, em 2017. (N. do T.)

Meus filhos mais velhos já saíram de casa e estão tocando a própria vida. Às vezes, olho para eles e penso: "Vocês estão seguindo seu próprio caminho". Outras vezes, olho e vejo um pequeno lampejo do mesmo espírito que possuo. Meu objetivo é criá-los de forma que eles se sintam seguros, amados E SINGULARES...

Gunner é músico e artista... Storm é artista e está explorando ideias do que quer fazer... Decker é do tipo analítico, está arrasando na faculdade. Frankie, a mais nova, está no ensino médio e é ela própria uma artista maneira.

...e eu quero ter mais um bebê doidinho. Courtney e eu estamos tentando agora.[28] Louco, não? Bem, os Sixxes não são convencionais, mas são passionais...

Espero ter sido um bom pai. Espero ser um bom marido. Espero ser um bom amigo e espero deixar uma cicatriz muito, muito profunda no planeta ao longo do tempo que tenho aqui... trabalho muito e amo muito.

Courtney e eu estamos juntos há sete anos.[29] Ela esteve ao meu lado e me apoiou durante o fim do Mötley Crüe e ao longo de todos aqueles anos em que não estive em casa. Não é fácil ser uma viúva do rock'n'roll... bem, estou em casa agora e estarei em casa para toda minha família.

Não sei o que vem por aí musicalmente, mas não paro de cuspir a palavra "supergrupo"... dá pra imaginar? Essa seria uma cereja danada no bolo... eu e todos os meus heróis na mesma banda...

...acho que é bom eu começar a pensar num nome de banda.

---

28 O casal teve uma filha, Rubby Sixx, em julho de 2019. (N. do T.)

29 Atualmente, eles estão juntos há dez anos (N. do T.)

Quando eu era mais jovem, carregava muita informação falsa. Meu HD estava fragmentado. Tudo se perdeu no meio do ego, do dinheiro e das drogas. Eu era jovem, podia fazer qualquer coisa, era invencível — até que isso me matou.

Se eu tivesse morrido no Franklin Plaza lá em 1987, meu epitáfio diria apenas: "Vão se foder!". Isso era basicamente o que aquele cara tinha a dizer.

Bem, sou grato por ter sobrevivido, porque a minha vida é muito mais bela agora.

Quando jovem, e já há um bom tempo no Mötley Crüe, eu adorava Johnny Thunders e Keith Richards por seus estilos de vida. Só queria ser como eles: ser eles. Demorou até que eu percebesse que é pos-

(da esquerda para a direita:) Gunner, Storm, Decker e Frankie no dia do meu casamento com Courtney — amo essa foto deles

sível ser um sujeito *cool* sem uma porra de um vício estúpido em drogas.

Quer dizer, caras como Keith ou Joe Perry sempre vão ser *cool* e grandes músicos e artistas. É como eles que quero envelhecer. Quero ser um cara que ainda sobe ao palco e toca com sessenta e tantos, setenta anos ou até mais. Quero abraçar o envelhecimento.

Não quero morrer por causa de drogas ou álcool. Quero ter um resto de vida divertido e morrer de velhice. Que venham as rugas e o rosnado...

Quando penso nessas coisas hoje, ou quando revisito *Diários da Heroína*, me pego rindo porque me dou conta de que o jovem Nikki Sixx me detestaria até o osso. Ele cuspiria na minha cara e berraria:

"Como assim, você tem uma esposa, filhos e cachorros e tem uma alimentação saudável? Meu Deus, como assim, você não bebe nem injeta heroína? Você não é nada rock'n'roll..."

Verdade seja dita, sou mais rock do que aquele desgraçadinho em qualquer dia da semana... e isso vale para vocês novatos também, e é um desafio...

Até o próximo capítulo.

NIKKI SIXX
Maio de 2017

I- Meu coração é um livro aberto / Para o mundo inteiro ler...

II- Não há nada como um funeral para te fazer sentir vivo...

III- E você sabe que acidentes podem acontecer / E tudo bem / Todo mundo sai dos trilhos de vez em quando / Não é a sua vida toda / É só um dia...

IV- Sou uma pantera das ruas com um coração cheio de napalm / Sou um filho fugitivo da bomba nuclear / Sou um garoto esquecido pelo mundo / Aquele que busca e destrói

V- Bem-vindos ao meu pesadelo / Bem-vindos ao meu colapso / Espero não tê-los assustado

VI- Bem-vindos ao meu pesadelo

VII- Palatáveis para as massas como o Kool-Aid de Jim Jones / Doces para os lábios e mortais para nós mesmos / Éramos os escoteiros drogados da América / E mais altos que o inferno

VIII- Sou uma pantera das ruas com um coração cheio de napalm

IX- Sou o filho fugitivo da bomba nuclear

X- Bem-vindos ao meu colapso...

XI- Aquele que busca e destrói

XII- Bem-vindos ao meu colapso...

XIII- Rostinhos cruéis / Aqui estou eu, sentado no escuro / Deixando minha insanidade correr solta / Rostinhos cruéis me encarando de volta / Entoando os ritmos do meu destino / Sei que eles não são reais / E tenho certeza de que eu sou mesmo bastante são / Porque, se eu fosse louco, daria nomezinhos a todos eles

XIV- A insanidade vai longe / Nas companhias com quem ando / A insanidade vai longe em todo mundo, menos em mim / Minhas paredes acolchoadas que você chama de meus olhos / Meus sonhos que você chama de minhas mentiras / Em torno dos meus pulsos jazem correntes / Lâminas e cocaína para fazer o tempo correr

XV- Pedradas chinesas, branco-pérola veia abaixo / A tão triste Susie está na pior lá no Soho / Diz que está frio como gelo bem fundo em seu braço / Um cavalo branco grita sonhos desagradáveis e dor / Cegos conduzem cegos, como a fé germânica / Cavalgando imponente pelo cemitério da noite

XVI- Ajoelhem-se, ó, pecadores, diante da religião das ruas / A Ganância foi coroada a nova Rainha

Adolescentes dos sonhos em Hollywood / Rainhas do lixo de ontem / Guardem as bênçãos para o círculo final / AMÉM / Lado selvagem / Carrego meu crucifixo / Sob a minha lista da morte / Encaminhe minha correspondência para mim no inferno / Mentirosos e os mártires / Perderam a fé no Pai / Há muito tempo perdidos no poço dos desejos / Lado selvagem / Anjos Caídos / Tão rápidos para matar / Venha a nós o vosso reino no lado selvagem / Pai Nosso / Que não estais no céu / Seja vosso nome no lado selvagem Ave Maria / Mãe, posso eu / Rezar por nós no lado selvagem / Lado selvagem / Lado selvagem / Carteirando desconhecidos / Glamorize a cocaína / Marionetes com fios de ouro / East L.A. à meia-noite / Papai não estará em casa esta noite / Foi encontrado morto com a esposa do melhor amigo / Lado selvagem / Golpes fatais / Repousamos no lado selvagem / Sem saída / Assassinato, estupro / Cumprindo pena no lado selvagem / Um bebê chora / Um tira morre / Um dia de trabalho no lado selvagem / Lado selvagem / Lado selvagem / Vida trágica no lado selvagem / Lado selvagem / Lado selvagem / Arrebentando no lado selvagem

XVII- Holocausto coberto de doces, enterrado no passado / Engoliu todas essas mentiras e as cagou pela sua bunda / Bebês nascidos com canivetes / Desovando corpos nos Everglades / Maré alta da Califórnia, agulhas numa linha de pesca / Esgotado e numa onda reversa, dançando sobre uma mina terrestre

XVIII- Belezas de matar / Pisando duro pela tempestade / Carreiras do inferno na nossa cara / Ovelhas negras machucadas / Se arrastando pela noite / Libertas e em fuga

XIX- O ódio que aprendi sozinho / Vai supurar nas feridas da sua alma

XX- *Ragtime* na via expressa – mais uma overdose / Você sabe que James Dean não estava interpretando um papel / Eu disse, *hey*, o que você vai fazer / Quando seu tempo acabar

XXI- O amor dela é como uma piscina / Chega o inverno e já não pode ser rotina / O amor dela é como um suicida / Perca a fé e perca a vida / O amor dela é como um carrossel / Te faz rodar para então te derrubar ao léu / O amor dela é como bebida barata / Chega a manhã e você não tem nem uma lembrança abstrata / O amor dela é como o Gato de Alice / A princípio amigável, mas depois é só fanfarronice / O amor dela é como um beijo apaixonado / A princípio tão doce, mas depois te deixa sufocado / O amor dela é como as estrelas / Sua luz guia, mas te deixa se perder delas / O amor dela é como Jesus Cristo / Não importa quanta fé / Você ainda morre na cruz

XXII- Cidade acima, cidade abaixo / Não tenho te visto em lugar nenhum / O jornal diz que você atirou num homem / Punk louco para puxar o gatilho lá em Chinatown

XXIII- Meu nariz está todo rachado / Tenho uma facada nas costas / Tenho uma reputação terrível / E estou ficando magro demais / Agora meus amigos todos riem / De como me apaixonei pelo crack / Um viva para o vício / Que bagunça eu sou

XXIV- Sete milhões de corpos / Mortos / Sob as minhas mãos / A guerra era um jogo tão simples / De se jogar / Pregadores ainda apostam em mim / Me culpam pelos pecados deles / Coroinhas são desprezados / Mate e coma seus vizinhos / Gás num metrô no Japão / Tenho mais planos apocalípticos

XXV- *Yuppies* vestidos de palhaços satânicos / Cometem outro suicídio só para agradar as multidões / E esse anticongelante é o nosso jeito de relaxar... / Com essa garrafa e essa chave, vamos sair dirigindo doentes... / Sonhos bonitos disfarçados de planos / E o intuito de uma arma é devorar os mansos... / A dona de casa abatida do ano passado / conseguiu um sedativo enquanto um amante / se senta no chão da cozinha dela e come / da mesma arma que sua mãe / Deus abençoe os fracos?

XXVI- Sei que estou medicado / Sei que vocês estão rezando / Sei que Deus está esperando / Algo me diz que ele não pode me salvar / Sei que estou procrastinando / Desabo debaixo dos desejos / Sei que estou anestesiado / Deus está rindo e não vai me salvar / Droga sob as cicatrizes de novo / Perdi mais um e meu único amigo / Sinto saudades das minhas veias, saudades de tudo / Desmaiado e perfurado, será que fiquei louco? / Sinto saudades das minhas veias, não consigo derrotar esse negócio / Mais um pico e vou ficar bom / Saudades das minhas veias

XXVII- Tive sonhos loucos / Caminhando pelas ruas / Diabos, éramos jovens / Nunca olhávamos para trás / Então pegamos nossos sonhos / Corremos pra diabo / Vivemos nossa juventude / Do poço dos desejos / Eu e os rapazes / Fizemos um pacto / Viver ou morrer / Sem se arrepender / Cicatrizes para a vida

XXVIII- Se você quer viver sua vida sob seus próprios termos / Deve estar disposto a colidir e explodir

XXIX- A lâmina da minha faca / Deu as costas ao seu coração / Nessas últimas noites / Ela se virou e te fatiou / Este amor de que eu sempre falo / Agora parece um inferno solitário / Nessa cela de paredes acolchoadas / Tantas vezes eu disse / Que você seria só minha / Dei meu sangue e minhas lágrimas / E te amei, cianureto / Quando você tomou meus lábios / Tomei seu ar / O amor às vezes é melhor morto / Você é tudo o que eu preciso, faça-se só minha / Te amava tanto que precisei te libertar / Precisei tirar sua vida

XXX- Acordei com o som de gritos na cabeça / Havia um cadáver deitado ao meu lado como uma peça / Uma faca lhe cortara perfeitamente o coração / Arrancado, rasgado e despedaçado com precisão

Eu não havia bebido, não havia saído / Então morri de medo, / tentando entender o que havia acontecido / Tentei gritar, mas as palavras saíram sem volume / Eu me afogava na confusão, pânico que não vinha a lume / E então o som, eu juro que uma bênção / Meu alarme disparando, ao meu medo uma intervenção / Abri os olhos, engasguei num pesadelo / E então percebi que segurava com força um cutelo / Saio da cama, seguindo um rastro de sangue / Ali jaz a mãe, sem coração / Mas muito bonita

XXXI- Não posso dizer que sou feliz / Não posso dizer que sou triste / Mas posso suspirar de alívio / Por não ter aquela / Vaca de pele negra / Arranhando meu pesar / Só me faça um favor / Antes de pegar a lâmina / Da próxima vez que você cortar os pulsos / Me diga de novo / Que sou seu saboroso garoto branco / E como nós vamos viver em deleite / Um pequeno santuário oculto / Só visto nesse inferno de tabloides hollywoodianos / Vivendo em leal matrimônio / Acho que eu não quis dizer leal a mim / Fazer o quê? / Vamperilla / Agora você pode muito bem ir foder a si mesma / Todo mundo com certeza já fez isso / Acho que você tinha de perder / Para que o resto de nós pudesse ganhar / Sua única fama e fortuna te deixou / E ele está segurando este papel e esta pena

XXXII- 26 anos e nem vivi / Estou muito ocupado dançando uma música lenta com a morte / Talvez uma bala na minha cabeça / faça alguém me amar / Talvez uma bala na minha cabeça / faça alguém se importar

XXXIII- Não consigo achar meu médico / Os ossos doem, não aguento essa dor / Se você dança com o diabo / O preço vem um dia / Meus sonhos injetados de combustível / Estão se desfazendo por completo / E eu estou na Pérsia / Ou perdido na Espanha / Estive no inferno, / espero nunca mais voltar / a dançar sobre vidro

XXXIV- Nunca estive no Éden / Mas ouço dizer que é legal / Quando morrer, vou para o céu / Porque já cumpri meu tempo no inferno

XXXV- South Street Sam vende em caixa / Assassinato pela metade do preço e pedras pelo dobro / Entrando nos 20, ele parece ter 85 / Ele estará comendo capim pela raiz / Antes de chegar aos 25

XXXVI- Nós somos o futuro, mas o futuro parece desolador / Meu único interesse é ser desinteressado / Todos esses vampiros se disfarçam de líderes / e se alimentam da mente dos fracos / Tudo o que sei é que não me importo / E, mesmo se me importasse, não teria esperança / para me carregar aonde preciso ir

XXXVII- Varanda em El Paso / Bitucas de cigarro agraciam minha varanda / E os restos de um pombo morto parecem algo poético / A forma de vida que rasteja lá embaixo / É uma mistura de Tex-Mex com lixo que mora em trailers / Conheço vocês – porque eu já morei aqui também / Acho que isso me torna igual a vocês / Será que isso faz vocês se perguntarem a respeito de si mesmos? / Seu segredo está seguro / Não sei por que / Estou aqui mas não posso ficar / Quanto mais as coisas mudam / Mais estranhas elas ficam / Sentado aqui neste avião / Observando os rostos vazios passarem por mim / Sabe, todos eles parecem ter ingerido / A mesma pílula de melancolia / Ao invés de calorosos, animados e seguros / Eles parecem frios e julgadores / Pequenas conversas entram e saem do foco auditivo / Está tudo em câmera lenta, mas, de algum modo, se movendo / Na velocidade do medo / Me sinto tamanho animal, sempre sou o animal / Meu corpo é a jaula – estou trancado nessa jaula / Meu lar está gasto, destruído, foi abusado / E eu gosto / Não sei por que / Estou aqui mas não posso ficar / Quanto mais as coisas mudam / Mais estranhas elas ficam / Aqui estou eu em mais um hotel / e ele tem o cheiro de outra pessoa / Deito na cama e consigo sentir o gosto do cheiro / Cheiro de fumaça, de bebida, o fedor / E a mancha no chão / Me pergunto se ele estava com a esposa / Ou com a puta de outro homem? / Riscos sobre o vidro / Contam sobre as drogas, e o rádio / Ainda está ligado tocando a música ao som da qual eles dançaram / Aposto que foi doce / Mas eu? / Porra, cara, eu preciso dormir

XXXVIII- Às vezes, me sinto do avesso / E de ponta-cabeça / E às vezes talvez eu beba demais / Mas meu coração ainda está lá / Me lembro de te contar, enchendo o peito / Um dia vou ser uma estrela do rock'n'roll / Alguém disse, "Senta aí, rapaz / Você já é"

XXXIX- Tenho o poder / Tenho o poder / Tenho o poder / Mas ainda dói / quando você está completamente sozinho

XL- Hoje o meu rádio não vai tocar / Suas músicas — vocês morreram e me deixaram aqui assim / Acho que vocês viveram a vida / Como um rifle carregado / Achavam que suas escolhas / Eram não ter escolha / Eu só queria ser como vocês / Todos os meus heróis estão mortos / Me deixaram aqui / Nessa cidade-fantasma desolada / Todos os meus heróis / É — sua saída teve muito charme / E você — você gastou uma fortuna / Injetada no braço / Você viveu sua vida como / Um coquetel Molotov / Sempre prestes a explodir / Por trás do véu / Eu só queria ser como você

XLI- Sou um *poltergeist* digital anti-Cristo analógico / Como um canibal, me assista bater uma / Disparar meu revólver debaixo dos lençóis / Como um criminoso, estou pronto para o golpe / Chacoalho os nervos feito uma cascavel / Inimigo público nada confiável / Roubo seu fruto e balanço sua árvore / Você adora me odiar / Todos os pregadores dizem / Todos os professores dizem / Todos os oradores dizem / Que eu sou tão prostituível

XLII- Tenho sonhado / Em preto e branco há muito tempo / Sabe, eu nem sempre caí na merda / Mas meus dias de ser vivo há muito já se foram / Tenho pensado / Em quando foi que deu tudo errado / Estou vivendo nesse buraco há tanto tempo / Sinto que pertenço a este lugar / Não ria — você pode ser o próximo / Como se não houvesse nada / Que você gostaria de esquecer / Tenho pensado / Em por que vim tão longe / Perseguindo esse dragão / Por todo canto / E eu nem tenho carro / Então agora você está me dizendo / Que é uma fraqueza da minha alma / É, antes de você me desprezar tão rapidamente / Melhor dar uma olhada nas pessoas ao seu redor / Não ria — você pode ser o próximo

XLIII- Dirigindo pela *freeway* com a cabeça num saco / Deviam te dizer que você não está de saco cheio sozinho / Cheire tíner, cheire cola / Olhe para o efeito que essa cidade tem sobre você / Entendo sua angústia adolescente / Talvez todo mundo devesse se mudar pra bem longe / Talvez seja tudo culpa de L.A. / Não me fale de mim / e eu não vou te falar de você / Se você precisa de um terapeuta, / tente o suicídio ou vá ao zoológico / Essa cidade se faz de *drag queens*, clichês e pecados / Rumores e traições no Café Le Trend / Se você vive nessa cidade / você é um idiota e um palhaço / Bravateiros a rodo, mentirosos a granel / Tem sempre um tolo com um recipiente cheio de sonhos / Tem sempre um vagabundo perdendo a sanidade / Lamê dourado, salto alto, uma vaca da Rodeo Drive / Uma velha *groupie* desesperada / tentando arrumar uma transa / Cansado e gasto, caindo aos pedaços / Mais 6,5 vão ser demais pro meu coração / Tumultos e enchentes e tiroteios, nossa senhora... Me pergunto se um dia vou sair vivo dessa cidade? É — L.A. é uma merda

XLIV- Quem disse que a música está morta nas ruas? / Não sei do que estão falando / Precisam meter uma bala na minha cabeça / Se quiserem me manter no chão

XLV- Leve-me até o topo e me jogue de lá

XLVI- Sem você, não há mudança / Minhas noites e dias são cinzentos / Se eu estendesse as mãos e tocasse a chuva / A sensação não seria a mesma / Sem você, eu estaria perdido / Escorregaria do topo / Escorregaria bem lá pra baixo / Garota, você nunca, nunca saberia...

XLVII- Frankie morreu numa dessas noites / Alguns dizem que foi suicídio

XLVIII- Peguei um ônibus Greyhound pra esquina do "Heartattack" com a Vine / com um punhado de sonhos e umas moedas / Viajando tanto, não sabia no que estava me metendo / tinha um gosto pela vida no lodo / Quando o bicho pegou, a música foi a droga / e a banda sempre conseguiu tocar / Sexo, heroína, rock, roll, veia principal, overdose / Cara, nós vivíamos isso noite e dia / Adorávamos Mott the Hoople / deixava a gente enraivecido / E você nos ama e nos odeia e nos ama / Porque nós somos lindos pra caralho!

XLIX- Rindo como ciganos, de show em show / Vivendo a minha vida como uma pedra a rolar / Assim é como a minha história se desenrola / Homem da estrada, nunca em casa / Não consigo encontrar amor, então durmo sozinho / Esse rio de uísque tem muito a correr ainda / Tudo o que conheço é a vida nessa estrada

L- A TV diz 10 mortos no Natal, / perseguidor à solta / Outro tiroteio na freeway / e eu estarei pendurado numa forca / Parece que não consigo me livrar disso, não consigo desfazer o feitiço / Agradecimentos especiais a mamãe e papai por me trazerem ao inferno

LI- Todos esses anos, uma criança raivosa / Quebrantada, despedaçada, rasgada por dentro / Me sinto velho, me sinto morto / Por um fio / Pai, onde está você? / Para o meu pai: como você pôde fugir? / Você foi embora, abandonou seu filho / Partiu meu coração, me deixou para morrer / É fodido demais de onde eu vim / O que é um pai sem um filho? É como uma bala sem arma

LII- Gastei um milhão de dólares em anfetaminas / Bati muitos carros / Trepei com todas as estrelas estúpidas de Hollywood / Porque eu pude

LIII- Estou me sentindo podre hoje / Acho / Que esqueci que estou baleado / Não estou bem / Adeus à dor, / Adeus aos jogos / Adeus, diga adeus / Alguém me diga por que / Estou me sentindo frio por dentro / Será que eu quero, será que eu quero morrer? / Alguém me diga por que / Isso cresce por dentro / Será que eu quero morrer e / Jogar um beijo de adeus a tudo? / Sou um navio afundando / Num mar de deleite, não estou bem / Estou cego diante disso / Seria isso só um teste / Para me ajudar a ver?

LIV- Preciso achar um pouco de amor / Preciso achar umas drogas / Preciso achar um pouco de luz do sol líquida / Preciso me achar, preciso me achar / Sou um filho da puta doentio / Sou uma doçura de bastardo idiota / Sou um desastre, um canalha / Sou uma doença rock'n'roll / Sou um traficante insistente / Não tem filho da puta mais durão / Preciso achar um pouco de cola / Preciso achar um pouco de sucção / Agora, meu objetivo é a destruição / Preciso me achar, preciso me achar / Preciso lidar com a minha neurose / Preciso lidar com a minha neurose / Preciso cheirar um pouco de cola / Preciso me achar

LV- Ela carrega a Bíblia da mãe / Mistura Valium com suas crenças

LVI- A estrada tem sido dura, à beira de uma overdose / Não importa o quão alto, você ainda está pra baixo / Tenho sido um dançarino, um galanteador perverso / É um pesadelo sem fim, à beira do desastre

LVII- Nona, perco a cabeça sem você...

LVIII- Vou morrer / Você vai morrer / Precisamos viver pra hoje à noite / porque o nosso tempo / está acabando / À procura de um amante? / Deixe-me perguntar / Tem alguém aí?

LIX- Essa é só uma ligação por educação / É só uma questão de política / É só um ato de gentileza / Para lhe informar que o seu tempo acabou

Ouça aqui a trilha sonora
desta história

Ou acesse pelo site
bit.ly/diariosdaheroinaolivro

Este livro foi composto em Magda Pro e impresso em papel offset 75g pela gráfica BMF em junho de 2021.